죽음에 이르는 병

죽음에 이르는 병

Sygdommen til Døden

쇠렌 키르케고르 지음

윤덕영·이창우·최정인 옮김

죽음에 이르는 병
2025년 10월 13일 초판 1쇄 발행

지은이 | 쇠렌 키르케고르
옮긴이 | 윤덕영·이창우·최정인

발행인 | 이창우
기획편집 | 이창우
표지 디자인 | 이창우
본문 디자인 | 이창우
교정·교열 | 오유리, 류요한, 정준희

펴낸곳 | 도서출판 카리스 아카데미
주소 | 세종시 시청대로 20 아마존타워 402호
전화 | 대표 (044)863-1404(한국 키르케고르 연구소)
편집부 | 010-4436-1404
팩스 | (044)863-1405
이메일 | truththeway@naver.com

출판등록 | 2019년 12월 31일 제 569-2019-000052호

책값은 뒤표지에 있습니다.
ISBN 979-11-92348-53-7(91460)
ISBN 979-11-92348-38-4 (세트)

Herr! gieb uns blöde Augen

für Dinge, die nichts taugen,

und Augen voller Klarheit

in alle deine Wahrheit.

주여, 우리에게

무익한 것들에 대하여는 흐린 눈을,

당신의 모든 진리에 대하여는 밝은 눈을 주소서.[1]

역자 서문

쇠렌 키르케고르(Søren Kierkegaard, 1813-1855)는 1849년, 자신의 가명인 안티-클리마쿠스(Anti-Climacus)의 이름으로 『죽음에 이르는 병』(Sygdommen til Døden)을 발표하였습니다. 이 책은 그의 저작 가운데서도 실존과 신앙, 그리고 기독교적 진리의 본질을 가장 직접적으로 다루는 중요한 저술로 평가됩니다. 당시 덴마크 사회는 합리주의 신학과 제도교회가 지배적이었고, 신앙은 형식적, 문화적 관습으로 전락해 있었습니다. 키르케고르는 이러한 상황 속에서 "절망(Fortvivlelse)"을 인간 실존의 가장 심각한 병으로 규정하고, 그 절망의 치유가 오직 하나님 앞에서 자신을 바로 세우는 믿음(Tro) 안에 있음을 밝히고자 했습니다. 따라서 이 책은 단순한 심리학적 혹은 철학적 분석이 아니라, 기독교 신앙을 전제로 한 실존의 진단서이자 치유서라 할 수 있습니다.

그러나 『죽음에 이르는 병』을 올바르게 이해하려면 이 책만 단독으로 읽어서는 충분하지 않습니다. 1849년에 같은 해에 출판된 『대제사장-세리-죄 지은 여인』이라는 본명의 건덕적 강화(Upbyggelige Taler)를 함께 읽어야 합니다. 『죽음에 이르는 병』은 안티-클리마쿠스라는 가명을 통해 인간 실존을 철저히 분석하고, 절망의 구조와 그 심연을 사고실험적으로 드러낸 작품입니다. 그러나 절망에 대한 이 실존적 진단은 곧 치유의 말씀과 함께 가야 하는데, 그것이 바로 본명의 저작인 강화에서 제시됩니다. 본명으로 출판된 강화 속에서 키르케고르는 절망의 실존이 하나님의 은혜와 사랑 속에서 어떻게 새로움으로 전환되는지를 직접적으로 선포하고 있습니다. 따라서 두 저작은 같은 해에 출판된 병행 작품으로, 절망의 해부와 치유의 선포라는 두 날개를 이룹니다.

이 점은 조지 패티슨(George Pattison)의 설명에서도 잘 드러납니다. 패티슨에 따르면, 키르케고르의 가명 저작은 일종의 "사고실험(thought experiment)"입니다. 가명을 통해서는 인간 실존의 한계 상황과 모순을 극단까지 밀어붙여 보여 주지만, 키르케고르가 진정으로 말하고자 한 복음의 메시지, 곧 믿음과 은혜 안에서 주어지는 구원의 실재는 본명으로 출판한 강화에서 선포됩니다. 다시 말해, 가명은 사유의 실험실이라면, 본명은 실존적 진리의 자리를 열어 주는 것입니다. 따라서 『죽음에 이르는 병』을 온전히 이해하시려면 반드시 같은 시기의 본명 강화와 함께 읽어야 하며, 그 안에서 절망과 믿음, 실존의 병과 구원의 치유가 어떻게 변증법적으로 결합되는지를 확인할 수 있습니다.

이 번역은 한국어로 처음 완역된 『죽음에 이르는 병』이라는 점에서 역사적 의의를 가집니다. 기존 번역들과 달리 몇 가지 특징을 분명히 하고자 했습니다.

첫째, 단문체와 존댓말 번역입니다. 독자들이 쉽게 읽을 수 있도록 원문의 복잡한 문장을 짧고 분명한 단문으로 옮겼으며, 존댓말을 사용하여 한국어 독서 환경에 적합하게 다듬었습니다. 둘째, 개념어를 병기하였습니다.

키르케고르 사상의 정밀성을 위해 '자기(selvet)', '절망(Fortvivlelse)', '믿음(Tro)', '실족(Forargelse)' 등과 같은 핵심 개념을 한국어와 덴마크어를 함께 표기하였습니다. 이를 통해 독자는 번역된 의미와 원어의 뉘앙스를 동시에 이해할 수 있습니다. 셋째, 성서적 어휘를 충실하게 반영하였습니다. 『죽음에 이르는 병』은 성경을 깊이 전제한 저술이므로, 번역 과정에서 성서적 어휘를 개역개정 성경에 맞추어 옮겼습니다. 예를 들어 '실족(Forargelse)'은 헬라어 '스캔달리조(skandalizó)'의 성서적 의미를 살려 번역하였고, 덴마크어 'Aand'는 '**정신**(spirit)'이 아닌, '**영**(靈)'으로 옮겼습니다.

이 책은 각 장마다 참고자료로 미주가 많이 포함되어 있습니다. 미주로 제공하는 자료는 이 작품을 이해하는데 많은 도움이 됩니다. 따라서 독자 여러분이 책을 읽을 때, 반드시 미주를 참고하며 책 읽기를 추천드립니다. 미주는 키르케고르의 일기, 관련 성경 구절, 본문 해설, 2차 자료 등 많은 정보를 다루고 있습니다.

오늘날 한국 사회는 급속한 변화 속에서 개인의 정체성과 공동체적 가치가 흔들리고 있습니다. 성공과 성취 중심의 문화 속에서 많은 이들이 자기 상실과 내면의 공허를 경험하고 있으며, 이는 심리적 불안, 우울, 그리고 자살률의 심각한 문제로 이어지고 있습니다. 키르케고르의 『죽음에 이르는 병』은 이러한 현대인의 상황을 통찰하는 고전적 지혜를 제공합니다. 그는 절망을 단순한 심리적 상태가 아니라 하나님 앞에서의 존재의 병으로 규정하고, 진정한 치유는 믿음 안에서만 가능하다고 강조합니다.

마지막으로 독자 여러분께 부탁드리고 싶은 말씀이 있습니다. 『죽음에 이르는 병』은 단순히 철학이나 신학의 사유가 아니라, 바로 나 자신에게 주어진 실존적 요청을 담고 있는 책입니다. 키르케고르는 추상적인 '인류'나 '보편적 인간'을 말하지 않았습니다. 그는 언제나 "당신"과 "나"라는 한 사람(Enkelte, 단독자)에게 말을 걸었습니다. 따라서 이 책을 읽는 동안, "이 책이 나에게 무슨 상관이 있는가?"라고 질문하기 바랍니다.

독자 여러분이 이 책을 통해 단순히 절망의 구조를 이해하는 데 머물지 않고, 절망 속에서 믿음의 길을 발견하기를 바랍니다. 키르케고르는 절망을 인간 실존의 가장 깊은 상처로 진단했지만, 동시에 그 절망이 하나님 앞에서 치유와 구원의 길로 열릴 수 있음을 증언했습니다.

오늘 한국 사회 안에서도 우리는 깊은 불안과 자기 상실, 끊임없는 비교와 절망 속에 살아가고 있습니다. 바로 그렇기 때문에, 키르케고르의 이 책은 여전히 절실히 필요합니다. 이 책이 독자 여러분께 단순한 학문적 탐구를 넘어, 하나님 앞에서 자신을 발견하고, 진정한 희망과 믿음을 새롭게 경험하는 길잡이가 되기를 진심으로 바랍니다.

세종시 한국키르케고르연구소에서
역자 이창우

일러두기

- 번역대본으로는 덴마크어 원문과 주석(Kierkegaard, Søren. *Sygdommen til Døden*. In *Søren Kierkegaards Skrifter*, Vol. 11. Edited by Niels Jørgen Cappelørn, Joakim Garff, Anne Mette Hansen, and Johnny Kondrup. København: Søren Kierkegaard Forskningscenteret, 2006. Online edition: https://tekster.kb.dk/text/sks-sd-txt-root.pdf)을 활용하였고, 영역본 Søren Kierkegaard, *The Sickness unto Death*, tr. Howard V. Hong and Edna H. Hong, Princeton: Princeton University Press, 1980을 참고하였다.
- 만연체의 문장을 단문으로 바꾸었고, 분명하지 않은 지시대명사를 구체적으로 표현했다. 독자들의 이해를 돕기 위해 덴마크어가 아닌 라틴어 및 외국어는 [ ]을 활용하여 문장을 병기하여 표현했다.
- 가능하면 쉬운 어휘를 선택했다는 점을 밝힌다. 중요 단어는 영어나 덴마크어를 병기하여 의미를 명확히 하고자 했다.
- 성경구절의 인용은 한글 개역개정판 성경을 사용하였고, 가능하면 성경의 어휘를 사용하여 원문을 번역하였다.
- 본문의 성경 구절은 키르케고르가 인용한 것이고, 미주의 성경 구절은 키르케고르의 인용은 아니지만 관련 구절을 소개한 것이다.

죽음에 이르는 병
Sygdommen til Døden

건덕(Opbyggelse)과 각성(Opvækkelse)을 위한 기독교 심리학적 해설

안티 클리마쿠스(Anti-Climacus)[2] 지음

목차

역자 서문　　_6
기도　　　　_14
서문　　　　_16
서론　　　　_19
참고자료　　_23

1부 죽음에 이르는 병은 절망이다　　29

A 절망은 죽음에 이르는 병이다. 31

A. 절망은 영의 병, 곧 자기의 병이다. 따라서 세 가지 형태가 있다. 첫째, 자기가 있다는 것을 의식하지 못하는 절망(엄밀한 의미에서 절망이 아님), 둘째, 자신이 되기를 원하지 않는 절망, 셋째, 자신이 되기를 원하는 절망이 그것이다. 31

B. 절망의 가능성과 현실성 34

C. 절망은 "죽음에 이르는 병"이다. 39

참고자료 45

B 이 병(절망)의 보편성 59

참고자료 70

C 이 병(절망)의 형태 73

A. 의식적인지 아닌지를 고려하지 않고, 곧 단지 자기의 종합을 이루는 요소들만 고려한 절망 74

B. 의식이라는 규정 아래에서 본 절망 97

   참고자료 152

2부 절망은 죄이다   207

A 절망은 죄이다 209

   제1장 자기 의식의 단계들(정의: 하나님 앞에서) 213

   부록: 죄의 정의가 실족(Forargelse)의 가능성을 내포하고 있음 —
   실족에 대한 일반적 고찰 221

   제2장 소크라테스적 죄의 정의 229

   제3장 죄는 부정(Negation)이 아니라 정립(Position)이다 245

   부록 A: 그렇다면 어떤 의미에서 '죄'는 아주 드문 것이 되지 않는
   가? (도덕적 질문) 253

   참고자료 259

B 죄의 지속 299

   A. 자신의 죄 때문에(over) 절망하는 죄 307

   B. 죄 사함에 대하여(om) 절망하는 죄(실족) 315

   C. 기독교를 비진리라고 선포하고 적극적으로 거부하는 죄 337

   참고자료 349

"죽음에 이르는 병"에서

기도

[여백에서: 주의. 사용하지 말 것. 왜냐하면 여기에서 기도는 너무 덕을 세우는 어조를 제공하기 때문이다.]

하늘의 계신 아버지!

회중들은 아프고 슬퍼하는 모든 자들을 위해 주님께 너무 자주 중보기도를 드립니다. 우리 중에 누구라도 치명적인 질병으로 죽음의 문턱에서 누워 있다면, 회중은 종종 특별한 중보기도를 드립니다. 우리 각자가 어떤 질병이 죽음에 이르는 병인지 올바르게 깨닫게 하소서. 이런 식으로 우리 모두가 어떻게 아픈지를 깨닫게 하소서!

우리 주 예수 그리스도시여,

주님은 이 병으로 인해 고통당하는 자들을 치유하기 위해 이 세상에 오셨습니다. 우리 모두가 이 병을 갖고 있으나 주님은 이런 식으로 아프다는 것을 깨닫는 자들에게서만 이 병을 치유할 수 있습니다. 이 병 가운데 있는 우리가 주님을 의지함으로 치유 받을 수 있도록 도와주소서!

성령님이신 하나님이여, 우리가 정직하게 치유되기를 원할 때, 성령님은 우리를 도우러 오십니다. 성령님이여, 의사의 도움을 거절하며 파멸에 이르는 것이 아니라 의사에게 남을 수 있도록 우리와 함께 하소서. 이 병으로부터 구원하소서. 의사와 함께 하는 것이 이 병으로부터 구원받는 것이기 때문입니다. 우리가 의사와 함께 있을 때에만 구원받을 수 있기 때문입니다!

-JP III 3423 (Pap. VIII2 B 143) n.d., 1848

서문

많은 사람들이 이런 '**해설**(Udviklings)'의 형식이 이상하다고 느낄 수 있습니다. 이 해설이 그들에게는 너무 엄격하여 **건덕적**(opbyggelig)[3]일 수 없고, 너무 **건덕적**이어서 엄격한 **학문적**(videnskabelig)[4] 작업이 될 수 없는 것처럼 보일 것입니다. 그러나 전자의 경우, 곧 이것이 너무 엄격하여 건덕적일 수 없다는 생각은 제 견해가 아닙니다. 만일 그렇다면, 제 생각으로는 그것이야말로 잘못입니다. 모든 사람에게 건덕적일 수 없는 것, 다시 말해 모든 사람이 그것을 따를 수 있는 **전제조건**(Forudsætninger)을 갖추지 못했기 때문에 **건덕적이지 못한 것**과, 그것이 **본질적으로 건덕적 성격을 갖고 있지 않은 것**은 전혀 다른 문제입니다.

기독교적인 관점에서, **모든 것은, 진실로 모든 것은 건덕**(Opbyggelse)에 봉사해야 합니다.[5] 결국 건덕에 이바지하지 않는 학문적 작업은 바로 그 점에서 **비기독교적**(uchristelig)인 것입니다. 본질적으로 기독교적인 모든 것은 그 표현에 있어 **병상**(Sygesengen)에서 의사가 환자에게 말하는 것과 유사해야 합니다.[6] 의학적 전문가만이 이를 이해할 수 있을지라도, 이 상황이 환자의 병상이라는 점은 망각되지 말아야 합니다. 이것이 명확히 기독교와 삶과의 관계(즉, 삶으로부터 멀리 떨어진 학문적 거리와는 반대되는 관계)입니다. 혹은 **건덕이 기독교의 윤리적 측면**입니다. 그러므로 그 표현의 방식이 아무리 엄격해도, 그것은 결코 "무관심한(ligegyldig)" 학문과는 전혀 다릅니다. 왜냐하면 기독교적 관점에서 볼 때, 인류 일반을 대상으로 하는 **거창한 영웅주의**(Heroisme)는 영웅적이기는커녕, 오히려 **비인간적인 호기심**(umenneskelig Nysgjerrighed)일 뿐이기 때문입니다.

기독교적 영웅주의(christelig Heroisme)는 — 그리고 진실로 이것은 아마도 너무 드물게 볼 수 있는 것이겠지만 — 완전히 자기 자신이 되는 것을, **단독자**(et enkelt Menneske)로서 이 특정한 단독자가 되어, 오직 하나님 앞에서 홀로 서는 것을, 그리고 **이 거대한 긴장과 거대한 책임**을 감수하는 것을 두려워하지 않는 것입니다. 그러나 "**순수한 인간**(det rene Menneske, 추상적 인간)"에 속아 넘어가거나,[7] **세계사**(Verdenshistorien)와 장난치듯[8] 놀라움을 즐기는 것은 결코 기독교적 영웅주의가 아닙니다.

모든 기독교적 인식(Erkjenden)은, 그 형식이 아무리 엄격할지라도, 언제나 **염려**(Bekymring)[9]를 품어야 합니다. 그러나 **바로 이 염려가 곧 건덕**입니다. 염려하는 삶과, 인격의 현실(Personlighedens Virkelighed)과 맺는 관계이며, 기독교적으로 말해 그것이야말로 **진지함**(Alvoren)입니다. 반대로 **무관심한 지식**(Videns Ophøiethed)의 고양됨은, 기독교적으로 결코 더 큰 진지함이 아니라, 오히려 농담(Spøg)이며 헛됨(Forfængelighed)입니다. **진지함**이야말로 다시 건덕인 것입니다.

따라서 한편으로는 이 작은 책은 신학생도 쓸 수 있는 것입니다. 하지만 다른 한 편으로, 대학 교수라 하더라도 쓸 수 없는 것이지요.

하지만 이 논문의 표현 형식이 지금과 같다는 것은 적어도 충분히 고려된 것이며, 심리학적으로도 아마 적절할 것입니다. 세상에는 너무 장중해서 오히려 별다른 의미를 전달하지 못하는 장중한 문체가 있습니다. 그리고 사람들은 그런 문체에 지나치게 익숙해져 있어서, 그 문체는 쉽사리 아무런 말도 하지 않는 문체, 즉 공허한 수사(rhetoric)로 전락해 버리기 쉽습니다.[10]

불필요한 것 같지만, 그럼에도 불구하고 한 마디만 더 하겠습니다. 마지막으로 이 책의 제목에서 말하듯이, 전체 책에서 **절망**(Fortvivlelse)은 치료가 아닌 **병**(Sygdommen)으로 해석되고 있다는 것을 언급할 수 있습니다. **절망은 그 정도로 변증법적입니다.** 따라서 기독교적인 용어로, **죽음**(Døden)은 영적으로 가장 깊고 비참한 상태를 위한 표현입니다.[11] 하지만 절망의 치료는 단순히 **죽는 것**(at døe)이고, **옛 자기**(세상)**에 대하여 죽은 것**(at afdøe)[12]입니다.

1848년

서론[13]

"이 병은 죽음에 이르는 병이 아니다."(요 11:4) 그럼에도 불구하고 나사로는 죽었습니다. 그리스도께서 나중에 "우리 친구 나사로가 잠들었도다. 그러나 내가 깨우러 가노라."(요 11:11)라고 말한 것을 제자들이 오해했을 때, 명확하게 "나사로가 죽었느니라."(요 11:14)라고 말했습니다.[14] 물론, 나사로는 죽었습니다. 그런데도 이 병은 죽음에 이르는 병은 아니었습니다. "네가 믿으면 하나님의 영광을 보리라."(요 11:40)라고 동시대인들에게 허용된 기적을 그리스도께서 마음에 품고 있었음을 우리는 압니다. 바로 이 기적으로 그분은 나사로를 죽은 자 가운데서 일으키셨습니다. 따라서 그리스도께서 예상했던 대로, "이 병은 죽을 병이 아니라 하나님의 영광을 위함이요, 하나님의 아들이 이로 말미암아 영광을 받게 하려 함이라."(요 11:4) 그러나 그리스도께서 나사로를 부활하게 한 것이 아닐지라도, 그의 병, 즉 죽음 자체는 죽음에 이르는 것이 아닌 것은 맞지 않습니까?

그리스도께서 무덤에 가까이 간 다음, 큰 소리로 "나사로야, 나오라."(요 11:43)라고 부를 때, '이 병'은 죽음에 이르지 아니한 것이 분명하지 않습니까? 그러나 그리스도께서 이렇게 말하지 않았어도, '부활이요 생명이신' 분이 무덤에 가까이 온다는 사실만으로도 이 병이 죽음에 이르지 않음을 뜻하는 것 아닌지요? 즉, 그리스도께서 존재한다는 사실, 바로 이것이 이 병이 죽음에 이르지 않는다는 것을 의미하지 않습니까!

나사로가 죽은 자에게서 다시 살아난다 한들, 어쨌든 궁극적으로 죽어야 한다면 이것은 무슨 소용이 있습니까! 그리스도께서 그분을 믿는 모든 사람에게 부활이요 생명이신 분이 아니었다면, 이것이 나사로에게 무슨 소용이 있느냐 말입니다! 그렇습니다. 이 병은 죽음에 이르는 병이 아니라고 말할 수 있습니다. 나사로가 죽은 자들에게서 살아났기 때문이 아니라, 그분께서 존재하기 때문이다. 따라서 이 병은 죽음에 이르지 않습니다.

 인간적으로 말해, 죽음은 모든 것의 끝입니다. 인간적으로 말하자면, 삶이 있는 한에서만 소망이 있습니다.[15] 하지만 기독교적으로 이해할 때, 죽음은 결코 최후에 오지 않습니다. 사실 죽음은 전체인 영원한 삶 안에서의 작은 사건에 불과합니다. 기독교적으로 이해할 때, 삶에서보다 죽음에서 무한히 더 많은 소망이 있습니다. 단지 인간적인 의미에서 삶이 아닌, 완전한 건강과 왕성한 체력을 가진 그런 삶보다 더 소망이 있습니다.

 기독교적으로 이해할 때, 죽음조차 '죽음에 이르는 병'이 아닙니다. 하물며 세속적이고 시간적인 고통이라고 부를 수 있는 것들은 말할 필요도 없습니다. 궁핍, 질병, 비참, 환란, 역경, 고통, 정신적 고난, 염려, 슬픔과 같은 것들 말입니다. 이런 것들이 너무 힘들고 고통스러워 우리 인간들이, 혹은 적어도 고난당하는 자가 "이것이 죽음보다 더 나쁘다."고 말한다 해도, 이 모든 것들은 병이 아니어도 병과 비교할 수 있고, 기독교적으로 이해할 때, 죽음에 이르는 병이 아닙니다.

이것이 죽음을 포함하여, 기독교가 크리스천들에게 지상적이고 세속적인 문제들에 대해 탁월하게 가르치는 방식입니다. 이것은 마치 크리스천이 교만한 것처럼 보이게 합니다. 왜냐하면 일반적으로 사람들이 불행이나 악 중에 최고의 악이라 부르는 모든 것들보다 더 높이 자랑스럽게 상승하기 때문입니다. 그럼에도 불구하고, 기독교는 결국 인간이 그 자체로는 알 수 없는 비참한 상태가 존재하고 있음을 발견했습니다. 이런 비참한 상태가 죽음에 이르는 병입니다.

보통 사람들(natural man)이 모든 것을 다 설명한 다음 더 이상 언급할 것이 없을 때, 소름끼치는 것으로 분류했던 것, 바로 이것이 크리스천에게는 농담과 같습니다. 이것이 보통 사람과 크리스천의 관계와 같습니다. 이것은 마치 아이와 어른 사이의 관계와도 같습니다. 즉, 아이를 두렵고 떨게 했던 것이 어른에게는 아무것도 아닙니다. 아이는 무서움이 무엇인지 전혀 모르는 반면, 어른은 그로 인해 두려워 떱니다. 먼저, 아이의 불완전함이란 무서움을 알아보지 못하면서 무섭지 않은 것을 무서워한다는 점입니다. 보통 사람들도 이와 똑같습니다. 그는 진짜 무서움이 무엇인지 모릅니다. 그리하여 두렵고 떠는 데서 자유롭지 못합니다. 아니, 그는 무섭지 않은 것을 무서워합니다. 이것은 이방인이 하나님과 관계할 때도 마찬가지이지요. 즉, 그는 진짜 하나님을 알아보지 못합니다. 설상가상으로, 하나님을 우상으로 숭배합니다.

오직 크리스천만 죽음에 이르는 병이 의미하는 바를 압니다. 크리스천으로서, 보통 사람이 모르는 용기를 얻습니다. 더욱 무서운 것을 두려워하는 법을 배움으로써 이 용기를 얻는 것이지요. 이것이 사람이 언제나 용기를 얻는 방식입니다. 그가 더 큰 위험을 두려워할 때, 언제나 더 적은 위험에 맞설 수 있는 용기를 얻습니다. 한 위험을 무한히 두려워할 때, 다른 위험들은 존재하지 않는 것과 같습니다. 그러나 크리스천이 배워서 알게 된 가장 소름끼치는 위험은 '죽음에 이르는 병'입니다.

참고자료

1   키르케고르는 이 인용을 초고(Papirerne VIII 2 B 171)에서 요한 밥티스트 폰 알베르티니(Johann Baptist von Albertini, 1769-1831)의 설교를 통해 참조한다. 알베르티니는 독일 형제회(Brødremenigheden)의 감독이었으며, 해당 설교는 오스카어 루트비히 베른하르트 볼프(Oskar Ludwig Bernhard Wolff, 1799-1851)가 편집한 다음 저서에 수록되어 있다:
Handbuch deutscher Beredsamkeit: enthaltend eine Uebersicht der Geschichte und Theorie der Redekunst, zugleich mit einer vollständigen Sammlung deutscher Reden jedes Zeitalters und jeder Gattung, 전2권, 라이프치히 1846 (도서 번호 ktl. 250-251); 제1권(Die geistliche Beredsamkeit), 293-299쪽, 특히 293쪽.
여기에는 1805년 삼위일체 후 제20주일에 전해진 에베소서 5장 15-21절을 본문으로 한 설교가 수록되어 있다. 이 설교는 다음과 같은 12행의 시구로 시작된다:
"아, 우리 곁에 머무소서, 주 예수 그리스도여,
이제 저녁이 되었으니.
당신의 신성한 말씀, 그 밝은 빛,
우리 가운데서 꺼지지 않게 하소서!
이 슬픔 가득한 마지막 시대에
주여, 우리에게 견고함을 주소서!
당신께 흠 없이 붙어 있도록,
당신의 상처 안에 숨겨진 채,
어떤 원수도 손대지 못하게 하시고,
더더욱 유혹당하지 않게 하소서!
주여! 우리에게…"

볼프는 이 시구의 출처로 다음을 제시한다:
[J.B. von Albertini,] Dreßig Predigten. Für Mitglieder und Freunde der Brüdergemeine, 2판, 1825 [초판 1805], 265-275쪽, 특히 265쪽.
그러나 알베르티니 자신은 이 시구의 작사자를 명시하지 않는다.
그 중 앞의 8행은 이미 잘 알려진 찬송가 "Ach bleib bei uns, Herr Jesu Christ"에서 유래했으며, 이 찬송은 니콜라우스 젤네커(Nikolaus Selnecker)의 Geistliche Lieder(1589, 1611)에 수록된 바 있다. 반면, 키르케고르가 인용한 마지막 4행은 사실상 독립된 찬송가 구절이며, 알베르티니의 설교문에는 그것이 별개의 시구라는 표시가 없다.
이 익명의 시구 "Ach gib uns blöde Augen"는 1767년 바르비(Barby)에서 간행된 『작은 형제 찬송가 제3권』(Des kleinen Brüder-Gesangbuchs Dritter Theil)의 267번으로 처음 등장하며, 이후 1778년판 『복음주의 형제회용 찬송가』(Gesangbuch, zum Gebrauch der evangelischen Brüdergemeinen)의 831번으로 다시 수록되었다.
요하네스 플리트(Johannes Plitt)는 그의 논문 Historische Nachricht vom Brüder-Gesangbuche des Jahres 1778, und von dessen Lieder-Verfassern, 그나다우(Gnadau), 1835, 83쪽 및 186쪽에서 니콜라우스 루트비히 폰 친첸도르프(Nicolaus Ludwig von Zinzendorf, 1700-60)를 작사자로 지목하고 있다. 하지만 키르케고르는 이 시구를 볼프의 책에서 알베르티니의 설교를 통해서만 알고 있었을 뿐, 그 원 출처에 대해서는 알지 못했다.

2   안티-클리마쿠스(Anti-Climacus): 이 가명은 『철학의 부스러기』(1844)과 『결론의 비학문적 후서』(1846)의 저자로 등장하는 요한네스 클리마쿠스(Johannes Climacus)와 대조되는 인물로 형성된 것이다. 라틴어 이름 Climacus는 그리스어 klimaks에서 유래한 말로, 이는 '계단' 또는 '사다리'를 의미한다. 따라서 요한네스 클리마쿠스란, 문자 그대로 계단을 오르거나 사다리를 타고 올라가는 자를 뜻하며, 이는 그가 발전적 방식으로 개념을 전개하는 인물임을 시사한다. 예컨대, 그의 존재의 다양한 영역(실존의 양식)에 대한 이론은 보다 불완전한 단계에서 더 완전한 단계로 점진적으로 상승하는 개념 구성을 보여준다.
그에 반해 접두어 'anti'는 '반대하는', 또는 '거스르는'의 의미를 가지므로, '안티-클리마쿠스'는 요한네스 클리마쿠스와 정반대에 있는 존재임을 나타낸다. 수사학적으로도, 클리막스(klimaks)는 단어나 문장, 사상이 점차 고조되도록 배열되어 점증적인 효과를 만들어내는 수사 기법을 뜻하지만, 안티-클리막스(anti-klimaks)는 그 반대 방식으로, 사다리 위로 올라갈수록 오히려 더 큰 불완전함에 도달하게 되는 구조를 나타낸다(참고: 215,15). 이러한 수사 개념에 대한 당시 사람들의 오해에 대해서는, 1849년 8월 4일자로 라스무스 닐센(Rasmus Nielsen)에게 보낸 키르케고르의 편지에서 확인할 수 있다(『Briefe und Aufzeichnungen』, 제219번, 제1권, 243쪽 이하 참조).

3 덴마크어 opbyggelig은 단순히 '고양적(edifying)'이라는 미학적 의미를 넘어서, 신약성경에서 사용되는 헬라어 οἰκοδομέω(집을 세우다, 덕을 세우다)에서 유래한 기독교적 개념이다(고전 8:1). 따라서 '건덕적'은 개인의 내면을 윤리적으로 고무하거나 감정을 고양하는 차원을 넘어, 하나님 앞에서 자기 자신이 세워지고 공동체가 신앙 안에서 세워지는 실존적·교회적 사건을 가리킨다. 키르케고르에게서 opbyggelig은 모든 학문적·철학적 진술이 결국 삶과 인격(Personlighed)의 현실에 관계해야 함을 뜻하며, 단순한 지적 호기심이나 체계적 체험의 축적을 넘어, "하나님 앞에 선 단독자"를 형성하는 본질적 기능을 지닌다. 따라서 '건덕적'은 키르케고르 신학·철학에서 단순한 수사적 장식이 아니라, 실존을 진리로 이끄는 궁극적 목적과 기준이 된다.

4 이 표현에서 "엄격한 학문"은 무엇보다도 사변철학, 특히 헤겔식 철학과 신학을 가리킨다. 키르케고르는 1840년의 한 메모(Pap. III A 6)에서 다음과 같이 적고 있다: "헤겔이 '건덕'을 얼마나 증오하는지는 참으로 기이하다. 그의 철학 어디에서든 그런 증오가 드러난다. 그러나 '건덕'은 사람을 잠들게 하는 아편(수면제)이 아니다. 그것은 영혼의 마지막 '아멘'이며, 인식의 한 측면으로 결코 간과되어서는 안 되는 것이다. —1840년 7월 10일"
다음을 참고하라. https://praus.tistory.com/561

5 로마서 8:28, "우리가 알거니와 하나님을 사랑하는 자 곧 그의 뜻대로 부르심을 입은 자들에게는 모든 것이 합력하여 선을 이루느니라."
고린도전서 14:26, "그런즉 형제들아, 어찌할까 너희가 모일 때에 각각 찬송시도 있으며 가르치는 말씀도 있으며 계시도 있으며 방언도 있으며 통역함도 있나니 모든 것을 덕을 세우기 위하여 하라."

6 "병상 옆의 의사"에 관한 비유는, 올루프 룬트 방(Oluf Lundt Bang)이 이 주제에 대해 상세히 설명한 저서 『병상 곁의 의사(Lægen ved Sygesengen)』를 참조하라. 이 책은 왕립 프레데릭 병원(Frederiks Hospital)에서의 임상 실습을 위한 서론 강의로 구성되었으며, 1845년 제2판(초판 1831년)으로 출간되었다. 키르케고르가 『죽음에 이르는 병』 서문에서 사용한 의사의 강의 비유가 그저 수사적인 장치가 아니

라, 당시 덴마크 의학 교육 담론의 실제 문맥에 뿌리를 두고 있음을 보여준다. 즉, 의사가 병자 앞에서 말할 때, 아무리 전문적이고 학문적인 말이라 하더라도 그 말은 언제나 '환자를 살리기 위한 말'이어야 한다는 의학적 이상을 키르케고르는 신학적, 실존적 사유의 형식으로 수용한 것이다.

7 여기서 "추상적 인간"이라는 표현은, 즉 모든 구체성과 특수성을 제거한 인간이라는 추상, 다시 말해 '순수한 추상으로서의 인간'을 의미하며, 이는 독일 철학자 게오르크 빌헬름 프리드리히 헤겔(G.W.F. Hegel)과 그의 추종자들(헤겔주의자들)이 말한 "순수 존재(die reine Sein)"라는 개념을 풍자적으로 변형한 것이다. 헤겔 철학에서 '순수 존재'란, 모든 현상의 구체적인 특징과 성질을 제거하고 추상화한 끝에 남게 되는 비정의적이며 내용 없는 존재를 뜻한다. 한편, 덴마크어 표현 "narres med"는 "놀림감이 되다, 조롱당하다, 속다"의 뜻으로, 여기서는 철학이 '순수 인간'이라는 개념 놀음에 빠져 실존적 인간을 잃어버리는 것에 대한 아이러니한 비판을 담고 있다.

이 표현은 키르케고르가 헤겔 철학이 실제 인간 존재의 실존적 긴장, 죄책, 고뇌, 믿음의 결단 등을 제거한 채, 인간을 개념화된 추상으로 만들고 마는 위험을 비판하는 데 사용한 대표적 언어이다. 즉, 그는 철학이 "인간에 대해 말하면서도, 정작 아무 인간도 다루지 않는" 그런 자기기만을 "순수 인간이라는 허상으로 놀아나는 것"이라 보았던 것이다.

8 이 표현은 헤겔과 그의 추종자들(헤겔주의자들)은 물론, 덴마크의 신학자이자 시인이었던 N.F.S. 그룬트비(Nikolai Frederik Severin Grundtvig)와 그 지지자들이 보여주는 '세계사적 관점'을 풍자하는 말이다. 여기서 "Forundringsleg(놀라운 장난)"는 덴마크의 전통적인 사교 게임(selskabsleg)을 가리킨다. 이 게임에서는 한 사람이 의자에 앉아 있고, 다른 사람들이 그에 대해 (종종 장난스럽거나 놀리는) 말을 속삭인다. 그는 자신에 대해 말한 사람이 누구인지를 맞춰야 하며, 그 말은 일반적으로 그 사람에게서 특히 '놀라움을 유발하는 점'에 관한 것이다. 키르케고르는 이 유희의 개념을 빌려와, 헤겔이나 그룬트비 계열의 사유가 세계사의 흐름 속에서 마치 초연한 위치에서 인간 존재를 분석하거나 관찰하면서도, 정작 진지하게 실존적 책임을 지려 하지 않는 철학자들의 자세를 조롱하고 있는 것이다. 즉, 그는 "세계사를 앞에 두고 감탄하며 의미를 찾는 철학자적 유희"가 실존의 결단과 고통, 진리 앞에서의 책임과는 본질적으로 무관하다고 본다.

9 이 말은 독일어가 Sorge이다. 하이데거가 주로 사용했던 용어이다.

10 좀 더 장중한 문체-그러나 너무 장중해서 오히려 의미 전달에는 적절하지 않게 되는 문체를 뜻한다. 이는 키르케고르가 원래 사용하려 했던 종교적 설교나 강화의 문체와

유사하다(참고: SKS 20, 119,2). 비슷한 논의는 키르케고르의 일기 NB4:160(1848년) 항목에서도 등장하며, 그 내용은 SKS 20권, 365쪽에 수록되어 있다. 다음 티스토리 참고. https://truththeway.tistory.com/523

요약하자면, 키르케고르가 너무 형식적이고 장중한 설교 문체가 오히려 진정한 전달력에서는 떨어질 수 있다는 점을 인식하고 있었음을 보여준다. 이는 『죽음에 이르는 병』과 수사적 형식에 대한 그의 반성적 태도와도 연결된다.

11 이는 아마도 로마서 5장 12절을 암시하는 것으로 보인다. 그곳에서 바울은 이렇게 말한다: "죄가 한 사람을 통해 세상에 들어오고, 죄를 통해 죽음이 들어왔으며, 그렇게 모든 사람이 죄를 지었기 때문에 죽음이 모든 사람에게 이르렀다." → 참조: 로마서 5:21, 6:16, 6:23도 유사한 주제를 다룬다.

여기에서 키르케고르가 '죽음'이라는 개념을 단순한 생물학적 현상이 아닌, 죄의 결과로서의 영적 비참함(aandelige Elendighed)으로 기독교 신학 용어(terminologi) 안에서 이해하고 있음을 보여준다.

12 at afdøe : 바울에게 있어서 핵심 사상은, 인간이 그리스도를 통해 죄에 대하여 죽었다는 것이다. 예를 들어 로마서 6장 2절에서 이렇게 말한다. "죄에 대하여 죽은 우리가 어찌 그 가운데 더 살리요". 또한 베드로전서 2장 24절에서도, 그리스도께서 "친히 나무에 달려 그 몸으로 우리 죄를 담당하셨으니, 이는 우리로 죄에 대하여 죽고 의에 대하여 살게 하려 하심이라"고 말한다. 이 사상은 경건주의(pietismen) 안에서 더욱 강조되었는데, 인간의 삶은 날마다 죄, 시간성, 유한성, 세상에 대해 자기부정을 통해 죽는 삶이라는 것이다. 이로 인해 강조점은, 인간이 그리스도를 통해 죄에 대해 이미 죽었다는 데에서, 인간이 믿음을 통해서도 죄에 대해 날마다 죽어야 한다는 데로 옮겨졌다.

13 서론은 종말론적 관점에서 이해해야 한다고 생각한다. 다음 티스토리 참고. https://truththeway.tistory.com/525

14 나사로에 대한 언급은 또한 다음을 참고하라. Eighteen Upbuilding Disourses, KW V (SV V 113); Upbuilding Discourses in Various Spirits, KW XV (SV VIII 259); Works of Love, KW XVI(SV IX 98, 308); Christian Discourses, KW XVII (SV X 108)

15 이 구절은 흔히 쓰이는 속담 "살아 있는 한 희망이 있다"를 염두에 둔 표현이다. 이 속담은 구약 성경 전도서 9장 4절에서 유래하였다. "모든 산 자들 중에 들어 있는 자에게는 누구나 소망이 있음은 산 개가 죽은 사자보다 낫기 때문이니라."

이 속담은 19세기 덴마크에서 널리 회자되었으며, N.F.S. 그룬트비의 『덴마크 속담과 격언집』(코펜하겐, 1845)에서 속담 번호 1022번으로 수록되어 있다. 키르케고르가 『죽음에 이르는 병』에서 이 표현을 반전시켜 사용한 것은 매우 중요한 실존적, 신학적 장치이다. 인간적인 기준에서는 "생명이 있는 한 희망이 있다"지만, 기독교적 관점에서는 생명조차도 희망의 조건이 아니며, 오히려 죽음 안에도 희망이 있다는 파격적인 인식을 제시한다. 이것이 키르케고르의 실존적 종말론이다.

1부
죽음에 이르는 병은 절망이다

A

절망은 죽음에 이르는 병이다.[1]

A.

절망(Fortvivlelse)은 영(spirit, 정신)[2]의 병, 곧 자기(self, Selvet)의 병이다. 따라서 세 가지 형태가 있다. 첫째, 자기가 있다는 것을 의식하지 못하는 절망(엄밀한 의미에서 절망이 아님), 둘째, 자신이 되기를 원하지 않는 절망, 셋째, 자신이 되기를 원하는 절망이 그것이다.

인간은 **영**(靈, Aand, 정신)입니다. 그러나 영이란 무엇입니까? 영은 자기(self, Selvet)입니다. 그러나 자기란 무엇입니까? 자기란 '자신과 관계를 맺는 하나의 관계'입니다. 혹은 더 정확히 말하면, '이 관계 자체가 자신과 관계 맺는 것'입니다. 자기란 단순히 하나의 관계가 아니라, '관계가 스스로를 향해 관계 맺는 것', 바로 그것이 자기입니다. 인간은 유한과 무한, 시간과 영원, 자유와 필연의 종합입니다. 요약하자면, 인간은 이 모든 서로 다른 요소들이 하나로 결합된 종합입니다.[3] 종합은 두 요소 사이의 관계를 의미합니다. 이런 식으로 고찰할 때, 인간은 아직 **자기**(self, Selvet)라고는 할 수 없습니다.

두 요소 사이의 관계에서, 이 관계 자체가 부정적 통일(negative unity)로

세 번째 요소입니다.[4] 두 요소는 이 관계 자체와 또 그 관계에 대한 관계 속에서 서로 관계 맺습니다. 따라서 정신(psychical)과 육체(physical) 사이의 관계는 정신(psychical)의 규정 하에 있는 관계입니다. 그런데 이 관계 자체가 다시 자신과 관계를 맺는다면, 이 관계가 긍정적인 세 번째 요소이고, 이것이 자기(self)입니다.[5]

이러한 자신과 맺는 관계, 즉 자기는 자신이 스스로를 정립한(sat sig selv)[6] 것인지, 다른 어떤 존재에 의해 정립되었는지 둘 중에 하나입니다.

만일 자신과 관계하는 이 관계가 다른 관계에 의해 정립된다면, 이 관계는 세 번째 요소이지만, 이 관계는 다시 자기를 정립한 '그 다른 것'과의 관계 속에 있습니다.

그런 파생되고, 정립된 관계가 바로 인간의 자기(human self)입니다. 이것은 자신과 관계를 맺는 관계이며, 이 관계는 자신과 관계를 맺는 동시에, 자신을 정립한 어떤 '타자(他者)'와의 관계를 맺는 관계입니다. 이것이 엄밀한 의미에서 절망의 두 가지 형태가 있을 수 있는 이유입니다. 인간의 자기가 자신을 정립했다면, 한 가지 형태만 있을 수 있습니다. 즉, 자신이 되기를 원치 않는 것, 자신을 제거하기 원하는 절망입니다. 자신이 되기를 원하는 절망인 이 형태는 있을 수 없습니다. 왜냐하면 이 후자의 절망은 특별히 이 전체 관계(즉, 자기)가 자신에 의해 안식과 평안을 이룰 수 없으며, 자신과 관계를 맺는 동시에, 자기를 정립한 그 '타자(즉, 하나님)'와의 관계 안에서만 안식할 수 있다는 것을 전제로 하기 때문입니다.

이 두 번째 형태의 절망(자신이 되기를 원하는 절망) **형태는 단지 여러 절망 중의 하나일 뿐 아니라, 모든 절망의 가장 근원적인 형태이며, 모든 절망은 결국 이 절망으로 환원됩니다.**

예를 들어, 절망하는 자가 절망을 자각하고 있다고 생각해 봅시다. 그가 그것에 대해 무의미하게 이야기하지 않습니다. 마치 그것이 외부로부터 온 고통인 양 묘사하지도 않는다면 말입니다. [예컨대, 현기증(dizziness)[7]으로 고통당하는 자는 **신경 망상**[8]에 의해 마치 자신의 머리에 무거운 것이 얹힌 것 같다고 느낍니다. 그것을 외부에서 주어진 어떤 것으로 여기지만, 사실 그 무게나 압박감은 외부적인 것이 아니라, 내면의 역반사작용(omvendt Reflexion)으로 인한 것입니다.]

이와 같이 절망하는 사람이 절망을 자신의 내적 문제로 인식하면서도, 자신의 힘만으로 그것을 극복하고자 애쓴다면, 사실 그는 여전히 절망 가운데 있으며, 자신이 애쓰는 모든 노력으로 인해 더 깊은 절망 속으로 빠져들 뿐입니다. 왜냐하면 절망의 왜곡된 관계는 단순한 부조화가 아니라, 자신을 위해(for sig)[9] 관계 맺고 있는 관계에 내재한 왜곡이며, 또한 그것은 자신을 정립한 그 '타자', 곧 하나님과의 관계 안에서 무한히 반사되는(비춰지는) 왜곡이기 때문입니다.

절망이 완전히 제거되었을 때의 자기의 상태를 서술하는 공식은 이것입니다. "자신과 관계하면서 자신이 되기를 원할 때, 그 자기는 자신을 정립했던 능력 안에서 투명하게 자기의 근거(grunder Selvet)를 둔다."[10]

B.
절망의 가능성과 현실성[11]

131 절망은 우월성(Fortrin)일까요, 단점(Mangel)일까요? 순수하게 변증법적으로 절망은 둘 다입니다. 만일 누군가 절망하고 있는 사람을 고려하지 않고 절망에 대해 추상적으로만 생각한다면, 그는 이렇게 말할 수밖에 없을 것입니다.

"절망은 하나의 엄청난 우월성이다."

이 병의 가능성이 인간이 동물에 대한 우월성입니다. 이 우월성은 다른 방식으로 **직립보행**(den opreiste Gang)[12]을 하는 것보다 인간을 더 잘 구분해 줍니다. 왜냐하면 이것이 인간이 '영(정신, Aand)'이라는 무한한 정직함과 숭고함을 나타내기 때문입니다.[13] 이 절망(병)의 가능성이 동물에 대한 인간의 우월성입니다. 이 병을 알고 있는 것이 일반 사람들에 대한 크리스천의 우월성입니다. 이 병을 치유하는 것이 크리스천의 축복입니다.

그러므로 절망할 수 있다는 것은 무한한 우월성입니다. 그러나 실제로 절망하는 것은 최악의 불행이자 고통일 뿐 아니라, 이것은 멸망(Fortabelse, 영원한 상실)입니다. 일반적으로 이것은 가능성과 현실성의 관계에서는 사실이 아닙니다.[14][15] 예를 들어, 어떤 사람이 무엇이 될 수 있는 가능성을 가진다는 것은 우월한 것이라면, 그 가능성을 현실로 실현하는 것은 그보다 더 큰 우월성입니다. 즉, "존재할 수 있는 가능성"에 비해 "존재하는 현실성"은 점진적으로 상승하는 관계입니다.[16] 하지만 절망과 관해서는 정반대입니다. 절망하는 상태가 되었다는 것은, 그 가능성에 비해 추락한 하강을 뜻합니다. 절망할 수 있다는 가능성이 무한히 높다면, 실제로 절망하는 것은 그만큼 깊은 추락이며 하강입니다.

<u>결과적으로 절망과 관련하여, 절망하지 않는 것이 상승의 크기(ascending scale)입니다.</u> 다시 말해, 절망의 현실화 자체를 피하는 것입니다. 그러나 다시 여기에서 이 범주는 애매모호합니다. 절망하지 않는 것은 절름발이나 장님이 되지 않는 것과 같지 않습니다. 절망하지 않는 것이 그냥 절망하지 않는 것 그 이상 그 이하도 아님을 의미한다면, 그것이 **절망하고 있음**을 뜻합니다. '절망하지 않는다'는 것은 단순히 '절망하지 않고 있음'을 말하는 것이 아닙니다. '절망하지 않는다'는 것은 가능성 자체를 매 순간 무효화시키는 것을 의미해야 합니다. 사람이 진짜 절망하지 않으려면, 매 순간마다 그 가능성을 파괴해야 합니다. 그렇지 않다면, 그 사람이 진실로 절망하지 않는다고 말할 수 없습니다.

이것은 가능성과 현실성의 관계에서는 일반적으로 사실이 아닙니다. 보통 사상가들은 현실성이 가능성을 '소멸시키는 것'이라고 설명하곤 합니다.

"현실성은 가능성이 소멸된 것이다."[17]

그렇지만 사실 그것은 정확하지 않습니다. 현실성은 완성된 것, 즉 가능성이 충만히 성취된 적극적 가능성(active possibility)입니다.[18] 하지만 반대로 절망의 경우, 절망하지 않는 현실성은 "가능성의 소멸" 그 자체이며, 무능력한 부정(negation)입니다. 가능성과 관련하여 현실성은 일반적으로 가능성에 대한 긍정으로 나타납니다. 하지만 여기에서는 현실성(절망하지않음)이란 가능성에 대한 부정(tilintetgørelse, 무화)입니다.

132 절망은 자신과 자신을 관계하는(forholder) 종합의 관계(Syntheses Forhold)에서의 잘못된 관계(Misforholdet)입니다.[19] 그러나 이 종합 자체가 곧바로 잘못된 관계는 아닙니다. 종합은 단지 가능성일 뿐입니다. 다시 말해, 종합 속에는 그러한 잘못된 관계가 일어날 수 있는 가능성이 놓여 있습니다.[20] **이 종합이 이미 잘못된 관계였다면**, 절망은 존재하지 않게 됩니다. 그렇게 된다면 절망은 인간의 본성 그 자체에 속하는 것이 되고, 그렇다면 그것은 더 이상 '절망'이 아니었을 것입니다.

그런 경우 절망은 마치 인간에 우연히 일어나는 무엇, 인간이 단순히 겪게 되는 질병처럼 고통당하는 것, 혹은 누구나 맞이하는 죽음처럼 단지 운명적인 현상이 되고 말았을 것입니다. 아니, 아닙니다. 절망한다는 사실은 인간 안에 스스로 놓여 있는 것입니다. 그런데 인간이 종합이 아니었다면, 그는 아예 절망할 수조차 없었을 것입니다.[21] 또 만약 이 종합이 하나님의 손으로부터 올바른 균형 속에서 창조되지 않았다면, 그때도 인간은 절망할 수 없었을 것입니다.

그렇다면, 절망은 어디에서 나오는 것일까요? 종합이 자신과 자신을 관계하는 이 관계에서 나옵니다. 말하자면, **인간을 관계로 창조하신 하나님**께서 그분의 손에서 그 관계를 놓아버리시는 것처럼, 하나님은 이 관계가 스스로 자신과 관계를 맺도록 허용하십니다. 바로 이 관계가 영(정신)이고, 자기(self)일 때, 곧 인간이 영적 존재로서 자신과 관계 맺는 그 자리에서, **책임이 발생합니다**. 그리고 이 책임의 조건 아래에서 모든 절망은 존재합니다.

절망이 존재하는 모든 순간은 바로 그 책임 아래 놓여 있습니다.

절망하는 자가 아무리 그의 절망이 불행이라 말한다 해도, 기막히게 자신과 다른 사람을 속인다 해도, 이 절망을 이미 이전에 언급했던 현기증과 혼동한다 해도, 단지 현상적인 오인일 뿐입니다. 책임은 이 관계에 근거를 두고 있습니다. 하지만 아무리 질적으로 다르더라도, **현기증은 절망과 공통점이 많습니다.** 왜냐하면 심리적(psychical) 범주에서 현기증(dizziness)[22]은 영(정신, spirit)의 범주에서 절망과 일치하기 때문이지요. 현기증은 절망에 대한 다양한 유비를 제공합니다.

일단 잘못된 관계인 절망이 생기면, 저절로 계속될까요? 아니, 저절로 계속되는 것은 아닙니다. 잘못된 관계가 계속된다면, 그것은 잘못된 관계가 원인이 아니라, 자신과 자신을 관계하는 **이 관계 자체가 원인**입니다. 즉, 잘못된 관계가 타나날 때마다, 그것이 존재하는 매순간마다, 이 존재의 관계성 자체로 되돌아가야 한다는 의미입니다.

예를 들어, 우리는 부주의하게 행동하여 병에 걸린다고 말합니다. 그렇게 질병이 발생한 뒤, 그 이후로 그 병이 영향을 끼쳐 '현실적 사실'로 나타납니다. 이 병의 원인은 시간이 지나면서 점점 과거의 일로 사라지고 맙니다. 만약 우리가 지금 이 순간에도 계속해서 "당신은 지금 이 병을 자초하고 있습니다"라고 말한다면, 그것은 잔인하고도 비인간적인 일이 될 것입니다. 다시 말해, 그가 병을 얻게 된 것은 단 한 번의 사건이며, 그 이후 병이 지속되는 것은 단지 그 한 번의 사건에 대한 결과일 뿐이고, 매 순간 그 병을 그 사람의 탓으로 돌릴 수 없습니다.

그러나 절망의 경우는 전혀 다릅니다. **절망은 그 매 순간마다 다시 가능성의 차원으로 환원되어야 하는 것입니다.** 즉, 한 사람이 절망하고 있는 모든 순간은 **그 사람이 그 절망을 스스로 차초하고 있는 순간**입니다. 절망의 시간에는 과거라는 것이 존재하지 않으며, <u>모든 것이 언제나 현재의 시간 속에서 새롭게 반복됩니다.</u> 절망하는 사람은 자기 안에서 과거의 모든 것을 '가능성의 현재'로 되살려내며 살아가고 있는 있는 것입니다.

133   이러한 사실은, 절망이라는 것이 단순한 육체적 조건이 아니라, 인간 존재 안의 '영적인 결정'(Bestemmelse af Aand)이기 때문에 가능한 일입니다. 절망은 사람 안에서 영원과 관계하는 문제이기 때문에, 그 사람은 영원한 것을 단 한 번에 떨쳐낼 수 없습니다. 그렇습니다. 영원히 불가능합니다. 단 한 번도 영원을 던져버릴 수 없지요. 이것보다 더 불가능한 것은 없습니다. 그가 영원한 것을 갖지 않는 순간마다, 그는 영원한 것을 거부해야 하고, 그 모든 순간에 걸쳐 그것을 거부하며 살아가야 합니다. 그러나 영원한 것은 다시 돌아옵니다. 다시 말해, 그가 절망하는 순간마다, 자신에게 그의 절망을 새롭게 자초하고 있는 셈입니다. 왜냐하면 절망은 잘못된 관계가 원인이 아니라, **자신과 자신을 관계하는 그 관계 자체가 원인**이기 때문입니다. 사람은 자신에게서 그의 '자기(self)'를 제거하는 것이 불가능한 것처럼, 자신에게서 자신과의 관계를 제거할 수 없습니다. 결국 자기란 동일한 것입니다. 왜냐하면 자기란 자신과의 관계이기 때문입니다.[23]

C.[24]
절망은 "죽음에 이르는 병"이다.

하지만 죽음에 이르는 병인 이 개념은 특별한 방법으로 이해해야 합니다. 문자 그대로 **이 개념은 그 끝과 결과가 죽음인 병**을 의미합니다. 그러므로 우리는 '치명적인 병'이라는 표현을 죽음에 이르는 병과 동의어로 사용합니다. 이런 의미에서, 절망을 죽음에 이르는 병이라 부를 수 없습니다. 기독교적으로 이해하자면, 죽음도 삶의 일부입니다. 따라서 기독교적인 관점에서, 어떤 지상적이고 육체적인 병도 죽음에 이르는 병이 아닙니다. 왜냐하면 죽음은 이 병의 끝이지만, 이 죽음은 끝이 아니기 때문입니다. 가장 엄밀한 의미에서 죽음에 이르는 병에 대한 어떤 문제가 있다면, <u>그것은 그 끝이 죽음이면서 죽음이 끝인 병이어야 합니다.</u> 이것이 명확히 절망의 본질입니다.

그러나 다른 의미에서 절망은 더 정확하게 **죽음에 이르는 병**입니다. 문자 그대로 말하자면, 누구도 이 병으로 죽을 가능성은 눈곱만큼도 없습니다. 혹은 이 병은 육체적인 죽음으로 끝나지 않을 것입니다. 반대로, <u>절망의 고통이란 정확히 죽을 수 없는 무능력입니다.</u> 따라서 절망은 치명적인 질병에 걸린 환자의 상황과 공통점이 많습니다. 죽도록 앓고 있으나 죽을 수 없고, 그럼에도 불구하고 살아날 희망도 없습니다. 죽음이 최대의 위험일 때, 우리는 살기를 소망합니다. 그러나 훨씬 더 큰 위험을 아는 법을 배울 때, 죽기를 소망합니다. 그때 **절망이란 죽을 수조차 없는 무기력**입니다.

134 이 최후의 의미에서 **절망은 죽음에 이르는 병**입니다. 절망은 이런 고통스러운 모순, 자기(self)의 병입니다. 영원히 죽는 중에 있고, 죽고 있으나 죽지 못하는 것이고, **이 죽음으로 죽는**(døe Døden) **것이지요.**[25] 왜냐하면 죽는 것은 모든 것이 끝났다는 것을 의미하지만, **이 죽음을 죽는다는 것은 죽는 것을 경험하는 것을 의미하기 때문입니다.** 병으로 죽는 것처럼 절망으로 죽어야 한다면, 사람 속의 영원한 것인 자기(self)는 육제가 병으로 죽는 것과 같은 의미에서 죽을 수 있어야 합니다. 그러나 이것은 불가능합니다. 절망으로 죽는다는 것은 끊임없이 삶으로 전환됩니다. 절망하는 자는 죽을 수 없습니다.

"칼이 생각을 죽일 수 없듯"[26] 절망은 영원한 것을, 절망의 근원인 자기를 태워버릴 수 없습니다. 절망의 벌레는 죽지 않고, 그 불은 꺼지지 않습니다.[27] 그럼에도 불구하고, 절망은 진실로 **자기소멸**(Selvfortærelse)입니다. 그러나 원하는 것을 알 수 없는 **무기력한 자기소멸**입니다. 절망이 원하는 것은 자기를 태워버리는(fortære) 것이나 이것을 할 수 없습니다. 이런 무기력이 자기소멸의 새로운 형태입니다. 이런 형태에서 절망은 다시 한 번 원하는 것으로, 자기를 태워버릴 수가 없습니다. 이것이 **강화**(加乘, Potentsation)이고, **강화의 법칙**입니다. 이것은 절망의 도발, 절망의 차가운 불입니다. 무기력한 자기 소멸로, 점점 더 깊이 파고들며, 자신을 갉아먹습니다. 그를 태워버릴 수 없는 절망의 무능력이 절망하는 자에게 위로이기는커녕, 정반대입니다. 이 위로가 정확히 고통이고, 자신을 더욱 갉아먹게 할 뿐 아니라, 갉아먹도록 생기를 불어넣습니다. 정확히 이것 때문에 그는 절망하고 있습니다(절망했던 것처럼 있는 것이 아닙니다). 즉, 그는 자신을 태워버릴 수 없고, 제거할 수 없고, 아무것도 아닌 것으로 전락시킬 수 없습니다. 이것이 더 고차원적인 힘으로 상승하는 절망의 공식이고, 이러한 자기의 병에서 열은 더욱 상승합니다.

절망하는 자는 무언가(Noget)에 절망합니다. 그래서 그것은 잠시 동안인 것처럼 보입니다. 다만 잠시 동안에 불과합니다. 동일한 순간에 진짜 절망, 진정한 형태의 절망이 나타납니다. 무언가에 대해 절망할 때, 그는 실제로 **자신**(sig selv)에 대해 절망했던 것입니다. 지금 그는 자신을 제거하고 싶습니다.

예를 들어, 야망이 있는 자의 슬로건은 "카이사르이든가 아무것도 아니든가(Caesar or nothing)"입니다.[28] 그때, 그가 카이사르가 되지 못한다면, 절망합니다. 그러나 이것은 또한 다른 무언가를 의미합니다. 카이사르가 되지 못했기 때문에, 그는 자신인 것을 견딜 수 없었던 것이지요. 결과적으로, 그는 카이사르가 되지 못해서 절망한 것이 아닙니다. **카이사르가 되지 못했기 때문에 자신에 대하여 절망한 것입니다.**

이 **자기**(self)가 카이사르가 되었다면, 최고의 행복을 누렸을 것입니다(덧붙여 말하자면, 다른 의미에서 절망하는 것과 같은 상태). 그런데도 이 자기는 그에게 전혀 견딜 수 없습니다. 더 깊은 의미에서, 견딜 수 없는 것은 카이사르가 되지 못한 그의 실패가 아닙니다. **견딜 수 없는 것은 카이사르가 되지 못한 자기입니다.** 혹은 더 정확히 말해, 그에게 견딜 수 없는 것은 자신을 제거할 수 없다는 것입니다. 그가 카이사르가 되었다면, 절망적으로 자신을 제거했겠으나, 카이사르가 되지 못했고 절망적으로 자신을 제거할 수 없었습니다. 본질적으로 그는 절망하고 있는 것과 같습니다. 그가 **자기**(self)를 갖지 못했고, **자기 자신**(himself)이 아니기 때문입니다. 그가 카이사르가 됨으로 자신이 되지 못한 것이 아니라, 자신을 제거했던 것이고, 카이사르가 되지 못함으로 자신을 제거할 수 없어 절망했던 것이지요. 따라서 절망하는 자에게 "그가 자신을 태워버리고 있습니다."라고 말하는 것은 피상적 관찰입니다. (그런 사람은 아마도 절망하는 자도, 심지어 자신도 본 적이 없습니다.) 그러나 이것이 정확히 절망하는 그가 원했던 것이거나 고통당하면서도 할 수 없는 것입니다. 왜냐하면 절망은 탈 수 없는 것에, 자기 속에 태워버릴 수 없는 것에 불을 붙였기 때문입니다.

결과적으로, 무언가에 대한 절망은 아직 올바른 절망이 아닙니다. 그것은 시작에 불과합니다. 혹은 의사가 병에 대해 말하듯, 그는 명확히 이 병에 대해 선언하지 않았습니다. 그 다음이 명확히 **선언된 절망**(declared despair, erklærede Fortvivlelse)[29]으로, **자신에 대하여 절망하는 것**입니다.

젊은 처녀가 사랑에 대해 절망합니다. 즉, 애인의 상실로, 그의 죽음으로, 혹은 배신으로 절망하고 있습니다. 이것은 선언된 절망이 아닙니다. 아니, 처녀는 자신에 대하여 절망하고 있습니다. 처녀의 이 자기, 그녀에게서 제거되었거나, '그의' 애인이 되었더라면 가장 행복한 방식으로 상실했던 자기, 이 자기가 이제 이 처녀에게 **재앙**(Plage)입니다. '그' 없이 자기가 되어야 한다면 말입니다. 처녀의 보물이었던 (다른 의미에서 절망하는 것과 같을지라도) 이 **자기**(self)가 지금은 그녀에게 혐오스러운 **공허함**(Tomhed)입니다. '그'가 죽었거나 그녀가 속았다는 구역질나는 기억 때문입니다. 한 번 저 처녀에게 "당신은 지금 자신을 태워버리고 있습니다."라고 말해보십시오. 그러면 다음과 같은 대답을 듣게 될 것입니다.

"오, 아닙니다. 내가 고통스러운 것은 그렇게 할 수 없기 때문입니다."

[30]자신에 대한 절망, 자신을 제거하기를 원하는 절망, 이것은 **모든 절망의 공식**입니다. 그러므로 절망의 다른 형태인 자신이기를 원하는 절망도 첫 번째 형태인 자신이기를 원하지 않는 절망으로 복귀될 수 있습니다. 우리가 이전에 자신이기를 원하지 않는 절망인 이 형태를 자신이기를 원하는 절망인 이 형태로 해소시켰던 대로 말입니다(A를 참고). 절망하는 자는 절망적으로 자신이기를 원합니다. 그러나 절망적으로 자신이기를 원한다면, 그는 확실히 자신을 제거하고 싶지 않습니다. 맞습니다. 그렇게 보일 것입니다. 그러나 더욱 면밀히 관찰해 보면, 이 모순은 확실히 동일합니다. <u>그가 절망적으로 원하는 자기는 그에게 없는 자기입니다.</u> (진리 안에서 그에게 있는 자기는 절망의 정반대이기 때문입니다.) 다시 말해, 그는 **자기를 정립했던 그 힘**에서 자기를 떼어내고 싶습니다. 하지만 그의 모든 절망에도 불구하고, 그는 이것을 할 수 없습니다. 그가 아무리 절망적인 노력을 다한다 해도, 저 힘은 더 강한 자이고, 그가 **원하지 않는 자기**가 되도록 강요합니다. 그러나 이것은 자신을 제거하기를 원하는 그의 방식입니다. 그가 꿈꾸었던 자기가 되기 위해 그에게 있는 자기를 제거하기를 원하는 방식입니다. 그가 원하는 자기가 되어 최고의 행복을 누릴 수 있습니다. (다른 의미에서 그는 절망하는 것과 같을지라도 그렇습니다.) 그러나 그가 원하지 않는 자기가 될 수밖에 없는 것, 그것은 그에게 고통입니다. 그는 자신을 제거할 수 없습니다.

소크라테스는 영혼의 병(죄)은 몸의 병이 몸을 소멸하듯 영혼을 태어버릴 수 없다는 사실을 통해 **영혼의 불멸성**을 입증했습니다.[31] 따라서 사람 속에 **영원한 것**은 절망이 자기를 태워버릴 수 없다는 사실에 의해 입증될 수 있습니다. 정확히 이것이 절망에서의 모순의 고통입니다. 사람에게 영원한 것이 아무것도 없었다면, 그는 절망할 수 없습니다. 절망이 자기를 태워버릴 수 있었다면, 그때도 절망은 있을 수 없습니다.

이것이 절망의 본질, 자기의 병, 죽음에 이르는 병입니다. 절망하는 자는 치명적으로 아픕니다. 다른 병의 경우와는 완전히 다른 의미에서, 이 병은 가장 치명적인 부분을 공격했으나 그는 죽을 수 없습니다. 죽음은 이 병의 끝이 아니라, 끊임없이 지속되는 끝입니다. 죽음으로 이 병에서 구원을 받는 것은 불가능합니다. 왜냐하면 이 병과 고통(그리고 죽음)이 정확히 죽을 수 없는 무능력이기 때문입니다.

이것이 절망의 상태입니다. 절망하는 자가 아무리 절망을 피하려 해도, 완전히 자신을 상실하는 데 성공했어도(특별히 절망하는 것을 모르는 절망의 형태인 경우), 이 상실을 발견할 수 없을 정도로 자신을 완전히 상실했어도, **영원**(eternity)은 그의 상태가 절망임을 드러낼 것입니다. **영원**은 그를 자신에 못 박을 것입니다. 그리하여 그의 고통은 자기를 제거할 수 없는 데 있게 될 것입니다. **영원**은 그가 자신을 제거하는 데 성공한 것은 상상에 불과한 것임을 보여줄 것입니다. **영원**은 이것을 기필코 실행할 것입니다. 왜냐하면 자기를 갖는 것, 자기가 되는 것이 인간에게 제공된 최대의 양보(Indrømmelse), 무한한 양보이기 때문입니다. 그러나 이것은 또한 인간에 대한 **영원의 요구**입니다.

참고자료

1   최종 원고에서 바뀐 내용은 다음을 참고하라.
A.[1부]
죽음에 이르는 병은 절망이다.
[여백에서: 저 절망*이 죽음에 이르는 병이다.
절망에 대한 몇 가지 명확한 관찰과 표현에 있어 죽음에 이르는 병

*주의. 틀림없이 이것은 불필요하다. 하지만 나는 이것을 할 것이다. (6쪽: 14-16에서와 같음) 절망은 그런 변증법적인 것이다. 이것이 죽음에 이르는 병이다. 그럼에도, 다른 측면에서, 이것은 이 병의 치유의 첫 번째 형태이다.(6쪽: 17-19에서와 같음)
이 노트는 서문에 사용되었다.]

A.
절망은 영, 곧 자기의 병이며, 따라서 세 가지 형태를 가질 수 있다. 첫째, 절망 가운데 있으면서도 자신이 자기를 가지고 있다는 사실을 의식하지 못하는 것(이는 엄밀한 의미의 절망은 아니다). 둘째, 절망 가운데 자신이 자기가 되기를 원하지 않는 것(곧 자기 자신을 벗어나고 싶어하는 절망). 셋째, 절망 가운데 자신이 자기가 되기를 원하는 것.
1.   (그리고 자기가 자기 자신과 관계 맺을 때, 자기 자신이 파생된 것으로서 제3자에게 관계 맺는다.) 인간은 심리적·신체적 종합, 곧 무한과 유한의 종합이다 …
2.   인간의 자기는 또 다른 방식으로 자신과 관련되며, 바로 이 때문에 절망은 엄밀한 의미에서 두 가지 형태(원래는 세 가지 형태)로 나눌 수 있다.
— Pap. VIII2 B 170:1, n. d., 1848

2   이 단어는 덴마크어로는 Aanden으로, 철학에서는 '정신(spirit)', 기독교에서는 주로

'영'으로 옮긴다. 역자는 이 단어를 기독교적인 용어로 '영(spirit)'으로 옮긴다.

3 인간이 시간과 영원의 종합이라는 개념에 대하여는 다음 자료를 참고하라. The Concept of Irony, KW II (SV XIII 163); Either/Or, II, KW IV (SV II 38); The Concept of Anxiety, KW VIII (SV IV 315, 319-20, 323, 328, 331, 334-35, 338, 341, 349-50, 355, 358, 360-62, 385, 390, 408, 421); Stages, KW XI (SV VI 97, 103, 106, 118, 151, 290, 382); Postscript, KW XII (SV VII 42-43, 63, 73); The Point of View, KW XXII (SV XIII 567); JP I 55; VI 5792(Pap. VI A 102, B 18).

4 이 부분은 다음을 참고하라. "첫 번째 자기" Eighteen Upbuilding Discourses, KW V (SV V 95-96)

5 Ibid. 이 부분과 "더 깊은 자기"와 비교해 보라.

6 sat: 논리적 의미에서 이 단어는 어떤 것을 주장하다, 즉 어떤 것을 전제로 삼다, 정당한 것으로 간주하다, 그 유효성을 인정하다는 뜻이다. 또한 무엇인가를 설정하다, 결정하다의 의미도 있다. 'sætte'라는 동사는 라틴어 ponere(포네레: '두다', '설정하다')와 같은 의미로 사용된다. 이 용어는 키르케고르가 『죽음에 이르는 병』에서 "자기(self)는 자신이 스스로를 정립한 것인가(sat sig selv), 아니면 어떤 다른 존재에 의해 정립된 것인가(sat ved et Andet)"를 묻는 논리적·신학적 맥락에서 핵심 개념이다. 이 구절은 결국 "자신이 하나님에 의해 정립된 존재인지 여부"라는 존재론적 질문을 함축하고 있다.

7 이 부분은 다음을 참고하라. The Concept of Anxiety, KW VIII (SV IV 331, 464); Three Discourses at the Communion on Fridays, KW XVIII (SV XI 266), Historical Introduction, p. xii; 다음 일기를 참고하라.

... (b) 절망은 현기증이 일어나는 것, 혹은 현기증과 같은 것이다. 하지만 본질적으로(질적으로) 다르다.

1. 현기증의 가능성은 정신과 육체로 구성되어 있는 데 있다. 정신과 육체의 경계에 있는 애매한 결합(joint)이다. ... 따라서 현기증은 정신과 육체의 상호작용이다. 심지어 여기에서 어느 것이 더 적극적인지(active) 결정하는 것은 더 쉽다. 많은 경우에 결정하는 것이 어렵더라도 말이다.

2. 현기증이 정신과 육체의 구성과 관계하는 것처럼, 절망은 영적인 것에서 유한과 무한, 자유와 필연의 저 구성과 관계한다. 즉, 스스로 (반성적으로, 책임감을 갖고) 있는 관계에서 신적인 것과 인간적인 것과의 구성과 관계한다. 관계임에도, 정신과 육체의 관계는 (절망처럼) 스스로 존재하는 관계가 아니다. 이미 보여주었듯이, 이것이 발생하는 방식이다. 즉, 절망하는 사람은 현기증이 발생하는 순간, 현기증에 시달리

는 사람처럼 절망의 순간에 자신이 주인이 아니다. 그럼에도 절망하는 자신의 입장에 책임을 진다. 하지만 현기증에 시달리는 사람은 같은 방식으로 말할 수 없다.

현기증에 대한 것처럼, 절망에 대하여도 어떤 구성이 더 적극적인지 보여주는 것이 때로는 더 쉽다. 하지만 때로는 어렵다. 그러나 모든 절망에는 유한과 무한, 신적인 것과 인간적인 것, 자유와 필연의 상호작용이 있다. 따라서 이후에 발전되는 것의 예를 들자면, 사람은 필연에 대하여 절망한다. 즉, 절망은 그 모습이 나타날 때, 필연은 냉담하게도 그에게 분명해진다. 그럼에도 불구하고 그는 자유 덕분에 절망한다. 진실로 절망하는 것이 자유이다. 그러나 지금 그가 자유에 대하여 절망하고 있다고 가정해 보라. 상호작용은 거기에 동일하다. 왜냐하면 자유에 대하여 절망할 때, 이런 저런 형태의 필연은 그에게 분명해지기 때문이다. 그럼에도 그가 자유에 대해 절망하는 것은 자유 때문이다. 결과적으로 모든 절망에는 상호작용이 존재한다. 왜냐하면 절망이란 구성 요소들 간의 잘못된 관계이기 때문이다. 구성요소들은 서로에 대한 관계를 갖고 있거나 서로의 관계 안에 있거나, 서로의 관계를 구성한 것 안에 있다. 이 잘못된 관계가 언제나 책임을 질 뿐이다. 사람은 현기증으로 괴로워할 수 있으나 절망으로는 그럴 수 없다.

3. 현기증으로 괴로워하는 사람을 관찰해보면, 이미 알려지다시피, 그의 모습에서 주목할 만한(징후를 보이는) 것에 주의할 것이다. 따라서 괴로워하는 자는 종종 무언가 그에게 덮친다고 불평한다. 그것은 마치 그가 견뎌야 하는 무게 같다. 이런 압력, 무게는 외적인 것이 아니다. 시각적이고 청각적인 환영에 대해 말하듯, 이것은 신경 망상이다. 이것은 내적인 것에 대한 역전된 반성이다. 고통당하는 자는 외적인 것처럼 내적인 압력을 느낀다. 이것은 철학도 마찬가지이다. 절망하는 사람은 그의 절망을 고통으로 이해한다. 죄책 대신에 말이다. 이것은 절망의 상태의 극단적인(그러나 물론 책임을 지는) 결과만큼이나 본질적으로 모든 절망에 적용된다. 이것은 치유의 표적이고, 구원의 시작이다. 절망하는 자가 이것을 다르게 이해하는 법을 배운다면. 그러나 신경증 환자가 저 외적인 압력에 대해 불평하듯, 절망하는 자는 절망에 대하여 불평하고 이것, 즉 자기 고발(self-accusation)에 대해 듣지 않는다.

4. 현기증의 수많은 표현을 따라가 보면, 절망과 일치하는 것을 언제나 발견하게 될 것이다. 수도 없이 이런 유사성이 탁월하게 입증되고, 설명된다. 즉, 그의 상황을 서술할 때, 절망하는 사람은 종종 현기증과 관련된 표현에 의존한다. 다른 점은 무한하다. 다른 점은 절망이 정신, 자유, 책임과 관계한다는 점이다.

5. 건강한 상태에서나 정신과 육체의 평정 상태에서, 사람은 현기증이 없다. 절망도 이와 마찬가지이다. 스스로와 스스로를 관계하는 사람이 절대적으로 스스로를 하나

님과 관계한다면, 결코 절망은 존재하지 않는다. 이 경우가 아닌 매순간마다, 어떤 절망이 존재한다. 결과적으로 스스로와 스스로를 관계하는 사람이 절대적으로 스스로를 하나님과 관계할 때, 모든 절망은 제거된다. 이것은 현기증과 어느 정도는 다르다. 왜냐하면 현기증은 정신적으로(psychically) 규정된 인간의 규정이고, 정신과 육체 사이의 관계에서의 평정에 대한 문제이기 때문이다. 혹은 주로 육체적인 것이 영향을 받든, 정신적인 것이든, 이것이 방해를 받는 곳에서, 현기증을 일으키는 문제이기 때문이다. 그러나 이것은 스스로를 위한 관계의 문제가 아니고, 스스로와 제3자와 관계하는 이런 관계의 문제도 아니다. 둘 사이의 관계에서, 이 관계는 어떤 의미에서 제3자이다. 그러나 이 관계가 스스로를 위한 것이 아니라면, 이 관계는 제3자이다. 그러나 이 관계는 제3자의 관계가 아니다.

한편, 절망과 관계하여, 이것은 단지 둘 사이의 평정의 문제가 아니다. 혹은 더 정확히 말해, 정신으로서 인간은 자기 자신 안에서 평정을 가질 수 없다. 인간은 구성(종합)으로서 관계이지만, 스스로와 스스로를 관계하는 관계다. 그러나 그는 관계로서 자기 자신을 정립하지 않았다. 스스로를 위한 관계일지라도, 그가 존재하는 관계는 다른 사람에 의해 정립된다. 이 다른 사람과의 관계에 의해서만 그는 평정 가운데 있을 수 있다. 이 관계에서 잘못된 관계가 있자마자, 절망이 존재한다. 그러나 그가 이 관계에서 자기 자신과 다른 사람과 관계하지 않을 때마다, 절망은 또한 존재한다.

절망에 대한 이 최후의 공식은 특별한 종류를 암시하는 것만은 아니다. 반대로, 모든 절망은 궁극적으로 여기에서 해소되고 복귀된다. 그가 믿는 대로, 절망하는 자가 자신의 절망을 깨닫는다면, 그에게 일어난 것으로 이것에 대하여 더 이상 무감각하게 말하지 못한다. 이제 그는 온 힘을 다해 절망과 싸울 것이다. 그러나 이 병이 더 깊은 곳에 있음을 깨닫지 못한다면, 그의 속에 이 잘못된 관계가 관계로서 그를 정립했던 이 힘과의 잘못된 관계에서 무한히 스스로를 반성하고 있음을 깨닫지 못한다면, 그는 여전히 절망하고 있다. 그의 모든 노력을 다 한다 해도, 스스로를 더 깊은 절망에 빠지게 할 뿐이다. 그는 절망 속에서 자기 자신을 상실한다. 다시 죄를 짓고 이에 대해 책임을 진다.

따라서 절망은 본질적으로(질적으로) 현기증과 다르다. 그러나 아마도 이 비교는 건달의 변덕에 의존하고 있는 것도, 일시적인 유사함을 표현한 것도 아니고, 다만 유비를 잉태할 만큼 잘 고찰된 것으로, 아마도 더 깊은 의미를 지닌다. -JP I 749 (Pap. VIII2 B 168:6) n.d., 1848

8   nerveust Bedrag: 이 표현은 'optisk bedrag'(시각적 착각) 또는 'akustisk bedrag'(청각적 착각)과 같은 표현과 유사하게 구성된 말로, 여기서 'nerveust

bedrag'는 '신경적 착각', 즉 내부의 감각적 착오를 외부적인 자극으로 잘못 인식하는 상태를 뜻한다. 예컨대, 어떤 내적인 압박감이나 불안이 마치 외부에서 가해진 압력처럼 느껴지는 경우, 이것은 'nerveust bedrag', 즉 신경계적 착각이라고 부를 수 있다. 키르케고르는 『죽음에 이르는 병』에서 이러한 개념을 사용하여, 절망이 단순히 '외부에서 오는 고통'이 아니라 내면 깊은 곳에서 자신에게 반사되는 왜곡된 감정임을 설명하려는 것이다.

9   심신(psycho-somatic)의 이중성으로서 개인은 '자기 자신 안에' 존재한다. 자신과 자신을 관계할 때, 이중성은 '자기 자신을 위해' 존재한다. 다음을 참고하라. Sartre's en soi and pour soi. Jean-Paul Sartre, Being and Nothingness, tr. Hazel E. Barnes (New York: Philosophical Library, 1956), pp. 73-220, 617-28.

10 grunder (…) i: 이는 무엇에 근거하다, 기초를 두다, 기원하다라는 의미이다. 즉, 어떤 것이 그것의 근본, 토대, 혹은 출처를 어디에 두고 있다는 뜻이다. 이 표현이 포함된 중심 문장의 이해에 관해서는, 예를 들어 SKS 11권(『죽음에 이르는 병』)의 다음 구절들과의 평행 표현들을 참고하라.
146쪽 29행 이하, 161쪽, 그리고 196쪽 등에서 비슷한 구조의 문장이 반복된다. 이때 "grunder i"는, 자기(self)가 단지 독립된 개체가 아니라 자기를 설정한 '타자'(곧 하나님)의 능력 안에 본질적으로 의존하고 있음을 드러내는 실존 신학적 표현이다.

11 최종 원고에서의 이 표제에 대한 내용은 다음을 참고하라. 책임에 강조점이 있다.
최종 원고에서;
절망의 가능성과 현실성[삭제된 것: 변증법] [이것은 '정신'의 규정이 되는 것에 근거를 둔 책임이다. 왜냐하면 이것은 둘 사이의 관계에서의 잘못된 관계가 아니라 스스로와의 관계인 둘 사이의 관계에 있기 때문이다.] -Pap. VIII2 B 170:3 n.d., 1848

12 den opreiste Gang: 이 표현은 고대 철학에서 인간을 정의할 때 자주 언급되는 '직립보행(直立步行)' 개념을 가리킨다. 예를 들어, 키케로(Cicero)의 『신들의 본성에 대하여(De natura deorum)』 제2권 56장(140절)에서는 신들이 인간에게 부여한 선물 중 하나로서 "인간을 땅에서 들어 올려 세움으로써, 하늘을 바라보며 신을 인식할 수 있도록 하셨다"고 말한다. 즉, 인간은 단순히 땅에 속한 존재가 아니라, 초월적이고 하늘에 속한 것들을 바라보는 '관찰자(spectator)'로 창조되었다는 것이다. 이처럼 '직립보행'은 인간의 신적, 이성적 존엄성을 상징하는 표현으로 사용되며, 키르케고르도 절망의 가능성을 이 직립성보다 더 본질적인 우월성, 곧 영(spirit)이라는 실존적 조건으로 이해한다. 이는 키르케고르가 단순한 생물학적 차원(직립성)보다 더 본질적인 인간의 하나님 앞에서의 자기 의식(영적 구조)을 강조하고 있음을 보여

준다.
13   이 문장에 대한 더 긴 표현이 원고가 있다. 이것은 이후에 등장하는 하나님과 사람의 질적 차이에 대한 중요한 보충 자료를 제공하고 있다.(99, 117, 121, 126 그리고 127쪽) 이 부분에 대하여는 다음을 참고하라. 원고에서;
. . . 그리고 더 훌륭한 것, 저 이해 불가능한 혼합, 저 인간의 영원한 구조(structuring), 즉, 인간은 시간과 영원의 혼합으로 되어 있다. 동물의 친척으로서의 인간인 그가, 신과의 친척인 인간이 된다. -Pap. VIII2 B 168:2 n.d., 1848

14   NB15:101, JP IV 4030 (Pap. X2 A 436)을 참고하라.

15   다음의 NB15:101, JP IV 4030 (Pap. X2 A 436)을 참고하라.
이해 불가능한 것*으로, 세계의 비밀로 악에 대한, 죄에 대한 탁월한 작은 부분이 존재한다. 정확히 그것은 토대가 없는 것(the groundless)**이기 때문이다. 나 역시 그가 Daub을 인용하는 것을 보고 즐거운데, Daub 역시 가룟 유다에 대해 이 입장을 취하며 악을 기적의 특별한 범주에 넣으려는 경향이 있다. 그가 나중에 이 관점을 포기했고, 그의 작품 「인간의 자유에 대한 가정」에서 악을 부정적인 것으로 개념화할 수 있다는 데 동의했을지라도 말이다.
J. M이 '죄의 이해 불가능성'이 제한된 지식 때문에 발생한 일이 아니라고 말할 때, 그는 전적으로 옳다. 적절한 과정은 우리가 계속해서 추측하는 것(speculating)이고 그 때 확실히 죄에 도달할 것처럼 보인다. 아니, 죄의 이해 불가능성은 명확히 죄의 본질이다.
또한 죄를 다음과 같이 볼 수도 있다. 한 때 죄에 굴복했지만 지금은 구원받은 인간을 데리고 와서 그에게 저런 방식으로 죄를 지을 수 있음을 지금은 이해할 수 있는지를 묻는다면, 그는 "아니요, 결코 그렇지 않습니다."라고 대답했을 것이다. 사람이 더 순수할수록, 그에게 악은 더 이해 불가능하다.
나는 또한 다른 방식으로 죄의 이런 상상 불가능성(inconceivability)을 입증할 수 있다. 안티 클리마쿠스가 악에 관련하여 가능성과 현실성이 그것들이 달리 작용했던 것의 역전된 방식으로 서로 관계함을 정확하게 보여주었다. 다른 경우들에서, 현실성은 가능성보다 더 높다. 그러나 악과 관련하여, 현실성은 가능성보다 더 낮다. 가능성으로서의 선은 불완전한 것인 반면, 현실성으로서의 선은 완전한 것이다. 그러나 가능성으로서의 악은 현실성으로서의 악보다 더 좋다.
그러나 물론 악을 이해하는 것은 현실성을 가능성으로 분해하는 것이다.(요하네스 클리마쿠스를 보라.) 그러나 저 경우 현실성이 가능성보다 더 낮다면, 물론, 그것은 이해하는 것은 불가능하다. 왜냐하면 죄는 현실성일 때만 진정으로 존재하기 때문이다. 그러나 이해한다는 것은 가능성으로 분해하는 것이다. 따라서 악을 이해하는 것은 불가능하다. 가능성으로 분해될 때, 그것은 악이 아니기 때문이다. 선은 이해될 수 있다. 왜냐하면 가능성과 현실성 사이에 직접적 관계가 존재하는 반면, 가능성에서의 선은 더 낮은 것이고, 선을 이해하는 것은 질적으로 선을 실현시키는 것으로부터 분리되기 때문이다.

*침투 불가능한 것(the impenetrable)
**임의의 불연속성(the arbitrary discontinuity)
[a] Julius Müller. Doctrine of Sin 1st part pp. 457ff.

[d] 그러므로 우리는 반성에 대하여, 죄를 짓고 있거나 죄 지었음을 고려할 때, 술 취한 자의 상태처럼 그의 상태를 서술하기 쉽다. 그는 만취했거나 말하자면, 그의 의식은 만취해서 완전히 어두움에 잠겨버린 것이다. 여기에 토대가 없는 것(the groundless)의 범주가 있다. 그러나 우리는 악이 사람 속에서 놀라운 에너지가 있어, 스스로를 어두움 가운데 내던지기를 바란다는 것을 망각하지 말아야 한다. 또한 이것이 사람이 책임져야 하는 것임을, 본질적으로 의지 속에 부여된 것임을 망각하지 말아야 한다. 그러나 술 취함 자체는 의식 아래로 침몰하는 것인 반면, 술주정뱅이가 강한 술독에 빠져 술 취한 것으로 죄를 짓는 것처럼, 죄 역시 마찬가지이다.

16   "존재하는 것"은 "존재할 수 있는 가능성"에 대해 점진적인 상승관계(stigen)로 이해된다는 표현이다. 키르케고르는 이와 관련하여 『요하네스 클리마쿠스 또는 De omnibus dubitandum est』(1842-43)의 초고에서 다음과 같이 언급한다:
"아리스토텔레스가 말하듯이, 현실적인 것(virkelige)은 가능한 것(mulige)보다 시간상으로도, 가치상으로도 더 우월하며 앞선다. 이와 마찬가지로 확신(vished)은 회의(tvivl, 의심)보다 앞선다." (Pap. IV B 2)
이 구절은 아리스토텔레스 『형이상학』 1049b 10을 배경으로 하며, 키르케고르가 이를 접한 직접적인 문헌 출처는 다음 중 하나로 추정된다. W.G. 테네만 (Geschichte der Philosophie, 제3권, 1801, p. 238), 또는 헤겔(철학사 강의, 제2권, 1836 / Werke 제14권, p. 327f.)
이러한 철학적 전통에서는 "가능성"이 "현실성"보다 본질적으로 선행되지 않고, 오히려 현실성(실제로 존재하는 것)이 가능성보다 존엄하고 우위에 있으며, 시간적으로도 앞선다고 보았다. 키르케고르는 이를 역설적으로 전복하여, 절망의 경우에는 오히려 현실성이 무너짐과 추락의 방향으로 작동함을 지적한다. 즉, 절망에 있어서는 현실로 되는 것이 곧 타락의 시작인 것이다. 이 구절은 키르케고르가 고전 형이상학 (아리스토텔레스-헤겔)을 비판적으로 수용하면서 실존적 자기됨의 역설적 구조를 드러내기 위해 그 전통을 어떻게 변형시키는지를 보여준다.
아리스토텔레스, 『형이상학』, 김진성 역(파주: 서광사, 2022), 1049b를 참고하면 다음과 같다.
8장 발휘/실현 상태가 잠재/가능 상태보다 앞선다.
'프로테론'(proteron, 먼저 또는 앞섬)이 얼마나 많은 뜻으로 쓰이는지 다룬 바 잇는데, 이로부터, 분명히 발휘/실현 상태가 잠대 상태보다 먼저다. 내가 말하는 '뒤나미스'(dynamis, 잠재 상태의 힘)는 여기서, 앞서 규정한 힘, 즉 다른 것 안에 든 또는 자신을 다른 것으로 놓는 조건에서 자신 안에 든 다른 것이나 자신을 변하게 할 수 잇는 근원(변화의 근원)인 힘뿐만 아니라, 일반적으로 어떤 것을 움직이게 할 수 있거나 어떤 것을 서게 할 수 있는 근원(운동과 정지의 근원)인 힘 모두를 뜻한다. 자연력도 힘과 같은 유에 든다. 왜냐하면 자연력은 바로 자신을 움직이게 할 수 있는 근원이기 때문이다. 단, 자연력은 다른 것 안에 들지 않고, 자신을 다른 것이 아닌 자신으로 보는 조건에서 자신 안에 든 움직임의 근원이다. 발휘/실현 상태는 그런 모든 잠재 상태의 힘보다 정의와 실체성에서 앞선다. 그리고 시간 안에서 그것은 어떤 점에서 그런 힘보다 앞서지만, 어떤 점에서는 그렇지 않다.

17 "철학자들은 가능성이 현실이 되는 순간 그것은 소멸된다"고 말하곤 한다: 이 표현은 요하네스 클리마쿠스가 『철학적 단편(Philosophiske Smuler)』의 「막간곡(Mellemspil)」 제1절에서 말한 내용을 반영한다. 해당 본문은 다음과 같다: "가능성(ikke blot det Mulige, der bliver udelukket, men selv det Mulige, der bliver antaget)은 그것이 현실이 되는 순간, 아무것도 아님(Intet)으로 드러난다; 현실화됨에 따라 가능성은 소멸된다(tilintetgjort)."(SKS 4, 274)

해설: 고전 형이상학 혹은 철학적 사유 전통에서는 일반적으로 이렇게 본다.
　　가능성(possibility) → 현실성(reality)의 잠재적 전단계.
　　현실성은 곧 그 가능성이 "완성되어", 그 가능성은 더 이상 존재하지 않는다는 의미에서 "소멸"된다.

예시: "나는 음악가가 될 가능성이 있다" → 실제로 음악가가 되면, 그 가능성은 더 이상 가능성이 아닌 실제적 현실이 된다. 가능성은 사라지고, 현실만 남는다. 하지만 키르케고르(요하네스 클리마쿠스)는 이것을 단순한 철학적 규칙이 아니라 실존적 긴장과 연결하여 다룬다. 예를 들어, 『죽음에 이르는 병』에서는 "절망하지 않기 위해서는 매 순간 '절망할 가능성'을 소멸시켜야 한다"고 말한다. 즉, 보통의 현실화는 가

능성의 자연스러운 완성이지만, 절망을 피하기 위한 현실화는 가능성의 끊임없는 제거와 부정이라는 실존적 작업이 된다. 이러한 맥락에서 보면, 키르케고르는 단순한 논리적 "가능성 → 현실성"의 도식을 넘어서, 자기의 형성과 구원, 죄와 자유, 하나님과의 관계라는 실존의 장에서 가능성의 실현이 아니라 소멸이 중요하다고 말하고 있다.

18   다음을 참고하라. Fragments, KW VII (SV IV 237)
생성되는 동안 계획이 본질적으로 변화되었다면, 생성된 것은 이 계획이 아니다. 그러나 계획이 변화되지 않는 채 생성된다면, 생성의 변화란 무엇인가? 그때 이 변화는 본질(Væsen)의 변화가 아니라 존재(Væren)의 변화다. 이것은 존재하지 않는 것에서 존재하는 것으로의 변화다. 그러나 생성된 주체에 의해 뒤에 버려진 이 비존재(non-being)는 존재해야 한다. 그렇지 않다면, "생성된 주체는 이 생성의 변화가 있는 동안 변하지 않은 채 남지 않기 때문이다." 아예 존재한 적이 없었던 것이 아니라면 말이다. 그리하여 다시 한 번 다른 이유로, 이 생성의 변화는 다른 변화와는 절대적으로 다르다. 왜냐하면 이것은 어떤 변화가 아닌 반면, 모든 변화는 언제나 변하는 무언가를 전제하고 있기 때문이다. 그러나 그런데도 비존재인 그런 존재는 가능성이다. 그리고 존재하고 있는 한 존재는 현실적 존재이거나 현실성이다. 생성의 변화는 가능성에서 현실성으로의 이행이다.

필연적인 것은 생성될 수 있는가? 생성은 변화다. 그러나 필연적인 것은 언제나 자기 자신과 관계하고, 같은 방식으로 자기 자신과 관계하므로, 결코 변화될 수 없다. 모든 생성은 고난(Liden)이다. 그러나 필연적인 것은 고난당할 수 없고, 현실성의 고통으로 고난당할 수도 없다. 다시 말해, 가능한 것(배제된 가능성뿐 아니라 수용된 가능성)은 현실이 되는 순간에 무(nothing)임이 판명난다. 왜냐하면 가능성은 현실성에 의해 소멸되었기(annihilated) 때문이다. 명확히 생성에 의해, 생성된 모든 것은 그것이 필연적인 것이 아님을 증명한다. 왜냐하면 생성될 수 없는 유일한 것은 필연적인 것이기 때문이다. 필연적인 것은 존재(is)하니까.

그때, 필연은 가능성과 현실성의 통일이 아닌가? 이것은 무엇을 의미하는가? 가능성과 현실성은 본질이 아니고, 존재에서 다르다. 어떻게 이런 이질성에서 필연인 통일이 형성될 수 있는가? 필연은 존재가 아니라 본질의 규정이다. 왜냐하면 필연적인 것의 본질은 존재하는 것이기 때문이다. 이 경우, 가능성과 현실성은 필연이 되면서, 변화가 없는 절대적으로 다른 본질이 되고 만다. 필연 혹은 필연적인 것이 되면서, 생성을 막는 유일한 것이 되고 만다. 하지만 자기모순처럼 불가능하다.

19   다음을 참고하라. 원고에서;

..... 자신과 자신을 관계하는 종합의 관계에서 잘못된 관계, 시간과 영원의 혼합된 인간에서의 시간과 영원 사이의 잘못된 관계. -Pap. VIII2 B 168:3 n.d., 1848

20 다음을 참고하라. 최종 원고에서;

..... 잘못된 관계의 가능성이 종합에 있다. 책임은 여기에 있다. 잘못된 관계는 정신(영, spirit)의 규정에서 자신과 자신을 관계하는 관계에 있다는 것이다. -Pap. VIII2 B 170:4 n.d., 1848

21 이 부분은 다음을 참고하라. 원고에서;

..... 그가 시간과 영원으로 구성된 종합이 아니었다면, 절망할 수 없다. 본래, 시간과 영원으로 올바르게 구성되지 않았더라도 절망할 수 없다. 따라서 인간의 절망은 시간과 영원의 잘못된 관계이다. 이 관계에서 그의 본질이 구성된다. 그러나 올바른 관계는 하나님의 손으로부터 나온다.

그때, 잘못된 관계는 무엇으로부터 나오는가? 인간 자신으로부터 나온다. 인간은 이 관계를 방해하며, 이 관계가 정확히 절망하는 것이다. 이것이 어떻게 가능한가? 간단하다. 영원과 시간의 구성에서, 인간은 관계이고, 이 관계 안에 있고, 스스로와 스스로를 관계한다. 하나님은 인간을 관계로 지으셨다. 인간이 된다는 것은 관계가 되는 것이다. 그러나 말하자면, 하나님이 그분의 손에서 이 관계를 풀어놓았다는 사실에 의해, 혹은 말하자면, 하나님이 이 관계를 해방시킨 같은 순간, 스스로와 스스로를 관계하는 관계다. 이 관계는 같은 순간에 잘못된 관계가 될 수 있다. 절망한다는 것은 잘못된 관계가 발생한 것이다. -JP I 68(Pap. VIII2 B 168:5) n.d., 1848

22 앞에서 언급한 현기증을 찾아 볼 것.

23 이 부분에서 제거된 것을 확인하려면 다음을 보라. (Pap. VIII2 B 168:6, 170:6)

Pap. VIII2 B 168:6은 7번 미주를 확인해 볼 것

최종본에서;

6. 절망함으로써(이것은 현실성을 가능성으로 축소하는 것(retracting)이기 때문이다.), 자유롭게 이질적인 힘에 휩싸인다. 자유롭게 혹은 자유 안에서 그 힘 아래에 노예가 된다. 혹은 그는 자유로우면서도 부자유하게 자신의 힘 가운데 있다. 이 이질적인 힘을 주인이라 부른다면, 절망하는 자는 이 주인을 위해 노예가 되어 자기를 학대하는 데 자유롭다. 그가 자신이 손 안에서 부자유하다고 말한다면, 결과적으로 자신을 위해 노예가 된 것이고, 그는 자신의 노예이다. 이것이 잘못된 관계이다. 자유의 진정한 관계는 이것이다. 자유롭게 완전히 선의 힘, 자유의 힘 가운데 있기, 혹은 자유롭게 됨으로써만 그 힘에 거할 수 있고, 자유롭게 된 그 힘에 거함으로써만 그 힘 가운데 있기.

두 번째 관계는 이것이다. 자유롭게 섬기기, 주인의 힘의 도구가 완전히 됨으로 섬기기. 이 주인은 여태껏 노예에게 요구했던 어떤 주인보다 더 큰 순종을 요구하고 있다는 것은 틀림없다. 그럼에도 불구하고, 그가 섬길 때 아무 노예도 갖지 않을 것이다.
-Pap. VIII2 B 170:6 n.d., 1848

24   이 장에서 삭제된 부분은 다음과 같다. 최종 원고에서;
[삭제된 것: C.] 질적으로 다른 것과의 비교에 의해 설명된 절망: 현기증 혹은 어지러움

1. 현기증의 가능성은 관계로서 정신과 육체의 종합에 있다.(그러나 정신의 규정인 스스로와 스스로를 관계하는 관계로서가 아니다.) 현기증은 정신과 육체의 애매한 경계이다. 의사는 이것을 잘 안다. 또한 때로는 상호작용하는 요소들 중에 어떤 것이 지배적인지 결정하기가 힘들다는 것이다. 육제적인 것이 원인이 되는 현기증이 존재한다. 이것을 출발점으로 하여 정신에 영향을 미친다. 그리하여 어떤 복부의 상태가 지속적으로 현기증의 성형을 낳는다. 또한 다른 종류의 현기증이 존재하는데, 이것을 영향을 끼치는 부분을 토대로 일반적인 관례에 따라 이름을 붙인다면, 심리적 현기증(psychical dizziness)이라 부를 수 있다. 기절 또는 실신, 졸도라 부르는 것이 일어난다. 왜냐하면 심리적인 것이 기절에 의해 육체에 영향을 끼치기 때문이다.

C.
절망은 "죽음에 이르는 병"이다.
-Pap. VIII2 170:7 n.d., 1848

25   이 부분은 창세기 2:16-17을 암시하고 있다. "여호와 하나님이 그 사람에게 명하여 이르시되, 동산 각종 나무의 열매는 네가 임의로 먹되 선악을 알게 하는 나무의 열매는 먹지 말라. 네가 먹는 날에는 반드시 죽으리라 하시니라."

26   다음을 참고하라. 원고의 여백에서;
. . . . 자살에 대한 에발드(Evald)의 시-Pap. VIII2 B   145:3 n.d., 1848

또한, 다음을 참고하라. Johannes Evald, "En aandelig Sang," Samtlige Skrifter, I-IV (Copenhagen: 1780-91; ASKB   1533-36), I, p. 299. 저널. JP IV 4731 (Pap. IV A 48)
이 시구절은 요하네스 에발트(Johannes Ewald)의 시 「영적인 노래, 그 안에서 유혹받아 자신의 생명을 스스로 끊고자 하는 자들에게 그리스도 예수의 사랑의 권면이 제시되다(En aandelig Sang, hvori indføres Forsonerens Jesu Christi kierlige

Advarsel til dem, som fristes af de onde og ulyksalige Tanker at ville forkorte deres eget Liv)」에서 유래한 것이다. 이 시는 1779년 자살 유행에 대응하여 거리 노래 형식으로 발표된 바 있다.

쇠렌 키르케고르는 이 구절을 1843년 그의 저널 기록 JJ:59에 필사하였으며, 이는 SKS 18권 159쪽에 수록되어 있다. 키르케고르는 에발트의 전집(1780-91년 간행, 코펜하겐, 도서관 번호 1533-1536)의 제1권 291-302쪽 중, 299쪽에 실린 전체 연을 인용하였다. 전체 연은 다음과 같다:

"바다의 물결이 지울 수 있을까요?
독이 하나님의 형상을 파괴할 수 있을까요?
단검이 생각을 죽일 수 있을까요?"
(참고: 전집 제1권, 299쪽)

이 시는 Pap. VIII 2 B 145에도 초안이 남아 있다.

해설:
이 시는 육체의 파괴로는 인간의 본질적인 정신과 자아를 제거할 수 없다는 깊은 실존적 통찰을 담고 있다. "단검이 생각을 죽일 수 없다"는 말은, 단순한 자살 행위가 고통이나 절망의 본질을 제거하지 못한다는 뜻이다. 에발트는 자살이라는 극단적 행위가 결국 자기 존재의 근원적 문제로부터 도피가 아님을, 오히려 영혼의 본질은 파괴되지 않고 남아 있음을 노래한다.

키르케고르가 이 시를 인용한 이유는 명백하다. 『죽음에 이르는 병』에서 말하듯, 진정한 죽음은 생물학적 죽음이 아니라 '자기 자신으로부터의 도피'로서의 절망이다. 에발트의 이 시는 이러한 키르케고르적 절망 이해를 시적으로 선취하고 있다. 생각과 영혼은 칼로 죽일 수 없으며, 자살은 자신의 실존적 문제를 해결해 주지 않는다는 진리를 강조한다.

27 [막9:43-48] 만일 네 손이 너를 범죄하게 하거든 찍어버리라. 장애인으로 영생에 들어가는 것이 두 손을 가지고 지옥 곧 꺼지지 않는 불에 들어가는 것보다 나으니라. 만일 네 발이 너를 범죄하게 하거든 찍어버리라. 다리 저는 자로 영생에 들어가는 것이 두 발을 가지고 지옥에 던져지는 것보다 나으니라. 만일 네 눈이 너를 범죄하게 하거든 빼버리라. 한 눈으로 하나님의 나라에 들어가는 것이 두 눈을 가지고 지옥에 던져지는 것보다 나으니라. 거기에서는 구더기도 죽지 않고 불도 꺼지지 아니하느니라.

28　Aut Caesar aut nihil, 체사레 보르자(Cesare Borgia)의 모토임. 또한, 다음을 참고하라. Stages, KW XI (SV VI 144). 여기에서 시저는 로마 황제 율리우스 카이사르를

암시한다. 이 문구는 이탈리아 정치가이자 군대 사령관인 체사레 보르자와 관련이 있다. 그는 이 문구를 율리우스 카이사르의 흉상 아래에 비문으로 넣었다. 나중에는 이 말을 자신의 좌우명으로 삼았다고 한다.

29   이 표현은 병의 성격을 결정할 수 있을 정도로 명확하게 병이 나타났다는 뜻이다. 마치 의사가 병을 진단한 후 병이 무엇인지 결정한 것과 같다.

30   이후의 구절은 다음을 참고하라. 원고에서;
자신에 대한 절망, 자신이기를 원하지 않는 절망, 자신을 제거하기 원하는 절망, 자신을 삼키기 원하는 절망은 모든 절망의 공식이다. 다른 절망의 형태인 자신이기를 원하는 절망은 바로 이 형태로 복귀될 수 있다. 이미 언급했던 것처럼, 자신이기를 원하지 않는 절망, 자신을 제거하기 원하는 절망은 자신이기를 원하는 절망으로 복귀될 수 있다. -JP I 750 (Pap. VIII2 B 168:8) n.d., 1848

31   플라톤, 「국가」 제10권(608c-611a)을 가리킨다. 여기서 소크라테스는 영혼은 병이나 죽음으로 인해 육체처럼 사라지지 않는다고 주장한다. 그는 다음과 같이 말한다. "영혼이 자기 자신에게 고유한 악이나, 다른 어떤 외부의 악에 의해서도 파괴되지 않는다면, 그것은 항상 존재해야 하며, 항상 존재하는 것이라면, 불멸임이 분명합니다."
소크라테스(Socrates, 기원전 약 470-399년)는 플라톤과 아리스토텔레스와 더불어 고대 그리스의 가장 유명한 철학자이다. 그는 직접 글을 남기지 않았으며, 그의 사상과 인격은 세 명의 동시대 작가들 —아리스토파네스(희극 『구름』), 크세노폰(회상록 『소크라테스 회상』 등 4편의 '소크라테스적 저작'), 그리고 플라톤(대화편들)—에 의해 전해졌다. 그는 아테네 민중법정에서 국가가 인정한 신이 아닌 다른 신들을 받아들이고, 젊은이들을 타락시켰다는 이유로 사형 선고를 받았으며, 평정심 속에서 독배를 마시고 처형되었다.

B
이 병(절망)의 보편성

138   마치 의사가 "완전히 건강한 사람은 아마 한 사람도 살아 있지 않을지도 모른다"고 말할 수 있듯이, 만일 사람이 인간을 제대로 안다고 한다면, 이렇게 말할 수 있을 것입니다.

"세상에 살아 있는 사람 중에 단 한 사람도, 조금도 절망하지 않고 있는 이는 없다."

어떤 이의 마음 깊은 곳에는 언제나 불안, 불화, 부조화, 어떤 알 수 없는 것에 대한 두려움, 혹은 그 자신조차 직면할 용기를 내지 못하는 어떤 것에 대한 두려움, 또는 **존재의 가능성**(Tilværelsens Mulighed)에 대한 **불안**, 혹은 **자기 자신에 대한 불안**이 깃들어 있습니다.[1] 그래서 그는 마치 의사가 말하는 것처럼, "몸 안에 병을 지니고 사는 것"처럼, 자신도 모르게 어떤 병을, 즉 **영**(spirit)**의 병**을 안고 살아가는 것입니다.

이 병은 때때로 설명할 수 없는 불안이라는 방식으로 번쩍이며 모습을 드러냅니다. 자신 안에 그것이 존재하고 있다는 것을 아주 잠깐이나마 감지하게 합니다. 그리고 어떤 경우든, **크리스텐덤**(Christenheden)[2] 바깥에 사는 사람들 중에는 단 한 사람도 절망하지 않는 사람은 없었으며, 현재도 없습니다. 또한 크리스텐덤 안에 있는 사람들 중에도, 참된 그리스도인이 아닌 사람은 모두 절망 가운데 있습니다. 그가 완전히 참된 그리스도인이 아니라면, 여전히 어떤 형태로든 절망하고 있는 사람입니다.

이 고찰은 많은 이들에게 역설적이거나, 과장된 것, 그리고 어둡고 우울한 관점처럼 보일 수 있을 것입니다. 그러나 이 고찰은 이 셋 중 그 어떤 것도 아닙니다. 이것은 어둡지 않습니다. 오히려 일반적으로 모호하게 방치되어 있는 영역에 빛을 비추려는 시도입니다. 또한 우울한 것도 아닙니다. 오히려 고양시키는 것이며, 모든 인간을 가장 높은 요청, 즉 '**영**(spirit, Aand)'으로 존재해야 한다는 소명 아래에서 바라보는 것입니다. 그리고 이 고찰은 역설도 아닙니다. 오히려 일관되게 전개된 근본적 통찰이며, 그런 점에서 결코 과장된 것도 아닙니다.

일반적인 절망에 대한 이해는 겉모습(Tilsyneladelsen)에 머무르며, 그로 인해 피상적인 고찰, 곧 사실상 고찰이 아닌 것이 됩니다. 이러한 견해는, 사람은 자기 자신에 대해 스스로 가장 잘 알고 있기 때문에, 절망하고 있는지 아닌지를 스스로 판단할 수 있을 것이라고 전제합니다. 그래서 자신이 절망하고 있다고 말하는 사람은 절망한 사람으로 간주되고, 반대로 스스로 절망하지 않았다고 여기는 사람은 절망하지 않은 사람으로 여겨집니다. 그 결과, 절망은 마치 드문 현상처럼 여겨지게 되며, 실제로는 전적으로 보편적인 것임에도 불구하고 그렇지 않게 인식됩니다. 절망한 사람이 드문 것이 아닙니다. 오히려 진실로 절망하지 않은 사람이 드물며, 아주 드물 뿐입니다.[3]

하지만 일반적인(저속한) 관찰은 절망에 대해 매우 형편없는 이해만을 가지고 있습니다. 예를 들어, (이것 하나만 언급하더라도 수천, 수만, 수백만의 사람들을 절망의 정의 아래 포함시킬 수 있음에도 불구하고), 그들은 다음과 같은 사실을 완전히 간과합니다.

"자신이 절망하고 있다는 것을 인식하지 못하는 것" 자체가, 바로 절망의 한 형태이다.

이는 절망을 이해함에 있어서 일반적인 통찰이 얼마나 부족한지를 잘 보여줍니다. 그들은 마치 누군가 병에 걸렸는지를 판단할 때조차도 정확히 이해하지 못하는 것처럼 행동합니다. 그러나 절망에 대해선 이보다 훨씬 더 깊은 차원에서 그렇습니다. 왜냐하면 이러한 저속한 통찰은 '영(정신, spirit)'이 무엇인지를 거의 전혀 이해하지 못하기 때문입니다. 그리고 '영'을 이해하지 못한다면, 절망도 결코 이해할 수 없습니다. 사람들은 대체로 이렇게 생각합니다.

"그 사람이 자신이 아프다고 말하지 않으면 건강한 것이고, 심지어 그 스스로 건강하다고 말하면 더더욱 그렇다."

그러나 의사는 병을 그렇게 보지 않습니다. 왜 그럴까요? 의사는 '건강함'이란 무엇인지에 대한 명확하고 정제된 개념을 가지고 있으며, 그 개념을 기준으로 사람의 상태를 판단합니다. 의사는 다음을 알고 있습니다.

"병이 단순한 착각일 수 있듯이, 건강도 착각일 수 있다."

따라서 의사는, 어떤 경우에는 먼저 병이 드러나도록 조치를 취해야 할 필요가 있다고 판단합니다. 전반적으로, 의사는 진정한 전문가이기 때문에, 사람이 말하는 자신의 상태를 무조건적으로 신뢰하지 않습니다. 만약 모든 사람이 자신의 건강 상태에 대해 말하는 것이 항상 옳고 믿을 만한 것이라면, 의사라는 직업은 환상에 불과할 것입니다. 왜냐하면 의사의 역할은 단순히 약을 처방하는 것이 아니라, 무엇보다 병을 아는 것, 즉 겉보기에는 아픈 것처럼 보이는 사람이 정말 아픈지, 혹은 건강해 보이는 사람이 실제로는 아픈지를 알아내는 것이기 때문입니다.

절망에 대한 통찰도 이와 동일합니다. **영혼의 의사**(den Sjelekyndige) 즉 실존적 통찰을 지닌 자는 절망이 무엇인지 알고 있으며, 따라서 단순히 어떤 사람이 "나는 절망했다", 또는 "나는 절망하지 않았다"고 말하는 것을 곧이곧대로 받아들이지 않습니다. 사실 어떤 의미에서는, 자신이 절망했다고 말하는 사람들이라고 해서 반드시 실제로 절망한 것은 아닙니다. 사람은 절망을 가장할 수도 있고, 절망을 단순한 기분의 저하나 지나가는 낙심과 혼동할 수도 있기 때문입니다. 이런 감정들은 시간이 지나면 자연스럽게 사라지고, 절망이라는 실존적 상태까지 이르지 않는 경우도 많습니다. 그럼에도 불구하고, **영혼의 의사**는 이런 것들조차도 절망의 형태로 봅니다. 그는 그것이 단지 가장된 것[4]이라는 사실도 인식합니다. 그러나 바로 그 '가장함'이 절망입니다. 또한 그는 그 슬픔이나 침체가 별 의미도 없고, 결국 아무 일도 일어나지 않는다는 사실을 봅니다. 그러나 바로 그 '아무 일도 일어나지 않는다'는 것이 절망입니다.

일반적인(저속한) 관점은 또 한 가지 중요한 점을 간과합니다. 절망은 일반적으로 말하는 질병과는 다르게 **변증법적이라는 점**입니다. 왜냐하면 절망은 영(정신)의 병이기 때문입니다. 그리고 이 변증법적 특성을 올바로 이해하게 되면, 수천 명의 사람들을 또다시 절망의 정의 아래 포함시킬 수 있습니다.

예를 들어, 어떤 의사가 특정한 시점에서 "이 사람은 건강하다"고 확신했다고 해 봅시다. 그런데 이후 어느 순간 그가 병에 걸린다면, 그 의사는 그 당시에는 그가 건강했고, 지금은 병에 걸렸다고 말할 수 있으며, 그 말은 옳습니다. 하지만 절망의 경우는 전혀 다릅니다.

한 사람이 절망을 드러내는 순간, 그것은 그가 이미 이전부터 절망하고 있었음을 드러내는 것입니다. 그렇기 때문에, 아직 구원받지 않은 사람에 대해, 그가 지금 절망하고 있지 않다는 이유만으로 그가 절망한 적이 없는 사람이라고 단정할 수 있는 순간은 없습니다. 왜냐하면, 만약 어떤 사건이나 계기가 발생하여 그가 절망에 빠지게 되었다면, 그 순간 동시에 밝혀지는 것은, 그가 그 이전의 삶 전체에 걸쳐 절망 가운데 있었다는 사실이기 때문입니다. 반면, 사람이 지금 열병에 걸렸다고 해서 그가 평생 동안 열병을 앓아왔다고 말할 수는 없습니다. 하지만 절망은 영(spirit, 정신)의 규정(자격, Bestemmelse)이며, 영원한 것과 관계되기 때문에, 그 안에는 **영원의 변증법**이 작용하고 있습니다.⁵

<u>절망은 단지 일반적인 질병과는 다른 방식으로 변증법적일 뿐만 아니라, 절망과 관련된 모든 징후들 자체도 변증법적입니다.</u> 그렇기 때문에 피상적인 관찰은 절망이 실제로 존재하는지 아닌지를 판단하는 데 있어서 쉽게 오류에 빠지게 됩니다. 왜냐하면 '절망하지 않았다'는 것이 오히려 절망하고 있다는 것을 의미할 수도 있고, 반대로 정말로 절망으로부터 구원받았다는 것을 의미할 수도 있기 때문입니다.

예를 들어, 마음이 편안하고 안심이 되는 상태(안정감과 평온)는 실제로 절망하고 있다는 표시일 수도 있습니다. 바로 그 평온함, 바로 그 안심이 절망

일 수 있는 것입니다. 그러나 동시에 그것은 절망을 극복하고 참된 평화를 얻은 상태를 나타낼 수도 있습니다.

'절망하지 않은 상태'는 '병들지 않은 상태'와는 다릅니다. 병들지 않은 상태는 단순히 병이 없다는 것을 의미합니다. 하지만 '**절망하지 않았다**'**는 말은 오히려 절망하고 있다는 것을 의미할 수도 있습니다**. 절망은 일반적인 병처럼, "몸이 좋지 않은 상태"가 곧 병이라는 식으로 간단하게 판단될 수 있는 것이 아닙니다. 절대 그렇지 않습니다. "몸이 좋지 않다는 느낌(Ildebefindende)"조차도 변증법적입니다. 즉, 이런 상태를 전혀 느껴본 적이 없다는 것, 그것이 곧 절망의 표시일 수 있습니다.

이 말의 의미는 다음과 같으며, 그 근거는 이렇습니다. 즉, 인간을 '영(정신, Aand)'으로서 바라볼 때—절망에 대해 말하려면 반드시 인간은 **영의 규정** 아래에서 이해해야 합니다—인간의 상태는 언제나 '위기'[6]라는 것입니다. 사람들은 육체적 질병에 대해 말할 때는 '**위기 상태**'(crisis)라는 표현을 사용하지만, 건강에 대해서는 그렇지 않습니다. 왜 그럴까요?

그 이유는, 육체적 건강은 '**직접적인 상태**'(umiddelbar Bestemmelse)이기 때문입니다. 이 건강 상태는 오직 병이 들었을 때, 비로소 변증법적으로 작용하게 되며, 그때에야 '위기'라는 개념이 적용되기 때문입니다. 하지만 '영의 차원', 즉 인간을 영혼으로서 바라볼 때에는, 건강이든 병이든 항상 위기적입니다. 왜냐하면 '**직접적인 영의 건강**'이라는 것은 존재하지 않기 때문입니다.[7]

인간을 '영(Aand)'의 규정 아래에서 바라보지 않게 되는 순간(그리고 만약 그렇게 보지 않는다면 절망에 대해 말할 수도 없습니다), 그때 인간은 단지 정신과 육체의 종합(Psychical-physical)'으로만 이해됩니다. 그럴 경우 건강은 '직접적인 상태'

로 간주되고, 영혼이나 육체의 병이 비로소 변증법적인 규정이 됩니다.[8] 하지만 절망이란, 바로 인간이 자신이 '영으로 규정된 존재'임을 자각하지 못하는 것입니다.

심지어 인간적으로 볼 때 가장 아름답고 사랑스러운 것, 즉 젊고 순수한 여성성, 평온과 조화, 기쁨만으로 가득 찬 그 상태조차도, 그것은 여전히 절망입니다. 그것은 행복이지만, **행복은 영의 규정이 아닙니다**. 그리고 그 행복의 가장 깊숙한 숨겨진 은밀한 곳 안에는 불안, 곧 절망이 살고 있습니다. 절망은 그곳에 머물기를 간절히 원합니다. 왜냐하면 행복의 가장 깊은 내부, 그곳이 절망이 가장 사랑하고, 가장 아끼는 거처이기 때문입니다.

모든 '**직접성**(Umiddelbarhed)'은, 겉으로는 평안하고 안정되어 보이는 환상을 갖고 있지만, 실제로는 **불안**이며, 따라서 결국에는 '무(無)'에 대해 가장 불안해 합니다.[9] '직접성'을 가장 크게 불안하게 만드는 것은 무시무시한 무엇에 대한 묘사도 아니고, 차라리 은근하고 무심하게 던진 한 마디, 그것도 정확하게 계산된 반성의 목표에 따라 던진 말, 즉 막연한 어떤 것에 대한 언급입니다. 그리고 직접성이 가장 불안해지는 순간은, 그것이 무언가를 알고 있다고 교묘하게 암시받을 때입니다.

물론 직접성은 실제로는 아무것도 모르고 있습니다. 하지만 반성(refleksion)은 '무'로부터 함정을 만들 때 가장 정확하게 인간을 포획합니다. 그리고 반성이 가장 반성다운 순간은, 그것이 바로 '무'일 때입니다. 직접성은 탁월한 반성을 필요로 합니다. 아니면 더 정확하게 말해, 무에 대한 반성을 견딜 수 있기 위해, 즉 **무한한 반성**을 견딜 수 있기 위해 큰 믿음을 필요로 합니다.

그렇기에, 다시 말하지만, 가장 아름답고 사랑스러운 것, 즉 젊은 여성성과 그 행복조차도 절망입니다. 그것은 행복이지만, 바로 절망입니다. 그러므로 이 직접적인 행복(직접성)으로 인생을 끝까지 살아내는 것은 결국 실패하고 맙니다. 혹여 이 '행복'이 인생을 끝까지 살아낸다고 해도, 그것은 별로 도움이 되지 않습니다. 왜냐하면 그것 자체가 절망이기 때문입니다. 절망은 철저히 변증법적이기 때문에, 이 병에 대해 다음과 같이 말할 수 있습니다.

"이 병을 한 번도 앓아보지 않은 것이야말로 가장 큰 불행이며, 이 병을 앓게 되는 것은, 설령 그것이 가장 위험한 병이라 해도, 하나님께서 주시는 복된 선물입니다. 단, 그 병에서 고침받기를 거부하지만 않는다면 말입니다."

다른 질병들에 대해서는 보통, "병에서 나으면 복이다"라고 말하지만, 그 병 자체는 여전히 불행입니다.

그러므로 [10]절망은 드문 현상이라고 여기는 일반적인(저속한) 견해는, 사실과는 가장 멀리 떨어진 생각입니다. **실상 절망은 오히려 전적으로 보편적인 것입니다.** 또한, 자신이 절망하지 않았다고 생각하거나 느끼는 사람은 절망하지 않은 것이고, 오직 스스로 절망했다고 말하는 사람만이 절망한 것이라고 여기는 견해 또한 사실과는 전혀 맞지 않는 것입니다.

반대로, 자신이 절망했다고 말하는 사람, 특히 그것을 가장하지 않고 진실되게 고백하는 사람은, 적어도 약간은 절망한 것이며, 변증법적으로 볼 때, 절망을 전혀 인식하지 못하는 사람들보다 치유에 더 가까운 위치에 있는 사람입니다. 그리고 바로 이 점에서, **영혼을 아는 자**(영혼의 의사)는 제 말에 분명히 동의하실 것입니다. 그것은 바로 다음과 같은 사실입니다.

대다수의 사람들은 자신이 '영으로 규정된 존재'라는 것을 제대로 자각하지 못한 채 살아갑니다. 그리고 바로 이로부터 우리가 흔히 말하는 '안정감', '삶에 대한 만족' 등등이 나오는데, 이것들이야말로 사실은 절망입니다. 반대로, 자신이 절망했다고 말하는 사람들은 일반적으로 다음 두 부류 중 하나입니다. 하나는 내면이 깊어서 반드시 자기 자신을 영(spirit)으로 자각하게 될 수밖에 없는 사람들이고, 다른 하나는 무거운 사건이나 두려운 결정들을 통해 자신이 영임을 자각하게 된 사람들입니다. 보통은 이 부류들이 절망을 고백합니다. 그러나 정말로 절망하지 않은 사람은 극히 드물다고 말할 수 있습니다.

오, 사람들은 인간의 고통과 비참함에 대해 참으로 많은 말을 합니다. 저는 그것을 이해하고자 애써 왔고, 실제로 그 일부를 아주 가까이서 체험해 본 적도 있습니다. 그러나 참으로 허비된 삶이란, 인생의 기쁨이나 슬픔에 속아 흘려보내 버린 삶, 곧 영원히 결단적으로 자기 자신을 영으로서, 자기로서 의식하지 못한 삶입니다. 다시 말해, 하나님이 계시다는 사실과 '그'—곧 자기 자신, 그의 자기가 이 하나님 앞에 서 있다는 사실을 가장 깊은 의미에서 주목하지도, 감명을 받지도 못한 삶입니다. 이러한 **무한한 획득**(Vinding)[11]은 절망을 통하지 않고서는 결코 도달할 수 없는 것입니다.

아아, 그런데도 이 얼마나 비참한 일입니까! 수많은 사람들이 그런 식으로 살아간다는 것, 가장 복된 생각을 빼앗긴 채, 속임을 당한 채 살아간다는 것 말입니다. 그보다 더한 비참은, 우리가 사람들을 혹은 인류 전체를 다른 수많은 목적에는 열심히 동원하면서도, 정작 이 유일한 복됨—"개별자로서 자기가 누구인지를 하나님 앞에서 아는 것"—에 대해 거의 아무도 기억하게 하지 않는다는 것입니다. 우리는 사람들을 모읍니다. 그러나 모아서 그들을 속이고, 그들을 흩어 개별적으로 만들어, 각자가 오직 이 한 가지, 곧 영원을 살아갈 수 있는 단 하나의 가치 있는 것을 얻게 하지 않습니다. 저는 이렇게 말하고 싶습니다.

"이런 비참함이 실제로 존재한다는 사실 앞에서 나는 영원히 울 수 있을 것 같다!"

오, 그리고 이것이야말로 이 가장 끔찍한 병과 비참함, 즉 절망의 또 다른 무서운 징후라고 저는 생각합니다. 그 절망의 감춰짐입니다. 단지 그 병을 앓는 자가 그것을 숨기고 싶어하고, 실제로 숨길 수 있다는 것만이 아니라, 그 병이 인간 안에 너무도 깊이 감춰질 수 있어서, 그 사람이 자신조차도 그것을 전혀 인식하지 못할 수 있다는 사실입니다!

오, 그런데 어느 날 **모래시계**가 다 흘러내려 버린다 해보십시오. **시간성이 모래시계**(Timelighedens Timeglas)가 다 소진되고, 세상의 소란이 멈추며, 바쁘거나 무기력하던 모든 활동이 끝나고, 당신 주위가 영원의 침묵 속에 잠기게 될 때, 그때는 다음과 같은 것들이 더 이상 중요하지 않게 됩니다.

   당신이 남성이었든 여성이었든,
   부자였든 가난했든,
   의존적이든 독립적이든,
   행복하든 불행하든,
    당신이 높은 곳에서 왕관의 광채를 지녔든,
   눈에 띄지 않게 오직 하루의 수고와 고생만을 겪었든,[12]
    당신의 이름이 세상이 존재하는 한 기억될 만큼 유명했든,
   아니면 이름 없이 셀 수 없는 무리 속에 끼어 있었든,

당신을 둘러싼 영광이 모든 인간적 서술을 초월했든,
혹은 당신에게 최악의 굴욕과 가장 엄격한 인간의 심판이 닥쳤든,
그 모든 것을 넘어서, 영원은 오직 단 하나의 질문만을 던질 것입니다. 수백만 수백만 중의 각각의 사람에게 단 한 가지를 묻습니다.

"당신은 절망 가운데 살았는가, 살지 않았는가? 즉 절망했는가?"

그것은 다음과 같은 형태일 수도 있습니다.
"그 절망이 당신도 자신이 절망한 줄 몰랐을 만큼 깊었는가, 아니면 당신이 그 병을 당신 속에 은밀히 품고 있었는가? 마치 속을 갉아대는 비밀처럼, 혹은 당신 가슴 밑에서 태어난 죄된 사랑의 열매처럼,[13] 혹은 당신이 다른 이들에게는 공포를 불러일으킬 만큼 절망 속에서 격렬히 분노했는가."

그리고 만일 그렇다면, 만일 당신이 절망 가운데 살았다면 — 당신이 그 밖에 무엇을 얻었든 잃었든 — **당신에게는 모든 것은 상실된 것입니다.** 영원(eternity)은 당신을 인정하지 않을 것이며, 영원은 당신을 결코 알지 못했으며, 더 끔찍한 것은, 영원은 당신을 있는 그대로 안다는 것입니다. 영원은 당신을 절망 가운데 있는 당신 자신으로 붙들어 고정시킬 것입니다.[14]

참고자료

1 키르케고르가 비길리우스 하우프니엔시스(Vigilius Haufniensis)라는 가명으로 발표한 저서 『불안의 개념』(1844년)에서 다루고 있다(해당 본문: SKS 4권, 309-461쪽). 그리고 이 책에서 사용된 주제들은 『죽음에 이르는 병』의 저자인 안티 클리마쿠스(Anti-Climacus)가 책 전반에서 여러 차례 언급하고 있는 내용이기도 하다.
2 Christenheden(크리스텐덤): 즉, "기독교인 전체의 공동체, 기독교인들이 거주하는 모든 나라들"을 의미한다. 출처: C. 몰벡(C. Molbech), 『덴마크어 사전』 제1-2권, 코펜하겐, 1833년, 도서관 목록 번호 1032; 제1권 149쪽, 제1열.
3 이 구절은 키르케고르가 말하는 절망의 은폐성과 인간의 자기기만을 강하게 고발하는 핵심 진술이다. 그는 "절망하지 않았다고 느끼는 것"이 곧 절망이 없는 것이 아니며, 오히려 그것이 절망의 가장 깊은 형태, 즉 무의식적 절망이라고 강조한다.
4 affectere: 그럴듯하게 보이려 하다, 또는 자기에게 없는 것을 일부러 꾸며내어 보이다는 뜻이다. (참고: 키르케고르의 저널 기록 JJ:497, Pap. VII1 A 89(1846년), 『SKS』 제18권, 305쪽)
Affectation(꾸며냄, 가장함)은 덴마크어로 가장 잘 번역하면 "tillyvelse", 곧 "자기에게 없는 것을 꾸며내어 덧씌움"이라는 표현이 적절하다. 여기서 affecterede(꾸며내는 사람)는 거짓말을 하는 것이 아니라, 어떤 것을 꾸며내어 자신에게 덧씌우는 것이다. 그 방식은 다음 세 가지 중 하나일 수 있다.
   1. 직접적으로 어떤 태도나 감정을 가장하거나,
   2. 그 반대의 태도를 취함으로써 간접적으로 가장하거나,
   3. 어떤 것을 말하거나 행하지 않고 그냥 놔둠으로써 꾸며내는 것이다.
5 이 구절은 키르케고르가 절망을 시간적 상태가 아닌 실존적 구조로 보았다는 점을 아주 명확히 보여준다. 절망은 어떤 순간에 갑자기 생기는 것이 아니라, 그 사람이 어떤 사건을 통해 드러내기 전부터 이미 존재하던 자기기만의 상태였으며, 그 사건은 절망

이 밝혀지는 계기일 뿐, 시작점은 아니라는 것이다. 즉, 절망은 영원과 관계된 실존의 병이며, 그 드러남은 곧 과거 전체를 새롭게 드러내는 사건이다.

6   Crisis: 이는 '위기'를 의미하며, 즉 질병의 경과 속에서 환자가 죽을 것인지 회복할 것인지를 드러내는 결정적인 순간을 뜻한다.

7   이 구절은 키르케고르의 실존론과 인간 이해의 핵심을 간결하고 강하게 요약한 부분이다. 그는 말한다. "인간은 단 한 순간도 '안전한 상태'에 있는 것이 아니다. 존재 자체가 항상 위기 속에 있다. 왜냐하면 그는 영이기 때문이다."

이 말은 『죽음에 이르는 병』의 가장 중요한 전제 중 하나로, 영혼으로서의 인간은 늘 결정의 자리, 즉 선택과 책임 앞에 서 있는 실존적 주체이며, 그 어떤 안정적인 상태도-심지어 '건강'조차도-변증법적 판단 없이 유지될 수 없다는 것을 뜻한다. 결국 키르케고르는 인간이 참으로 자기 자신이 되는 길, 곧 하나님 앞에서 자기 자신이 되는 길 외에는 영의 건강, 실존의 안식은 없다고 말하는 것이다.

8   초고의 괄호 안에 다음과 같은 문장이 있다.

"설령 어떤 사람이 심신적으로 가장 완전한 건강 상태에 있다고 상상한다 하더라도, 그 상태 역시 절망으로 간주되어야 한다." - Pap. VIII2 B 148:4, n.d., 1848

9   "무(無)에 대한 불안"(angest for Intet): 예를 들어 『불안의 개념』 제1장 §5를 참조하면, 그곳에서는 무죄(無罪, 순진함)의 상태 안에는 단순한 평화와 안식 이상의 무엇이 있다고 말한다. "그렇다면 그것은 무엇인가? 무(無)이다. 그러나 이 무(無)는 어떤 작용을 하는가? 그것은 불안을 낳는다. 이것이 바로 무죄의 깊은 비밀이다. 그것은 동시에 불안이기도 한 것이다. 꿈꾸듯이, 영혼은 자기 자신의 현실성을 투사한다. 그러나 이 현실성은 곧 무(無)입니다. 그런데 이 무(無)를 무죄는 끊임없이 자신 바깥에 두고 바라본다." (출처: 『SKS』 제4권, 347쪽)

10   이하의 단락은 다음을 참고하라. 초고에서; Pap. VIII2 B 148:6 n.d., 1848
그러므로*…

여백에서: *그러나 주의해야 할 점은, 스스로 절망하고 있다고 말하는 사람들조차도 항상 실제로 절망에 빠진 것은 아니라는 사실이다. 사람은 절망을 가장할 수도 있고, 또 절망이라는, 영의 규정(qualification of spirit)을 일시적인 우울감이나 산만함 등과 혼동할 수도 있다. 이러한 상태들은 시간이 지나면 사라지며, 절망의 상태까지 도달하지는 않는다. 즉, 이 점은 가능한 한 분명하게 해야 하며, 스스로 절망에 있다고 말하는 사람들조차도 실제로는 절망이 아닐 수 있다는 것을 또한 명심해야 한다. 그것은 단지 정신적 우울, 산만함 등일 수 있으며, 그 사람은 여전히 '영'으로서의 자각(의식)에 도달하지 못했을 수도 있다. 그리고 만일 그렇다면, 오히려 일반적인 견

해-"자신이 절망했다고 말하는 사람만 절망한 것이다"라고 믿는 견해-가 사실과는 더욱 멀다고 보아야 한다.

11 Vinding은 덴마크어로 bemægtigelse, opnåelse 즉 '획득, 성취'라는 뜻이고, 더 나아가 '이익, 보상, 공로'라는 의미까지 포함한다. 따라서 본문에서 말하는 Uendelighedens Vinding(무한한 획득)은 단순한 "얻음"이나 "이익"이 아니라, 영원의 획득 혹은 무한성의 성취라는 뜻이다. 키르케고르가 말하고자 하는 건, 인간이 절망을 통과하지 않고는 이런 영원의 성취에 이를 수 없다는 것이다. 즉, 일상적 성공이나 즐거움 같은 'vinding(이득)'과 달리, 진정한 Vinding은 하나님 앞에서 자기 자신을 발견하는 영적 성취라는 점을 강조하는 표현이다. 예를 들어, 바울이 말한 "그리스도를 얻고"(빌립보서 3:8)라는 맥락과도 연결될 수 있다.

12 하루의 수고와 더위(Dagens Møie og Hede): 예수님의 포도원 일꾼 비유(마태복음 20장 1-16절)를 가리킨다. 포도원 주인이 그의 청지기에게 일꾼들을 불러 모아, 맨 나중에 온 자부터 시작하여 먼저 온 자들까지 각각 한 데나리온씩 주라고 명한다. 종일 일한 사람들이 자신들이 나중에 온 사람들과 똑같이 받는 것을 보고 포도원 주인에게 불평하며 이렇게 말한다. "이 마지막 사람들은 한 시간밖에 일하지 아니하였거늘 그들을 종일 수고하며 더위를 견딘 우리와 같게 하였나이다"(마태복음 20장 12절).

13 죄된 사랑의 열매 : 원래는 혼외(婚外)에서 태어난 아이를 가리키는 표현. 즉, 문자 그대로는 사생아를 뜻하지만, 키르케고르 본문에서는 숨겨진 죄나 은밀한 절망이 내면에 자리 잡고 있는 상태를 은유적으로 드러내는 데 사용된 표현이다.

14 이 구절은 키르케고르의 실존론적 구원론, 그리고 절망의 본질에 대한 가장 통렬하고 격정적인 묘사이다. 그는 말한다. "삶을 낭비하는 것은, 성공하지 못한 것이 아니라, 자신이 영이라는 것을, 하나님 앞에 존재한다는 것을 인식하지 못한 삶이다. 절망이야말로 인간 존재의 심연, 그리고 구원의 길로 들어서는 유일한 문이다." 그러므로, 이 절망의 병이 겉으로는 아무 증상도 없이, 심지어 당사자조차 모르는 채 평안한 삶으로 위장되어 있을 수 있다는 사실이 오히려 가장 끔찍한 일이라는 것이다.

C
이 병(절망)의 형태

145 절망의 형태들은 **자기**(self)가 하나의 **종합**(synthesis)으로 구성되어 있는 그 요소들을 반성함으로써 추상적으로 찾아낼 수 있습니다. 자기는 **무한성**(infinitude)과 **유한성**(finitude)으로 형성되어 있습니다. 그러나 이 종합은 하나의 관계이며, 파생된 것이기는 하나 자신과 관계를 맺는 관계입니다. 그리고 이러한 관계가 곧 **자유**(freedom)입니다. 자기는 자유입니다. 그런데 자유란 가능성(possibility)과 필연성(necessity)이라는 규정들 사이의 **변증법적인 것**입니다.

하지만 무엇보다도 절망은 '**의식**(consciousness)'이라는 범주 아래에서 주로 이해되어야 합니다. 절망이 의식되고 있는가 아닌가는 절망과 절망 사이의 질적인 차이(qvalitativ Forskjellige)를 이루는 것입니다. 물론 모든 절망은 그 개념상 보았을 때는 의식된 것으로 간주됩니다. 하지만 그렇다고 해서 절망을 개념적으로 지닌 사람, 즉 절망하고 있다고 불릴 수 있는 사람이 반드시 그 절망을 자신이 의식하고 있다는 뜻은 아닙니다. 따라서 결국 핵심은 '**의식**'입니다. 전반적으로 말해 의식, 곧 자기 의식은 자기와 관련해서 결정적인 요소입니다. 의식이 많을수록 자기는 더욱 커지며, 의식이 많을수록 의지도 커지고, 의지가 클수록 자기도 더욱 커집니다. 의지가 전혀 없는 사람은 자기도 없는 사람입니다. 하지만 의지가 클수록, 그만큼 더 큰 자기 의식을 가지게 됩니다.

A.
의식적인지 아닌지를 고려하지 않고,
곧 단지 자기의 종합을 이루는 요소들만 고려한 절망

a. 유한성과 무한성이라는 규정 아래에서 본 절망

자기(selvet)는 **무한성**(infinitude)과 **유한성**(finitude)의 의식적인 종합이며, 자기 자신과 관계를 맺는 관계입니다. 자기의 과제는 자기 자신이 되는 것인데, 이는 오직 하나님과의 관계를 통해서만 이루어질 수 있습니다. 하지만 자기 자신이 된다는 것은 곧 **구체적인 존재**가 된다는 뜻입니다. 그런데 구체적이 된다는 것은 단순히 유한하게 되는 것도 아니고, 무한하게 되는 것도 아닙니다. 왜냐하면 구체적이 되어야 할 존재는 바로 '종합'이기 때문입니다.

그러므로 자기의 전개는, 자기 자신으로부터 **무한히 멀어지는 방향**(무한화, infinitizing)을 향해 나아감과 동시에, 자기 자신에게로 **무한히 되돌아오는 방향**(유한화, finitizing)을 함께 포함해야 합니다. 그러나 만약 자기가 자기 자신이 되지 못한다면, 그것은 절망입니다. 그것을 스스로 알고 있든 모르든 간에 말입니다. 그럼에도 **자기**란, 존재하는 모든 순간마다 **'생성의 과정 중**(process of becoming)**'**에 있습니다. 왜냐하면 자기란 가능성으로서(κατὰ δύναμιν)[1] 존재할 뿐, 아직 **실재로 존재하는 것은 아니기**(ikke virkeligt til) 때문입니다. 그것은 단지 생성되어야 할 그 무엇일 뿐입니다. 그리하여 자기 자신이 되어 가지 않는 한, 그것은 곧 자기 자신이 아닙니다. 그런데 자기 자신이 아닌 상태, 곧 자기 자신이 되지 못하는 것, 바로 그것이 절망입니다.

α) 무한성의 절망은 유한성의 결핍이다

이것이 그러한 까닭은, 자기가 하나의 종합이기 때문에 항상 **변증법적인 구조** 속에 있으며,[2] 그로 인해 하나의 요소는 끊임없이 자기의 반대를 포함하기 때문입니다. 어떤 형태의 절망도 직접적으로(곧 비변증법적으로) 규정할 수는 없으며, 오직 그것의 반대를 **반성함**으로써만 규정할 수 있습니다. 절망에 빠진 사람의 상태는 직접적으로 묘사할 수는 있습니다. 예를 들어 시인이 그러하듯이, 그에게 대사를 부여함으로써 표현할 수는 있습니다.[3] 그러나 절망 자체를 규정하려면 반드시 그 반대 개념을 통해야 하며, 만약 그 대사가 시적으로 가치 있으려면, 그 표현 속에는 반드시 **변증법적 대립**의 반영이 색채(Colorit)로 담겨 있어야 합니다.[4]

그러므로 **모든 인간적 실존**(enhver menneskelig Existents)이 실제로 그렇게 되었거나 단지 그렇게 되기를 바라며 무한한 존재가 되고자 하는 경우, 또는 **인간적 실존**이 그렇게 되었거나 그렇게 되기를 바라는 그 순간은 모두 절망입니다. 왜냐하면 자기는 유한성과 무한성의 종합이며, 여기서 유한성은 제한하는 요소이고 무한성은 확장하는 요소이기 때문입니다. 무한성의 절망은 그러므로 환상적이며, 경계 없는 상태입니다. 왜냐하면 자기란, 오직 절망을 통해 자신을 투명하게 하나님 안에 기초 지을 때에만[5] 건강하고 절망으로부터 자유로울 수 있기 때문입니다.[6]

'환상적인 것(Det Phantastiske)'은 분명히 '상상력(Phantasien)'과 가장 밀접하게 관련되어 있습니다. 그러나 **상상력은 다시 감정(følelse), 인식(Erkendelse), 의지(Villie)와도 관계를 맺습니다.**[7] 따라서 인간은 환상적인 감정, 환상적인 인식, 환상적인 의지를 가질 수 있습니다. **상상력은 일반적으로 말해서 '무한화(無限化)'의 매개입니다.** 상상력은 다른 능력들처럼 그저 하나의 능력이 아닙니다. 만약 상상력을 하나의 능력이라 말하고자 한다면, 그것은 **모든 능력을 대신하는 능력**[instar omnium][8]이라 할 수 있습니다.

인간이 가지는 **감정, 인식, 의지**가 어떤 모습인가 하는 것은 결국 그가 어떤 상상력을 가지고 있는가에 달려 있습니다. 다시 말해, 그것들이 어떻게 반성되는가, 즉 상상력 속에서 어떻게 비추어지는가에 달려 있는 것입니다. **상상력은 무한화시키는 반성**(refleksion)이며, 옛 철학자 피히테가 인식과 관련해서조차 **상상력이 범주의 기원**이라 주장한 것도 바로 그 점에서 옳습니다.[9] **자기는 반성이며, 상상력 또한 반성이고, 자기의 재현이자 자기의 가능성입니다.** 상상력은 모든 반성의 가능성이며, 이 매개로서의 강도(intensitet)는 자기의 강도 가능성을 의미합니다.

요컨대 '환상적인 것'이란, 인간을 무한 속으로 이끌어가되, 그를 자기 자신에게서 멀어지게 만들고, 그로 인해 다시 자기 자신에게 돌아오는 것을 가로막는 바로 그것입니다.

감정(Følelsen)이 이처럼 환상적(phantastisk)이 될 때, **자기**는 점점 더 사라지게 됩니다. 결국 그것은 하나의 추상적인 감수성(abstrakt Følsomhed)으로 전락하게 되며, 이는 인간적인 어떤 개인에게 속하지 않고, 오히려 비인간적으로 어떤 추상적 개념의 운명에 감수적으로 참여하는 상태가 됩니다. 예를 들어, '**추상적인 인간성**(Menneskeheden in abstracto)'의 운명에 감정적으로 공명하는 식입니다.

　이것은 통풍을 앓는 사람이 자기의 감각을 제어할 수 없어, 바람이나 날씨의 변화에 따라 본인의 의지와 상관없이 몸으로 감지하는 것과 비슷합니다.[10] 마찬가지로 감정이 환상적이 된 사람도 일종의 '무한화' 상태에 빠지게 되지만, 그것은 자기를 더욱 자기 자신이 되어 가는 방향이 아니라, 오히려 점점 자기 자신을 상실해가는 방향입니다.

　인식(Erkjendelsen, Knowing)[11] **역시 환상적이 되면 같은 일이 벌어집니다**. 자기가 자기 자신이 되는 것이 진정한 의미에서 이루어지기 위해, 즉 자기가 진정으로 자기 자신이 되기 위한 **인식의 법칙**은 이것입니다. 인식이 깊어지는(증가하는) 만큼 자기 인식도 깊어져야(증가해야) 한다는 것입니다. 곧 **자기는 더 많이 인식할수록 더 깊이 자기 자신을 인식해야 합니다**.

　그러나 만약 이것이 이루어지지 않는다면, **인식**이 깊어질수록 그것은 점점 더 **비인간적인 인식의 형태**가 됩니다. 그 인식을 얻기 위해 자기는 낭비되며, 마치 피라미드를 세우기 위해 수많은 인간이 소모되었듯이, 혹은 러시아의 일종의 관악기 연주에서 각각의 음 하나를 위해 한 명의 사람이 희생되었던 것처럼,[12] **자기**라는 존재가 인식의 수단으로만 소비되는 것입니다.

　의지(Villien)**가 환상적으로 될 때에도 마찬가지로, 자기**는 점점 더 사라지게 됩니다. 이때의 **의지**는, 추상적인 것만큼이나 구체적인 것에서도 동일한 강도로 머무르지 않습니다. 그리하여, 의지가 목표와 결단 안에서 무한화될수록, 그것은 더욱더 자신에 가까워지고, 지금 이 순간 당장 실행 가능한 과제의 아주 작은 부분 안에서 더욱더 자신에 현존하게 됩니다. 의지가

148

무한히 확대됨으로써 오히려 가장 철저한 의미에서 자기 자신에게 되돌아오는 것입니다. 다시 말해, 의지가 자기 자신에게서 가장 멀리 떨어져 있는 듯한 순간(곧 그것이 목표와 결단 안에서 가장 무한화된 바로 그 순간)은, 오히려 그 사람이 오늘, 지금 이 시간, 바로 이 순간에 실현 가능한 아주 작은 일을 실천할 때, 자기 자신에게 가장 가까운 순간이기도 합니다.[13]

그리고 **감정**이나 **인식**, **의지**가 환상적으로 되어버릴 때, 결국 전체 자기(Self) 자체도 환상적으로 되어버릴 수 있습니다. 이때 그것이 보다 능동적인 형태라면, 사람이 스스로 환상 속으로 몸을 던지는 것이며, 보다 수동적인 형태[14]라면, 그가 그 속으로 휩쓸려 가는 것입니다. 그러나 두 경우 모두 **책임**이 따릅니다. 그렇게 되면 자기는 추상적인 무한화 안에서든, 추상적인 고립 안에서든, **환상적인 실존**(phantastisk Existents)을 살아가게 되며, 끊임없이 자기 자신을 상실한 채, 점점 더 자신에게서 멀어지게 됩니다.

예를 들어 종교적 영역에서도 마찬가지입니다. 하나님과의 관계란 **무한화하는 것**(Uendeliggjørelse)이지만, 이 무한화가 환상적으로 인간을 휩쓸어 가서 단순한 도취(Beruselse, 술 취함)로 끝날 수도 있습니다. 예컨대 한 사람이 하나님 앞에 존재한다는 것이 도무지 견딜 수 없어, 다시 자기 자신에게로 돌아오지 못하고, 자기 자신이 되지 못하는 경우가 있습니다. 이런 환상적 종교인은, (그의 대사를 통해 묘사하자면) 이렇게 말할 수도 있을 것입니다.

"참새가 살아가는 건 이해할 수 있다. 왜냐하면 참새는 자기가 하나님 앞에 존재한다는 걸 알지 못하니까. 하지만 사람이 자신이 하나님 앞에 존재한다는 걸 알고도, 그 즉시 미쳐버리지 않거나 무(nothingness)로 사라지지 않는다는 게 도무지 이해가 되지 않는다!"[15]

하지만 어떤 사람이 이처럼 환상적이 되었고, 그로 인해 절망에 빠져 있다 하더라도, 그는 여전히 세상 속에서 꽤 멀쩡하게 살아갈 수 있습니다. 일상적인 일에 종사하고, 결혼도 하고, 아이도 낳고, 존경받고 명예롭게 살아가는 것처럼 보일 수 있습니다. 사람들은 아마도 눈치채지 못할 것입니다. 그가 더 깊은 의미에서는 자기 자신을 상실한 채 살아가고 있다는 사실을. 이런 일에 대해서 세상은 결코 큰 소란을 일으키지 않습니다. 왜냐하면 세상에서 가장 관심 없는 것이 바로 '**자기**(Self)'이고, 세상에서 무엇보다도 <u>자기 자신이 있다는 사실을 드러내는 것</u>(bliver aabenbart)[16]이 가장 위험한 일이기 때문입니다.

자기를 상실하는 것, 그것이야말로 가장 큰 위험이지만, 세상에서는 그 일이 마치 아무 일도 아닌 것처럼 조용히 벌어질 수 있습니다. 어떤 상실도 그렇게 조용히 지나가지는 않습니다. 팔이나 다리를 잃거나, 5리그스달러(5 Rbd.)[17]를 잃거나, 아내를 잃는다면, 그건 분명히 사람들의 눈에 띕니다. 그러나 자기를 잃는다는 **이 가장 큰 상실**[18]은 아무도 눈치채지 못합니다.[19]

β) 유한성의 절망은 무한성의 결핍이다[20]

이것이 그러한 이유는, 앞서 α항에서 보여준 바와 같이, 자기가 하나의 종합(Synthese)이기 때문에 항상 변증법적으로 작용하며, 하나는 자신의 반대를 포함하기 때문입니다.

무한성이 결핍된 것은 곧 절망 속에 있는 **편협함**(Bornerethed, 속물근성), 곧 제한된 실존(제한성)입니다. 물론 여기서 말하는 편협함과 제한성은 윤리적 의미에서만 그렇습니다. 세상에서는 주로 지적(intellektuel) 혹은 미적

(æsthetisk) 제한성에 대해 이야기하거나, 아니면 아예 무관한 사소한 것들에 대해 이야기합니다. 그리고 세상은 언제나 이런 사소한 것들을 가장 많이 이야기하는 법입니다. 왜냐하면 **세속성**(verdslighed)**이란, 바로 무가치한 것에 무한한 가치를 부여하는 것이기 때문입니다.**

세속적인 시각은 언제나 사람과 사람 사이의 **차이점**(differents)에 집착합니다. 그것은 본질적으로 **참된 영성**(spiritualitet), 곧 '**한 가지 필요한 것**'(det ene fornødne)[21]에 대한 이해가 없기 때문입니다. 그 결과, 세속적인 사람은 참된 의미의 제한성과 편협함, 즉 자기를 상실한 실존에 대해 전혀 이해하지 못합니다. 이 **자기 상실**은 무한 속으로 흩어지는 방식(a항에서의 환상적 무한화)이 아니라, 철저하게 유한화됨으로써 일어나는 절망입니다. 즉, 자기가 자기 자신이 되지 않고, 하나의 숫자, 또 하나의 인간, **끝없는 동일성**(Einerlei)[22]의 반복 중 하나가 되어버린 상태, 바로 그것이 절망입니다.[23]

절망적인 편협함이란 **원초성**(Primitivitet, 독창성)[24]을 상실하거나, **자기 스스로 그것을 박탈해버린 상태를 의미합니다.** 영적으로 이해하자면, 그것은 곧 자기 자신에게서 **남성성**을 제거한 것과 같은 행위입니다.[25] 왜냐하면 모든 인간은 원초적으로 '자기(Self)'로 지어졌으며, 자기 자신이 되도록 정해진 존재이기 때문입니다. 물론 자기라는 것은 본래 거칠고 각진 성격을 갖고 있습니다. 하지만 그렇다고 해서 그것을 깎아내려야 한다는 뜻은 아닙니다. 그것은 **다듬어져야**(tilslibes) 하는 것이지, **갈아 없애져야**(afslibes) 할 것이 아닙니다. 즉, 사람들이 두려워할까 봐 자기 자신이 되기를 포기해서는 안 되며, 자신의 **가장 본질적인 우연성**(tilfældighed) 안에서 자기 자신이 되기를 꺼려서도 안 됩니다. 오히려 그 **우연성** 안에서 자기 자신은 자기 자신 앞에서 바로 자신이 되는 것입니다.

한편, 어떤 절망은 무한 속으로 길을 잃고 자신을 상실하는 것이라면, 또 다른 종류의 절망은 자신의 자기를 '**타인들**(de Andre)'에게 빼앗기게 내버려 두는 것입니다. 그는 주변의 수많은 사람들을 바라보며, 세상일에 분주히 휘말리고, 세상이 어떻게 돌아가는지를 알아가면서, 결국 자기 자신이 누구인지, 곧 하나님 앞에서 자기가 누구인지를 잊어버립니다. 그는 더 이상 자기 자신을 믿을 용기를 내지 못합니다. 자기 자신이 되려는 일이 너무 무모한 것처럼 느껴집니다. 그래서 그는, 다른 사람들처럼 되는 것이 훨씬 더 쉽고 안전하다고 여깁니다. 그리고는 결국 **흉내 내는 자**가 되고, **숫자**(Numerus)가 되고, **대중 속의 하나**가 되어버립니다.[26]

이러한 형태의 절망은 세상에서는 거의 전혀 인식되지 않습니다. 왜냐하면 이런 사람은 자기 자신을 상실함으로써, 오히려 세상에서 성공할 수 있는 **능력**(perfectibilitet)[27]을 얻게 되었기 때문입니다. 그는 상업과 사회생활에 완벽하게 어울릴 수 있는 자격을 갖춘 사람이 되었고, 실제로 세상에서 성공도 거둘 수 있습니다. 이 사람에게는 **자기 자신과 그 무한성**에 대해 고민하는 번거로움이 전혀 없습니다. 그는 조약돌(Rullesteen)[28]처럼 매끄럽게 깎여 있고, 화폐처럼 유통 가능한 존재, 즉 세상에서 통용되는 존재가 된 것입니다. 절망한 자로 간주되기는커녕, 오히려 "본받을 만한 인간"으로 여겨집니다.

대체로 세상은 참된 공포나 끔찍함에 대해 전혀 이해하지 못합니다. 삶에 불편을 주기는커녕, 오히려 삶을 편하고 안락하게 만들어주는 절망을 세상은 결코 절망이라고 여기지 않습니다. 이것이 바로 **세상의 관점**이며, 그 단적인 예를 거의 모든 **속담**에서 찾아볼 수 있습니다. 속담은 전부 세속적 지혜의 규칙들일 뿐입니다.

예를 들면, "열 번 말한 걸 후회할지언정, 한 번 침묵한 걸 후회하는 일은 없다"[29]고 말합니다. 왜 그렇습니까? 말하는 것은 외적인 행위이기에, 그 결과가 불편함을 가져올 수 있습니다. 현실적인 결과가 뒤따르기 때문이지요. 그러나 침묵하는 것은요? 세상은 이것을 위험하다고 여기지 않습니다. 하지만 실상, 그것이야말로 **가장 위험한 일**입니다. 왜냐하면 <u>**침묵할 때 인간은 오로지 자기 자신에게만 맡겨지기 때문입니다**</u>. 현실이 도와주지 않습니다. 그가 잘못 말한 것에 대해 벌을 주거나, 결과를 보여주는 일도 없습니다. 말하지 않는 것, 침묵은 너무도 간단히 지나가 버립니다. 그러나 진정으로 두려운 사람, 참된 공포가 무엇인지 아는 사람은 겉으로 아무 흔적도 남기지 않는 **모든 잘못과 죄악**을 가장 두려워합니다.

세상의 눈에는 모험하는 것이 위험한 일처럼 보입니다. 왜냐하면, 그렇게 하면 잃을 수 있기 때문입니다. 반대로 모험하지 않는 것, 즉 아무것도 시도하지 않는 것은 '현명하다'고 여깁니다. 그러나 실제로는, 바로 그렇게 모험하지 않음으로써, 인간은 자기를 아주 끔찍하게 쉽게 잃어버릴 수 있습니다. 만약 내가 잘못된 방식으로 모험했다면, 삶은 나에게 그에 대한 벌을 통해 가르침을 줄 수 있습니다. 하지만 전혀 모험하지 않았다면, 누가 나를 도와주겠습니까? 더욱이, 궁극적인 의미에서 모험하지 않음, 즉 자기 자신에게 주의를 기울이지 않는 것, 그렇게 비겁하게 살면서도 모든 세속적 이익을 얻는다 해도, 결국 나는 나 자신을 잃어버리는 것입니다![30]

바로 이것이 **유한성의 절망**이 지닌 본질입니다. 한 사람이 이렇게 절망 가운데 있다 하더라도, 그는 시간적인 삶 속에서 아주 잘 살아갈 수 있으며, 사실은 오히려 그렇기 때문에 더 잘 살아가는 듯 보일 수도 있습니다. 그는 겉보기엔 전혀 문제가 없어 보이는 사람, 다른 사람들로부터 칭찬을 받고, 존경과 명성을 누리며, 세속적 목표들에 열심히 몰두하는 삶을 살아갈 수 있습니다.

실제로 우리가 '**세속성**(Verden, Verdsligheden)'이라고 부르는 것의 핵심은 바로 이런 사람들로 이루어져 있습니다. [31]말하자면, <u>이들은 자기 자신을 세상에 팔아넘긴 사람들이라고 할 수 있습니다</u>.[32] 그들은 자신의 재능을 활용하고, 돈을 모으며, 세속적인 업적을 이루고, 지혜롭게 계산하며 살아갑니다. 심지어 역사에 이름이 남을 수도 있습니다. 하지만 그럼에도 불구하고, 그들은 자기 자신이 아닙니다. 영적으로 말해서, 그들에게는 '자기(Self)'라는 것이 없습니다. 그들에게는 자신의 모든 것을 걸고서라도 지켜야 할 진정한 자기, <u>하나님 앞에서의 자기가 존재하지 않습니다</u>. 그들이 아무리 자기를 찾으려는 성향을 가졌다고 해도, 그 모든 이기심은 참된 자기를 향한 실존적 책임감과는 전혀 무관합니다.[33]

b. 가능성과 필연성이라는 규정 아래에서 본 절망

존재가 되기(vorde)[34] 위해서(그리고 자기는 자유롭게 자기 자신이 되어야 하는 과제가 있습니다), 가능성과 필연성은 똑같이 본질적인 것입니다. 마치 자기에게 무한성과 유한성이 함께 속하는 것처럼($\alpha\pi\varepsilon\iota\rho o\nu - \pi\varepsilon\rho\alpha\varsigma$),[35] 가능성과 필연성 또한 함께 속합니다. 가능성이 전혀 없는 자기는 절망 가운데 있고, 필연성이 전혀 없는 자기도 마찬가지로 절망 가운데 있습니다.

α) 가능성의 절망은 필연성의 결핍이다

이러한 설명이 가능하다는 것은 앞서 언급한 변증법적 구조에 기초합니다.

유한성이 무한성에 비해 제한하는 요소인 것처럼, 필연성은 가능성에 대해 억제하고 지탱해주는 요소입니다. 자기(Self)는 무한성과 유한성의 종합으로 **설정되어**(sat)[36] 있으며, 이것은 *κατα δυναμιν*(가능성 안에 있음)[37]을 의미하며, 이제 존재가 되기 위해, 자기는 상상력이라는 매개 속에서 자기 자신을 반성하게 됩니다. 그 과정에서 무한한 가능성이 드러나게 됩니다.

그러므로 자기는 *κατα δυναμιν*, 즉 **가능성과 필연성 모두에 열려 있는 존재입니다**. 왜냐하면 자기는 이미 자기 자신이면서도, 그 자기 자신이 되어가야 하는 과제가 있기 때문입니다.

> **이미 자기인 면에서는 필연적 존재이고,**
> **자신이 되어가야 한다는 면에서는 가능적 존재다.**

그런데 만일 가능성이 필연성을 압도하여, 자기가 가능성 속에서 도망치듯 자신에게서 도망쳐버린다면, 그래서 되돌아갈 필연적인 중심이 없다면, 그것이 바로 **가능성의 절망**(possibility's despair)입니다. 그런 자기는 **추상적인 가능성**(abstract possibility) 그 자체가 되어버립니다. 그는 가능성 속에서 발버둥치며 지쳐가지만, 어디로도 나아가지 못하고, 어디에도 도달하지 못합니다. 왜냐하면, 필연성이란 곧 '장소'이기 때문입니다. 그리고 자기 자신이 되어가는 것은 바로 그 장소 위에서의 운동입니다.

> **'존재가 되어간다'는 것은 장소를 벗어나는 운동이지만,**

'자신이 되어간다'는 것은 바로 그 장소에서 움직이는 운동이다.

가능성 속에서 자기는 점점 더 커 보이고, 점점 더 많은 것이 가능해집니다. 왜냐하면 아무것도 현실이 되지 않기 때문입니다. 결국에는 마치 모든 것이 가능해진 것처럼 보이게 되지만, **바로 그때가 자기가 심연에 삼켜진 순간입니다.** 어떤 작은 가능성이라도 실제가 되려면 시간이 필요합니다. 하지만 나중에는 그 현실화를 위한 시간이 점점 더 짧아집니다. 모든 것이 점점 더 즉각적으로, 찰나적으로 됩니다.

가능성은 점점 더 강렬해지지만, 그것은 **현실성의 강도**(intensitet)가 아니라, **가능성 자체의 강도**일 뿐입니다. 왜냐하면 현실적인 의미에서 '강도'란, 가능한 것들 중 무언가가 실제로 실현되는 것을 뜻하기 때문입니다. 그러나 **가능성 안에서의 자기**는, 어떤 것이 가능한 것처럼 보이자마자 곧 새로운 가능성이 또다시 등장합니다. 마침내는 이 환영들(fantasmagorier)[38]이 너무 빠르게 이어져서, 마치 모든 것이 가능해진 것처럼 보이게 되며, 바로 그때가 개별자가 완전히 하나의 환영이 되어버린 순간, 즉 자기 자신이 공중에 떠다니는 환상(Luftsyn, 신기루)[39]처럼 되어버린 마지막 순간입니다.[40]

자기가 지금 결핍된 것은, 분명히 현실성(virkelighed)**입니다.** 그래서 일반적으로도 사람들은 어떤 이가 "현실적이지 않게 되었다"고 말하곤 합니다. 하지만 좀 더 면밀히 살펴보면, 그가 **결핍된 것은 사실상 필연성**(nødvendighed)**입니다.** 철학자들은 **필연성이 가능성과 현실성의 통일**이라고 설명합니다. 하지만 그것은 오류입니다. 아닙니다. **오히려 현실성은 가능성과 필연성의 통일입니다.**[41]

또한 자기가 가능성 속에서 방황하는 경우, 그것은 단순히 **의지력**(kraft)

이 부족해서 생기는 것이 아닙니다. 적어도 사람들이 일반적으로 이해하는 의미에서의 부족은 아닙니다. 이 경우에 결핍된 힘이란, 자기 자신 안에 있는 필연성, 곧 자기의 한계로 주어진 것에 복종할 수 있는 능력, 순종할 수 있는 능력입니다.[42] 자기에게 주어진 "반드시 되어야 할 어떤 것"에 자신을 굽힐 줄 아는 힘이 부족한 것입니다.

따라서 이 **실존의 불행**(ulykke, 비극)은, 그런 자기가 세상에서 어떤 '성과'를 내지 못했다는 데 있는 것이 아니라, 그가 자기 자신을 잘 알지 못했다는 것, 그리고 자기 자신이란 어떤 **구체적 필연성**을 지닌 존재라는 사실을 인식하지 못했다는 점에 있습니다. 그는 오히려, 자기의 가능성만을 반성하며 따라가다가 자기 자신을 상실하게 됩니다.

거울을 통해 자기를 본다고 할 때조차, 먼저 자기 자신이 누구인지 알고 있어야만 자기 자신을 제대로 볼 수 있습니다. 그렇지 않으면, 그가 보는 것은 '자기 자신'이 아니라 단지 하나의 사람일 뿐입니다. 그리고 **가능성의 거울**은 일반적인 거울과는 달라서, 극도의 주의가 필요합니다. 왜냐하면 이 거울은, 가장 고차원적인 의미에서 "거짓된 것"이기 때문입니다. 어떤 자기가 '가능성 속에서 이런 모습일 수 있다'고 보이는 것은 반쪽짜리 진실에 불과합니다. 왜냐하면 가능성 속에서의 자기는 아직 전혀 아니거나, 혹은 겨우 반만 자기 자신일 뿐이기 때문입니다.

그렇기에 중요한 것은, 이 자기가 지닌 **필연성**이 그를 어디까지 이끌고 규정하는지를 아는 것입니다. 이것은 마치 어떤 아이가 기쁨의 자리로 초대되었을 때와 비슷합니다. 아이는 곧바로 가고 싶어 하지만, 부모의 허락이 있어야만 갈 수 있습니다. 그리고 바로 이 '부모'의 역할을, 실존에서는 '필연성'이 대신하고 있는 것입니다.

가능성에서는 모든 것이 가능합니다. 그래서 이 가능성 안에서는 무수히 많은 방식으로 길을 잃을 수 있습니다. 하지만 본질적으로는 두 가지 양상이 있습니다.

열망(욕망)하고 갈망하는 형태,
우울하고 불안에 짓눌린 형태입니다(희망/두려움 또는 불안의 이중 구조).

이것은 민담이나 전설에서 자주 등장하는 이야기와도 같습니다. 어느 기사(Ridder)가 아주 희귀한 새를 보게 되어 그것을 뒤쫓기 시작합니다. 처음에는 금방이라도 잡을 수 있을 것 같지만, 그 새는 다시 날아가고, 또 날아갑니다. 결국 밤이 되고, 그는 자기 일행과도 멀어져서 광야(Ørk) 한복판에 남겨집니다.[43] 길도 잃어버리고, 자신이 어디 있는지도 모르게 될 것입니다. 이것이 바로 **열망(욕망)이라는 가능성**이 보여주는 모습입니다. 그는 가능성을 필연성 안으로 되돌리지 않고, 오히려 가능성을 뒤쫓다가, 마침내 자기 자신에게로 되돌아올 수 없게 된 것입니다.

우울의 경우에도 같은 방식의 반대가 발생합니다. 그 개인은 자신이 불안해하는 하나의 가능성을 집요하게 추적하고, 그 가능성이 마침내 자기 자신으로부터 그를 데려가 버립니다. 결국 그는 그 불안 속에서 파멸하거나, 아니면 자신이 두려워하던 바로 그 일 속에서 파멸하게 됩니다.[44]

β) 필연성의 절망은 가능성의 결핍이다

만일 가능성 속에서 자신을 상실한 것을 **아이의 옹알이**[45]에 비유할 수 있다면, 가능성이 결핍된 상태는 벙어리 상태에 해당합니다. 필연성은 마치 모음 없는 자음과도 같아서, **그것을 발음하려면 가능성이라는 모음이 필요합니다.** 만일 이 가능성이 결핍된다면, 곧 인간의 실존이 가능성을 상실한 상태에 놓이게 되면, 그는 절망 가운데 있는 것입니다. 그리고 가능성이 결핍된 바로 그 모든 순간마다, 그는 절망하고 있는 것입니다.

보통 사람들은 이렇게 말하곤 합니다. "어떤 특정한 나이대에는 희망이 풍성하다"고, 또는 "삶의 어떤 순간에는 참으로 많은 가능성과 희망으로 가득했다"고 말입니다. 하지만 이러한 말들은 전부 인간적인 차원의 표현일 뿐, 진리에 도달하지 못한 이야기입니다. 이 모든 희망과 절망은 진정한 희망도 아니고, 진정한 절망도 아닙니다.[46]

154 결정적인 것은 이것, **하나님께는 모든 것이 가능하다는 사실입니다.**[47] 이것은 영원한 진리이며, 따라서 모든 순간에 참된 것입니다. 사람들은 이 말을 일상적으로 흔히 사용합니다. 하지만 결정적인 순간은, 인간이 최극단에 몰려, 인간적으로는 더 이상 어떤 가능성도 남아 있지 않을 때입니다. 바로 그때야말로 진정 중요한 것이 드러납니다. 그가 믿을 것인가, 믿지 않을 것인가, 즉 그가 "하나님께는 모든 것이 가능하다"는 것을 믿을 것인가 하는 것입니다. **이것이 바로 믿음입니다.** 그러나 이것이 이해를 상실하는 전형적 공식입니다.

믿는다는 것은 하나님을 얻기 위해 이해(Forstanden)를 상실하는 것이다.

이제 이렇게 상상해 보십시오. 어떤 사람이 온몸으로 떨면서, 상상할 수 있는 모든 공포를 다 동원해 자신이 결코 견딜 수 없을 것이라 여긴 끔찍한 상황을 마음속에 그렸다고 합시다. 그런데 바로 그 공포가 현실이 됩니다. 그에게 일어납니다. 인간적으로 말하자면 그의 파멸은 가장 확실한 것입니다. 그리고 그의 영혼은 절망 속에서 절망할 수 있도록 허락받기 위해, 다시 말해 절망할 수 있는 고요함을 얻기 위해, 온 인격의 동의를 절망에 쏟아붓기 위해 절망적으로 싸웁니다. 그래서 그는 자신이 절망을 방해하려는 자, 그리고 절망을 막으려는 시도보다 더 저주하고 싶은 것은 없을 것입니다. 시인 중의 시인이 이를 탁월하고도 비할 데 없이 표현했습니다(『리처드 2세』, 제3막 제3장).

> "내가 절망으로 향하는 달콤한 길에서
> 벗어나게 한 사촌을 저주하노라."
>
> (Verwünscht sei Vetter, der mich abgelenkt
> Von dem bequemen Wege zur Verzweiflung.)[48]

요컨대, 인간적으로 볼 때 구원은 가장 불가능한 일입니다. 그러나 하나님께는 모든 것이 가능합니다! 바로 이것이 믿음의 싸움입니다. 말하자면, 믿음은 '광기처럼 보이는 방식으로 가능성을 위해 싸우는 것'입니다. 왜냐하면 **가능성만이 유일한 구원의 길**이기 때문입니다.

사람이 기절하면, 사람들은 물을 가져와라, 향수를 가져와라 혹은 호프만의 방울약을 가져오라 요구합니다.[49] 그러나 사람이 절망하려 할 때, 그에게 필요한 것은 오직 하나입니다. "가능성을 주십시오! 가능성을! 가능성만이 유일한 구원입니다!"

가능성 하나만 있어도, 절망에 빠진 사람은 다시 숨을 쉴 수 있습니다.

그는 다시 살아날 수 있습니다. 왜냐하면 가능성 없이는 인간은 숨조차 쉴 수 없기 때문입니다. 때로는 인간의 상상력이 어떤 새로운 가능성을 떠올려 그 사람을 살려낼 수도 있습니다. 하지만 결국, 곧 믿음이 진정 요구되는 순간, 오직 이 하나만이 도움을 줄 수 있습니다.

"하나님께는 모든 것이 가능하다."

이렇게 믿음의 싸움이 벌어집니다. 이와 같이 싸우는 자가 무너질지 아닐지는, 전적으로 그가 가능성을 다시 불러올 것인지, 곧 믿을 것인지에 달려 있습니다. 그리고 그는 인간적인 관점에서 볼 때, **자신의 몰락**은 가장 확실한 일이라는 것을 이해합니다. <u>이것이 바로 믿음의 변증법입니다.</u> 보통 사람은 이 정도밖에 알지 못합니다―"이런저런 일이 아마도 일어나지 않겠지", "아마 아닐 거야" 등등.

그러다가 만약 실제로 그런 일이 닥치면, 그는 무너지고 맙니다. 무모한 자는 자기에게 일어날지도 모를 위험 속으로 뛰어듭니다. 그리고 정말 그 일이 벌어지면, 그는 절망에 빠져 무너집니다. 하지만 믿는 자는 다릅니다. 그는 자신에게 일어난 일, 혹은 자기가 감행한 위험 속에서 자신의 몰락을 인간적으로 분명히 인식하면서도, 믿습니다. 그래서 그는 무너지지 않습니다. 그는 하나님께서 어떻게 도우실지를 전적으로 맡기면서, 단지 이렇게 믿습니다.

"하나님께는 모든 것이 가능하다."

자기 파멸을 믿는다는 것은 불가능한 일입니다. 그러나 자기 파멸이 인간적으로 확실하다는 것을 이해하면서도, 여전히 가능성을 믿는 것, 그것이 바로 믿음입니다. 그러면 하나님께서 그를 도우십니다. 어쩌면 그 공포 자체를 피하게 하실 수도 있고, 어쩌면 그 공포 한가운데서, 예기치 않게, 기적적으로, 신적으로 구원을 나타내실 수도 있습니다. 기적적으로 말입니다. 그리고 "그런 일이 오직 1800년 전에만 일어났을 뿐이다"라고 말하는 것은 정말이지 이상할 정도로 **위선적인 속물 근성**입니다.

한 인간이 기적적으로 도움을 받았는가 아닌가는, 다음 두 가지에 달려 있습니다. 첫째, 그가 얼마나 전심으로, 온 이성을 다해 그 도움의 불가능성을 이해했는가(이해의 불가능성), 둘째, 그럼에도 불구하고 도움을 준 그 힘(하나님) 앞에서 그가 얼마나 성실(정직)했는가입니다. 하지만 대부분의 사람들은 이 두 가지 모두 하지 않습니다. 그들은 먼저 "도움은 불가능해!"라고 외칩니다. 그렇지만 도움의 길을 찾기 위해 자기의 이성(이해)을 다해 노력하지도 않았고, 도움을 받고 나서도 감사함 없이 거짓된 말로 덮어버립니다.[50]

믿는 자는 절망에 대한 영원히 확실한 해독제인 '가능성'을 소유하고 있습니다. 왜냐하면 하나님께서는 모든 것이 가능한 분이시며, 그것은 모든 순간에 참되기 때문입니다. 이것이 바로 **믿음의 건강함**(Sundhed)이며, 이 건강함은 모순을 해결합니다. 여기서의 모순(Modsigelsen)은 이것입니다. 인간적으로 말하자면 몰락은 확실하다는 사실, 그러나 그럼에도 불구하고 가능성은 여전히 존재한다는 사실입니다. 건강하다는 것이란, 전반적으로 말해 모순을 해결할 수 있는 능력을 뜻합니다.

예를 들어 육체적(또는 물리적) 건강에서도 그렇습니다. '외풍(Træk, 찬바람)[51]은 하나의 모순입니다. 왜냐하면 외풍은 '차가움과 따뜻함'이 서로 섞여 조화롭지 않게(disparat) 존재하는 상태, 즉 비변증법적(udialektisk) 충돌이기 때문입니다. 하지만 건강한 몸은 이 모순을 해결해냅니다. 그래서 외풍을 맞더라도 그것을 문제로 느끼지 않습니다. 믿음도 이와 마찬가지입니다.

가능성이 결핍되었다는 것은 결국 두 가지 중 하나를 의미합니다.

모든 것이 하나의 필연성으로 굳어져 버렸다는 것,

모든 것이 시시한 일상(진부함, Trivialitet)**으로 전락했다는 것입니다.**

결정론자(Deterministen), **운명론자**(Fatalisten)[52]는 절망한 자입니다. 그리고 그는 절망 속에서 자신의 자기를 상실한 자입니다. 그 이유는, 그에게 있어 모든 것이 **필연성**(Nødvendighed)이기 때문입니다. 그는 마치 다음과 같은 이야기 속 왕과도 같습니다: 모든 음식이 금으로 변해버려, 결국 굶어 죽은 왕 말입니다.[53]

개성(Personligheden)**이란** 가능성과 필연성의 **종합**(Synthese)**입니다.** 그러므로 그 존재 방식은 마치 **호흡**(respiration)[54]과도 같습니다. 들이쉬고 내쉬는 **이중의 움직임**이 필요합니다. 하지만 **결정론자의 자기**(self)는 숨을 쉴 수 없습니다. 왜냐하면 오직 필연성만을 호흡한다는 것은 불가능하기 때문입니다. 그것은 단지 자기를 질식시킬 뿐입니다.

운명론자(Fatalisten) 또한 절망한 자이며, 하나님을 상실했고, 따라서 자기도 상실한 자입니다. 왜냐하면, 하나님이 없는 자는 자기(self)도 없기 때문입니다. 하지만 운명론자는 하나님이 없습니다. 혹은 같은 말이지만, 그의 '하나님'은 곧 '필연성'입니다. 하나님께는 모든 것이 가능하다는 점에서, "하나님"이란 곧 "모든 것이 가능하다"는 것을 의미합니다. 그에 비해 운명론자의 '하나님에 대한 예배'는 최대한의 경우에도 감탄사(interjektion)[55]에 불과합니다. 그리고 본질적으로는 침묵(벙어리 됨), 말이 없는 복종입니다.

그는 기도할 수 없습니다. 기도한다는 것은 '숨 쉬는 것'과 같습니다.[56] 그리고 **가능성은 자기에게 있어 산소**(O_2)[57]와도 같습니다. 그러나 사람이 산소만으로도, 질소만으로도 숨을 쉴 수 없는 것처럼, 가능성만으로도, 필연성만으로도, 기도의 호흡은 이루어질 수 없습니다. 기도하기 위해서는 **하나님**이 있어야 하고, **자기**(Self)가 있어야 하며, 그리고 **가능성**도 있어야 합니다. 아니면 최소한, **자기와 가능성**이 '본질적 의미에서[58] 함께 있어야 합니다. 왜냐하면 "하나님"이란 곧 "모든 것이 가능하다"는 것을 뜻하며, "모든 것이 가능하다"는 그 자체가 하나님이시기 때문입니다. 그리고 오직, 그 존재 전체가 그렇게까지 흔들려서, '모든 것이 가능하다'는 사실을 통해 참으로 영(spirit)이 된 사람, 오직 **그만이 하나님과 진정으로 관계 맺은 자**입니다.

하나님의 뜻이 곧 가능성이라는 사실, 그것이 바로 내가 기도할 수 있게 하는 이유입니다. 만약 하나님의 뜻이 단지 필연성일 뿐이라면, 그때 인간은 본질적으로 짐승처럼 말이 없는 존재일 것입니다.

속물근성(philistine-bourgeois mentality)과 **진부함**(trivialitet) 역시 본질적으로 가능성이 결여된 상태이지만, 이 점에서 결정론(determinisme)이나 운명론(fatalisme)과는 조금 다르게 작용합니다. **속물근성**은 **영의 상실**(åndløshed, spiritlessness)이며, **결정론과 운명론은 '영의 절망'**(ånds-fortvivlelse)입니다. 그러나 영의 상실 역시 하나의 절망입니다.

속물근성은 영의 모든 규정(자격)이 결핍되어 있습니다. 즉 참된 자기 인식을 위한 정신적 깊이 전체를 결여하고, 모든 것을 '**확률**(개연성)' 안에 가두며, 그 안에서 가능성은 겨우 작은 틈만을 허락받습니다. 이로 인해 그는 하

156

나님께 마음을 열 수 있는 가능성 자체를 갖고 있지 못합니다.

속물은 상상력(fantasi)이 없고, 살아가는 방식은 늘 세상이 어떻게 흘러가는지를 '경험적으로' 파악한 틀 속에 갇혀 있으며, "무엇이 가능한가", "보통은 어떻게 되는가" 같은 **관습적 통찰**에 의존합니다. 그 사람이 술집 주인[59]이든 국무총리[60]이든, 이는 변하지 않습니다. 그리하여 그는 자기(self)도, 하나님도 상실한 자가 됩니다. 왜냐하면, 자기와 하나님을 진정으로 자각하려면, 상상력이 그를 '**확률의 안개층**'보다 더 높은 차원으로 들어올릴 수 있어야 하고, 그를 그로부터 끌어내어, 모든 경험의 충분한 분량[quantum satis][61] 넘어서게 만들며, 그로 하여금 희망하고 두려워하며, 혹은 두려워하면서도 희망하도록 만들어야 하기 때문입니다. 하지만 속물은 상상력이 없고, 그것을 원하지도 않으며, 오히려 혐오합니다. 이로 인해 도움은 있을 수 없습니다.

만일 **존재**(Tilværelsen)[62]가 그에게 공포를 던져 주어, 그의 진부한 경험과 앵무새 같은 지혜(parrot wisdom)를 초월하는 순간을 마주하게 된다면, 그는 절망하게 됩니다. 즉, 처음부터 그의 삶이 절망이었다는 사실이 드러나는 것(det aabenbart)입니다.[63] 왜냐하면 그는 하나님 안에서, 자기(self)를 파멸로부터 구원해 낼 수 있는 '**믿음의 가능성**'이 결핍되어 있기 때문입니다.

운명론(fatalisme)과 결정론(determinisme)은 그래도 상상력(fantasi)이 있어서 가능성(Mulighed)에 절망할 수 있고, 그 가능성 안에서 '불가능성'을 발견할 수 있는 여지는 있습니다. 반면, **속물근성**은, 일이 잘 되든 잘못되든 상관없이, 언제나 진부한 것에 안주하며, 결국은 동일하게 절망 가운데 있습니다.

운명론과 결정론은, 필연성(Nødvendighed)을 완화하고 누그러뜨릴 수 있는 가능성의 여지, 곧 **완화의 가능성**(Mulighed som Formildelse)이 없습니다.

하지만 속물근성은 영의 상실의 잠에서 깨어날 가능성, 곧 '**각성의 가능성**(Mulighed som Opvækkelse)'이 결여되어 있습니다. 왜냐하면 속물은 자신이 그 무한한 탄력성을 지닌 가능성을 속여서, 그것을 **확률이라는 덫 혹은 정신병동**(daarekiste) 안에 가두어, 자신이 그것을 지배하고 통제하고 있다고 착각하기 때문입니다.

그는 가능성을 확률이라는 새장 안에 가둬 끌고 다니며, 그것을 사람들에게 보여주고, 자신이 그 주인이라고 자부합니다. 하지만 그는 깨닫지 못합니다. 바로 그러한 방식으로 가능성을 억제하는 순간, 자신이야말로 **영의 상실**(spiritlessness)의 노예가 되었으며, 그것도 가장 비참한 형태의 노예가 되었다는 사실을 말입니다. 가능성 안에서 길을 잃은 자는 절망의 대담함으로 존재를 향해 도약하고, 필연성 안에서 짓눌린 자는 절망 속에 몸부림치며 신음하지만, 속물근성은 아무 감각도 없이, 영 없이(spiritlessly), 자기 만족 속에서 승리를 자축하는 것입니다.[64]

B.
의식이라는 규정 아래에서 본 절망

의식(Bevidsthed)의 정도가 높아짐에 따라, 혹은 그에 비례하여 **절망**(Fortvivlelse)은 끊임없이 심화되고 강화됩니다. 의식이 커질수록 절망은 더욱 강렬해집니다. 이는 어디서든지 볼 수 있으며, 특히 절망의 최대치와 최소치에서 가장 명확히 드러납니다.

악마(Djævelen)의 **절망**은 가장 강렬한 절망입니다. 왜냐하면 악마는 **순수한 영**(reen Aand)이기 때문이며, 따라서 **절대적 의식**(absolut Bevidsthed)과 **투명성**(Gjennemsigtighed) 그 자체입니다. 악마 안에는 어떤 흐릿함도 없어서, 그것이 어떤 관대한 변명이 되어 줄 수 없습니다. 그러므로 그의 절망은 절대적인 반항입니다. 이것이 **절망의 최대치**(Fortvivlelses Maximum)입니다.

절망의 최소치(Fortvivlelses Minimum)는 어떤 상태인데, 그렇습니다, 인간적으로 말하자면, 일종의 **순진함**(Uskyldighed) 속에서 <u>그것이 절망이라는 사실조차 알지 못하는 상태</u>입니다. 그러므로 **무의식**(Bevidstløsheden)이 최대에 이를 때 절망은 최소가 됩니다.[65] 그것은 거의 변증법적으로, 그런 상태를 절망이라고 부를 자격이 있는지조차 의문이 들 정도입니다.[66]

a. 자신이 절망에 빠졌다는 사실조차 알지 못하는 절망, 혹은 자기와 영원한 자기를 가지고 있다는 사실에 대한 절망한 무지

158 그러한 상태가 여전히 절망이며 그렇게 불리는 것이 정당한 이유는, 선한 의미에서 진리가 가지는 고집스러움 때문입니다. 즉, *Veritas est index sui et falsi*[진리는 자기 자신과 거짓의 기준이다][67]라는 말처럼 말이지요. 하지만 이런 **진리의 고집**(sandhedens rethaveri)은 대부분 인정받지 못합니다. 사람들은 보통 진리에 자신을 맞추는 일을 **최고선**으로 여기지 않으며, 소크라테스처럼 잘못된 상태에 있는 것을 가장 큰 불행으로 생각하지도 않습니다.[68] 대부분의 경우, 사람들 안에서는 감각적인 욕망이 지성보다 훨씬 더 큰 힘을 가지고 있습니다.

예를 들어, 어떤 사람이 겉보기에 행복하고, 실제로도 스스로 그렇게 믿고 있더라도, 진리의 관점에서 보면 사실은 불행할 수 있습니다. 그런데 그런 사람은 대부분 자신이 착각하고 있다는 사실을 받아들이려고 하지 않습니다. 오히려 그 사실을 알려주는 사람에게 화를 내고, 자신을 공격하거나 마치 행복을 빼앗는 사람처럼 여깁니다.

왜 그럴까요? 그것은 그 사람이 감각적이고 감정적인 욕구에 완전히 지배되고 있기 때문입니다. 그는 '즐거운 것'과 '불쾌한 것'이라는 **감각의 기준**(det Sandseliges Kategorier) 속에서 살고 있으며, '**영**(spirit)'이나 '**진리**(truth)' 같은 것은 아예 무시해버립니다.[69] 그는 너무 감각적이기 때문에, 자신이 영적인 존재가 될 용기조차 내지 못합니다.

사람들은 겉으로는 허영심도 많고 자만심도 있어 보이지만, 실제로는 자기 자신에 대해 아주 낮은 생각을 가지고 있습니다. 자신이 '영(spirit, 정신)', 다시 말해 **절대적 가치**를 지닌 존재가 될 수 있다는 상상조차 하지 못합니다. 하지만 다른 사람과 비교할 때는 자만심을 드러내곤 합니다. 비교의 도움으로 말입니다.

만약 어떤 집이 지하실, 1층, 2층으로 나뉘어 있고, 그 안에서 사람들이 계층에 따라 살아간다고 생각해 보세요. 그리고 인간이라는 존재를 그 집에 비유해 본다면, 안타깝게도 대부분의 사람들은 자기 집 안에서 지하실을 선택해 살아갑니다. **모든 사람은 정신과 육체의 종합**(den sielelig-legemlige Synthese)**으로서 '영**(spirit, 정신)**'이 되도록 지어진 존재, 곧 이 집 자체입니다.** 그런데도 사람들은 스스로 지하실에 사는 것을 선택합니다. 다시 말해, 그는 감각적인 것(det Sandselige)의 규정 속에 사는 것입니다.

그들은 단지 지하실에서 머무는 것만으로도 부족해서, 누군가가 1층에 있는 아름답고 빛나는 층으로 올라가 보라고 권하면, 몹시 화를 냅니다. 왜냐하면 **그 집은 자기 자신의 집**이기 때문입니다. 자기 인생인데, 누군가가 그 방식을 바꾸라고 말하는 것을 참을 수 없는 것이지요.[70]

아닙니다, **잘못**(Vildfarelse) 속에 있는 것은, 전혀 소크라테스적이지 않게도, 사람들이 **가장 두려워하지 않는 것**입니다. 이 점을 보여주는 놀라운 예들을 볼 수 있습니다. 어떤 사상가가 하나의 **거대한 건축물**을 세웁니다. **존재 전체**(hele Tilværelsen)**와 세계사**를 아우르는 하나의 거대한 체계, 즉 시스템을 구축하지요. 그런데 그 사람의 개인적인 삶을 살펴보면, 우리는 깜짝 놀랄 만큼 끔찍하고도 우스운 현실을 마주하게 됩니다. 그는 그 거대하고 천장이 높은 궁전 같은 체계 속에 자신은 살지 않고, 그 옆에 붙은 헛간이나 개집, 기껏해야 **문지기 방**에서 살고 있는 겁니다.[71] 만약 누군가 이 모순을 한 마디로 지적하기라도 한다면, 그는 불쾌해하며 기분 나빠할 것입니다. 왜냐하면 그는 미혹 가운데 있는 것을 두려워하지 않기 때문입니다. 오히려 그는 그 미혹의 도움으로 체계를 완성하는 것에 만족하니까요.

그러므로 절망에 빠진 사람이 스스로 자신의 상태가 절망임을 모르고 있다 하더라도, 그것은 아무런 차이가 없습니다. 그는 여전히 절망 상태에 있는 것입니다. 만일 **절망이 미혹**(Forvildelse)이라면, 그것을 알지 못한다는 것은 단지 그 위에 **또 다른 잘못**(Vildfarelse) 속에 있는 것일 뿐입니다. 절망에 대한 무지(Uvidenhed)는 불안(Angest)에 대한 무지와 같습니다(비교: 비길리우스 하우프니엔시스, 『불안의 개념』[72]). **영의 상실**(Aandløshed)의 불안은 오히려 영이 없는 안일함(aandløse Tryghed)에서 드러납니다. 그러나 불안은 근원적으로 여전히 존재하듯이, 절망도 근원적으로 존재합니다. 그래서 감각적 기만(Sandsebedragenes Fortryllelse)의 마법이 풀려나고, **존재**(Tilværelsen)가 흔들리기 시작할 때, 절망은 곧 자신이 근원적으로 늘 거기에 있었음을 드러냅니다.

절망에 빠져 있으면서도 그 사실을 모르는 사람은, 그것을 자각하고 있는 사람에 비해 진리와 구원으로부터 '부정적으로' 더 멀리 떨어져 있을 뿐입니다. **절망은 본래 부정성**(Negativitet)**이며, 그것을 모르는 상태**(무지, Uvidenhed)**는 하나의 더 깊은 부정성입니다. 하지만 진리에 이르기 위해서는 이 모든 부정성들을 통과해야만 합니다.** 이것은 민간전승 속에서 나오는 **마법**(Trolddom)을 푸는 이야기와도 같습니다. 저주를 풀려면, 연극의 모든 장면을 '거꾸로 끝까지' 다시 연기해야 합니다. 그래야 마법이 풀리는 것이지요.[73]

다만 이것은 오직 하나의 의미, 즉 **순수한 변증법적 의미**(reen dialektisk Forstand)에서만 해당됩니다. 절망을 인식하지 못하는 사람이, 절망을 인식하면서도 그 안에 머물러 있는 사람보다 진리와 구원에서 더 멀리 떨어져 있습니다. 하지만 다른 의미, 곧 **윤리적-변증법적 의미**(ethisk-dialektisk Forstand)에서는 오히려 절망을 자각하고 있으면서도 그 안에 머무는 자가 구원에서

더 멀리 있습니다. 왜냐하면 그의 절망은 훨씬 더 강렬하기 때문입니다.

그러므로 무지는 절망을 없애거나 그것을 절망이 아닌 것으로 바꾸는 것이 결코 아닙니다. 오히려 무지는 절망의 가장 위험한 형태가 될 수 있습니다. **무지 속에서 절망한 사람**은, **자신의 파멸**(Fordærvelse)을 향해 나아가면서도, 어떤 의미에서는 절망을 자각하지 못하도록 안전하게 보장받은 셈입니다. 다시 말해, 그는 **절망의 권세** 아래 완전히 사로잡혀 있는 상태인 것입니다.[74]

절망하고 있다는 사실을 모르는 무지 속에 있는 사람은, 자신이 '영(spirit)'이라는 것을 자각하는 데에서 가장 멀리 떨어져 있습니다. 하지만 바로 그 자신이 영이라는 것을 자각하지 못하는 상태가 곧 절망이며, 이는 영이 결여된 상태입니다. 이것이 **영의 상실**(spiritlessness)입니다. 그 상태는, 다른 외적인 조건이 어떻든 간에, 완전히 **죽은 듯한 상태**(Uddøethed)[75]일 수도 있고, 단순히 식물적인 삶일 수도 있으며, 혹은 겉으로는 활력 넘쳐 보이지만 그 속의 비밀은 절망이 심화된 삶일 수도 있습니다. 마지막 경우에는, 절망에 빠진 사람의 모습이 마치 **폐결핵**(Tæring)[76]에 걸린 사람과 같습니다. 그는 자신이 가장 건강하다고 느끼고, 실제로도 가장 건강해 보이며, 다른 사람의 눈에도 꽃처럼 건강해 보일 수 있지만, 사실 그 병은 그때가 가장 위험한 상태입니다.

절망에 대한 이 형태—즉, 자신이 절망하고 있다는 사실을 모르는 상태—는 **세상에서 가장 흔한 절망의 형태**입니다. 사실 우리가 일반적으로 '세상'이라고 부르는 것, 또는 더 정확히 말하면 기독교가 '세상'이라고 부르는 것, 즉 이방의 삶과 기독교 안에 있는 자연적인 인간성, 그리고 역사적이든 현재든 이방 종교와 **크리스텐덤**(Christendom) 안의 이방인은 모두 이 절망의 형태에 해당합니다. 곧, 절망이면서도 절망이라는 사실을 모르는 상태입니다.

물론 이방 종교 안에서도, 또는 기독교 안의 자연적 인간에게서도 절망과 비절망 사이에 구분이 있는 것처럼 언급되긴 합니다. 다시 말해, 절망은 일부 개인들의 문제라고 여겨지는 것입니다. 그러나 이러한 구분은 마치 이방 세계나 자연적 인간이 사랑과 자기 사랑 사이에 구별을 두는 것과 비슷합니다. 그들은 마치 자기중심적이지 않은 사랑이 있는 것처럼 말하지만, 사실 그들의 사랑은 **본질적으로 전부 자기 사랑**입니다.[77] 하지만 이보다 더 나아갈 수는 없습니다. 이방 종교나 자연적 인간은 그 이상으로는 절대로 나아갈 수 없습니다. 왜냐하면 <u>절망의 본질은 바로 이것, 곧 자신이 절망하고 있다는 사실을 모르는 것이기 때문입니다.</u>[78]

이제 우리는 쉽게 알 수 있습니다. 곧, 미학적 개념에서 말하는 '**영의 상실**(Aandløshed)'이라는 정의는 절망인지 아닌지를 판단할 수 있는 **기준**(Maalestokken)이 결코 되지 못한다는 사실입니다. 이것은 어찌 보면 당연한 일입니다. 왜냐하면 미학적 영역 안에서는 **영**(Aand)이 진리 안에서 무엇인지 규정할 수 없기 때문입니다. 그렇다면 어떻게 미학적 관점이 애초에 자기 범주 밖에 있는 문제에 답할 수 있겠습니까!

그렇다고 해서, 이방 민족들 전체(en masse)나 그 안의 특정 개인들이 경탄할 만한 위대한 업적을 이뤘다는 사실을 부정하는 건 아닙니다. 그것은 시인들을 감동시키고 앞으로도 계속 감동시킬 일들입니다. 이방 종교 안에는 미학적으로 극찬할 만한 삶과 행위들이 분명히 존재합니다. 또한 이방의 세계 안에서, 또는 자연적 인간은 주어진 모든 유리한 조건을 활용해 가장 세련된 방식으로 최고의 미적 쾌락을 누리는 삶을 살아낼 수 있습니다. 거기에 더해 예술과 학문마저도 그 쾌락을 더욱 고양하고, 아름답게 하고, 고귀하게 만드는 데 동원됩니다. 하지만 그렇다고 해서 미학적인 기준, 즉 '미적 관점에서 본 '**영의 상실**(정신 상실)'이 절망을 판단하는 기준이 될 수는 없습니다. 절망인지 아닌지를 판단할 기준은 **윤리적-종교적**(ethisk-religieuse) 규정입니다. 곧 영(Aand)이거나, 혹은 부정적으로 말하면 **영의 결핍**(Mangel af Aand), 즉 **영의 상실**(Aandløshed)입니다.

　자신이 영이라는 사실을 자각하지 못하거나, 하나님 앞에서 자기 자신을 영으로 인식하지 못하는 **모든 인간의 실존**(menneskelig Existents)은, 그 사람이 아무리 대단한 일을 하든지 간에, 여전히 절망 가운데 있는 것입니다. 그런 존재는 자신의 실존을 하나님 안에 **투명하게** 기초를 두지 않고, 오히려 어떤 추상적인 보편자—국가, 민족 등—속에 묻어버립니다. 그는 자신의 자기(self)에 대해 어렴풋하게만 알고 있고, 자기 능력을 단지 어떤 작용력으로 여길 뿐이며, 그 능력이 왜 주어졌는지 깊이 인식하지 않습니다. 그는 자신의 자기(self)를 설명할 수 없는 무언가로 취급하며, 오히려 외부에서 그 의미를 설명해주기를 기대합니다. 이런 식의 실존(Existents)은 어떤 놀라운 일을 하든지, **존재**(Tilværelsen) 전체를 얼마나 치열하게 미학적으로 즐기든지, 그런 **모든 실존은 절망**입니다.

　이것이 바로 고대 교부들이 "**이방인의 덕은 눈부신 악덕이다**"[79]라고 말했을 때 의미한 바입니다. 그들은 이방인의 내면 깊은 곳이 절망에 잠겨 있으며, 그들이 하나님 앞에서 자신을 영으로 자각하지 못한다는 점을 지적한 것입니다.

이것이 또 한 가지 중요한 예시와도 연결되는데, 이방인들이 **자살**(Selvmord)에 대해 놀라울 만큼 가볍게 여기고 심지어 찬양하기까지 했다는 사실입니다.[80] 하지만 **자살은 영의 관점에서 볼 때, 존재**(Tilværelsen)**로부터 벗어나려는 행위이며, 하나님에 대한 반역이자 가장 결정적인 죄입니다.**

이방인은 '자기(self)'에 대한 영적 정의가 없기 때문에 **자살**(Selvmord, 자기 살인)을 그렇게 판단한 것입니다. 그는 자살에 대해선 그렇게 관대했지만, 도둑질이나 간음 같은 도덕적 행위에는 엄격한 잣대를 들이댔습니다. 그러나 그는 자살의 관점 자체, 즉 **자살이 하나님과 자기를 전제로 한 실존적 범죄**라는 시각을 갖고 있지 않았습니다.

이방적 관점에서 자살은 중요하지 않습니다. 그것은 누구든 하고 싶은 대로 할 수 있는, 그 누구의 간섭도 필요 없는 행위로 여겨집니다. 만약 이방적 시각에서 자살을 비판하려면, 오직 인간 사이의 의무를 깨뜨리는 행위라는 간접적인 우회로를 통해서만 가능합니다.[81] 하지만 **자살이 하나님을 향한 범죄라는 핵심은 이방인의 사고 속에 전혀 존재하지 않습니다.**[82] 그러므로 "자살 자체가 절망이다"라고 말할 수는 없습니다. 그것은 사유 없는 전도된 결론(Hysteron-Proteron)[83]입니다. 오히려 이렇게 말해야 합니다.

"이방인이 자살에 대해 그런 식으로 판단했다는 바로 그 사실 자체가 절망이다."[84]

그럼에도 불구하고, 이방 종교와 크리스텐덤 안의 이방인 사이에는 여전히, 그리고 본질적으로 **질적인 차이**가 존재합니다. 이 점은 『불안의 개념』에서 비길리우스 하우프니엔시스가 불안에 대해 설명하면서 주목했던 바와도 관련이 있습니다.[85] 곧, 일반적인 의미의 이방 종교는 비록 영이 결핍되었다고는 하나, 여전히 영을 향해 나아가는 방향성 안에 놓여 있습니다. 그러나 크리스텐덤 안에 있는 이방인, 즉 기독교 이름 아래 존재하는 자연적 인간은 영이 결핍되어 있을 뿐만 아니라, 그것이 영으로부터 벗어난 방향, 다시 말해 타락과 배반 속에 있기 때문에, **가장 엄격한 의미에서 완전한 '영의 상실'**이라 할 수 있습니다.

b. 절망 가운데 있음을 의식하는 절망. 따라서 자기가 있음을 의식하고 있으며, 또한 그 안에 무언가 영원한 것이 있다는 것을 의식하고 있는 절망 — 곧 절망 속에서 자기 자신이 되기를 원하지 않거나, 반대로 절망 속에서 자기 자신이 되기를 원하는 상태[86]

여기에서는 당연히 다음과 같은 구별이 필요합니다. 곧, 자신이 절망(Fortvivlelse)에 있다는 것을 **의식하는 사람**이 과연 절망이 무엇인지에 대한 올바른 **관념**(Forestilling, 개념)을 가지고 있는가 하는 점입니다. 어떤 사람은 자기가 가지고 있는 개념에 따라 자신을 절망 가운데 있다고 말할 수 있으며, 실제로도 절망하고 있을 수 있습니다. 그러나 그렇다고 해서 그가 절망에 대한 **올바른 개념**을 가지고 있다고 말할 수는 없습니다. 어쩌면 그의 삶을 바라보는 이로서는 이렇게 말해야 할지도 모릅니다.

"그대는 그대가 아는 것보다 훨씬 더 깊이 절망하고 있다. 그대의 절망은 훨씬 더 깊은 곳에 자리하고 있다."

이 점은 (앞서 말한 바를 상기시키기 위해 덧붙이자면) 이방인에 대해서도 마찬가지입니다. 그가 다른 이방인들과 비교해서[87] 자기 자신이 절망 가운데 있다고 여긴다면, 그는 분명 절망하고 있다는 점에서는 옳지만, 다른 이들이 절망하지 않고 있다고 여긴 점에서는 그릇될 것입니다. 즉 그는 질망에 대해 **올바른 개념**을 가지고 있지 못했던 것입니다.[88]

따라서 **의식적인 절망**(bevidste Fortvivlelse)에는 두 가지가 요구됩니다. 한편으로는 절망이 무엇인지에 대한 **참된 관념**(den sande Forestilling), 다른 한편으로는 **자기 자신에 대한 명료성**(Klarhed over sig selv), 곧 **명료성과 절망이 함께 사유될 수 있는 한에서의 명료성입니다**. 자신이 절망하고 있다는 사실에 대한 완전한 **자기 명료성**(Selverkjendelsens Klarhed)이 과연 절망 가운데 있는 것과 양립할 수 있는지, 다시 말해 그러한 **인식**(Erkjendelsen)과 **자기 인식**(Selverkjendelsen)**의 명료성**이 오히려 인간을 절망에서 끌어내어, 자신에 대해 너무 두려움을 느끼게 하여 결국 절망을 멈추게 하지 않을지에 대해서는 여기서 결론을 내리지 않겠습니다. 우리는 이에 대해서는 나중에 더 깊이 다룰 자리를 마련할 것이므로,[89] 지금은 시도조차 하지 않겠습니다.

그러나 이 사유를 **변증법적 극한**(dialektiske Yderste)까지 밀고 가지 않더라도, 여기서 우리는 단지 이것만을 지적하고자 합니다. 곧 절망이 무엇인지에 대한 **의식의 정도**가 크게 달라질 수 있는 것처럼, 자신의 상태가 절망이라는 사실에 대한 의식의 정도도 마찬가지로 크게 달라질 수 있다는 점입니다.

163 **현실의 삶**(actual life)은 한 가지 추상적인 대립, 이를테면 '자신이 전혀 절망하고 있다는 사실을 모르는 절망'과 '그 사실을 완전히 의식하고 있는 절

망' 사이로만 나뉘는 그런 단순한 구조를 가지고 있지 않습니다. 대부분의 경우, 절망에 빠진 사람의 상태는 여러 층위의 뉘앙스를 지닌 반쯤 어두운 상태입니다.

그는 자기 자신에 대해 어렴풋이 절망하고 있다는 것을 알고 있으며, 마치 몸에 병이 들어 있는 사람이 자신이 병들었다는 것을 어느 정도는 자각하듯, 그런 식으로 자기 상태를 느낍니다. 하지만 그 병이 정확히 어떤 병인지는 제대로 인정하려 하지 않습니다. 어느 순간에는 자신이 절망하고 있다는 사실이 거의 분명해졌지만, 또 다른 순간에는 자신의 불편함이 다른 원인 때문인 것처럼 느껴지며, 그 원인이 외부에 있고, 그 외적인 어떤 것이 바뀌면 자신은 더 이상 절망하지 않을 것이라고 생각합니다.

혹은 그는 온갖 분산적 활동, 예컨대 일이나 바쁜 일상과 같은 방식으로 자신에게 자신의 상태를 희미하게 유지시키려 할 수 있습니다. 그런데 이것 역시 분명하게 자각하는 것은 아닙니다. 자신이 왜 그렇게 행동하는지를 분명히 깨닫지 못한 채, 단지 무의식적으로 그런 행동이 '**희미함**'을 만들어낸다는 점만을 따르는 것입니다. 또는 그는 심지어 자신이 일부러 그런 식으로 자신의 영혼을 어둠 속으로 밀어 넣고 있다는 사실을 어느 정도 의식하고 있으며, 상당히 **날카로운 통찰과 심리적 계산**을 가지고 그렇게 행동하고 있을 수도 있습니다. 하지만 그가 그렇게 하고 있다는 사실이 얼마나 절망적인 행위인지를 깊이 인식하고 있는 것은 아닙니다. 왜냐하면 <u>모든 어두움과 무지 안에는 인식(앎, knowing)과 의지(willing) 사이의 변증법적인 상호작용이 있기 때문입니다</u>. 그리고 인간을 이해할 때, 우리는 종종 오해하게 됩니다. 어떤 경우에는 오로지 인식(앎)에만 강조점을 두고, 또 어떤 경우에는 오로지 의지에만 강조점을 두기 때문입니다.[90]

하지만 앞서 언급한 바와 같이, **의식의 정도**(Bevidsthedens Grad)는 절망을 강화시킵니다. 곧, 어떤 사람이 절망에 대해 보다 진리에 가까운 개념을 가질수록, 그리고 그가 여전히 그 절망 속에 머물러 있을 경우, 자신이 절망하고 있다는 사실을 더 분명히 인식할수록, 그 절망은 그만큼 더 심화됩니다. 예를 들어, 어떤 사람이 자살이 절망임을 의식하고 있고, 따라서 절망이 무엇인지를 올바르게 이해한 채 자살을 저지른다면, 그의 절망은 자살이 절망이라는 참된 개념을 가지지 못한 채 자살을 저지른 사람의 절망보다 더 강도 높다고 말할 수 있습니다. 반면, 자살에 대한 잘못된 개념을 가진 사람의 절망은 그만큼 덜 심화된 것이라 할 수 있습니다.

또한 한 사람이 자기 자신에 대해 더 **명료한 자기의식**(Selvbevidsthed)을 가진 상태에서 자살을 행할수록, 그의 절망은 자신과 비교했을 때 혼란스럽고 어두운 상태에 있는 자의 절망보다 훨씬 더 강렬합니다.

[91]이제 이어지는 부분에서는, 저는 '**의식적인 절망**'의 두 가지 형태를 살펴보면서, 동시에 절망이 무엇인지에 대한 의식과 자신의 상태가 절망이라는 자각의 심화, 혹은 같은 말로 자기 자신에 대한 의식의 심화를 함께 보여드리고자 합니다. 그런데 **절망 상태의 반대는 바로 믿음입니다**. 따라서 앞서 제시한, 절망이 전혀 없는 상태를 기술하는 공식(formel)은 완전히 옳은 것으로, **동시에 '믿음'의 공식**이기도 합니다. 곧, 자기 자신과 관계를 맺고 자기 자신이 되기를 원하면서, 자기가 자신을 정립한(창조한) 그 능력 안에 투명하게 기초를 두고 있을 때, 그 상태가 바로 믿음입니다(참고. A. A).[92]

α) 자기 자신이 되기를 원하지 않는 절망, 곧 '나약함의 절망'

이 절망의 형태를 '나약함의 절망'이라고 부르는 데에는, 이미 두 번째 형태(β), 곧 '자기 자신이 되기를 절망적으로 원함'이라는 형태를 반영하고 있다는 점이 포함되어 있습니다. 따라서 이 둘은 단지 **상대적인 대립**(relative Modsætninger)일 뿐입니다.

아무런 '**반항**(defiance)'도 없는 절망은 없습니다. 사실 '자기 자신이 되기를 원하지 않는다'는 표현 자체 속에도 이미 **반항**이 담겨 있습니다. 반면, 절망의 가장 높은 형태인 '**최고의 반항**' 안에도 어떤 나약함이 여전히 존재합니다. 그러므로 이 둘의 차이는 **상대적인 것**입니다. 이 첫 번째 형태는 말하자면 여성적인 절망이고, 두 번째 형태는 남성적인 절망입니다.*

---

*그리고 심리학적으로 실제 삶을 살펴본다면, 이 구분이 사유의 관점에서 정당하며, 따라서 반드시 현실에도 적용되어야 한다는 점을 실제로 확인할 수 있는 기회를 때때로 갖게 될 것이다. 이 구분은 절망의 모든 현실적 형태를 포괄한다.
어린아이의 경우에 있어서는 일반적으로 '절망'이라는 말을 사용하지 않고, 단지 '심술' 혹은 '화를 내는 상태'라고 말하는데, 이는 아이에게는 '영원한 것'이 가능성 안에서만(κατὰ δύναμιν)[93] 존재한다고 전제할 수 있을 뿐이며, 성인에게 기대하는 바와 같은 방식으로 그것을 요구할 수는 없기 때문이다.
물론, 나는 여성에서 '남성적인 절망'의 형태가 나타나는 경우가 있을 수 있으며, 반대로 남성에서 '여성적인 절망'의 형태가 나타나는 경우도 있을 수 있다는 점을 결코 부인하려는 것이 아니다. 그러나 그러한 경우들은 예외적인 것이다.
이상적인 경우는 본래 드물며, 오직 순전히 이상적일 때에만, '남성적인 절망'과 '여성적인 절망'의 구별이 전적으로 참된 것이다. 여성은 자기(Self)에 대해 자기중심적으로 형성된 개념을 갖고 있지 않으며, 또한 결정적인 의미에서 '지성(intellectualitet)'을 갖추고 있지 않다. 아무리 남성보다 더 섬세하고 감수성이 풍부하더라도 말이다. 반대로 여성의 본질은 '헌신(Hengivenhed)', 곧 '자기를 내어맡김'이다. 여성이 그렇지 않다면, 그것은 여성답지 않은 것이다.

놀랍게도, 여성이야말로 가장 깐깐하고(덴마크어 knibsk는 본래 여성에게 적용되는 단어임)[94] 때로는 거의 잔인할 정도로 까다로운 존재가 될 수 있다. 그럼에도 불구하고 그녀의 본질은 '헌신'이며, 바로 이 놀라운 점이 의미심장한 것이다. 이러한 깐깐함조차도 사실은 그녀의 본질이 '헌신'이라는 사실의 표현인 것이다. 그녀는 본성 안에 전적으로 여성적인 헌신을 품고 있기 때문에, 자연은 그녀를 사랑으로 배려하여 어떤 본능을 부여했다. 이 본능의 섬세함은 비교하자면 가장 탁월하게 발달한 남성의 반성(reflexion)조차도 아무것도 아닌 것으로 만들어버릴 만큼 크다.

여성의 이 헌신성, 다시 말해 그리스어로 표현하자면[95] '신적인 선물'이며 '보물'라 할 수 있는 이 본질은, 너무나 큰 선물이기 때문에 아무 데나 무분별하게 던져져서는 안 된다. 그런데도 아무리 뛰어난 인간의 반성이라 할지라도 이 헌신을 어디에 어떻게 쏟아야 할지를 제대로 식별할 수 없다.

그래서 자연은 그녀를 돌보았다. 여성은 본능적으로, 마치 눈감은 채로, 가장 통찰력 있는 반성보다도 더 분명하게 보고, 어디에 감탄하고 무엇에 자신을 내어주어야 하는지를 직관적으로 이해한다. 헌신이 여성의 유일한 본질이기 때문에, 자연은 그녀의 보호자가 되었다. 이로부터 또한 다음과 같은 사실이 나온다. 여성성은 오직 '변모(metamorphosis)'[96]를 통해서만 생성된다(bliver til). 다시 말해, 여성의 무한한 까다로움이 바로 여성적인 헌신으로 밝혀지는 과정을 통해서만 여성은 진정한 여성성이 생성된다.

그리고 이 '헌신이 여성의 본질'이라는 사실은 절망 안에서도 그대로 드러난다. 절망에 있어 그것은 '절망의 형테(Modus)'다.[97] 헌신 안에서 여자는 자기 자신을 잃어버린다. 그러나 바로 그렇게 했을 때만이 그녀는 행복하며, 그렇게 했을 때만이 그녀는 자기 자신이 된다.[98] 어떤 여성이 자신을 내어주지 않은 채, 다시 말해 자기 자신을 내어주지 않고도 행복할 수 있다면, 그 여자는 전혀 여성답지 않은 것이다.

남성 또한 자기 자신을 내어준다. 그리고 그렇지 못하다면 그는 형편없는 남성이다. 그러나 남성에게 있어 자기는 '헌신 그 자체'가 아니며, 여성의 실질적인 헌신성과는 다르다. 남성은 헌신을 통해 자기 자신을 얻는 것이 아니라, 이미 자기 자신을 갖고 있다. 그는 자신을 내어주지만, 그의 자기는 여전히 남아 있으며, 헌신하고 있다는 사실에 대한 '절제된 의식'으로 존재한다. 반면 여성은, 참으로 여성답게, 헌신의 대상 속으로 자기를 던져 넣고, 자신의 자기마저 그것 속에 던져버린다. 이 헌신이 제거된다면, 그녀의 자기도 함께 사라지며, 그녀의 절망은 곧 '자기 자신이 되기를 원하지 않는 것'이다. 이와는 달리 남성은 그렇게 헌신하지 않으며, 따라서 절망의 다른 형태는 바로 남성적인 것을 표현한다. 즉, '절망적으로 자기 자신이 되기를 원하는 것'이 바로 그것이다.

이것이 남성과 여성의 절망 형태 사이의 관계이다. 하지만 여기서 주의할 점은, 지금 말하고 있는 '헌신'은 하나님에 대한 헌신이나 하나님과의 관계를 말하는 것이 아니라는 것이다. 그 주제는 이후 두 번째 절에서 다루게 될 것이다. 하나님과의 관계 안에서는, '남성'이든 '여성'이든 그 구별은 사라지며, 남성이든 여성이든 똑같이 헌신이 자기의 본질이 되며, 헌신을 통해 자기를 얻게 된다.[99] 이 점은 남성과 여성 모두에게 똑같이 적용된다. 다만 실제 현실에서는 여성은 종종 남성을 통해서만 하나님과 관계를 맺는 경우가 많다.[100]

1) 세상적인 것 또는 어떤 세상적인 것에 대한 절망

165

이것은 순전한 **직접성**(직접성, Umiddelbarhed) 혹은, 그 안에 다소 **양적인 자기 반성**(Reflexion i sig)[101]이 들어 있는 **직접성**입니다. 여기에는 자기에 대한 무한한 의식, 절망이 무엇인지를 아는 의식, 혹은 자신의 상태가 절망이라는 것을 아는 의식이 전혀 없습니다. 이러한 절망은 단지 '고통받는 것'(Liden)이며,[102] 외적인 것의 압박에 짓눌려 있는 상태일 뿐입니다. 이 절망은 결코 내면에서 비롯되는 행위로서의 절망이 아닙니다. 이 경우 '자기', '절망'과 같은 말들이 사용되는 것은, 굳이 말하자면 언어의 **무고한 남용**, 혹은 **말장난**에 지나지 않습니다. 이는 마치 아이들이 병정 놀이를 하듯, 직접적 언어 안에서 그런 단어들이 등장할 뿐입니다.

직접적인 인간(Den Umiddelbare, 물론 실제로 직접성이 전혀 반성을 수반하지 않고 나타날 수 있다면)은 단지 영혼적으로만 규정되어 있습니다. 그의 자기와 그 자신은 단지 시간성과 세속성의 범위 안에 존재하는 어떤 것이며, **외적인 것**(τo ἕτερον, '타자')과 즉각적으로 연결되어 있을 뿐입니다. 그의 모습은 그 안에 무언가 영원한 것이 있는 것처럼 보이지만, 그것은 단지 환상적인 외양일 뿐입니다.

166

이러한 자기는 타자(το ἕτερον)와 직접적으로 연결되어 있으며, 원하는 것, 욕망하는 것, 향유하는 것 등과 관계하지만, 어디까지나 **수동적**입니다. 욕망할 때조차도 이 자기는 아이의 '나(mig)'처럼 **여격**(dativ)에 머무는 존재입니다.[103] 그의 변증법은 '유쾌함과 불쾌함'이며, 그의 개념들은 '행복', '불행', '운명'입니다.

그러다가 어떤 일이 이 **직접적 자기**에게 **덧붙여 일어나게**(støder—til) 됩니다. 그 일은 그를 절망으로 이끕니다. 이 경우 절망은 다른 방식으로는 발생할 수 없습니다. 왜냐하면 그 자기 안에는 아무런 반성이 없기 때문에, 그를 절망케 하는 것은 외부로부터 와야 하며, 그 절망은 단지 수동적인 고통(liden)일 뿐입니다.

즉, 그 직접적인 자기가 자신의 삶을 두고 있던 것, 혹은 그 안에 약간의 반성이 있다고 할 때, 그가 특히 매달리고 있던 삶의 부분이 '**운명의 일격**'에 의해 박탈됩니다. 간단히 말해 그는 자신이 말하듯 '불행해집니다.' 즉, 그의 **직접성**은 한 번 타격을 입으면 스스로를 다시 구성(reproducere)하지 못하는 상태가 되고, 그로 인해 그는 절망에 빠지게 됩니다.

혹은, 현실에서는 드물게 보이지만 변증법적으로는 전적으로 자연스러운 경우로서, 이 **직접적인 절망**은 그가 '지나치게 큰 행복'이라고 부르는 일을 통해 일어날 수도 있습니다. **직접성**은 그 본성상 극도로 연약한 것이기 때문에, 어떤 **과도한 것**(quid nimis, '지나침')이 그것으로부터 반성을 요구할 때, 그것은 절망에 빠지게 됩니다.[104]

그러니까 그는 절망합니다. 다시 말해, 자신에 대하여 전적으로 기묘하게 뒤틀리고 철저히 오해된 방식으로, 그는 자신이 절망하고 있다고 말합니다. 그러나 진정으로 절망한다는 것은 '영원한 것'을 상실하는 것입니다. 그런데 그 상실에 대해서 그는 말하지도 않으며, 꿈조차 꾸지 않습니다.

'세상적인 것을 잃는 것'은 그 자체로는 절망이 아닙니다. 그런데도 그는 바로 그것에 대해 말하고 있으며, 그것을 '절망'이라 부릅니다. 그가 말하는 것은 어떤 의미에서는 맞습니다. 단지 그가 이해하는 방식으로는 맞지 않습니다. 그는 **뒤집힌 상황**(bagvendt situeret) 속에 있고, 그가 말하는 것도 뒤집힌 방식으로 이해되어야 합니다.

그는 서서, 절망이 아닌 것을 가리키며 "나는 절망에 빠졌다"고 설명합니다. 그러나 실제로는 절망이 그의 등 뒤에서, 그가 모르는 사이에 완전히 제대로 진행되고 있습니다. 이것은 마치 어떤 사람이 시청이나 법원[105]이 있는 곳을 등지고 서서, 자기 앞을 손가락으로 가리키며 "저기가 시청이야"라고 말하는 것과 같습니다. 그 사람이 말하는 곳은 실제로 시청이 맞습니다. 단, 그가 몸을 돌리면 말입니다.[106] 그는 실제로 절망에 빠진 것이 아니며, 그의 말은 진실이 아닙니다. 그럼에도 불구하고 그가 '절망했다'고 말할 때, 어떤 면에서는 그는 옳습니다.

그는 자신을 절망했다고 말하며, 자신을 죽은 자, 자기 자신의 그림자라고 여깁니다. <u>그러나 그는 죽은 것이 아닙니다.</u> 말하자면, 그 안에는 아직도 생명이 있습니다. 만일 외적인 모든 조건이 갑자기 바뀌고, 그의 소원이 이루어진다면, 그는 다시 생기를 되찾을 것이며, **직접성**은 다시 일어나 새롭게 살기 시작할 것입니다. 그러나 이것이야말로 직접성이 고통이나 충격에 맞서 싸우는 유일한 방식입니다. 그것이 아는 것은 오직 이 한 가지뿐입니다. 절망하고 기절하는 것. 하지만 그 절망이 무엇인지는 전혀 알지 못합니다. <u>직접성은 절망하고 기절한 다음, 마치 죽은 것처럼 가만히 누워 있습니다.</u> 마치 연극에서 '**시체 놀이**(죽은 척 누워 있는 것)'처럼 말입니다. 직접성은 특정한 낮은 동물들과 비슷합니다. 그 동물들은 어떤 다른 무기나 방어 수단도 가지지 못했기 때문에, 단지 완전히 움직이지 않고 **죽은 척함**으로써 자신을 지키려 합니다.[107]

168   그러는 사이에 시간은 흘러갑니다. 만일 외적인 도움(조건의 변화, 환경의 회복 등)이 오게 되면, 절망한 자 안에도 다시금 **생명**이 들어오고, 그는 멈추었던 자리에서 다시 시작합니다. **자기**(self)**가 아니었던 그는**, 여전히 **자기**가 되지 않았고, 단지 직접적인 방식으로 계속 살아갑니다. 그러나 만일 외적인 도움조차 오지 않는다면, 현실에서는 대개 다른 일이 벌어집니다. 그런 경우에도 그 사람 안에는 여전히 **생명**이 존재합니다. 그는 말합니다.

"나는 이제 다시는 나 자신이 될 수 없어."

그는 이제 삶에 대해 약간의 '이해'를 가지게 됩니다. 그는 다른 사람들이 어떻게 살아가는지를 흉내 내는 법을 배우고, 자신도 그들과 같은 방식으로 살아가게 됩니다. 크리스텐덤 안에서 그는 '그리스도인'이 됩니다. 매주 일요일 교회에 가고, 목사님의 설교를 듣고, 그 뜻도 이해합니다. 아니, 그와 목사는 서로를 이해하는 사람들입니다. 그리고 그는 죽습니다. 목사는 10리그스달러를 받고 그를 '영원'으로 안내합니다.[108] 그러나 그는 **자기**(self)가 아니었습니다. 그는 **자기**(self)가 되지 못한 채 죽었습니다.

이 절망의 형태는 '자기 자신이 되기를 절망적으로 원하지 않는 것'입니다. 혹은 한층 더 낮은 표현으로, **자기**(self)가 되기를 절망적으로 원하지 않는 것', 혹은 가장 낮은 형태로는 '자기 자신이 아니라 다른 누군가가 되기를 절망적으로 바라는 것', 즉 '**새로운 자기를 갖기를 바라는 것**'입니다.

직접성(Umiddelbarhed)**은 본래 자기**(Self)**가 없습니다.** 그것은 자기 자신을 알지 못하며, 따라서 자기 자신을 다시 알아볼 수도 없습니다. 그래서 보통 이 절망은 어떤 '환상적인 것'으로 끝을 맺곤 합니다. 직접적 인간이 절망할 때, 그는 자신에게 자기가 있다는 사실조차 모르기 때문에, 자기가 되지 못한 그 자신을 바라는 마음조차 없습니다.

　그는 그 대신, 스스로를 돕기 위해 다른 방식으로 반응합니다. <u>그는 '다른 사람이 되기를' 원합니다</u>. 직접적인 인간들을 관찰해보면 누구든 쉽게 확인할 수 있겠지만, 절망의 순간에 그들에게 가장 가까운 소망은 바로 '자기 자신이 아닌 다른 존재가 되기를 바라는 것'입니다.

　이러한 절망자에 대해서는, 아무리 진지하게 보려고 해도 결국 미소를 짓지 않을 수 없습니다. 인간적으로 말하자면, 그는 절망하고 있지만 여전히 매우 순진무구한 사람입니다. 대부분의 경우, 이런 절망자는 **무한히 우스꽝스럽고 코믹한 존재**입니다.

　한번 상상해 보시기 바랍니다. 자기(self)란 (하나님 다음으로) 가장 영원한 것인데, 그 자기가 이런 생각을 한다는 것입니다. "나는 나 아닌 다른 존재가 될 수 있지 않을까?"라고요. 그런데도 이런 절망자는, 인간이 할 수 있는 가장 터무니없는 변신의 욕망, 바로 그 욕망을 유일한 소망으로 여기며, 그 변신이 마치 옷을 갈아입듯 간단하게 이루어질 수 있을 것이라 믿습니다.

　직접적인 인간은 자기 자신을 알지 못합니다. 그는 문자 그대로 옷으로 자기를 구분합니다. 그는 (여기서 다시 무한히 코믹한 요소가 등장합니다) 자기를 외적인 것에 두고 구분합니다. 그러나 자기는 외적인 것과는 무한히 다릅니다. 그러므로 외적인 모든 것이 바뀌고, 그가 절망하게 되었을 때, 그는 한 걸음 더 나아가 이렇게 생각합니다. 이것이 그의 소원입니다.

"내가 다른 사람이 될 수 있다면, 새로운 자기를 가질 수 있다면 얼마나 좋을까."

그렇다면, 그가 진정 다른 사람이 된다면, 과연 그는 자기를 다시 알아볼 수 있을까요?

한 농부 이야기가 있습니다.[109] 그는 맨발로 수도에 올라와서, 돈을 좀 벌고는 양말과 구두를 하나 장만했고, 술을 마실 돈까지 남겼습니다. 그는 취한 채로 시골길 한복판에 쓰러져 잠이 들었습니다. 마차가 지나가자 마부가 외쳤습니다.

"비켜요! 그렇지 않으면 당신 다리를 밟고 지나갑니다!"

그러자 취한 농부는 일어나 다리를 보았습니다. 그런데 양말과 구두를 신은 다리가 자기 것으로 보이지 않았기에, 이렇게 말했습니다.

"그냥 지나가세요. 그건 제 다리가 아니에요."

직접적 존재(den Umiddelbare)가 절망할 때도 이와 같습니다. 그를 진지하게 묘사하는 것은 불가능하며, 그는 **코믹한 존재**입니다. 그리고 솔직히 말씀드리자면, 그에 대해 '**자기**(Self, Selv)'와 '**절망**(Fortvivlelse)'이라는 용어로 말한다는 것 자체가 이미 일종의 **예술적 기교**(Kunststykke)인 것입니다.

직접성(Umiddelbarheden)이 그 자체 안에 어느 정도 반성(자기 반성)을 지니고 있다고 가정할 때, 절망은 다소 수정됩니다. 곧 자기에 대한 인식이 어느 정도 생기고, 따라서 절망이란 무엇인지, 또 자신의 상태가 절망이라는 사실에 대한 의식도 생기게 됩니다. 그러므로 이러한 사람이 자신이 절망하고 있다고 말하는 데는 어느 정도 의미가 생깁니다. 그러나 이러한 절망은 본질적으로 여전히 '자기 자신이 되기를 원하지 않는' 형태로서, **나약함의 절**

망입니다.

순수 직접성(rene Umiddelbarhed)에 비해 이러한 절망에서의 진전은, 절망이 반드시 외부로부터의 충격이나 어떤 일이 닥침으로 발생하는 것이 아니라, 그 자체 안의 반성으로 인해 유발될 수 있다는 점에서 드러납니다. 그런 경우 절망은 단순히 외적인 것에 눌려 있는 **수동적인 상태**(고통, Liden)가 아니라, 어느 정도 자발적이며, 행위적인 것이 됩니다.

여기에는 어느 정도의 반성이 존재하므로, **자기에 대한 성찰**(Besindelse)도 어느 정도 생깁니다. 이 반성이 시작되는 순간, **자기**(Self)는 외부 세계(Omverdenen)와 외적인 것(Udvortesheden) 및 그것이 자기에게 미치는 영향과 본질적으로 다른 존재라는 사실을 자각하는 **분리 행위**(Udsondrings-Akt)가 시작됩니다. 그러나 이것은 어디까지나 "**어느 정도**"(en vis Grad)일 뿐입니다. 이제 자기가 자신을 받아들이려고 할 때, **자기의 구성**(Selvets Sammensætning)이나 **자기의 필연성**(Selvets Nødvendighed) 속에서 어떤 어려움에 부딪힐 수도 있습니다. 이는 어떤 인간의 육체도 완전하지 않은 것처럼, 어떤 자기도 완전하지 않기 때문입니다. 자기는 이러한 어려움을 마주하고, 놀라고 두려워하며 물러서게 됩니다.

혹은 자기에게 어떤 일이 닥쳐, 그의 직접성을 그가 내면의 반성으로 깨달았던 것보다 더 깊이 무너뜨리게 될 수도 있습니다. 혹은 자기의 **상상력**(Phantasi)은 어떤 **가능성**(Mulighed)을 발견하게 되며, 만일 그것이 실제로 일어나게 된다면, 그것이 바로 직접성과의 단절이 될 것임을 깨닫게 됩니다.

그는 결국 절망하게 됩니다. 그의 절망은 약함에서 오는 것으로, 자기의 고통입니다. 이는 자기주장(self-assertion)을 앞세우는 절망과는 반대되는 것입니다. 그러나 그에게는 그만의 상대적인 내면적 반성이 있기 때문에, 그는 **순수한 직접적 인간**(reent Umiddelbare)와는 달리, 자신의 자기를 보호하려는 시도를 하게 됩니다. 그는 자기를 포기한다는 것이 단순한 일이 아님을 이해하며, 직접적인 자기처럼 그 충격에 의해 **졸도하듯**(apoplectisk)[110] 무너지는 일은 없습니다. 그는 반성의 힘으로 많은 것을 잃을 수는 있지만, **자기 자체를 잃는 것은 아니라는 것**을 어느 정도는 이해합니다. 그는 양보할 줄도 알고, 그럴 능력도 가지고 있습니다. 왜냐하면 그는 어느 정도 자기를 외적인 것과 분리해내었고, **자기 안에 영원한 무엇**(noget Evigt)이 있다는 **희미한 관념**(dunkel Forestilling)을 가지고 있기 때문입니다.

그러나 그는 결국 그 싸움에서 실패합니다. 그가 마주한 어려움은 전체 직접성과의 단절을 요구하는데, 그는 그만큼의 **자기-반성**(Selv-Reflexion)이나 **윤리적 반성**(ethisk Reflexion)을 가지고 있지 않기 때문입니다. 그는 외부 모든 것으로부터 **무한한 추상화**(uendelige Abstraktion)를 통해 얻어지는 자기에 대한 의식을 가지고 있지 않습니다. 직접성의 완전히 옷입혀진 자기와 비교할 때, 이런 벌거벗은 추상적 자기(naked abstract self)야말로 무한한 자기의 첫 번째 형태이며, 자신의 현실적인 자기를 그 어려움과 장점과 함께 무한히 받아들이는 전 과정에서의 **추진력**(det Fremadskyndende)이 되는 것입니다.[111] 하지만 그에게 이런 자기가 없습니다.

그러므로 그는 절망합니다. 그의 절망은 곧 자기 자신이 되기를 원하지 않는 것입니다. 하지만 그는 우스꽝스럽게도 '다른 사람이 되기를 원하는' 절망까지는 가지 않습니다. 그는 여전히 자기 자신과의 관계를 유지하고 있고, 그만큼의 반성이 자기와 자신을 이어주고 있습니다. 그는 자기 자신과의 관계에서 마치 **한 남자가 자신의 집과 갖는 관계**처럼 행동합니다. (물론 그 어떤 집에 대해서도 소홀한 태도를 보이는 남자와 같은 정도로 자기가 자신을 소홀히 여기는 것은 아닙니다.) 그가 사는 집이 연기나 다른 어떤 이유로 인해 불쾌하게 느껴진다면, 그는 집을 떠나지만 완전히 다른 곳으로 가서 새로운 집을 얻지는 않습니다. 그는 여전히 그 집을 자신의 집으로 여기며, 언젠가는 상황이 나아질 것이라고 생각합니다.

절망하는 사람도 이와 같습니다. 그가 마주한 어려움이 계속되는 한, 그는 말 그대로 '**자기 자신에게 돌아오려**(to come to himself) 하지 않습니다.' 그는 자기 자신이 되기를 원하지 않습니다. 그러나 언젠가는 상황이 나아질 것이고, 그 어두운 가능성은 잊힐 것이라고 생각합니다. 그러므로 그는 가끔씩 자기 자신에게 '방문하듯' 들러서, 상황이 달라졌는지를 확인해봅니다. 그리고 만약 그 상황이 바뀌었다면, 그는 다시 '귀가하여' 자신이 되었다고 말합니다. 그러나 그것은 단지 그가 중단했던 곳에서 다시 시작한다는 의미일 뿐입니다. 그는 **어느 정도만** 자기였고, 그 이상은 되지 못했던 것입니다.

그러나 어떤 변화도 일어나지 않으면, 그는 다른 방식으로 자신을 도우려 합니다. 그는 **참된 자기**(Selv)가 되기 위해 앞으로 나아가야 할 내적인 방향을 완전히 버려버리고, 엉뚱한 길로 돌아섭니다. 자기에 대한 더 깊은 의미에서의 물음은 그의 영혼 깊은 곳에서 마치 '**가짜 문**(blind Dør)'[112]처럼 되어버립니다. 그 문 안쪽에는 아무것도 없습니다. 그는 그의 언어에서 '**자기**(self)'라 부르는 것을 **받아들이는데**(appropriates, 자기화하는데), 곧 그에게 주어진 재능이나 능력들을 의미합니다. 그러나 그는 이것을 삶이라 불리는 외적인 방향, 즉 현실적이고 활동적인 삶을 향해 나아가기 위해 받아들입니다(자기화합니다). 그는 자기 안에 남아 있는 얼마 안 되는 반성(refleksion)을 아주 조심스럽게 다루며, 그 '**영혼의 배경에 있는 것**', 즉 그 가짜 문 뒤에 무엇이 다시 올라올까 두려워합니다.

그렇게 하여 그는 점차 그것을 잊는 데 성공합니다. 세월이 지나면서 그는 그것을 거의 우스꽝스럽다고 여기게 되며, 특히 현실적인 삶에 대한 감각과 유능함을 지닌 다른 능력 있고 활동적인 사람들과 함께 있을 때는 더욱 그렇습니다. 정말 훌륭하지요![113] 그는 이제, 소설 속 표현처럼, 수년째 행복하게 결혼 생활을 하고 있고, 유능하고 진취적인 사람이며, 아버지이고 시민이며, 어쩌면 위대한 인물일 수도 있습니다. 그의 집에서는 하인들이 그를 '**그분 본인**(Han Selv, 그분 자신)'[114]이라고 부릅니다. 도시에서는 그는 **존경받는 인물들**(Persons-Anseelse)[115] 중 하나입니다. 그의 행동은 사회적 위신을 지녔으며, 또는 위신 있는 인물처럼 보이며, 겉보기에는 의심할 바 없는 인격자입니다. 크리스텐덤에서는 그는 그리스도인입니다(이때의 '그리스도인'은 마치 이교 세계에서라면 이교도, 네덜란드에서는 네덜란드인이라 불렸을 것과 같은 맥락에서 이해해야 합니다). 그는 교양 있는 그리스도인 중 한 사람입니다.

그는 **불멸**(Udødeligheden, 영생)에 대한 문제[116]를 자주 깊이 고민해 왔고, 한두 번이 아니라 여러 차례 목사에게 정말 그런 불멸성이 존재하는지, 그리고 과연 사람이 죽은 후에도 자신을 알아볼 수 있을지를 물어보았습니다. 이는 그에게는 아주 특별한 관심사가 될 수밖에 없습니다. 왜냐하면 그는 자기 자신, 즉 '자기(Self)'가 전혀 없기 때문입니다.

이러한 유형의 절망을 진실되게 표현하는 것은 일정 정도의 풍자적 요소 없이는 불가능합니다. 코믹한 점은 그가 자신이 '절망한 적이 있다'고 말하고 싶어 한다는 것이고, 무서운 점은 그가 절망을 극복했다고 생각한 그 상태 자체가 사실은 바로 절망이라는 사실입니다. 세상에서 그토록 높이 평가받는 '**삶의 지혜**'(Livs-Klogskab), 곧 온갖 사탄의 조언과 현명한 처세, 미래를 내다보는 일, 자기 운명을 받아들이는 일, 그리고 모든 것을 잊어버리려는 태도[117] 등등의 밑바탕에는, 이상적으로 이해하자면, 진정한 위험이 어디에 있는지, 무엇이 참된 위험인지에 대한 **철저한 무지**[118]가 깔려 있고, 이러한 사실이야말로 실로 무한히 코믹한 것입니다. 그러나 한편으로 이 윤리적인 무지는 다시 말해 실로 두려운 일입니다.

"세상적인 것 또는 어떤 세상적인 것에 대한 절망"은 가장 일반적인 형태의 절망입니다. 특히 '양적 반성(reflexion)'이 가미된 직접성(Umiddelbarhed)'의 **두 번째 형태**가 더욱 그렇습니다. 절망이 깊이 있게 반성될수록, 그것은 세상에서 점점 더 드물게 보이게 됩니다. 그러나 이것은 사람들이 절망하지 않는다는 것을 의미하지는 않고, 단지 대부분의 사람들이 그 절망의 깊은 차원에까지는 이르지 못했다는 것을 의미합니다.

영(靈, Aand)**의 규정** 아래 살고 있는 사람은 극히 소수이며, 그런 삶을 시도해보려는 사람조차도 많지 않습니다. 설령 그런 삶을 시작해보려는 이들이 있다 하더라도, 대부분은 곧 포기해버립니다. 그들은 **두려워하는 법**(at frygte)을 배운 적도 없고, "**반드시 해야 한다**"(at skulle)는 것을 배운 적도 없습니다. 그래서 결과적으로 어떤 일이 일어나든 그것은 무의미해 보입니다.

이러한 사람들은 이미 자기 자신에게조차 모순으로 보이는 어떤 상황을 감당하지 못합니다. 그리고 세상의 반성 속에서는 그 모순이 훨씬 더 노골적으로 드러납니다. 곧, 자기 영혼을 걱정하고자 하는 것, 영으로 살고자 하는 것이 세상에서는 **시간 낭비**로 보일 뿐 아니라, 마치 처벌받아 마땅한 죄처럼 여겨지는 것입니다. 최소한 그것은 사람들에게 멸시와 조롱을 받아야

172

하는 배신 행위, 광기 어린 반역 행위로 취급됩니다.

그러다가 그들의 삶에는 어떤 결정적인 순간이 오게 되며, 이는 참으로 그들의 인생에서 가장 좋은 시기입니다. 그때 그들은 **내면으로 향하는 길**을 걷기 시작합니다. 하지만 첫 번째 어려움에 도달했을 때, 그들은 곧 그 길을 벗어나 버립니다. 그들에게는 그것이 마치 **위로 없는 사막**(trøstesløs Ørken)으로 이어지는 길처럼 보이기 때문입니다 그러나 und rings umher liegt schöne grüne Weide[주위를 돌아보면 아름답고 푸른 초장이 펼쳐져 있는 듯합니다].[119] 그래서 그들은 그리로 나아가며, 곧 자기 인생의 그 가장 좋은 시기를 잊어버리고 맙니다. 아, 그리고 결국 그것을 단지 유치한 시절의 일로 여겨버립니다.

이들은 동시에 그리스도인이기도 합니다. 그들의 구원의 문제에 대해서는 목회자들의 말에 안심하고 살아갑니다. 앞서 말했듯, 이러한 형태의 절망이 가장 흔한 것입니다. 너무나도 일반적이기에, 이 절망의 존재로부터 오히려 사회 전반에 퍼져 있는 어떤 견해를 설명할 수 있을 정도입니다. 즉, 절망이란 젊은 시절에만 있는 것이고, 나이가 들어 성숙한 사람에게는 존재하지 않는다고 여겨지는 그 생각 말입니다.

173   그것은 **절망적인 잘못**(fortvivlet Vildfarelse), 아니, 더 정확히 말하자면, **절망적인 착각**(fortvivlet Feiltagelse)입니다. 게다가 이 착각은 어떤 것을 간과하고 있다는 점에서, 아니 그보다 더 나쁘게는, <u>자신이 간과하고 있다는 사실조차도 잊어버리고 있다는 점에서 끔찍한 것입니다</u>. 그리고 이러한 간과 속에 담겨 있는, 어쩌면 인간에 대해 할 수 있는 가장 긍정적인 말조차도 이 착각은 놓치고 있습니다. 그것은 바로 대부분의 사람들이 본질적으로는 전 생애에 걸쳐 단지 어린 시절과 청년기의 상태에 머물러 있다는 사실입니다. 곧

'약간의 반성이 가미된 직접성'이라는 상태 말입니다.

아닙니다. 절망은 결코 젊은이들에게만 나타나는 것이 아니며, 마치 '환상을 벗어나는 것처럼' 쉽게 벗어날 수 있는 것이 아닙니다. 그리고 사실, 그 누구도 환상을 그렇게 쉽게 벗어날 수 없습니다. 오히려 우리는 나이 든 남성과 여성, 심지어 노인들에게서도 어린 젊은이들 못지않게 유치한 환상을 발견할 수 있습니다.

그러나 사람들은 환상이 두 가지 형태를 가지고 있다는 것을 간과합니다. 하나는 **'희망의 환상**(Haabets Illusion)'이고, 다른 하나는 **'회상의 환상**(Erindringens Illusion)'입니다. 젊은이는 '희망의 환상' 속에 있으며, 나이 든 이는 '회상의 환상' 속에 있습니다. 그러나 그는 자신이 환상 속에 있기 때문에, 환상이란 오직 '희망의 형태'만 존재한다고 단편적으로 이해하는 것입니다. 물론 나이 든 이에게는 '희망의 환상'은 더 이상 괴롭지 않습니다. 대신 그는 더 이상 존재하지도 않는 높은 위치에서 젊은이의 환상을 내려다보며 **조롱하는 새로운 형태의 환상**을 갖게 됩니다.

젊은이는 삶과 자기 자신에게서 비범한 것을 기대하는 희망의 환상을 갖고 있습니다. 그러나 나이 든 이에게서도 우리는 환상을 봅니다. 그것은 그가 자기 젊은 시절을 어떻게 기억하는가에 대한 것입니다. 이를테면, 한 노부인이 이제는 모든 환상을 내려놓았다고 말하지만, 사실은 어떤 젊은 여성보다도 더 환상 속에 빠져 있는 경우가 많습니다. 그녀는 자기 자신이 젊은 시절 얼마나 행복했고, 얼마나 아름다웠는지를 마치 **환상처럼 기억**합니다. 이런 식으로 나이 든 사람들이 자주 말하는 "우리는 한때 그랬다(fuimus)"[120]는 표현은 젊은이들의 미래 지향적 환상만큼이나 큰 환상입니다. 그들은 모두 거짓말을 하거나, 환상 속에서 이야기를 지어냅니다.

그러나 절망이 오직 젊은 시절에만 속하는 것이라는 그 착각은, 전혀 다른 종류의 더 깊은 절망입니다. 그것은 정말 어리석은 생각이며, '영이 무엇인가'를 전혀 이해하지 못한 것이고, 더 나아가 인간이 단지 **동물적 존재**가 아니라 **영적 존재**라는 사실을 무시한 것입니다. 마치 믿음과 지혜가 나이가 들면서 이가 나고 수염이 자라듯이 저절로 생기는 것이라고 여기는 생각은, 참으로 잘못된 판단입니다.

아니, 사람이 나이를 먹으면서 저절로 얻게 되는 것이 무엇이든 간에, 단 한 가지는 결코 저절로 오지 않습니다. 그것은 바로 믿음과 지혜입니다. 오히려 문제는 이것입니다. 영적으로 보았을 때, 사람은 나이를 먹는다고 해서 저절로 어떤 경지에 이르는 법이 없습니다. 이런 생각 자체가 영의 가장 본질적인 반대 개념입니다. 반대로, 나이가 들면서 오히려 너무나 쉽게, 너무도 자연스럽게, 자신이 가지고 있던 무엇인가에서 멀어지게 됩니다.

그래서 나이가 들면 사람은 자신이 지녔던 **열정**(Lidenskab), **감정**(Følelse), **상상력**(Phantasi), **내면성**(Inderlighed)을 잃어버리고, 그 대신 저절로, 곧 아무 노력도 없이 **삶에 대한 일상적 이해**(Trivialitetens Bestemmelse af Forstand paa Livet) 아래로 들어가 버립니다. 이렇게 해서 나이 들어 얻게 된 이 '개선된 상태'를 그는 오히려 '좋은 것'이라 여깁니다. 그리고 자신은 이제 절대로 절망하지 않을 거라고 쉽게 확신합니다. (그리고 풍자적 의미에서는, 그만큼 확실한 것도 없을 것입니다.)

하지만 진실은 이렇습니다. 사실 그는 절망한 것이며, 영을 상실한 절망(aandløst fortvivlet) 속에 있는 것입니다. 그렇다면 왜 소크라테스가 젊은 이들을 사랑했을까요?[121] 그는 인간이 어떤 존재인지 알고 있었기 때문입니다!

그리고 사람이 나이를 먹으면서 가장 **진부한 형태의 절망**(trivielleste Art Fortvivlelse) 속으로 서서히 빠져들게 된다고 해도, 거기에서 곧바로 "절망은 오직 젊은 시절에만 해당되는 것이다"라는 결론이 나오는 것은 결코 아닙니다. 만일 한 사람이 나이를 먹으면서 실질적으로 **자기**(Self, Selvet)에 대한 **본질적 의식**(væsentlig Bevidsthed) 안에서 성장하고 성숙한다면, 그는 **더 높은 형태의 절망**에 이를 수 있습니다.

반대로, 나이를 먹으면서도 실질적인 성숙은 이루지 못하고, 동시에 **진부함** 속으로 완전히 빠져들지도 않는 사람, 다시 말해 겉모습은 어른이지만 여전히 젊은이로 머물러 있는 사람, 이미 남편이고, 아버지고, 심지어 백발이 성성할지라도 여전히 젊은이로 남아 있는 사람이라면, 그는 여전히 젊은이처럼 절망할 수 있는 사람입니다. 즉, 그는 이 세상적인 것, 또는 어떤 특정한 세상적인 일에 대해 절망하게 될 수 있는 존재입니다.

물론, 이러한 노인의 절망과 젊은이의 절망 사이에는 차이가 있을 수는 있겠지만, 그것은 본질적인 차이가 아니라 단지 **우연적인 차이**(reen tilfældig)에 불과합니다. 젊은이는 **다가올 미래**에 대해 절망합니다. 그는 **그 미래를 현재 속의 미래**(Præsens in futuro)[122]처럼 여기며, 다가올 어떤 것을 받아들이기를 거부하며, <u>그것과 함께 자기 자신이 되기를 원하지 않습니다.</u>

반면에 노인은 이미 **지나간 과거**(det Forbigangne)에 대해 절망합니다. 그는 **그 과거를 현재 속의 과거**(Præsens in præterito)처럼 간직하고 있으며, 그 과거가 점점 더 사라지는 것을 원하지 않습니다. 그는 완전히 잊어버릴 만큼 절망하지는 못했기 때문에, 과거는 여전히 현재 속에 붙들려 있습니다. 그가 절망하고 있는 그 과거는 사실상 **참된 회개**(Angeren)가 붙잡아야 할 것이기도 합니다.

하지만 회개가 일어나려면, 그는 먼저 철저히 절망해야 하고, 절망의 끝까지 이르러야 하며, 그의 영의 삶이 근원에서부터 뚫고 나와야 합니다. 그러나 그는 절망한 채로 살아가면서도, 그 절망이 그러한 결단에 이르도록 용기를 내지 못합니다. 결국 그는 그 자리에서 멈춰 서게 되고, 시간만 흘러갑니다. 혹은 그는 더 깊은 절망 속에서, **망각**(Glemsel)을 통해 그것을 봉합하려 시도할 수도 있습니다. 그러나 그 결과 그는 회개하는 사람이 되기는커녕, 자신의 죄를 덮어주는 사후 방조자, 곧 자기 자신의 '**은폐자**'(Hæler)[123]로 전락합니다.

결국 본질적으로는, 이런 청년의 절망이나 노인의 절망은 본질적으로 동일합니다. 그 절망은 **변모**(metamorphose)를 거쳐, 자기 속에 있는 영원의 의식이 돌파해 나오는 지점까지는 이르지 못합니다. 따라서 그 절망은 더 고양된 형태로 나아가거나, 또는 믿음에 이르는 싸움으로 발전하지 못합니다.

175   하지만 지금까지 동일하게 사용되었던 두 표현, 즉 '세상적인 것(det Jordiske)에 대해 절망하는 것'(전체성 규정)과 '어떤 세상적인 것(noget Jordisk)에 대해 절망하는 것'(개별적인 것) 사이에는 본질적인 차이가 있지 않습니까? 그렇습니다, 분명히 존재합니다.

자기(self)가 상상 속에서 **무한한 열정**을 가지고 어떤 세속적인 것에 대해 절망할 때, 그 무한한 열정은 이 개별적인 것을 곧 **세상적인 것 전체**(det Jordiske in toto)[124]로 만들어 버립니다. 다시 말해, 이 전체성의 규정은 절망하는 자 안에 있으며 그에게 속한 것입니다. '세상적이며 시간적인 것(det Jordiske og Timelige)'은 본래 부분들, 개별적인 것들 속에 흩어지는 것입니다.

현실적으로 모든 세상적인 것을 다 잃거나 박탈당하는 것은 불가능합니다. 왜냐하면 **전체성의 규정**(Totalitetsbestemmelsen)은 사고(思考)의 범주, 즉 개념의 범주이기 때문입니다. 그러나 자기(Self)는 현실적 상실을 무한히 과장함으로써, 그것을 전체적 상실로 만들어버리고, 그 결과 세속적인 것 전체 때문에 절망하게 되는 것입니다.

그러므로 이 '세상적인 것'에 대한 절망과 '어떤 세상적인 것'에 대한 절망 사이의 차이를 본질적으로 구분할 수 있게 될 때, 이는 곧 자기에 대한 의식이 본질적으로 진전되었음을 의미합니다. 따라서 '세상적인 것에 대한 절망'이라는 이 공식은, 절망의 다음 단계를 위한 하나의 변증법적 첫 표현에 해당하는 것입니다.

2) 영원에 대하여(om) 절망하거나 자기 자신 때문에(over) 절망하는 것

세상적인 것이나 어떤 세상적인 것 **때문에** 절망하는 것(fortvivlelse over)은, 사실 그 자체로 **영원한 것에 대한 절망**(fortvivlelse om)이며 **자기 자신 때문에 절망**(fortvivlelse over)한 것이기도 합니다.[125] 왜냐하면 그것이 모든 절망의 공식이기 때문입니다.* 그런데 앞에서 묘사한 그 절망하는 사람은, 마치 자기 뒤에서 어떤 일이 일어나고 있는지를 전혀 인식하지 못한 채, 자신은 단지 어떤 세상적인 것 **때문에**(over) 절망하고 있다고 생각하고 끊임없이 **무엇 때문에**(hvorover) 절망하는지를 말하지만, 사실 그는 영원한 것에 **대하여**(om) 절망하고 있는 것입니다. 왜냐하면 그가 세상적인 것에 그렇게 큰 가치를 부여하고, 나아가 어떤 특정한 세상적인 것에 지나치게 큰 가치를 부여하거나, 어떤 세상적인 것을 모든 세상적인 것으로 만들어 놓고 그것에 큰 가치

를 두는 것이 바로 **영원한 것에 대해**(om det Evige) **절망하는 것**이기 때문입니다.[126]

*그래서 언어적으로 정확하게 말하자면, "세상적인 것 때문에 절망한다(fortvivle over det Jordiske)"라고 할 때 그것은 '계기(Anledning)'를 의미하며, "영원한 것에 대하여 절망한다(om det Evige)"라고 할 때 그것은 절망이 실제로 관련하고 있는 대상을 뜻한다.[127] 반면에 "자기 자신 때문에 절망한다(over sig selv)"라고 말할 때는, 이것 또한 절망의 계기를 가리키는 또 다른 표현인데, 그 이유는 개념상 절망은 항상 영원한 것에 대한 것이기 때문이다. 그리고 '무엇 때문에 절망하는가(hvorover)'는 경우에 따라 매우 다양할 수 있다.
사람은 자신을 절망 속에 붙들어 놓는 것, 이를테면 자신의 불행, 세상적인 것, 재산의 손실 등 때문에 절망한다. 하지만 바르게 이해하자면, 절망에서 벗어나게 해주는 것에 대해서는 '~에 대하여(om)'라고 표현한다. 예를 들어 영원한 것, 자신의 구원, 자신의 능력 등에 대해 절망하는 경우가 그렇다.
자기 자신에 대해서는 over와 om 둘 다 사용할 수 있는데, 그것은 자기(Selvet)가 이중적인 변증법 구조를 갖고 있기 때문이다. 그리고 이것이 절망의 낮은 단계들, 더 나아가 거의 모든 절망하는 사람 안에 있는 모호함이다. 절망하는 사람은 자기가 '무엇 때문에'(hvorover) 절망하는지는 매우 격정적으로 분명히 보고 이해하고 있지만, '무엇에 대하여'(hvorom) 절망하고 있는지는 알아채지 못한다.
치유의 조건은 언제나 이 회개(Omvendelse)에 달려 있다. 그리고 순수하게 철학적인 차원에서라면, 어떤 사람이 자기가 '무엇에 대해' 절망하는지를 완전히 의식한 채 절망하는 것이 과연 가능한가 하는 점이 하나의 섬세한 질문이 될 수 있을 것이다.[128]

이 절망은 이제 하나의 중요한 진전을 보여줍니다. 앞선 단계의 절망이 '**나약함**(Svaghedens)'의 절망이었다면, <u>이번에는</u> '자신의 나약함에 때문에 <u>(over)</u> 절망하는 것'입니다. 그렇지만 이 절망 역시 여전히 **본질 규정**(Væsens-Bestemmelsen) 안에 머물러 있는 것으로서, 여전히 '나약함의 절망'이며, 이후에 나올 β형(즉, '반항의 절망')과는 구별되는 형태입니다. 따라서 여기에는 오직 상대적인 차이만이 있을 뿐입니다. 그 차이는 이렇습니다.

앞선 형태가 나약함에 대한 의식을 **최종 의식**으로 삼았다면, 이 형태는 거기서 멈추지 않고, 한 걸음 더 나아가 자기 나약함을 의식하는 **새로운 의식으로 심화**(potenserer)되는 것입니다.

절망하는 자는, **세상적인 것**(det Jordiske)에 지나치게 마음을 쏟는 것이 나약함이며, 그 때문에 절망하는 것도 나약함임을 스스로 이해합니다. 그러나 이제 그는 올바르게 절망에서 벗어나 하나님 앞에서 자기 나약함을 낮추며 **믿음**(Troen)으로 나아가는 대신, 오히려 절망 속으로 더 깊이 빠져들어 자기 나약함 **때문에** 절망합니다. 그렇게 하여 그의 시점 전체가 바뀌게 되고, 이제 그는 자기 절망이 바로 **영원한 것**(det Evige)**에 대한 절망**(fortvivler om det Evige), **자기 자신에 대한 절망**(fortvivler over sig selv)임을 더 분명히 자각하게 됩니다. 즉, 그는 자기 나약함 때문에 세속적인 것에 그렇게 큰 의미를 부여했다는 사실을 절망적으로 깨닫는데, 이는 곧 영원한 것과 자기 자신을 잃어버렸다는 표현이 되는 것입니다.

여기 **절망의 사다리**(Stigen)[129]가 있습니다. 먼저 **자기**(Self, Selvet)에 대한 의식이 있어야 합니다. 왜냐하면 **영원한 것**(det Evige)**에 대하여 절망**(fortvivle om)하는 것은 자기 안에 영원한 것이 있거나, 혹은 있었음을 상상(Forestilling)하지 않고서는 불가능하기 때문입니다. 그리고 **자기 자신에 대해 절망**(fortvivle over sig selv)한다는 것은, 자신이 '자기(Self)'를 가지고 있음을 의식해야만 가능한 일입니다. 그러나 바로 그 '자기' 때문에 절망하는 것이며, 더 이상 세속적인 것(det Jordiske)이나 어떤 세속적인 것(noget Jordisk) 때문이 아니라 자기 자신 때문입니다. 또한 여기에는 절망이 무엇인지를 더 깊이 이해하는 의식이 존재합니다. 왜냐하면 절망이란 곧 영원한 것과 자기 자신을 상실한 상태이기 때문입니다. 따라서 당연히 자신의 상태가 절망이라는 것에 대해서도 더 큰 의식이 있습니다.

더 나아가, 이 단계에서 절망은 더 이상 단순한 '고통받음(수동적 상태, Liden)'[130]뿐만이 아니라, 하나의 '행위(Handling)'이기도 합니다. 만약 세상적인 것이 자기에게서 사라졌고(빼앗겼고), 그로 인해 사람이 절망하게 되었다면, 그 절망은 마치 외부에서 온 것처럼 보일 수도 있습니다(비록 절망은 언제나 자기로부터 나오는 것이라 할지라도). 하지만 한편으로 **자기가 자신의 절망을 가지고 다시 절망하는 경우, 이 새로운 절망은 철저하게 자기로부터 옵니다.** 이 절망은 '**간접적이면서 동시에 직접적으로**(indirecte-directe)' 자기로부터 생겨난 것이며, 일종의 '**반작용**(반응, Modtryk)'이라는 점에서, '반항(Trods)의 절망'과는 구별됩니다. (반항의 절망은 자기로부터 직접적으로 발생합니다.)

마지막으로, 이 절망에는 또 **하나의 진보**(Fremskridt)가 있습니다. 바로 이 절망이 더욱 강렬(intensivere)하기 때문에, 어떤 의미에서는 **구원**(Frelsen)에 더 가까이 있습니다. 이러한 절망은 너무 깊기 때문에 쉽게 잊히지 않습니다. 그러나 매 순간 이 절망이 열려(holdes aaben) 있는 한, 거기에는 **구원의 가능성**(Mulighed af Frelsen)도 함께 존재하는 것입니다.

그러나 이러한 절망도 여전히 '**자기 자신이 되기를 원하지 않는 절망**(fortvivlet ikke at ville være sig selv)'의 형태로 분류됩니다. 마치 아버지가 아들을 의절하고 상속에서 제외하듯, 자기는 자신이 그렇게 연약했던 이후로 더 이상 자신을 인정하려 하지 않습니다. 그 자기는 절망적으로 그 나약함을 잊을 수 없고, 어떤 방식으로든 자기 자신을 미워하며, **믿음**을 가지고 자신의 나약함을 겸손히 받아들여 그렇게 해서 자신을 되찾으려 하지 않습니다. 오히려 말하자면, 절망적으로 자기 자신에 대해 아무 말도 듣고 싶어하지 않고, 자기 자신에 대해 알고 싶어하지도 않습니다.

그렇다고 해서 **망각**을 통해 치유되는 길이 있는 것도 아닙니다. 망각의 도움을 받아 '**영의 상실**'(Åndløshed, 영이 없는 상태) 안으로 숨어 들어가, 그저 다른 사람들처럼 평범한 남성으로, 평범한 그리스도인으로 살아갈 수 있는 것도 아닙니다. 왜냐하면 이 자기는 '자기로서' 너무도 명확하고 강하게 존재하기 때문입니다. 마치 아버지가 아들을 의절했을 때, 외적으로는 그것이 사실이지만, 실제로는 그 일이 그 아버지에게 아무런 도움이 되지 못하는 경우처럼 말입니다. 아들을 끊었다고는 하지만, 그 아들은 여전히 그의 생각 속에, 마음속에 떠나지 않고 남아 있는 것입니다.

혹은 **사랑하는 사람**(den Elskede)[131]을 증오하며 저주했지만, 그 저주가 실질적인 효과를 발휘하기보다는 오히려 더 강하게 사로잡는 것과 같습니다. 이와 같이, **절망하는 자기**(self)는 자기 자신으로부터 벗어나고자 하지만, 오히려 자기 자신에게 더 깊이 사로잡히게 됩니다.

이 절망은 앞선 단계보다 한층 더 깊은 **질적인 고통**(Qvalitet)을 지니며, 세상에서 흔히 볼 수 있는 종류의 절망은 아닙니다. 앞에서 말했던 '**막다른 문**(Blinddør, 가짜 문)'—그 뒤에는 아무것도 없던 그 문—은 여기에서는 실제로 존재하는 문이지만, 매우 조심스럽게 닫혀 있는 문입니다. 그리고 그 문 뒤에는 자기가 앉아, 마치 자기 자신을 지키듯 앉아 있으며, '자기 자신이 되기를 원하지 않으면서도', 동시에 자신을 사랑할 만큼의 자기의식은 유지하고 있습니다. 이러한 상태를 우리는 "**폐쇄성**(Indesluttethed)"이라고 부릅니다. 그리고 이제부터는, 이 폐쇄성에 대해 이야기하게 됩니다. 이 폐쇄성은 **직접성**(Umiddelbarhed)의 정반대이며, 사유(thinking)의 방향에서도, 이 **직접성**을 깊이 경멸하는 태도를 지니고 있습니다.

178 　그렇다면 **이런 자기**(Self)는 실제로 현실 속에 존재하지 않는 것일까요? 그는 현실을 벗어나 광야나 수도원, 혹은 정신병원으로 도망친 사람일까요? 그는 일반 사람들과 같은 옷차림을 하지 않고, 현실 속 사람이 아닌 걸까요? 아닙니다, 물론 현실 속 인물입니다. 왜 그렇지 않겠습니까? 그러나 그는 자신의 자기와 관련된 그 모든 것을 그 누구에게도 절대 드러내지 않습니다. 단 한 사람에게도 말하지 않고, 말할 필요도 느끼지 않거나, 그런 충동을 억제하는 법을 이미 배운 사람입니다. 그가 직접 이렇게 말하는 걸 들어보시기 바랍니다.

　"그런 건 오직 **완전히 직접적인 사람들**(reent umiddelbare Mennesker)—영(spirit, 정신)의 관점에서 보면 거의 유아기의 첫 시기에 있는 어린아이와 비슷한 사람들—그런 사람들만이 자기 안의 모든 걸 아무렇지 않게 흘려보내곤 합니다.[132] 바로 이런 **직접성**(Umiddelbarhed)의 유형이 종종 큰 자부심을 가지고 스스로를 '**진리**(Sandhed), 진실한 존재, 있는 그대로의 참된 인간'이라고 부르곤 합니다. 그러나 이는 마치 나이 든 사람이 육체적 욕구를 조금이라도 느끼면 곧바로 그것에 굴복하는 것이 진실이라고 주장하는 것만큼이나 거짓된 일입니다. 조금이라도 **반성적**(reflecteret)**인 자기**는 자기를 제어(tvinge Selvet)해야 한다는 생각을 가지고 있기 마련입니다."

　그런데 우리의 절망하는 자는 충분히 '**자기 폐쇄적**'이기 때문에, 자기 자신의 자기와 관련된 문제에 대해서는 누구도 접근하지 못하게 하며, 겉으로는 완전히 '**정상적이고 실제적인 인간**'처럼 보입니다. 그는 유식한 사람이며, 성인이며, 아버지이고, 심지어는 매우 유능한 관료이자 존경받는 아버지입니다. 사람들과의 관계도 원만하고, 아내에게는 매우 온화하며, 자녀들에게는 세심하기 그지없습니다.

그는 그리스도인인가요? 네, 그런 면도 분명히 있습니다. 하지만 그는 종교에 대해 이야기하는 것을 회피합니다. 그 대신 아내가 **건덕**(Opbyggelse)**을 위한 경건한 일**[133]에 관심을 가지고 교회에 나가는 것을 보면, 어딘가 쓸쓸한 기쁨으로 그 모습을 바라보곤 합니다. 그는 교회에 가는 일은 거의 없습니다. 왜냐하면 대부분의 목회자들이 자신들이 무슨 말을 하는지도 모르고 있다고 생각하기 때문입니다. 다만, 한 명의 목사에 대해서는 예외적으로 인정하긴 합니다. 그 사람만큼은 자기가 하는 말을 안다고. 그렇지만 그는 그 목사의 설교를 들으러 가는 것도 피합니다. 왜냐하면 그 말을 듣다 보면 자신이 너무 멀리까지 가게 될까 봐 두렵기 때문입니다.

그 대신 그는 종종 **고독**(Eensomhed)을 갈망합니다. 그에게는 고독이 삶의 필수 요소입니다. 때로는 숨 쉬는 것만큼, 때로는 잠자는 것만큼 필요합니다. 자신이 다른 사람들보다 더 강하게 그런 고독을 필요로 한다는 사실은, **그가 보다 깊은 본성을 지닌 사람**이라는 하나의 징표입니다. 일반적으로 고독을 갈망한다는 것 자체가, 그 사람 안에 '영(spirit)'이 있다는 증거이며, 그 영의 수준을 판단하는 기준이 되기도 합니다.

"완전히 피상적인 영이 없는 사람[134]과 남과 어울리기만을 좋아하는 사람들"은 고독에 대한 욕구를 전혀 느끼지 못합니다. 그 정도가 얼마나 심하냐면, 마치 **사랑앵무 같은 사회적 새들처럼**[135] 단 한순간이라도 혼자 있게 되면 금방이라도 죽어버릴 것처럼 굴지요. 마치 어린아이가 잠들기 위해 달래져야 하듯이, 이런 사람들 역시 먹고, 마시고, 자고, 사랑에 빠지기 위해서조차 사회생활이라는 달래주는 자장가가 꼭 필요합니다. 하지만 고대나 중

세 시대에는 고독에 대한 이러한 욕구를 주목했고, 그 의미를 존중할 줄 알았습니다.

반면에 우리 시대의 끊임없이 **사교적인 사람들**(Bestandig-Selskabelige)[136]은 고독을 그토록 두려워한 나머지(오, 훌륭한 풍자적 표현이여!), 고독을 범죄자에게 내리는 형벌 외에는 다른 용도로 쓸 줄 모릅니다.[137] 하지만 생각해 보면, 그럴 법도 하지요. <u>우리 시대에는 '영(Spirit)'을 갖는 것이 곧 죄로 여겨지기 때문에, 고독을 사랑하는 이들이 범죄자 취급을 받는 것도 당연한 일인 셈입니다.</u>

179   이 **자기 폐쇄적인 절망하는 자**는 그렇게 살아갑니다. 시간 속을 점진적으로 나아가며[horis succesivis][138] 살아가지만, 그 시간이 비록 영원을 위해 산 시간은 아닐지라도,[139] 어떤 방식으로든 **영원한 것과 관계된 시간**입니다. 그는 자신의 자기가 자기 자신과 맺는 관계에 몰두하며 살아가지만, 실제로는 그 이상 나아가지 못합니다. 그리고 **고독에 대한 갈망**이 충족되면, 그는 마치 그 세계에서 '밖으로 나오는' 듯한 태도를 취합니다. 심지어 그가 아내와 아이들과 함께 있을 때조차도 그렇습니다. 그가 남편으로서 그렇게 온화하고, 아버지로서 그렇게 세심하고 배려심 깊은 이유는, 그의 **본래의 선량함과 의무감**(Pligtfølelse)뿐만 아니라, 자기 **내면의 가장 폐쇄된 깊은 곳**(indesluttede Inderste)에서 자기 **나약함**(Svaghed)에 대해 이미 고백하기 때문입니다.

만약 누군가가 그의 이런 **내적 폐쇄성** 속으로 들어가 그의 내면을 들여다볼 수 있다면, 그리고 그에게 이렇게 말한다고 가정해 봅시다.

"이건 결국 **자존심**(Stolthed, 교만) 아닌가? 사실 그대는 **그대 자신**(Dit Selv)에 대해 자존심을 부리는 것 아닌가?"

그렇게 말하면, 그는 아마 다른 사람에게는 절대로 그걸 인정하지 않을 것입니다. 하지만 혼자 있을 때는 아마 이렇게 스스로 인정할 수도 있습니다.

"뭔가 그런 면이 있긴 하지."

그러나 그의 자기가 자신의 나약함을 바라보는 그 강렬한 열정 때문에, 끝 다시 이건 절대 자존심(교만)일 수 없다고 자신을 설득할 것입니다. 왜냐하면 자기는 지금 자신의 나약함 때문에 절망하고 있는 것이니까요. 마치 나약함에 그토록 무게를 두는 것이 **자존심**(교만) 때문이 아니라는 듯이, 마치 자기 자신을 자랑스럽게 여기고 싶기 때문에 그 나약함을 도저히 견딜 수 없어 하는 것이 아니라는 듯이 말입니다. 만약 누군가가 그에게 이렇게 조심스럽게 말해준다면 어떨까요?[140]

"자네 안에는 어떤 특이한 뒤얽힘, 특이한 매듭이 있네. 사실 **자네의 불행**은 바로 꼬여 있는 사고 방식에 있지. 그렇지만, 본질적으로는 정상적인 길을 가고 있는 셈이네. 자네는 지금 자기에 대한 절망을 거쳐 자기에 이르는 길을 가고 있네.[141] 자네 말대로 나약함이 있는 건 맞지만, 바로 그것 때문에 절망해서는 안 되네. 자기는 자기 자신이 되기 위해 반드시 부서져야만 해. 하지만 그 나약함 때문에 절망하는 건 그만두게."

이렇게 말해준다면, 그는 아마 열정 없는 순간에는 그 말을 이해할 수 있을 것입니다. 하지만 곧 그의 열정이 다시 시야를 흐리게 하고, 그는 또다시 절망 쪽으로 방향을 틀어 버릴 것입니다.

180 말씀드린 것처럼, 이러한 절망은 세상에서 드문 경우입니다. 이 절망이 이 지점에서 머물러, 그저 제자리걸음을 하거나, 혹은 반대로 절망하는 사람 안에서 **어떤 혁명**(Omvæltning)이 일어나 그가 믿음으로 향하는 올바른 길에 들어서지 않는다면, 그 절망은 두 가지 중 하나로 전개될 것입니다.

첫째, 그러한 절망이 한층 더 심화된 형태로 고양되어 계속해서 폐쇄성(Indesluttethed) 속에 머무는 것입니다. 둘째, 그 절망이 터져 나와 자신이 지금까지 익명으로 살아온 외적 가면(udvortes Omklædning)[142]를 산산이 부수는 것입니다.

두 번째의 경우, 절망자는 삶 속으로 뛰어들어 큰 사업이나 활동 속에서 **산만해지며**(Adspredelse), **불안한 영**(urolig Aand)이 되어 흔적을 남깁니다. 그는 잊으려 하지만, 내면의 소음이 너무 크기 때문에 강력한 수단이 필요해집니다. 자기 안에서 울려 퍼지는 절망의 소리가 너무 커서 그것을 듣지 않기 위해 리처드 3세(Richard III)가 어머니의 저주를 듣지 않으려 했던 것처럼,[143] 강력한 자극이나 수단을 필요로 하게 될 것입니다. 혹은 그는 쾌락에, 감각적인 방탕에 빠져들며 절망 속에서 다시 직접성(Umiddelbarhed)으로 돌아가려 할 수 있습니다. 그러나 그 어떤 방식으로든 그는 '자기'라는 존재를 인식한 채로, 그러나 그 자신이 되기를 원하지 않는 상태로 남아 있게 됩니다.

첫 번째의 경우, 즉 절망이 고양되어 더욱 심화되는 쪽으로 갈 경우, 그 절망은 곧 '**반항**'(Trods), 곧 **하나님에 대한 반항의 형태**를 띄게 됩니다. 이때 드러나는 것이 하나 있습니다.

이 절망은 처음에 '나약함'에 대한 절망처럼 보였지만, 사실 그 안에 엄청난 거짓됨이 있었다는 것이 분명해집니다.[144] 그리고 이러한 전개는 다음과 같은 변증법적 진실을 잘 보여줍니다.

"반항의 첫 번째 표현은 다름 아닌, 자신의 나약함에 대한 절망이다."

그러나 마지막으로, 제자리를 맴돌며 제자리에서 행진하고 있는 그 **폐쇄적인 사람**을 다시 한번 조금 들여다보도록 합시다. 만일 이 폐쇄성이 절대적으로, 모든 면에서 완전히[omnibus numeris absoluta][145] 지속된다면, 그에게 가장 가까운 위험은 자살(Selvmord)이 될 것입니다. 이러한 종류의 사람들 대부분은, 그 폐쇄적인 사람이 얼마나 많은 것을 감내할 수 있는지를 전혀 짐작조차 하지 못합니다. 그 사실을 안다면 놀랄 것입니다. 그러나 바로 그렇기 때문에, 자살은 절대적 폐쇄성 속에 있는 사람에게 닥친 위험입니다.

반면, 그가 누군가에게 말을 건네고, 단 한 사람에게라도 **자신의 속을 연다면**, 그는 상당 부분 긴장이 완화되었거나, 혹은 자신 안의 긴장이 어느 정도 해소되었기에 그 **폐쇄성에서 자살로 나아가게 되지는 않을 가능성**이 높습니다. 이처럼 단 한 명의 **공범자**(자신의 고통을 공유하는 자)를 둔 폐쇄성은, 절대적인 폐쇄성보다는 훨씬 부드러운 성격을 띱니다. 그렇기에 그는 자살을 피할 가능성이 있습니다. 하지만 그가 다른 사람에게 속마음을 털어놓은 바로 그 일로 인해, 그 사실 자체에 절망하게 될 수도 있습니다. 즉, "자신이 감히 그렇게 말해버렸다는 사실"에 절망하여 차라리 무한히 침묵을 견디는 쪽을 택했어야 했다고 생각하는 것이지요. 이런 예는 실제로 존재합니다. 어떤 폐쇄적인 사람은, 신뢰하는 이를 갖게 되었을 때 오히려 절망에 빠지기도 합니다. 그리고 그러한 경우, 결국 자살이 그 결과가 될 수 있습니다.

시적으로 말해, 만약 그 인물이 왕이나 황제였다면, 그 비극적인 결말을 이렇게 설정할 수도 있겠습니다. 그는 자신의 고통을 누구에게든 털어놓을 필요를 느꼈고, 그래서 점점 사람들을 소모해 나가는 것이지요. 그의 고통을 들은 자는 반드시 죽게 되는 것입니다. 그의 비밀을 알게 된 순간, 그들은 곧바로 죽임을 당하는 것입니다.

이러한 **악마적인 폭군**(dæmonisk Tyran)을 상상해볼 수 있겠지요. 자신의 고통을 누군가와 나누고 싶어 하면서도, 동시에 단 한 사람도 그것을 알아서는 안 된다고 여기는 존재 말입니다. 그래서 그는 이 모순을 감당하지 못하고, 사람을 죽이는 방식으로 풀어냅니다. 시인에게 주어진 하나의 과제는 바로 이와 같은 악마적인 자기모순(Selvmodsigelse)—즉, "신뢰할 친구를 원하면서도, 어떤 신뢰도 용납할 수 없는 상태"—를 이런 방식으로 풀어내어 형상화하는 것일 것입니다.[146]

β) 자기 자신이 되기를 고집하는 절망, 곧 '반항'

앞서 α 항에서 설명한 절망을 '**여성성의 절망**(Qvindelighedens Fortvivlelse)' 이라 부를 수 있다면, 이 절망은 '**남성성의 절망**(Mandlighedens Fortvivlelse)'이라 부를 수 있겠습니다. 그러므로 이 절망은 앞의 절망에 비해 '영(spirit, Aand)'의 규정을 따라 본 절망입니다. 그런데 바로 이처럼 '**남성성**'이란 본질적으로 '**영의 규정**'에 속하는 것이며, '**여성성**'은 그보다는 낮은 **종합**(syntese)이라는 것입니다.

a, 2에서 설명한 절망은 **자신의 나약함에 대한 절망**으로, 절망한 이는 자기 자신이 되기를 원하지 않습니다. 그러나 변증법적으로 단 한 걸음만 더 나아가면, 그렇게 절망한 자는 왜 자기가 자신이 되기를 원하지 않는지를 자각하게 되고, 그 순간 그것은 **반전되며**(slaaer det om),[147] 이제 '**반항**'이 등장합니다. 이것은 사실입니다. 왜냐하면 정확히 그는 바로 절망적으로 자기 자신이 되기를 원하기 때문입니다.

처음에는 이 세상적인 것 혹은 어떤 세상적인 것 **때문에**(over) 절망이 오고, 그다음에는 자기 자신에 **대한**(om), 곧 영원한 것에 **대한**(om)[148] 절망이 옵니다. 그리고 나서 등장하는 것이 바로 '반항'인데, 이 반항은 본질상 '영원을 수단으로 하는 절망'이며, 자기 속에 있는 그 영원을 오용(misbrug)함으로써, 절망적으로 자기 자신이 되려는 것입니다. 그러나 이 절망은 '영원의 도움으로 한다'는 점에서 어떤 의미에서는 '**진리**'에 매우 가까이 있습니다. 그러나 바로 그 이유 때문에 이 절망은 진리로부터 무한히 멀어져 있는 것입니다.

믿음에 이르기 위한 통로가 되는 절망 역시 영원의 도움으로 일어나는 것입니다. **영원의 도움**으로 자기는 자기 자신을 잃을 용기를 갖고, 그리하여 자기 자신을 얻습니다. 그러나 **이 반항적 절망**은 자기는 자기 자신을 잃는 것으로부터 시작하려 하지 않고, **오히려 고집스럽게 자기 자신이 되기려고** 합니다.

이러한 형태의 절망에서는 이제 **자기에 대한 의식**이 더 깊어지고, 곧 절망이란 무엇인가에 대한 의식이 커지며, 자신의 상태가 절망이라는 사실에 대한 자각도 더 강해집니다. 여기서 절망은 어떤 외적인 압박으로 인한 **고**

통(lidende)¹⁴⁹에서 비롯되는 것이 아니라, 스스로 자각하는 행위로서의 절망이며, 바로 자기로부터 직접적으로 생겨나는 것입니다. 이 점에서, **반항**은 자신의 **나약함에 대한 절망**에 비해 '**새로운 규정**'(qualification)을 갖습니다.

182   자기 자신이 되기를 절망적으로 원하려면, 반드시 '**무한한 자기**(uendeligt Selv)**'에 대한 의식**이 있어야 합니다. 그러나 **이 무한한 자기**는 사실상 자기라는 것의 **가장 추상적인 형태, 가장 추상적인 가능성**(abstrakteste Form, abstrakteste Mulighed)일 뿐입니다. 그리고 바로 이 자기를 절망적으로 되려고 하는 것입니다. 이는 자기를 설정한(sat),¹⁵⁰ **자기를 세운 힘**(Magt)과의 관계로부터 떼어놓거나, **그런 힘**이 있다는 **상상**(Forestilling) 자체에서 떼어내려는 것입니다.

  이 **무한한 형태**(uendelige Form)의 도움으로, 자기(Self)는 절망적으로 자신을 스스로 지배하고(raade over sig selv), 스스로를 창조하며(skabe sig selv), 자신이 원하는 자기가 되려 합니다. 자기의 **구체적인 자기**(concrete self) 가운데 무엇을 취하고 무엇을 제거할지를 **스스로 결정**하려 하는 것이지요. 하지만 자기의 구체적인 자기, 혹은 자기의 구체화는 **필연성과 한계**(Nødvendighed og Grændse)를 지니고 있습니다. 그것은 이렇듯 분명하게 규정된 것이며, 이러한 능력과 성향 등을 가지고, 이러한 관계들의 **구체성** 속에서 존재합니다.

  그런데 그는 이 무한한 형식, 곧 **부정적 자기**(det negative Selv)를 통해 먼저 이 모든 전체를 다시 구성하고, 그로부터 자신이 원하는 자기를 얻고자 합니다. 그 자기는 부정적인 자기의 무한한 형식을 통해 만들어진 것이며, 그리고 그렇게 해서 그는 자기 자신이 되기를 원하는 것입니다.

  이것은 곧, 그는 다른 사람들보다 조금 더 앞당겨 시작하고자 하는 것이라고 할 수 있습니다. 즉, 일반적인 '시작'에서 시작하는 것이 아니라, "**태초에**(in the beginning)"[151] **서부터 시작하고자 하는 것**입니다. 그는 자신에게 주어진 자기라는 옷을 입으려 하지 않습니다. 자기 안에서 자신의 과제를 보는 것이 아니라, 무한한 형식 그 자체가 되어 자신의 자기를 스스로 구성하려는 것입니다.[152]

이러한 절망에 공통적인 이름을 붙이자면, **스토아주의**(Stoicism)[153]라고 부를 수도 있겠습니다. 물론 여기서 특정한 철학 학파만을 염두에 두는 것은 아닙니다. 이 절망의 형태를 더 명확하게 설명하려면, 능동적인 자기와 수동적인 자기를 구분하는 것이 좋습니다. 그리고 자기가 능동적일 때 자신과 어떻게 관계를 맺는지, 또 자기가 수동적일 때 고통 속에서 어떻게 자신과 관계를 맺는지를 보여주어야 합니다. 이 모든 경우에 공통적으로 적용되는 공식은 다음과 같습니다.

절망적으로 자기 자신이 되기를 원하는 것(fortvivlet at ville være sig selv)

절망한 자기(Self)가 **능동적 자기**(acting self)인 경우, 그가 어떤 일을 하든지, 그것이 아무리 크고, 놀랍고, 인내심을 요하는 일일지라도, 사실은 항상 자기 자신에게 단지 **실험적으로**(experimenterende) 관계하고 있을 뿐입니다. 그는 **자기 위에 어떤 힘**(Magt, 권능)도 인정하지 않기 때문에, 결국에는 **진지함**(Alvor)이 결여되어 있습니다. 다만 그가 자신의 실험에 대해 스스로 최고의 주의를 기울일 때에만, **겉보기에는 일말의 진지함**이 나타날 수 있습니다.

하지만 이것은 **꾸며낸 진지함**(tilløiet Alvor),[154] 일종의 연기된 진지함일 뿐입니다. 이는 마치 프로메테우스가 신들로부터 불을 훔친 것처럼,[155] 하나님으로부터 사상을 도둑질한 것과 같습니다. '**하나님께서 나를 보고 계신다**'는 진지한 생각을 도둑질한 것이지요. 이 생각을 대신하여, 절망한 자기는 단지 자기 자신을 바라보는 것으로 만족하며, 그 눈길이 자신의 행동에 무한한 관심과 의미를 부여한다고 믿습니다. 그러나 바로 이 점이야말로 그의 **모든 행위를 단순한 실험**으로 만들어 버리는 결정적 이유입니다.

설령 이 자기가 절망이 극단으로 치달아 '**실험되는 신**'(experimenteret Gud)의 상태에 이르지는 않는다 하더라도, **파생된 자기**(afledet Selv)는 자기 자신을 바라보는 것만으로는 자신에게 자기 이상을 부여할 수 없습니다. 자기는 어디까지나 자기에 불과하며, **자기의 중복**(redoubling) 속에서도 결국 그 자기는 처음과 끝이 똑같은 자기일 뿐입니다. 이러한 의미에서 보면, 자기가 절망 가운데서 자신이 되기를 추구하는 그 모든 노력은 오히려 정반대의 결과를 낳습니다. 즉, 자기는 점점 더 자기 자신이 아닌 존재, 참된 자기가 아닌 것으로 되어갑니다.

이 자기가 활동하고 있는 **전체 변증법**(dialektik) 속에는 고정된 것, **흔들리지 않는 기준이 전혀 없습니다**. 자기가 무엇인지에 대해서는 어느 순간에도 고정된 답이 존재하지 않습니다. 자기는 항상 '영원히 고정된 것'이라고 주장하지만, 그 '**부정적인 자기 형식**'은 속박하는 힘 못지않게 모든 것을 해체하는 힘을 가지고 있습니다.[156] 그래서 자기는 언제든지 자기 마음대로 처음부터 다시 시작할 수 있으며, 아무리 오래 생각한 내용이라 하더라도, 그 모든 행동은 결국 **하나의 가설**(hypotese) 안에서 일어나는 일일 뿐입니다.

그 결과, 자기가 점점 더 자기 자신이 되어가는 것처럼 보일수록, 사실은 점점 더 자신이 '**가설적 자기**(hypothetisk Selv)'에 불과하다는 것이 드러납니다. 자기는 **절대적으로 자기 자신이 주인이다**라고 믿습니다. 그러나 바로 이것이 절망입니다. 동시에 자기는 그것을 자신의 자유요, 기쁨이자 쾌락으로 여기기도 합니다. 하지만 조금만 더 깊이 들여다보면, 이 절대적 주인은 사실상 '**영토가 없는 왕**(en Konge uden Land)'에 불과하다는 사실을 쉽게 확인할 수 있습니다. 그는 실상 아무것도 다스리지 못합니다. 그의 상태, 그의 지배는 이상한 변증법에 사로잡혀 있어서, 매 순간마다 **반역**(Oprøret)이 곧 **정통성**(Legitimitet)이 됩니다. 왜냐하면, 결국에는 그 모든 것이 자기 자신, 자기의 **전적인 자의**(恣意)에 달려 있기 때문입니다.

<u>그러므로 절망한 자기는 언제나 공중누각만을 세우고, 언제나 허공 속에서 싸우기만 합니다.</u>[157] 이 모든 '**실험된 덕성들**(experimenterede Dyder)'은 실로 눈부시게 보입니다. 한순간은 마치 **동방의 시가**(østerlandsk Digtning)처럼 매혹적이지요. 그런 자제력, 그런 불굴의 의지, 그런 **아타락시아**(ataraxia, 평정)[158] 등은 거의 전설적인 경지에 이릅니다. 실제로 그렇습니다. 그러나 그 모든 것의 바탕에는 결국 '**무**(nothing)'가 자리하고 있습니다.

그 자기는 절망 가운데서, 자기 자신을 스스로 만들어내고, 자기 자신을 전개하며, 자기 자신이 되려는 충만한 만족을 누리고자 합니다. 마치 자기가 그려낸 이 시적이고도 탁월한 설계에 대해 스스로 그 공로를 인정받고자 하듯이 말입니다. 곧, 자기가 자기를 어떻게 이해했는지를 아주 훌륭하게 조직해낸 것처럼 느끼는 것이지요. 그러나 결국 그가 '자기 자신을 안다'고 할 때 그 의미는 본질적으로 **수수께끼**입니다. 바로 그가 **자신의 건축물**을 거의 완성했다고 여기는 바로 그 순간에도, 그는 언제든지 그것 전체를 임의로 무(nothing)로 해체할 수 있기 때문입니다.[159]

184

만약 절망한 자기가 '**수동적인 자기**(en Lidende, 고통받는 자기)'라면, 그 절망 역시 여전히 자기 자신이 되기를 절망적으로 원하는 것입니다. 어쩌면 그렇게 실험하듯 자기 자신이 되려는 절망한 자기는, 자기 자신의 **구체적 자기**(concrete self)를 잠정적으로 점검해 보는 과정에서 어떤 장애물—즉, 그리스도인이 말하는 '**십자가**'라든가, 어떤 **근본적인 결함**(Grund-Skade)[160]에 부딪힐 수도 있습니다. 그 결함이 무엇이든 간에 말입니다.

그 **부정적 자기**(det negative Selv), 즉 **자기의 무한한 형식**(den uendelige Form af Selvet)은 아마도 처음에는 그것을 완전히 제거해 버리고, 없는 것처럼 여기며, 그것에 대해 아무 말도 하지 않으려 할 것입니다. 하지만 그것은 성공하지 못합니다. 그 자기의 실험적 능력은 거기까지 미치지 못합니다. 심지어 그 자기가 지닌 추상화의 능력으로도 그것을 지워낼 수 없습니다. 그 자기는 마치 **프로메테우스처럼, 그 노예 상태**(Servitut)[161]에 스스로 못박힌 듯 느낍니다. 이 지점에서 자기는 고통받는 자기가 됩니다. 그렇다면 이 고통받는 자기 안에서, '자기 자신이 되기를 절망적으로 원하는 절망'은 어떻게 나타날까요?

앞에서 서술한 바와 같이, **세상적인 것**(det Jordiske) 또는 **어떤 개별적 세속적 대상**(noget Jordisk) 때문에 **절망**(fortvivle over)하는 양상은, 본질적으로는 **영원한 것**(det Evige)**에 대해 절망**(fortvivle om)하는 것으로 드러난다고 말할 수 있습니다. 즉, 영원(det Evige)으로 위로받거나 그로부터 치유되기를 거부한다는 뜻입니다. 또는 세상적인 것을 너무 높이 평가하여(anslaae det Jordiske saa høit) 영원은 더 이상 위로가 될 수 없게 되는 경우입니다.

그러나 또 다른 형태의 절망도 있습니다. 그것은 바로 세상의 고통 혹은 시간 속의 십자가가 치유될 가능성에 대해 희망조차 가지지 않으려는 것입니다. 여기서 절망한 자기, 곧 '자기 자신이 되기를 절망적으로 원하는 자기'는 **그런 희망을 갖지 않으려 합니다.** 그는 자신 안에 있는 **육체의 가시**[162](*'육체에 박힌 가시'가 실제로 존재하는 것이든, 아니면 그의 열정이 그렇게 느끼게 하는 것이든 간에**)가 너무 깊이 그를 괴롭혀서 그로부터 **추상화**(abstrahere)할 수 없다고 스스로 확신해 버렸다면, 그는 그것을 영원히 자기 것으로 떠맡으려 합니다.

*덧붙여 여기서 한 가지를 상기시켜 드리자면, 바로 이 관점에서 볼 때, 세상에서 '체념(Resignation)'이라는 이름 아래 꾸며지는 많은 것들이 실제로는 일종의 절망이라는 사실입니다. 그것은 곧, 자신의 추상적인 자기가 되기를 절망적으로 원하고, 영원한 것 안에서 충분히 만족하려 하며, 그것을 바탕으로 세상적이고 시간적인 고통을 무시하거나 억누르며 견디려 하는 절망입니다.
진정한 체념의 변증법은 이렇습니다: 자신의 영원한 자기가 되기를 원하면서, 동시에 현세적 고통의 특정한 한 지점에서는 자기 자신이 되기를 원하지 않는 것, 그러면서도 그 고통은 결국 영원 속에서 사라질 것이라는 위안으로 자신을 위로하며, 따라서 현세 안에서는 그것을 자기 자신의 일부로 받아들이지 않아도 된다고 생각하는 태도입니다. 즉, 자기는 고통받고 있음에도 불구하고, 그 고통에 대해 "그것은 나의 일부가 아니다"라고 주장하면서, 그 고통 앞에 자신을 겸손하게 낮추는 것을 거부합니다.
이처럼 절망으로서의 체념은, 단순히 "자기 자신이 되기를 원하지 않는 절망"(fortvivlet ikke at ville være sig selv)과는 본질적으로 다릅니다. 이 경우에는 자기 자신이 되기를 절망적으로 원하되, 단 하나의 예외—그 고통에 관해서는 자신이 되기를 원하지 않는 것이기 때문입니다.[163]

그는 그것(고통 혹은 자신의 결핍된 조건)에 **실족하고,**[164] 더 정확히 말하자면, 그것을 계기로 **전체 존재**(Tilværelsen)에 대해 실족하게 됩니다. 그는 반항적으로 자기 자신이 되기를 원하는데, 그것에 맞서 자기 자신이 되는 것이 아니라, 그것 없이 자기 자신이 되기를 원하는 것도 아닙니다. (그것은 곧 그것으로부터 추상화해 버리는 것이며, 그는 그것을 할 수 없고, 그건 일종의 체념을 향한 운동입니다). 아니, 그는 오히려 **전체 존재**에 반항하여 그 고통과 함께 자기 자신이 되고자 하며, 그것을 끌어안은 채 살아가려 합니다. 거의 자기 고통을 자랑하듯, 그것을 근거로 삼아 도전하듯 말입니다.

왜냐하면, 그는 도움의 가능성을 희망하고 싶지 않기 때문입니다. 특히 **"부조리의 힘으로"**,[165] 곧 **"하나님께는 모든 것이 가능하다"**[166]는 **신앙의 가능성**을 붙잡고 싶지 않기 때문입니다. 그리고 다른 누구에게라도 도움을 청하는 것은—그 어떤 일이 있어도—결코 하고 싶어 하지 않습니다. 그는 차라리, 정말로 그렇게 되어야 한다면, **지옥의 모든 고통 가운데서라도 자기 자신이 되는 길을 택할 것입니다.** 그는 결코 도움을 구하고자 하지 않습니다.[167]

진실로, "고통받는 자는 누군가 도와줄 수만 있다면 기꺼이 도움을 받으려 한다"고들 흔히 말하지만, 이는 사실 그리 온전히 참되다고 할 수 없습니다. 그 반대의 경우가 언제나 이미 여기서 말하는 것처럼 절망적인 형태는 아닐지라도 말입니다.

문제의 본질은 이렇습니다. **고통받는 사람**은 보통 자기가 도움받고 싶은 한두 가지 방식이 있습니다. 만약 그가 바라는 방식대로 도움을 받게 된다면, 그는 흔쾌히 도움을 받으려 할 것입니다. 그러나 더 깊은 의미에서, 실제로 도움을 받는다는 것이 진지한 문제로 다가올 때, 특히 더 높은 분, 혹은 **가장 높으신 분**(하나님)께로부터 도움을 받아야 하는 상황에서는 사정이 달라집니다.

도움을 받기 위해 무조건적으로, 어떠한 방식으로든 받아들여야 한다는 것, 그리고 모든 것이 가능하신 '**도우시는 분**(Hjælperen)'[168]의 손 안에서 **무(無)와 같은 존재**가 되어야 한다는 사실은 그 사람을 한없이 낮추는 일입니다.

혹은 단순히 다른 사람에게라도 도움을 받기 위해 고개를 숙여야 한다는 사실, 다시 말해 도움을 받기 위해 자기 자신으로 있는 것을 포기해야 한다는 사실은 **감당하기 어려운 굴욕**입니다.

아, 바로 여기서 많은 경우에, 비록 고통이 길고 심각하며 괴로울지라도, 자기는 그렇게까지 자신을 낮추지 않으려 합니다. 오히려 자기가 자기 자신임을 유지하는 것을 본질적으로 더 선호하는 것입니다.[169]

그러나 어떤 **고통받는 자**(Lidende)가 절망적으로 자기 자신이 되기를 원할 때(fortvivlet vil være sig selv), 그 안에 **의식**(Bevidsthed)이 깊어질수록 **절망**(Fortvivlelsen)도 더 강화되어 결국 '**악마적 상태**'(det Dæmoniske)[170]에 이르게 됩니다. 그 기원은 대개 이렇습니다. '자신이기를 절망적으로 원하는' 하나의 자기가, 자신의 **구체적 자기**(concrete Selv)로부터 도무지 제거하거나 분리할 수 없는 어떤 **고통**(Piinagtighed)에 사로잡히게 됩니다. 바로 이 고통에 그는 자신의 모든 열정을 던져 넣고, 그 열정은 마침내 **악마적인 광기**로 변해버립니다.

설령 하늘에 계신 하나님과 모든 천사들이 그 고통에서 그를 구해 주겠노라 제안한다 하더라도, 그는 이제 원하지 않습니다. **이제는 너무 늦었다는 것입니다.** 그는 한때 그 고통을 벗어나기 위해 모든 것을 기꺼이 내놓으려 했으나, 아무도 응답하지 않았습니다. 이제는 시간이 지났고, 그는 이제 그 고통을 벗어나기보다는 차라리 모든 것에 대항하여 분노하는 자, **온 세상과 존재**(Tilværelsen) 자체에 의해 부당하게 취급받은 자가 되기를 원합니다.

그는 철저히 자신의 고통을 붙잡고, 누구도 그 고통을 앗아가지 못하

186
게 주의합니다. 왜냐하면 그 고통이 있어야만 자신이 정당한 분노를 지닌 자라는 사실을 스스로 증명하고 납득할 수 있기 때문입니다. 이 생각은 마침내 그의 머릿속에 뿌리박혀, 그는 어떤 특이한 이유로 **영원**(Evigheden)을 두려워하게 됩니다. 그 이유란, 바로 영원이 자신에게서 그가 악마적으로 이해하는 바의 **무한한 특권**(uendelige Fortrin)을 빼앗아갈지도 모른다는 것입니다. 곧, 다른 사람들과 구별되는 자신만의 악마적으로 이해된 정당성(Berettigelse), 곧 '나는 내가 될 권리가 있다'는 자기 확신이 무너질까 두려워하는 것입니다.

그는 어떻게 해서든 **자기 자신이 되려 합니다**(Sig selv vil han være). 그는 처음에는 자기(Self)를 **무한한 추상**(uendelige Abstraktion)으로부터 출발했으나, 결국에는 그토록 **구체적**(concret)**인 차원**에 이르러, 이제는 영원 속에서 참되게 되는 것조차 불가능하게 되어 버렸습니다. 그럼에도 그는 여전히 절망적으로 자기 자신이기를 원합니다. 아, 이 악마적 광기여! 그는 영원이 자신의 비참함(Elendighed, 불행)을 빼앗아 갈 수도 있다는 생각에 가장 격렬하게 분노합니다.

이러한 유형의 절망은 세상에서 드물게 보입니다. 이러한 인물들은 사실 시인들에게서나 발견될 수 있으며, 그들은 언제나 자신의 창조물들에 '**악마적인**(dæmoniske)' **이상성**[171]을 부여합니다. 여기서 '악마적'이라는 표현은 순수한 그리스적 의미에서 이해되어야 합니다. 하지만 이러한 절망은 실제 삶 속에서도 드물게 나타나긴 합니다.

그렇다면 이러한 절망에 상응하는 **외적 모습**(Udvorteshed)은 무엇일까요? 사실 '상응하는 외적 모습'이라는 말 자체가 **자기모순**입니다. 왜냐하면 **내적 폐쇄성**(Indesluttethed)—즉 '**내면성**(Inderlighed)**이 자물쇠로 잠긴 상태**(gaaet i

Baglaas)'—이 지배적인 경우, 외적 모습이 곧 **드러남**(aabenbarende)이 되기 때문입니다. 그러나 여기서의 외재성은 완전히 무의미하고, 중요하지 않은 것입니다. 왜냐하면 여기서 중요한 것은 오직 내면성의 철저한 폐쇄, 곧 '잠긴 내면성', 또는 '닫혀버린 내면'이기 때문입니다.

절망의 가장 낮은 형태들, 곧 사실상 어떠한 내면성도 존재하지 않았고, 어쨌든 그것에 대해 말할 만한 것이 거의 없었던 경우의 절망은, <u>그러한 절망하는 자들의 외면성을 묘사하거나 그것에 대해 이야기함으로써 표현될 수 있었습니다</u>. 하지만 절망이 더욱 영적인 것이 되어갈수록, 곧 내면성이 폐쇄성 속에서 하나의 독자적인 세계가 될수록, <u>외면성은 점점 더 중요하지 않은 것이 됩니다</u>. 그리고 절망이 더 영적인 것이 될수록, 그 절망은 **악마적 지혜**(dæmonisk Kløgt)를 통해 자신의 폐쇄성 안에 절망을 가두어 두려 하고, 동시에 외면을 무관심의 영역으로 만들고, 가능한 한 사소하고 무의미한 것으로 만들려는 데 더 많은 주의를 기울이게 됩니다.

이것은 마치 미신 이야기 속에서 트롤(Trolden)이 남들이 보지 못하는 갈라진 틈으로 사라지는 것처럼,[172] 영적 절망 또한 점점 더 은밀하게 자신을 숨기며, 사람들이 전혀 그 안에서 절망을 찾으려 하지 않을 외적 모습 뒤에 숨어버립니다. 이러한 **숨겨짐**은 사실 어떤 '영적인 것'이며, 자신만의 은밀한 내면 세계[Verden udelukkende]를 <u>현실 뒤에 칩거한 상태</u>(Indelukke)<u>로 숨겨놓기 위한 '안전장치' 중 하나입니다</u>. 그리고 그 세계 속에서, 절망에 빠진 자기는 마치 탄탈로스처럼[173] 쉼 없이 그리고 고통스럽게 '자기 자신이 되려는 일'에 몰두하게 되는 것입니다.

187   우리는 [a 1]에서 자기가 자기 자신이 되기를 절망적으로 원하지 않는 **가장 낮은 형태의 절망**에서 시작했습니다. 그에 비해 **악마적 절망**(dæmoniske Fortvivlelse)은 자기 자신이 되기를 절망적으로 원하는 **절망의 가장 강렬한 형태**입니다. 이 절망은 스스로에게 도취되거나 자기를 신격화하는 **스토아적 방식**[174]으로조차 자기 자신이 되려 하지 않습니다. 그런 방식은 비록 거짓일지라도 일종의 완전성에 따라 자신이 되려는 것이기 때문입니다. 아니, 그 자기는 **존재**(Tilværelsen) **전체**에 대한 증오 속에서 자기 자신이 되려 하며, **자신의 비참함에 따라 자기 자신이 되려 합니다.** 그 자기는 단순히 **반항**(trods)하거나 **반항적인 방식**(trodsigt)으로 자기 자신이 되려는 것이 아니라, **고의적 반항**(paa Trods)[175]을 통해 자기 자신이 되려 합니다. 그는 반항으로 자신을 **그를 세운 힘**(권능, 하나님)으로부터 떼어내려는 것이 아니라, 고의적 반항으로 그 권능에 자신을 강요하고, 억지로 밀어붙이며(paatrodse), **악의**(Malice)로 그 권능에 매달리려 합니다. 그도 그럴 것이, 악의적인 반론이라는 것은 언제나 그 반론의 대상이 되는 것에 달라붙어 있으려 하기 때문입니다.

이러한 절망하는 자는 **존재 전체**(hele Tilværelsen)를 향해 반역하면서, 자기 자신이 **존재 전체**의 선함에 대한 반증이 되었다고 믿습니다. 그는 바로 자기 자신이 그 반증이라는 사실 때문에, 자기 자신이 되기를 원합니다. 그는 고통 속의 자기 자신이 되기를 원하며, 바로 **그 고통을 통해 존재 전체를 향해 항의하고자 하는 것입니다.**

나약한 절망하는 자는 영원의 위로에 대해 아무것도 들으려 하지 않지만, **이 악마적 절망자**는 또 다른 이유로 그것에 대해 아무것도 들으려 하지 않습니다. 왜냐하면 그 위로는 그 자신에게 '**파멸**(Undergang)'이기 때문입니다. 그가 존재 전체를 향한 반항의 증거로 삼고 있는 자기 고통을 지우는 것이기 때문입니다.

비유를 들어 말하자면, 한 저자의 글에 **오탈자**(Skrivfeil) 하나가 들어갔다고 합시다. 이 오탈자는 분명히 오류처럼 보이지만, 어쩌면 더 높은 차원에서는 그 전체 서술의 핵심적인 일부일 수도 있습니다. 그런데 이 오탈자가 스스로를 오류로 자각하고 나서, 그 오탈자가 저자에게 반란을 일으키며 이렇게 말하는 것과 같습니다.

"아니, 나는 지워지지 않겠다. 나는 너를 고발하는 증거로 남아 있겠다. 너는 형편없는 저자라는 것을 증명하기 위해 말이야."[176]

참고자료

1. χατα δυναμιν: 그리스어(kata dýnamin), 가능성에 따라. 아리스토텔레스의 철학에서 유래한 용어이다. 이 표현은 존재가 현실태(ἐνέργεια, energeia)로 완전히 성취된 것이 아니라, 가능태(δύναμις, dynamis)로서 아직 이루어져야 할 것이라는 의미를 담고 있다. 키르케고르는 이 아리스토텔레스적 개념을 차용하여, 자기는 단순히 "있는 것"이 아니라 "되어야 할 것(생성)"-즉 가능성 안에 있는 존재-라고 말한다. 이것은 실존의 본질이 완료됨이 아니라 되려는 과정임을 강조하는 표현이다.
2. 키르케고르의 변증법은 헤겔식의 외적 모순이 아니라, 특유의 실존적, 내적 긴장과 역설을 뜻한다.
3. 예를 들어, 말하는 것이 중요성에 대하여는 다음을 참고하라. Fear and Trembling, KW VI (SV III, 155, 160-4)
4. 키르케고르의 일기를 참고하면 다음과 같다. Pap. VIII 2 B 171
   "하나의 열정에서 나오는 것처럼, 모든 상상력과 내면의 정서로 가득 찬 충만한 목소리로 대사 하나하나를 정확하게 써내되, 그 속에 반대되는 것의 공명이 담기도록 쓰는 예술-이 예술을 완전하게 실현한 시인은 단 한 사람뿐이다. 바로 셰익스피어이다." 키르케고르가 시적인 표현, 특히 극적 대사(replik) 안에서 변증법적 긴장-즉 한 감정 속에 그 반대 감정이 은근히 울리는 공명(Resonanz)-을 어떻게 담아내야 진정한 예술이 되는지를 설명하며, 그 이상을 완벽하게 구현한 인물로 셰익스피어를 언급하고 있다는 점에서 중요하다. 이는 『죽음에 이르는 병』의 표현 방식이 단지 개념적 분석에 머물지 않고, 시적, 문학적 깊이를 지니고 있음을 보여준다.
5. grunder (…) i : ~에 근거하다, 기초를 두다, 혹은 기원을 가지다. 이 표현이 포함된 중심 문장의 이해와 관련해서는, 예를 들어 SKS 제11권 146쪽 29행 이후, 161쪽, 196쪽의 병행 구절들을 참조하라. "grunder i Gud" 즉 "하나님 안에 기초를 두다"라는 표현은, 키르케고르의 다른 저술 내 병행 표현들을 제시하고 있다. 여기서 핵심은 "자

기가 자기 자신으로서 존재하기 위해서는 하나님 안에 그 존재의 기초를 두어야 한다"라는 존재론적 신학의 진술이다.

6 이 구절은 키르케고르의 『죽음에 이르는 병』에서 "무한성에 치우쳐 유한성을 상실한 자기"의 절망 상태를 설명하는 부분이다. 즉, 자기 존재가 무한한 가능성이나 관념 속에만 머무르며 현실적인 유한함을 외면하는 경우, 이는 실존의 건강한 종합을 잃은 채 환상 속에서 절망하는 상태라고 말한다. 이러한 자기는 단지 이상이나 무한한 자기 상이 아니라, 하나님 안에서 유한함과 무한함이 통합된 구체적인 존재로 되어가야 한다고 역설하는 대목이다.

7 이 구절은 이른바 '능력론(Evnelære)'이라 불리는 체계에 기반한 것으로, 이는 철학적 심리학의 한 분과로서 독일 철학자 임마누엘 칸트의 『실천적 관점에서 본 인간학』(1799) 이후 일반적으로 확립된 것이다. 예컨대 F.C. 시베른의 『인간의 정신적 본성과 존재』(1819), J.P. 뮌스터의 『일반 심리학 개요』(1830), K. 로젠크란츠의 『심리학 혹은 주관적 정신에 대한 학문』(1837, KTL 744) 등에 잘 나타나 있다. 이 체계에서 의식의 삶은 세 가지 능력으로 구분된다: 인식(표상 능력), 의지(욕구 능력), 감정(감각 능력). 상상력은 대개 인식에 속하는 능력으로 다루어졌지만, 시베른의 경우 (§72)에서는 이보다 상위에 있는 능력으로, 다른 모든 능력들과 관계를 맺는 포괄적 능력으로 이해되기도 한다.

여기에서 키르케고르가 상상력을 감정, 인식, 의지 전체와 연결지어 설명하는 맥락이 당대 철학적 심리학의 전통-특히 칸트 및 그 이후 사상가들의 삼분 구조적 인간 이해-에 근거하고 있음을 밝히고 있다. 나아가 키르케고르가 상상력을 이들 능력을 조정하고 구조화하는 상위 기능으로 간주했다는 점에서, 그의 심리학은 고전적 구조를 전유하면서도 독자적인 실존론적 해석을 담고 있다고 할 수 있다.

8 instar omnium : 라틴어로 '다른 모든 것을 대신하는', 또는 '탁월한(par excellence)'이라는 뜻이다. 이 표현은 어떤 하나의 것이 다른 모든 것을 대표하거나 요약한다는 의미로, 여기서는 상상력(Phantasien)이 인간의 모든 정신 능력을 포괄하거나 대체할 수 있는 중심 능력임을 강조하기 위해 사용되고 있다.

9 이 표현은 요한 고틀리프 피히테(J.G. Fichte)의 '생산적 상상력(produktive Einbildungskraft)' 개념에 대한 언급이다. 피히테는 이 능력을, 의식 바깥의 세계('비-자아')에 대한 우리의 표상(표현)을 가능하게 하는 원천이자, 의식을 구성하는 이성의 범주들의 기원으로 보았다.

대표적인 저술로는 『전 전체 학문학의 기초(Grundlage der gesammten Wissenschaftslehre)』 [1794, 1802]가 있으며, 이는 요한 고틀리프 피히테 전집

(I.H. 피히테 편집, 1834-46, 총 11권)의 제1권(카탈로그 번호 489-499) 227쪽, 특히 이어지는 "표상의 연역(Deduction der Vorstellung)" 부분(227-246쪽)을 참고할 수 있다.

키르케고르가 이 구절에서 직접적으로 참고했을 것으로 보이는 1차 문헌은 아마도 아돌프 트렌델렌부르크(A. Trendelenburg)의 『범주론의 역사(Geschichte der Kategorienlehre)。두 개의 논문(Zwei Abhandlungen)』 (베를린, 1846, 카탈로그 번호 848, 297-313쪽)일 것이다. 이 책에서는 특히 상상력의 기능이 강조되어 있다.

'옛 철학자 피히테': 요한 고틀리프 피히테(1762-1814)는 독일 철학자이며, 1794년부터 1799년까지 예나 대학교, 1810년부터는 베를린 대학교에서 교수로 재직했다. 그는 자신의 철학 체계인 『학문학(Wissenschaftslehre)』(1794년 이후)을 통해 철학의 출발점을 '자아(jeget)', 즉 주체로 삼고자 했다. 피히테에 따르면 자아는 인식의 주체로서 주어진 것(Tatsache)이 아니라, 능동적 행위(Tathandlung)이어야 한다고 보았다. 이 학문학의 근본 원리는, 행위하는 주체가 '비-자아(ikke-jeg)'를 설정하거나 산출한다는 것이며, '자아'와 '비-자아' 사이의 대립 관계로부터 우리가 현실을 인식하는 데 필요한 모든 개념들, 즉 범주들이 파생된다고 주장했다.

10 통풍은 요산 대사 이상으로 생기며, 날씨 변화(기온, 기압)가 통증 발작을 유발하거나 악화시킬 수 있다. 그래서 일부 환자들은 날씨가 변할 때 관절이 쑤신다고 느끼기도 한다. 키르케고르가 말한 통풍 환자의 '감각이 바람과 날씨의 지배를 받는다'는 표현은 바로 이 점을 형상적으로 잘 포착하고 있는 것이다.

11 덴마크어 Erkjendelsen은 단순히 사실적 앎(knowing 혹은 knowledge)을 의미하지 않는다. 영역본에는 knowing으로 옮기고 있으나, 키르케고르에게서 인식(Erkjendelsen)은 객관적 지식의 축적이 아니라, 하나님 앞에서 자기 자신을 자각하는 실존적 사건을 가리킨다. 따라서 "죄의 인식(Erkjendelse af Synd)"은 교리적 정보로서의 죄에 대한 지식이 아니라, 자기 자신이 죄인임을 하나님 앞에서 결단적으로 깨닫는 실존적 자각이다. 이런 맥락에서 Erkjendelsen을 "지식"보다 "인식"으로 번역하는 것이 더 적절하다.

12 이른바 '러시아식 호른 음악(또는 사냥 나팔 음악)'은 18세기 중반에 등장한 형식으로, 실제로는 사냥꾼들로 구성된 하나의 악단-정확히는 사냥대(corps)-에 의해 연주되었다. 이 음악에서는 각 사람이 단 하나 또는 두 개의 사냥 나팔(jagthorn)을 불었으며, 이 나팔은 단 하나의 음정만을 낼 수 있었다. 각 연주자는 자신이 맡은 음을 정확하게 불어내는 것과 동시에, 정확한 시점에 들어와 박자를 맞추는 것이 임무였다. 이 음악의 전체적인 인상은 일반적인 예술 음악이라기보다, 오히려 자연의 소리와 비

숫한 인상을 주었다고 전해진다. 이 비유는 키르케고르가 실존적 자기 없이 단지 지식의 기능만 수행하는 인간을 설명하기 위해 사용한 것으로, 마치 "한 사람을 오직 단 하나의 음만 내는 기계처럼 사용하는 것"과 같은 비인간화의 상징이다.

13 이 문단은 키르케고르가 의지(will)가 환상적 무한성에 빠질 때 자기를 상실한다고 말하면서도, 참된 의지의 형태는 무한한 결단이 오히려 구체적인 실천 안에서 자기 자신에게로 돌아온다는 실존적 역설을 드러낸다. 즉, 진정한 의지란 크고 원대한 목표를 품되, 그것이 지금 당장 실현 가능한 작은 행위로 연결될 때 자기 자신이 된다는 것이다. 키르케고르가 말하는 '자기의 형성'은 추상적인 비전만으로는 불가능하며, 지금 이 순간의 구체적인 실천 속에서만 가능하다.

14 idende: '수동태(lideform)'의 상태를 의미하며, '능동태(handleform)'와 반대이다. 어떤 것에 지배되거나, 그 지배를 허용하는 상태, 또는 어떤 일이 자신에게 일어나도록 내버려두는 것을 뜻한다. 곧 수동적인 것(passiv)이다. 키르케고르의 문맥에서는 이 단어가 자주, 직접성(umiddelbarhed)에 의해 지배당하는 상태, 또는 어떤 이념(idealitet)에 스스로 굴복하는 태도를 의미한다. 이것은 반성(refleksion)과 대비된다.

15 이 표현은 마태복음 10장 29절을 암시한다. "참새 두 마리가 한 앗사리온에 팔리지 않느냐? 그러나 그 하나도 너희 아버지의 뜻이 아니고는 땅에 떨어지지 아니하리라." 또한 이와 유사한 구절로는 누가복음 12장 6절도 참고할 수 있습니다. 여기에서 사용한 참새의 비유가 단순한 동물 비유가 아니라, 성경적 상징을 바탕으로 한다. 즉, 참새조차 하나님의 뜻 안에 존재하지만 그 사실을 '알지 못한다'는 점에서 존재의 무게를 느끼지 않는다는 대조를 통해, 자신이 하나님 앞에 존재함을 '의식하는' 인간 실존의 고통과 절망을 강조하고 있는 것이다.

16 bliver aabenbart: 드러나다, 명백해지다, 겉으로 나타나다를 의미한다. 즉, 감춰져 있던 것이 표면으로 드러나는 것, 밝혀지는 것을 가리킨다. "bliver aabenbart"라는 표현은 문맥에 따라 기독교적 의미에서의 '계시'(revelation)와 연결될 수 있다. 그러나 키르케고르의 문맥에서는 전통적인 신학적 계시(하나님이 자신을 인간에게 드러내시는 일)라기보다는, 보다 실존적이고 내면적인 계시에 가깝다.

1. 덴마크어 aabenbare와 bliver aabenbart
aabenbare는 "드러내다, 계시하다"라는 의미를 갖고 있으며, 성경 번역에서도 하나님이 진리를 드러내실 때 사용되는 단어이다. bliver aabenbart는 수동태로, "드러나게 된다, 밝혀진다"는 뜻이다. 그런데 키르케고르에게 있어 실존의 진실이 '드러나는 것'은 단순한 심리적 변화가 아니라, 신 앞에서의 자기 인식이라는 점에서 "실존적 계시"로 이해될 수 있다.

2. 『죽음에 이르는 병』에서의 맥락
해당 문장은 다음과 같이 전개된다.
"…사람들은 그가 더 깊은 의미에서는 자기를 상실한 채 살아간다는 것을 알아채지 못한다. 그런 일은 세상에서 소란스럽게 떠들 일이 아니다. 세상에서 자기(Self)는 가장 적게 물어지는 것이며, 자기가 있다는 사실을 드러내는 것이야말로 가장 위험한 일이다. 자기를 잃는다는 이 가장 큰 위험은, 세상에서는 마치 아무 일도 아닌 것처럼 조용히 일어날 수 있다. 하지만 그 절망은 언젠가 드러나게 된다(bliver aabenbart)."
이러한 "드러남"은, 단지 외부에 알려지는 정보의 노출이 아니라, 그가 살아온 삶이 허위였다는 것, 하나님 앞에서 자기를 상실한 실존이었다는 것이 결국은 자기 자신과 세계 앞에 드러나게 되는 순간을 말한다. 바로 이 점에서, 이것은 심판으로서의 계시이며, "빛 가운데 모든 것이 드러나는 날"(엡 5:13)의 실존적 버전이라 볼 수 있다.

바울의 표현과 연결해 보면:
"그 날에 하나님이 예수 그리스도로 말미암아 사람들의 은밀한 것을 심판하시는 그 날이라."(롬 2:16)
"주의 날이 도둑같이 오리니 … 그 때에 하늘이 큰 소리로 떠나가고 …"(벧후 3:10)
이처럼 실존적 절망의 드러남은, 심판적 계시이자 구원을 위한 폭로로 이해할 수 있다. 키르케고르에게 이 계시의 목적은 항상 진리 안에서 자기를 다시 찾도록 부르시는 하나님의 은밀한 초대이기도 하다.

기독교적 해석: 계시(ἀποκάλυψις)의 관점
이처럼 bliver aabenbart는 단순한 드러남을 넘어, 인간 실존의 절망적 상태가 은폐된 채 일상에 가려진다 하더라도, 궁극적으로 하나님 앞에서의 계시적 폭로로 나타난다는 실존 신학적 구조를 가진다. 신약성경에서도 "드러나다"는 개념은 종종 심판의 계시, 또는 마지막 날의 폭로(롬 2:16, 고전 4:5)와 같은 맥락에서 사용되며, 키르케고르도 이를 실존의 내면에서 해석한 것으로 볼 수 있다. 즉, bliver aabenbart는 단순한 사건적 노출이 아니라, 하나님 앞에서 자기가 진실로 누구인지를 부정할 수 없게 되는 종말론적 실존의 폭로이다.

17   5 Rbd : 즉 5 rigsbankdaler를 의미한다. 덴마크의 당시 화폐 단위는 1818년 7월

31일의 포고령에 따라 rigsbankdaler(종종 'rigsdaler', 약칭 'rd'), mark, skilling으로 나뉘었다. 1 rigsbankdaler는 6 mark로 나뉘고, 1 mark는 16 skilling이므로, 1 rigsbankdaler는 총 96 skilling이 된다.
당시 5 rigsbankdaler는 목공 직공 한 명의 일주일치 임금에 해당했다.
    코펜하겐 고등법원과 시법원의 판사는 연봉 1,200-1,800 rigsdaler,
    서기관(공무원)은 연봉 400-500 rigsdaler,
    가정부는 연봉 약 30 rigsdaler에 식사와 숙소 제공을 받았다.

물가 수준을 예로 들면:
    구두 한 켤레는 약 3 rigsdaler,
    『죽음에 이르는 병』 한 권은 약 1 rigsdaler,
    호밀빵 1파운드는 2-4 skilling 정도였다.

이 정보를 통해 키르케고르가 『죽음에 이르는 병』에서 "사람들은 팔이나 다리를 잃거나 5 Rbd를 잃는 일은 주목하지만, 자기를 잃는 일은 아무렇지도 않게 넘긴다"고 할 때, 5 Rbd는 상당한 손실로 받아들여졌음을 알 수 있다. 이 대비를 통해 그는 실존적 상실(자기 상실)이 얼마나 세상에서는 값싸게 여겨지는지를 강하게 비판하고 있는 것이다.

18 가장 큰 위험, 곧 자기 자신을 잃는 것: 이 표현은 누가복음 9장 25절의 말씀을 암시한다. "사람이 온 세상을 얻고도 자기를 잃든지 빼앗기든지 하면 무엇이 유익하리요" 이 구절은 『죽음에 이르는 병』에서 키르케고르가 말하는 자기 상실의 실존적 비극-곧 "세상에서 가장 조용히 일어나는 가장 큰 상실"-의 성경적 근거로 사용된다. 여기서 '자기(self)'를 잃는다는 것은 단순히 심리적 혼란이 아니라, 하나님 앞에서 진정한 자기가 되지 못한 채 살아가는 존재적 실패를 뜻하며, 이것이야말로 인간에게 가장 근본적이고 심판적인 위험이라는 점을 강조하는 대목이다.

19 이 문단은 키르케고르 실존론의 핵심이 응축된 명문이다. 그는 인간이 자기 자신을 상실하고도 세상 속에서는 정상인 것처럼 살아갈 수 있음을 강조한다. 특히 종교적 열심조차도 자기 자신이 되는 실존적 진실로 귀결되지 않는다면, 도취된 환상적 절망에 불과할 수 있다고 경고한다. 그리고 이 절망은 팔이나 다리를 잃는 것보다 훨씬 크지만, 세상은 그것을 알아채지 못하며, 오히려 자기를 드러내는 것 자체를 위험한 것으로 간주한다. 이처럼 키르케고르는 자기의 상실을 가장 조용하지만 가장 치명적인 실존의 위기로 인식한다.

C 이 병(절망)의 형태 •157

20   Selvet은 '자기', Bornerethed는 문맥에 따라 '편협함'으로, Indskrænkethed는 '제한됨' 혹은 '제한적 실존'으로 옮겼다.

21   '한 가지 필요한 것(det ene fornødne)': 이 표현은 누가복음 10장 38-42절에 나오는 예수님이 마르다와 마리아를 방문하신 장면을 암시한다. 예수님은 많은 일로 분주하고 염려하는 마르다에게 이렇게 말씀하신다. "마르다야, 마르다야, 네가 많은 일로 염려하고 근심하나, 그러나 몇 가지만 하든지, 혹은 한 가지만이라도 족하니라. 마리아는 이 좋은 편을 택하였으니, 빼앗기지 아니하리라."

이 구절에서 "한 가지 필요한 것"은 하나님 앞에 머무는 내면적 존재의 집중, 곧 진리 앞에서의 실존적 태도를 가리킨다. 키르케고르는 이 구절을 자주 인용하며, 세상의 소란함과 다중성 속에서 길을 잃은 자아가 진정으로 회복되기 위해서는, 오직 '하나의 필요'만을 붙잡아야 한다고 강조한다. 여기서 "det ene fornødne"는 단순히 신앙적 실천이 아니라, 자기 형성의 핵심 조건으로, 세속성과 절망을 넘어 진정한 자기가 하나님 안에서 형성되는 존재의 길을 상징한다.

22   Einerlei: 독일어로 '단조로움', '변함없음', '지루한 일상'을 뜻한다. 이는 반복되고 똑같은 일들이 끝없이 계속되는 상태를 가리키며, 종종 의미 없이 흘러가는 일상, 또는 개성 없이 살아가는 대중적 삶의 상징으로 사용된다. 키르케고르가 이 표현을 사용할 때는, 자기 자신이 되지 못한 채 '그저 반복되는 익명적 존재'로 살아가는 실존의 상태를 비판하려는 의도가 담겨 있다. 즉, 하나님 앞에서 단독자로 서지 못하고, 대중 속에서 단조롭게 되풀이되는 하나의 반복물로 전락한 인간의 모습을 드러낸다.

23   이 본문은 키르케고르가 『죽음에 이르는 병』에서 제시하는 절망의 두 번째 형식-곧 무한성을 상실한 유한성의 절망을 다룬다. 앞서 α에서는 무한성만 추구하다 자기를 잃는 환상적 자기를 말했다면, 여기 β에서는 지나치게 유한한 조건에 갇혀 자기를 잃는 유형, 즉 세속에 완전히 흡수된 인간을 지적한다. 결국 키르케고르에게 있어서 절망이란, 양극단-무한 속으로 사라짐과, 유한 속에 갇힘-모두에서 자기 자신이 되지 못함이라는 공통의 본질을 가진다. 이 두 극 사이의 진정한 자기 형성은 무한성과 유한성이 하나님 안에서 종합되는 자기로서만 가능하다는 것이 그의 실존 신학의 핵심이다

24   Primitivitet: 개별성이 가진 고유한 근거, 즉 독특한 존재의 뿌리, '본래성(oprindelighed, 독창성)'을 의미한다. 키르케고르에게 있어 primitivitet는 단순히 "원시적"이라는 의미가 아니라, 인간이 하나님 앞에서 개별자로서 독특하게 지어진 존재, 곧 자기(Self)가 되어야 할 창조적 기초를 가리킨다. 이것은 모든 인간이 자기 자신이 되도록 정해졌다는 실존적 소명과 연결되며, 그 고유한 '원초성'을 버리고 대중

과 똑같아지려는 시도가 절망의 출발점이 된다고 키르케고르는 말한다.
25 afmandet sig: 자기 자신에게서 남성성(manlighed)을 제거했다는 뜻으로, 비유적으로는 스스로를 거세했다(kastreret sig)는 의미이다. 그러므로 여기서 afmandet sig란, 세상과 타인의 시선에 의해 자기 자신이 되기를 포기하고, 그 고유한 '자기'를 스스로 삭제해버린 상태를 가리킨다.
26 "흉내 내는 자가 되고, 숫자가 되고, 대중 속의 일부가 되는 것": 이는 곧 '대중 속에서 또 하나의 흉내 내는 존재가 되는 것', 즉 다른 사람들과 똑같이 행동하는 자가 되는 것을 의미한다.
Numerus: 라틴어로 '숫자', '수', '집단'이라는 뜻이며, 여기서는 대중 속의 하나의 번호, 혹은 무리 속의 한 구성원이 되는 것을 가리킨다. 다시 말해, 개별적 자기가 아닌, 익명적 대중의 일부가 되어버리는 상태다.
이 표현은 키르케고르가 『죽음에 이르는 병』에서 강조하는 자기 상실의 형태로, 진정한 자기가 되지 못하고, 세속의 패턴을 따라 흉내만 내며 살아가는 익명적 존재를 비판하는 데 사용된다. 이때 인간은 하나님 앞에서 단독자로 존재하는 대신, 수많은 '그저 그런 사람들' 중 하나로 전락하게 된다.
27 Perfectibilitet: 발전하거나 성장할 수 있는 능력, 또는 완전함에 이를 수 있는 가능성을 의미한다. 즉, 자신을 개선하거나 성공적인 존재로 만들어갈 수 있는 능력이다. 키르케고르가 이 단어를 사용할 때는 주로 세속적으로는 유능하고 매끄럽게 적응하며 성공할 수 있는 자질을 말하지만, 그 이면에는 실존적으로는 '자기 자신'을 상실한 상태에서 얻게 된 능력이라는 역설적인 비판이 담겨 있다. 요컨대, 그는 세상에서 성공하기 위해 자기를 포기한 사람이 오히려 세상적으로는 'perfectibilitet'를 갖췄다고 평가받는 현실을 비판하고 있는 것이다.
28 Rullesteen: 물결에 휩쓸려 굴러다니며 점점 모서리가 닳아 둥글둥글해진 작은 돌을 뜻한다. 키르케고르가 이 표현을 사용할 때는, 개별적이고 날카로운 자기다움이 완전히 닳아 없어지고, 세상에 잘 굴러다니는 매끄러운 존재로 세속에 완전히 적응한 사람을 풍자적으로 지칭하는 데 사용한다. 즉, 더 이상 자기 자신이 되지 못한 자, 세상에 의해 다듬어진 채 아무런 실존적 저항도 하지 않는 인간형을 상징한다.
29 이 표현은 흔히 쓰이는 속담처럼 소개되고 있지만, 실제로는 문헌상으로 정식 기록된 속담은 아니다. 다시 말해, 키르케고르가 언급한 이 표현은 실제 덴마크 속담집에서 발견된 것은 아니며, 당시 일반 대중 사이에서 통용되던 삶의 지혜 혹은 상식적인 표현을 그가 비판적으로 인용한 것으로 보면 된다.
30 이 표현은 마태복음 16장 26절의 말씀을 암시한다. "사람이 온 천하를 얻고도 제 목

숨을 잃으면 무슨 유익이 있겠느냐? 사람이 무엇을 주고 제 목숨을 바꾸겠느냐?" 키르케고르는 이 구절을 통해, 세속적인 성공과 안락함을 추구하며 자기 자신을 상실하는 실존적 절망의 아이러니를 강조하고 있다. 겉으로는 아무 문제 없이 "잘 살아가는 것"처럼 보여도, 그 모든 것이 비겁한 자기 포기의 결과라면, 그는 결국 자기 존재의 핵심인 '자기(Self)'를 잃어버린 자라는 것이다. 이 구절은 그의 전체 실존론에서 매우 중요한 결론부 중 하나로, "자기 자신이 되지 않는 삶은 아무리 성공적으로 보일지라도 본질적으로는 파멸이다"라는 메시지를 담고 있다.

31   이하의 단락은 다음을 참고하라. 초기의 여백에서; Pap. VIII2 B 150:7, 1848년
만일 환상적인 삶을 사는 자들이 스스로를 악마에게 저당잡힌(팔아넘긴) 자들이라 부를 수 있다면, 절망에 빠진 속물들(philistine)은 스스로를 세상에 저당잡힌(팔아넘긴) 자들이라고 해야 할 것이다. 그들은 바깥을 향해서는 눈이 밝지만, 자기 내면에 대해서는 맹목적이다. 영적인 사람과 비교해보면, 이들은 살아 있는 인간에 비해 조각상과 같은 존재이다. 겉보기에는 인간처럼 보이지만, 그들의 실체는 마치 등 뒤가 텅 빈 요정 처녀들(elf maidens)과 같다.

32   키르케고르가 사용한 "forskrive sig til Verden"(세상에 자신을 팔아넘기다)는 표현은, 명확하게 "forskrive sig til Fanden"(악마에게 자신을 팔아넘기다)라는 전통적인 구절을 패러프레이즈한 것이며, 이는 곧 파우스트(Faust) 전설에서 나오는 메피스토펠레스(Mephistopheles)와의 계약을 떠올리게 한다.

1. 메피스토펠레스와의 계약이 상징하는 것
괴테의 『파우스트』에서 주인공 파우스트는 세상의 지식과 쾌락, 경험의 총체를 추구하기 위해 자기 영혼을 메피스토펠레스에게 내어주고, 그 대가로 세속적 전능성과 무한한 경험을 얻는다. 하지만 결국 그는 자기 자신을 상실하며, 진정한 구원의 가능성은 오직 하나님의 은총 안에서만 열린다.

2. 키르케고르의 맥락에서의 "계약"
키르케고르가 말하는 "세상과의 계약"은, 하나님 앞에서의 참된 실존을 포기하고, 자기 자신을 세상에 팔아넘기는 것, 즉 자기를 수단화하거나, 수요에 맞추어 대중 속에 묻어버리는 삶이다. 이것은 곧 영혼을 악마에게 팔아 넘긴 실존적 죄악과 동일한 구조를 가지며, "자기를 잃고 세상에서 잘 살아가는 것"이야말로 가장 치명적인 절망이라는 점에서 메피스토펠레스와의 계약을 맺은 파우스트의 운명과 매우 유사하다.
결론적으로, "세상과 계약한 자"는 곧 "메피스토펠레스와 거래한 자"와 같다. 그는 자

기 자신을 잃는 대신, 세속적 성공과 안락을 얻지만, 영원 앞에서는 구원에서 가장 멀어진 자다. 이것이 키르케고르가 말하는 '죽음에 이르는 병', 곧 자기를 잃어버린 절망의 실존이다.

33 이 구절은 키르케고르의 실존론 전체에서 매우 핵심적인 내용을 담고 있다. 그는 유한성 속에서 자기 자신을 잃어버린 인간, 겉으로는 성공하고, 사회적 지위를 얻고, 이름을 날리지만 하나님 앞에서 참된 자기가 아닌 사람, 그 사람을 '절망 가운데 있는 자'라고 규정한다. 여기서 말하는 '자기(Self)'란 단순한 자아의식이 아니라, 하나님 앞에서 진정한 나 자신으로 존재할 수 있는 실존적 책임의 자리를 의미한다. 그 자리가 없고, 그 자리를 향한 열망도 없이 살아간다면, 그는 아무리 세상에서 성공했어도 스스로를 잃어버린 사람, 즉 죽음에 이르는 병에 걸린 사람이라는 것이 키르케고르의 진단이다.

34 vorde: '되다', '존재하게 되다', '~로 되어가다'라는 뜻이다. 단순히 상태가 변화하는 것이라기보다는, 존재론적 실현과 형성을 포함한 '존재로의 이행'을 나타내는 표현이다. 키르케고르의 문맥에서 vorde는 매우 중요한 동사로, 단순히 변화를 의미하는 것이 아니라, 자기가 '자기 자신'이 되어가는 실존의 운동, 곧 하나님 앞에서 자기됨의 길을 걸어가는 과정 전체를 가리킨다. 이 말은 가능성과 필연성의 변증법 속에서, 개별자가 하나님 앞에서 단독자가 되어가는 실존의 형성을 나타낸다.

35 (ἄπειρον - πέρας): 이는 고대 그리스어로, ἄπειρον(ápeiron)은 무한한 것, 무제한적인 것을 의미하며, πέρας(péras)는 유한한 것, 경계를 지닌 것, 제한하는 것을 의미한다. 이 두 개념은 형이상학적 개념 또는 근원적 원리로, 피타고라스 학파의 범주 표(kategoritavle)에서 등장하는 가장 첫 번째 대립 쌍이다. 이 내용은 아리스토텔레스의 『형이상학』 986a 22이하에서 전해지며, 키르케고르도 이 내용을 『노트북 Not13:4』와 『Not14:1』(SKS 19, 384 및 425 이하)에 발췌한 바 있다. 또한 이 개념쌍은 플라톤의 여러 저작들, 특히 『필레보스』(26d)에서도 사용되고 있다.

36 sat: 여기서 sat는 논리적 의미에서 사용된 것으로, 어떤 것을 "세운다", "전제한다", "유효한 것으로 간주한다", 또는 "성립시키다"라는 뜻이다. 즉, 무언가를 주장하거나 긍정하여 전제로 삼는 행위를 의미한다.

철학적으로 말하자면, 이 '세운다(sætte)'는 행위는 '포네인(ponere)', 즉 무언가를 '논리적, 존재론적으로 긍정하고 자리에 놓는 것'과 같은 개념이다. 키르케고르가 이 단어를 사용할 때는 단순히 물리적으로 무언가를 '놓는다'는 뜻이 아니라, 자기의 구조를 전제하고 세우는 행위, 즉 "자기를 하나의 실존적 구조로 설정한다"는 존재론적 의미로 쓰인다.

37   κατα δυναμιν(kata dýnamin): 이는 "가능성에 따라", 또는 "가능성 안에서"라는 뜻의 고대 그리스어 표현이다. 이 개념은 아리스토텔레스의 철학(예: 『형이상학』)에서 유래한 용어로, 어떤 존재가 아직 현실로는 실현되지 않았지만, 가능성 속에서는 이미 존재하고 있음을 뜻한다. 키르케고르가 이 표현을 사용할 때는, 자기(Self)가 이미 현실화된 존재가 아니라, 가능성 안에서 주어졌으며, 그것을 실현해 가야 하는 존재임을 강조하는 데 사용된다. 즉, 자기란 아직 되어가야 할 존재, "가능성으로서 주어진 실존"이라는 뜻이다.

38   Phantasmagorier: 현혹시키는 영상, 환상 이미지, 또는 환영(幻影)을 뜻한다. 일반적으로는 꿈같은 상상, 비현실적이고 덧없는 이미지, 혹은 실체 없이 눈앞에 스쳐 지나가는 환상들을 의미한다.

이 단어는 키르케고르의 문맥에서 현실로 구체화되지 못하고 끊임없이 흘러가는 가능성의 허상들, 즉 실존을 지탱하지 못하고 떠도는 공허한 상상을 뜻하며, 결국 자기 자신마저 환상처럼 증발해 버리는 절망의 상태를 묘사할 때 사용된다.

39   Luftsyn: 직역하면 '공중의 영상', 또는 '공중에 비친 그림자'라는 뜻이다. 원래는 신기루(mirage)나 공기 중에 나타나는 착시 현상을 의미하며, 비유적으로는 감각의 기만, 착각, 또는 환상(illusion)을 가리킨다. 키르케고르가 이 표현을 사용할 때는, 실존적 자기(Self)가 현실로 뿌리내리지 못하고, 끝없는 가능성의 환상 속에서 흩어져버릴 때, 그 자기는 마치 실체 없는 공중의 그림자, 즉 존재하지 않는 허상처럼 된다는 점을 강조하려는 것이다.

40   이 구절은 키르케고르가 묘사하는 "가능성의 절망"이 어떻게 인간 존재를 현실에서 완전히 이탈하게 만들고, 결국 자기 자신마저 공허한 환상(luftsyn, 공중그림)으로 소멸시키는지를 섬뜩하게 묘사하고 있다. 자신이 될 수 있는 가능성들을 상상하며 살아가지만, 어느 것도 현실로 만들지 않는 삶, 그리고 끝없이 무한한 가능성 속으로 도망치며 자기 실존의 발을 한 번도 땅에 디뎌보지 못한 자, 그는 결국 '자기'라는 실체를 완전히 잃어버리고, "아무것도 아닌 것처럼" 사라져버린다는 것이다.

이것이 바로 『죽음에 이르는 병』이 말하는 가장 치명적인 절망의 한 현상이다. 특히 이 α항에서는 가능성만 존재하고 필연성이 결여된 상태-즉 지속적인 공상, 계획, 상상 속에서 허우적거리며, 실제적으로 아무것도 하지 못하는 실존의 파탄을 묘사한다. 이 절망은 겉으로는 무한하고 자유로운 것처럼 보이지만, 실제로는 "아무 데도 이르지 못하는 자기 상실"이며, 이는 하나님 앞에서 실존적 중심을 잃어버린 상태, 곧 죽음에 이르는 병의 또 다른 얼굴이다.

41   이 구절은 철학사, 특히 칸트와 헤겔의 존재론을 염두에 두고 있다. 우선, 임마누엘

칸트는 그의 대표작 『순수이성비판』(1781, 제4판 1794) §10 이하에서 이성의 네 가지 범주를 제시하는데, 그중 하나인 양태(modalitet)의 범주는 다시
1. 가능성(Möglichkeit),
2. 현실성(Existenz),
3. 필연성(Notwendigkeit)
으로 구분됩니다.

칸트에 따르면, 필연성은 '가능성'에 따라 '존재함'이 불가피하게 따라오는 상태를 가리킨다. (키르케고르가 이 내용을 메모한 곳은 SKS 19, 302의 Not10:10이다.)

한편, 헤겔-특히 키르케고르가 이 본문에서 주로 겨냥하고 있는 철학자-은 『철학백과』(Encyclopädie der philosophischen Wissenschaften, 1817) §147에서 칸트의 이 구분을 계승하면서도 더욱 정교하게 전개한다. 헤겔은 다음과 같이 말한다: "필연성은 가능성과 현실성의 통일로 규정된다는 것은 맞지만, 그렇게만 말하면 그 정의는 피상적이며, 그로 인해 이해하기 어려워진다."

보다 자세한 내용은 『논리학』(Wissenschaft der Logik) 제1권 2부 "현실성" 장에서 찾을 수 있다. 여기서 헤겔은 "현실성과 가능성이 서로를 지양하며 넘어서는 운동 안에서 필연성이 생겨난다"고 설명한다. 이 말은 곧 가능성 속에 현실성이 사라지고, 현실성 속에서 다시 가능성이 흡수되면서, 두 개념이 상호 전환되어 통일을 이룸으로써 진정한 필연성이 된다는 것이다. 이 내용은 키르케고르가 『철학의 부스러기』(Philosophiske Smuler, 1844)의 "막간극(Mellemspil)"(SKS 4, 272-284, 특히 273-275쪽)에서도 비판적으로 논의한 바 있다.

42 키르케고르가 말하는 "필연성(Nødvendighed)"은 단순한 제약이나 인과율이 아니라, 자기(Self)가 자기로 존재하기 위해 반드시 받아들여야 할 본질적 조건을 뜻한다. 그는 현실성(virkelighed)를 가능성과 필연성의 통일로 이해하면서, 자기가 공상적 가능성 속에서 길을 잃지 않으려면 필연성에 순종해야 한다고 강조한다. 기독교적으로 볼 때, 이 필연성은 곧 하나님께서 창조 시에 인간에게 부여하신 자기의 본질, 즉 "하나님의 형상"(Imago Dei)과 연결된다. 따라서 필연성을 수용한다는 것은 단순한 운명적 결정을 받아들이는 것이 아니라, 하나님 앞에서 자신에게 주어진 형상으로서 자기 자신을 받아들이고 살아내는 것을 의미한다.

43 이 비유에 나오는 특정한 출처는 명확히 밝혀지지 않았지만, 비슷한 모티프는 예를

들어 『독일 동화책(Deutsches Märchenbuch)』에 수록된 〈수도사와 새〉(Der Mönch und das Vögelein, 덴마크어로는 "Munken og fuglen")라는 이야기에서 찾아볼 수 있다. 이 책은 L. 베크슈타인(Ludwig Bechstein)이 편집하여 1844년에 출판되었다(코펜하겐 [라이프치히]).

44 다음을 참고하라. 초고에서; Pap. VIII2 B 150:8, n.d., 1848
"두 형태는 불행한 의식의 형태이다."
이 단락은 키르케고르가 실존의 심연에서 불안, 가능성, 필연성의 관계를 문학적 은유와 실존적 통찰로 가장 심도 깊게 통합한 대목이다. "가능성의 거울은 거짓이다", "자기를 본다는 것은 자기를 먼저 알고 있어야 한다" 이 두 문장은 이 텍스트 전체를 대표하는 키르케고르의 명언이라 할 수 있다.

45 Vokaliseren: 이는 자음이 아닌 '모음(vokaler)'을 통해 소리를 내는 것, 곧 아직 명확한 단어는 아니지만, 음성적으로 발화하는 행위를 의미한다. 예를 들어, 아기가 말을 배우기 전 내는 '옹알이'와 같은 소리를 가리킬 때 사용된다. 키르케고르는 이 표현을 비유적으로 사용하여, 무한한 가능성 속에서 실현되지 않은 상태를 아직 언어로 형성되지 않은 발화, 즉 불완전하지만 살아 있는 운동성으로 표현한다. 반대로, 가능성을 상실한 실존은 벙어리처럼 침묵 속에 갇힌 상태, 즉 내면의 자기 표현조차 불가능한 절망의 상태로 묘사된다.

46 이 대목에서 키르케고르는, 세속적으로 흔히 말하는 "가능성", "희망", "절망"이라는 단어들이 얼마나 피상적이고 진리와는 거리가 먼 개념들인지를 지적하고 있다. 그에 따르면, 필연성만 있고 가능성이 결여된 상태는 마치 자기 존재를 말조차 할 수 없는 상태, 즉 자기를 표현할 가능성도, 변화를 꿈꿀 가능성도 없는 실존적 침묵, 곧 살아 있으나 죽은 것 같은 절망의 상태라고 말한다. 그렇기에 그는, 인간이 가능성을 상실한 바로 그 순간, 즉 "다 끝났다고 느끼는 바로 그 자리", 그곳에서야말로 가장 깊은 실존적 절망이 자리하고 있다고 선언하는 것이다.

47 이 표현은 마태복음 19장 26절의 말씀을 암시한다. "사람으로는 할 수 없으나 하나님으로서는 다 하실 수 있느니라." 키르케고르는 이 성경 말씀을 실존적 절망의 한가운데서, 하나님을 통해서만 열리는 '구원의 가능성'을 강조하기 위해 반복적으로 인용한다. 즉, 모든 인간적 가능성이 무너진 자리에서, 믿음이란 "하나님께는 모든 것이 가능하다"는 진리를 붙드는 것이라고 말하고 있는 것이다.

48 이 인용문은 셰익스피어의 희곡 『리처드 2세』에서 가져온 것으로, 독일어 번역본의 제3막 제3장에 해당하며, 영어 원문 기준으로는 제3막 제2장에 해당한다. 이 장면에서 리처드 2세는 자신의 패배와 적군의 압도적인 힘에 대한 소식을 들은 후, 자신의

사촌인 오멀 공작(Duke of Aumerle)에게 이렇게 말한다.
"Verwünscht sei Vetter, der mich abgelenkt / Von dem bequemen Wege zur Verzweiflung." ("내가 절망으로 향하던 그 평탄한 길에서 나를 빗나가게 한 사촌이여, 저주받으라.")

키르케고르가 인용한 독일어 판본은 A.W. 폰 슐레겔과 L. 티크가 번역한 『셰익스피어의 희곡 전집(Shakspeare's dramatische Werke)』(1839-41) 제1권(153쪽)에 실려 있으며, 그는 원문에서 "sei Vetter"라고 썼지만, 정확하게는 "sei, Vetter"이며, 원래는 행이 바뀌는 운문 구조이지만 키르케고르는 줄바꿈 없이 인용했다. 한편, 덴마크어 번역본(P. 포에르솜과 P.F. 불프가 번역한 『셰익스피어 비극 전집』, 제3권, 1815년, 84쪽)에서는 다음과 같이 번역되어 있다. "저주받아라, 사촌이여! 나를 이끌어 / 나의 절망의 달콤한 길에서 벗어나게 한 자여!"

이 인용은 『죽음에 이르는 병』에서 절망에 깊이 빠진 인간이 오히려 그 절망에 동의하고 몰입하고자 하는 내면 상태, 즉 "절망할 수 있는 권리조차 방해받고 싶지 않아 하는 실존"을 묘사할 때 강렬한 문학적 예시로 사용된다. 리처드 2세는 자신이 파멸하고 있다는 사실을 직면한 순간조차, 누군가 그 절망을 막으려 하자 그를 저주하며 자신의 절망을 "달콤한 길"로 묘사한다. 이는 키르케고르가 말하는 의식적인 절망의 선택, 즉 하나님 없이 자기 자신 안으로 침잠하는 실존의 최종 국면을 드러낸다.

49 당시에는 기절한 사람을 깨우는 데 가장 널리 쓰이던 방법으로, 찬물을 얼굴에 끼얹거나, 향수를 코 밑에 대거나, 또는 호프만 방울약을 한 숟가락이나 설탕 조각에 떨어뜨려 복용시키는 방식이 사용되었다. 이 내용은 예컨대 1843년 크리스티아니아(오늘날 오슬로)에서 출간된 『Landapothek, eller 500 prøvede Huuskure imod de fleste Sygdomme hos Menneskene』의 100~102쪽, 154쪽 등에서도 확인할 수 있다.

호프만 방울약(Hoffmannsdraaber): 이는 기절, 메스꺼움, 기운 없음, 실신 등에 쓰였던 당시의 매우 흔한 약물 혼합제로, 독일 의사 프리드리히 호프만(Friedrich Hoffmann, 1660-1742)의 이름에서 유래했다. 또한 키르케고르가 여기서 풍자적으로 암시하고 있는 부분은 J.L. 하이베르그(Johan Ludvig Heiberg)의 유명한 바우드빌 독백극 『예(YA)』(1839)일 수 있다. 이 작품에서, 거친 파도 속 배 안에서 공포에 빠진 사람들의 대사를 다음과 같이 묘사한다.

"두려움에 찬 사람이 외친다: '호프만 방울약, 호프만 방울약! 오, 너무 괴로워요! 아이고! 얼른 숟가락 좀 가져다 줘요!' 모든 선실에서 여자들이 소리친다: '작은 항해사님! 아가씨! 날 좀 붙잡아 주세요, 아니면 기절할 거예요!'"
이 내용은 『J.L. Heibergs Samlede Skrifter』, 희곡집 제7권(1841), 386쪽 이후에서 찾아볼 수 있다.

50   이 단락은 키르케고르의 '믿음' 이해를 가장 명확히 드러낸다. 믿음이란 단순히 감정적인 희망이 아니라, 이성적으로 파멸이 확실함을 인식하면서도, 그럼에도 불구하고 하나님께 가능성을 두는 행위다. 그 믿음은 기적이 일어난다는 과거 이야기를 믿는 것이 아니라, 오늘, 지금, 이 자리에서 자신에게도 기적이 일어날 수 있다고 신뢰하는 것이다. 그 기적은 때로는 외부에서 오는 도움일 수 있지만, 더 근본적으로는 절망 중에도 무너지지 않고 살아 있게 되는 실존의 기적이다.

51   Træk(draft)의 의미: 문이나 창틈 사이로 들어오는 찬바람 또는 기류를 뜻한다. 덴마크어 원문에서 추위와 더위가 무질서하게 교차하는 현상으로 설명된다. 키르케고르는 이를 "차가움과 따뜻함이 조화되지 못한 상태(disparat)"라고 부른다 이것을 건강한 신체가 아무렇지 않게 견뎌내는 것으로 비유하고, 그에 따라 믿음도 모순(disparat)을 견디고 초월해내는 내적 건강함이라고 말한다. 즉, 여기에 나오는 "Træk"는 병리학적 질병인 통풍(gout)이 아니라, 물리적 찬바람 또는 외풍이며, 이는 믿음의 내적 견고함을 설명하기 위한 비유적 장치로 쓰인 것이다.

52   '결정론자(Deterministen)'는 모든 사물의 전개-즉 인간의 삶까지도-철저하게 인과적으로 결정되어 있으며, 그 안에는 자유 의지가 개입할 여지가 없다고 보는 입장을 가리킨다. 반면, '운명론자(Fatalisten)'는 결정론과 유사하게 필연성의 법칙을 전제하면서도, 조금 다르게 모든 일이 어떤 불가피한 운명에 따라 일어난다는 믿음, 즉 '운명의 신앙'을 의미한다. 이 운명은 때로는 '맹목적인 숙명'일 수 있고, 또 때로는 하나님의 '예정'일 수 있다. 즉, 둘 다 자유의 여지를 부정하지만, 결정론은 인과율의 체계에, 운명론은 초월적 질서나 신비적 운명에 기초하고 있다는 점에서 구별된다.

53   여기서 언급된 왕은 그리스 신화 속 미다스(Midas) 왕을 가리킨다. 그는 디오니소스(Dionysos) 신에게 자신이 손대는 모든 것이 금으로 변하는 능력을 달라고 소원했고, 신은 그 경솔한 소원을 들어주었다. 하지만 이내 문제가 생겼다. 그가 먹으려는 음식과 마시려는 물까지 모두 금으로 변하면서, 그는 굶주림과 갈증으로 죽음 직전에 이르게 되었다. 결국 미다스는 디오니소스에게 간절히 기도하여 그 '선물'을 거두어 달라고 요청합니다. 신은 그의 간청을 듣고 그에게 강가에서 몸을 씻어 정화하라고 지시했고, 그 결과 그의 능력은 제거되었으며, 그가 씻은 강의 모래에서는 지금도 금가루가 발견된다는 전설이 전해진다. 이 이야기는 오비디우스(Ovidius)의 『변신 이야

기(Metamorphoses)』 제11권 85-145행에 기록되어 있다. 키르케고르는 이 신화를 통해, 결정론자가 '모든 것이 필연성이다'라고 믿는 순간, 그는 살아가기 위한 가능성조차 금처럼 굳어버린 상태, 즉 자기 존재를 질식시키는 비극적 상황에 놓이게 됨을 풍자적으로 보여준다.

54   Respirationen : 이 단어는 라틴어 respirare에서 유래한 말로, 그 어원을 직역하면 re- (다시) + spirare (숨 쉬다), 즉 "다시 숨 쉬다", 또는 "들이쉬고 내쉬는 호흡"이라는 뜻이다. 따라서 Respirationen은 단순히 공기를 들이마시는 것이 아니라, 숨을 들이쉬고 내쉬는 전 과정을 가리키는 표현이다. 키르케고르는 『죽음에 이르는 병』에서 자기(Self)의 존재 양식을 이러한 호흡의 구조(들숨과 날숨)에 비유하며, 가능성과 필연성의 긴장 속에서 균형 있게 숨 쉬는 실존만이 건강하다고 설명하고 있다.

55   Interjektion: 이는 감탄사, 즉 '감정이나 반응을 즉각적으로 표현하는 외침'을 뜻한다. 예를 들어, "아!", "오!", "으악!" 등의 표현이 이에 해당된다. 이는 앞서 설명된 'vokaliseren(옹알이, 의미 없는 소리 내기)'와도 비교될 수 있다. 즉, 언어적 의미나 논리가 결여된, 단순한 정서적 발화를 가리키는 말이다. 키르케고르는 운명론자의 '신앙'이라고 불리는 것조차도 결국에는 기도나 고백이 아니라, 의미 없는 감탄사에 불과하다고 비판한다. 내적 실존이 결여된 신앙은 참된 말이 아니라 단지 외침일 뿐이라는 뜻이다.

56   "기도한다는 것은 숨 쉬는 것이다(At bede er ogsaa at aande)": 이 표현은 기독교 전통에서 널리 알려진 관념으로, 예를 들어 "기도는 영혼의 호흡"이라는 이미지로 자주 표현된다. 이러한 사상은 아우구스티누스(Augustinus)에게까지 거슬러 올라갈 수 있다. 그에 따르면, 기도는 인간의 내면이 하나님을 향해 살아 숨 쉬는 방식이며, 존재의 호흡, 곧 영혼이 하나님과 관계 맺는 살아 있는 징표로 이해된다.
키르케고르는 이를 계승하여, 실존이 하나님 앞에서 기도할 수 있으려면, 가능성과 자기(Self), 그리고 하나님과의 관계가 반드시 포함되어야 한다고 강조한다. 기도가 곧 호흡이라면, 가능성이란 기도의 공기이자 산소라고 그는 말하는 셈이다. 또한, 키르케고르의 기도에 대한 관점은 다음 책을 참고하라. 『마음의 청결』, 이창우 역 (세종: 카리스아카데미, 2023), 44-9.

57   Suurstoffet: 이는 '산소(O_2)'를 뜻하는 표현이다. 덴마크어 고어로 suurstof이라 하며, 오늘날에는 ilt가 더 일반적으로 사용된다. 키르케고르가 사용한 필사본(Pap. VIII 2 B 171)에는 여백에 공백이 남겨져 있으며, 그 자리에 다음과 같은 질문이 적혀 있다: "Qvælstof(질소)의 반대는 무엇이라 불리는가?"
키르케고르는 이 산소 개념을 바탕으로, 산소가 없으면 생물의 호흡이 불가능하듯,

가능성(Mulighed)이 없으면 자기(Self)의 기도와 존재 호흡이 불가능하다는 철학적 비유를 전개한다. 그에게 있어 산소 = 가능성 = 믿음의 숨결인 셈이다.

58 i prægnant Forstand: 이는 "가장 깊이 있고 풍부한 의미에서", 또는 "가장 결정적이고 본질적인 의미에서"라는 뜻이다. 직역하면 "가장 함축적이고 실질적인 방식으로 이해할 때"를 가리키며, 철학적, 신학적 문맥에서는 표면적 의미를 넘어서 그 개념의 존재론적 깊이까지 포함하는 방식의 이해를 나타낸다. 따라서 키르케고르가 "자기와 가능성이 'i prægnant Forstand' 있어야 한다"라고 말할 때, 그는 단지 어떤 가능성 일반이 아니라, 하나님 앞에서의 실존적 각성과 결합된 '절대적 가능성으로서의 믿음'을 말하고 있는 것이다.

59 Øltapper: 이는 맥주를 파는 상인 또는 술집 주인, 즉 맥주를 따라 팔거나 술을 제공하는 사람을 뜻한다. 오늘날로 말하면 선술집 주인, 맥줏집 주인, 또는 주점 운영자 정도로 이해하면 된다.
키르케고르는 이 표현을 사용하여, 속물이 단지 직업이나 사회적 지위의 문제가 아니라, 어떤 영적 감수성과 상상력의 결여 상태를 말하고자 한다. 그래서 그는 "속물이 술집 주인이든 국무총리든" 차이가 없다고 말하며, 절망은 직업이 아니라 실존의 방식에 달려 있다고 강조한다.

60 Statsminister: 이는 국가 내각의 구성원이자 고위 공직자로, 국정 전반 또는 특정 부문에 대한 책임을 지는 관료를 가리킨다. 오늘날의 표현으로는 '국무총리', 또는 보다 일반적으로 '정부 고위 관리'로 이해할 수 있다.

61 qvantum satis: 이는 라틴어 표현으로, "필요한 만큼", 또는 "충분한 양"이라는 뜻이다. 키르케고르는 이 표현을 통해, 상상력이 "모든 경험의 충분한 분량(qvantum satis)"을 넘어서게 해야 한다고 말하며, 단순히 반복되고 예측 가능한 경험의 테두리를 넘어 하나님 앞에서 참된 자기를 자각하도록 이끄는 상상력의 역할을 강조하고 있다.

62 키르케고르의 문맥에서 Tilværelsen을 단순히 '삶'으로 번역하는 것은 그 의미를 축소하거나 오해하게 만들 수 있다. 왜 Tilværelsen은 '존재'로 번역되어야 하는가?
1. 철학적 맥락에서의 Tilværelsen
키르케고르에게 Tilværelsen은 단순히 생물학적 생존이나 사회적 생활을 뜻하는 '삶'(liv)이 아니라, "하나님 앞에서 주체적으로 존재하는 방식", 다시 말해, 자기가 진리 안에서 자기 자신이 되는 '실존적 생성의 장'을 뜻한다. 이 개념은 하이데거나 사르트르가 말하는 Dasein 혹은 eksistens와도 연결되지만, 특히 키르케고르에게는 하나님과의 관계 안에서 새롭게 형성되는 존재를 뜻한다.

2. 삶(Liv)과 Tilværelse는 구별된다
Liv은 일반적이고 경험적인 일상 삶을 의미함, 반면 Tilværelse는 믿음, 절망, 선택, 소명, 하나님 앞에서의 책임 있는 응답 등, 실존의 깊은 층위에서 형성되는 존재로의 나아감을 나타낸다.
3. 존재가 '되어감(생성, becoming)'이라는 변증법적 의미 포함
키르케고르의 Tilværelse는 고정된 실체가 아니라, 반복과 선택 속에서 '되어가는(생성되는) 존재'이며, 이를 위해선 하나님과의 관계가 결정적이다. 그렇기 때문에 Tilværelse는 존재 자체이되, 생성되고 응답되어야 할 존재이다.
따라서, 키르케고르의 저술-특히 『죽음에 이르는 병』이나 『철학적 단편』, 『공포와 전율』, 『반복』 등에서 Tilværelsen은 '삶'이 아니라 '존재'로 번역하는 것이 신학적, 철학적으로 정당하며, 해석의 깊이를 온전히 전달할 수 있다.

63 "처음부터 그의 삶이 절망이었다는 사실이 드러나는 것"은 키르케고르적 실존론의 관점에서 분명히 일종의 '계시 사건(åbenbarelse)'으로 이해할 수 있다.

왜 이것이 계시인가?
1. 숨겨졌던 실존의 진상이 '밝혀지는 사건'
키르케고르가 "bliver det aabenbart"(그것이 드러난다)라고 표현할 때, 이는 단순히 외적 상황이 드러난다는 의미가 아니라, 자기 실존의 '감추어진 진리'-곧 자기가 절망 가운데 있다는 진실이-어떤 계기를 통해 밝히 드러나는 것을 뜻한다.
2. '계시'는 하나님이 주체가 되는 드러냄
키르케고르에게 aabenbarelse는 인간이 자기 힘으로 도달할 수 없는 차원의 진실이 신의 주도 속에서 드러나는 사건이다. 그러므로 속물적 실존이 겪는 충격(공포, 실패, 상실 등)을 통해 "처음부터 네가 절망 가운데 있었다"는 실존적 진실이 열린다면, 이는 일종의 부정적 계시, 즉 "은폐된 진실이 고통을 통해 벗겨지는 방식의 계시"라고 말할 수 있다.
3. 계시의 '부정신학적' 양태
이는 전통적인 계시처럼 "하나님의 존재가 직접적으로 드러나는 사건"이라기보다는, '하나님 없는 상태에서 하나님 없음을 자각하게 되는 계시', 즉 절망을 통해 자기 자신과 하나님 사이의 단절이 계시되는 방식이다.

관련 성구적 맥락
요한복음 3:19, "그 정죄는 이것이니 곧 빛이 세상에 왔으되 사람들이 자기 행위가 악

하므로 빛보다 어두움을 더 사랑한 것이니라." → 빛이 왔을 때 비로소 어둠이 드러나는 방식, 이 역시 계시이다.

히브리서 4:13, "지으신 것이 하나도 그 앞에 나타나지 않음이 없고 오직 만물이 우리를 상관하시는 이의 눈앞에 벌거벗은 것 같이 드러나느니라." → 드러남은 곧 심판이자, 동시에 구원의 계기이다.

"드러나는 것(bliver aabenbart)"은 단순한 심리적 인식이 아니라, 실존적 진리의 계시 사건이다. 이는 비참함을 통해 주어지는 부정신학적 계시로, 하나님이 부재하신 바로 그 자리에서 '하나님 없음을 통한 하나님에 대한 절망적 인식'이 발생하는 사건이다. 결국 진정한 회심과 구원의 길은 이런 부정의 계시를 통과하는 실존의 자각을 통해 시작된다.

64 이 부분은 다음 티스토리를 참고하라. https://praus.tistory.com/591

65 다음을 참고하라. 초고에서; Pap. VIII2 B 150:11 n. d., 1848
"더욱이 여기서 모든 죄는 무지라는 소크라테스적 정의의 의미가 드러난다."
이 문장에서 키르케고르는 절망의 무의식적 형태, 즉 자신이 절망이라는 것을 알지 못하는 상태를 논하면서, 그것을 소크라테스가 말한 '죄는 무지이다'라는 정의와 연결시킨다. 즉, 사람이 자신이 죄 가운데 있고 하나님과의 관계에서 단절되어 있음에도 그것을 알지 못하는 상태가 바로 죄의 본질이라는 점이 드러난다는 것이다.
여기서 'manifest(드러난다)'라는 말은, 이 절망의 개념이 단순한 심리적 상태가 아니라 존재론적 무지이자 윤리적 책임을 수반하는 무지임을 강조하는 맥락으로 읽을 수 있다. 키르케고르는 절망이라는 실존적 병이 단순한 실수나 결핍이 아니라, 자기 자신을 알지 못하고, 하나님 앞에서의 자기를 망각하는 데서 비롯된 죄라는 것을 밝히기 위해 소크라테스를 인용한 것이다.

66 해설: 이 단락은 키르케고르가 절망을 '의식'이라는 관점에서 이해하려는 시도다. 절망은 단순히 감정이나 심리 상태가 아니라, 존재가 스스로를 인식하는 정도와 관련된다. 의식이 높아질수록, 즉 자신이 누구인지, 어떤 관계 안에 있는지(특히 하나님과의 관계) 더 명확히 인식할수록 절망도 심화된다. 반대로, 전혀 의식이 없는 상태, 즉 자신이 절망하고 있다는 사실조차 모르는 상태는 절망이 가장 낮은 상태이다.
여기서 악마의 절망은 의식이 가장 높은 존재로서의 절망, 즉 '절대적인 반항'으로 표현된다. 그는 자신이 하나님과의 관계 안에 있음을 완전히 인식하지만, 이를 받아들이기를 거부하고 자신을 하나님에 대항하는 자로 만든다. 이 반항은 어떤 혼란이나 무지에서 비롯된 것이 아니기에, 절대적인 죄악의 형태를 띤다.

반면, '절망의 최소'는 인간이 자기가 누구인지조차 자각하지 못하는 순진한 상태, 즉 절망하고 있다는 사실조차 모르는 상태다. 키르케고르는 이런 상태조차도 엄밀히 말하면 절망이라고 부를 수 있는지 변증법적으로 의문을 제기한다. 이는 단지 '불행한 상태'가 아니라 실존적으로 볼 때 하나님과의 관계를 상실한 존재가 스스로를 인식하지 못한 채 살아가는 비극적 상태를 지적하는 것이다.

다음을 참고. https://truththeway.tistory.com/548

67 다음을 참고하라. https://truththeway.tistory.com/549

68 여기서는 플라톤의 대화편 『크라틸로스』(428d)를 암시하고 있다. 그곳에서 소크라테스는 다음과 같이 말한다. "사랑하는 크라틸로스여, 나는 내 지혜에 대해 오랫동안 의심해왔네. 나는 그것을 믿을 수 없네. 아마도 나는 처음부터 다시 시작해서 내가 실제로 무슨 말을 하고 있는지를 조사해야 하네. 자기기만은 모든 것 중에서 최악이기 때문일세. 왜냐하면 그 기만자는 언제나 나와 함께하고, 한 걸음도 떨어질 수 없기 때문이지. 이것이 얼마나 두려운 생각인가 말일세!"

키르케고르는 1843년 일기(JJ:131)에서도 이 발언을 인용하고 있다(SKS 18, 183쪽 참조).

간단한 해설: 이는 『죽음에 이르는 병』 본문에서 "소크라테스적으로 진리에 대한 잘못된 관계를 최대의 불행으로 여긴다"는 진술의 철학적 근거를 제공한다. 소크라테스는 "자기기만(self-deception)"을 최악의 사태로 보았고, 그 이유는 그 기만자가 항상 자신과 함께 있기 때문이다. 이 사유는 키르케고르가 말하는 무의식적 절망, 즉 자신이 진리에서 벗어나 있음에도 그 사실을 모르는 상태, 더 나아가 자신이 자신이 아님을 모르는 상태와 깊이 연결된다. 이 점에서 키르케고르는 소크라테스를 실존적 진리의 최초의 사상가로 보며, 특히 '자기 자신을 아는 것'이 죄와 구원의 기초가 된다는 기독교적 실존의 문맥에서 그를 철학적 전조로 삼는다.

또한, 다음을 참고하라. Diogenes Laertius, II, 5, 31; Diogenes Laertii De vitis philosophorum (Leipzig: 1833; ASKB 1109), p. 75; Diogen Laërtses filosofiske Historie, I-II, tr. Børge Riisbrigh (Copenhagen: 1 8 1 2 ; ASKB 1110-11), I, p. 70; Stages, KW XI (SV VI 295); Postscript, KW XII (SV VII 334); Two Ages, p. 10, KW XIV (SV VIII 10); JP IV 4267 (Pap. VII1 A 193).

69 원문: giver Aand, Sandhed o. d. en god Dag : blæser ånd, sandhed og deslige et stykke. "영이나 진리 따위는 안중에도 두지 않는다", "영, 진리 같은 건 그냥 무시해버린다"

해설: 이 표현은 덴마크어의 일상적인 관용구로, 직역하면 "영(정신), 진리 따위에 작

별을 고한다"는 의미다. 하지만 실제 의미는 '그런 것들 따위는 전혀 신경 쓰지 않는
다', 또는 속되게 말하면 '그딴 건 됐고' 수준으로 해석된다. 비슷한 표현으로 영어의
"couldn't care less about…"이나 한국어의 "그딴 건 신경도 안 쓴다"가 대응된다
고 할 수 있다. 이 말은 키르케고르가 인간이 감각적인 범주(즐거움과 불쾌함 등)에 갇
혀 있고, 진리나 영과 같은 고차원적인 문제에는 전혀 관심이 없다는 점을 비판적이고
약간 조롱 섞인 어조로 강조할 때 사용된다.

70 해설: 이 본문은 키르케고르가 절망 상태를 설명하면서 사용한 유명한 비유로, 인간
존재를 세 층으로 된 집에 비유한다. 그는 모든 인간이 '영(spirit)'으로서 살아가도록
지어진 존재임에도 불구하고, 대부분의 사람들은 자발적으로 지하실, 즉 감각적이고
쾌락 중심적인 삶의 층에 머무른다고 본다. 그리고 누군가가 더 높은 삶의 차원으로
올라가라고 권할 때, 그것을 불편하게 여기고 거부한다. 왜냐하면 지금 살고 있는 그
삶을 자기 것으로 착각하고 있기 때문이다.

여기서 "Veritas est index sui et falsi(진리는 자기 자신과 거짓의 기준이다)"라는
라틴어 격언이 강조되는데, 진리는 외부 기준에 의존하지 않고 자기 안에서 자신을 증
명한다는 뜻이다. 진리가 인간을 불편하게 만들 때, 사람들은 진리를 거부하고 그것을
전하는 자를 미워한다. 이때 절망은 단순한 감정이 아니라, 자신이 영적인 존재라는
진실을 회피하고, 그것을 부정하는 실존의 상태다.

요컨대 키르케고르는 진리를 따라 자신을 '위로' 옮겨가는 것, 다시 말해 감각적 존재
에서 영적 존재로의 전환을 실존의 과제로 보았다. 그러나 대부분의 사람들은 그런
'상향'을 두려워하고, 현재의 익숙한 상태에 안주하는데, 그것이 곧 자기를 포기하는
절망이다.

71 이 부분은 헤겔과 그의 추종자인 헤겔 철학자들을 암시한다. 이들은 고유한 사변적-
논리적 방법에 근거해 백과사전적인 체계를 구축하였으며, 그 동일한 방법을 세계사
서술에도 적용하였다. 이에 대한 유사한 헤겔주의 비판은 『결론 없는 비학문적 후
서』(1846년)에서도 찾아볼 수 있으며, SKS 제7권 103-120쪽에 해당한다. 『죽음에
이르는 병』에서 등장하는 "철학자가 궁전을 짓고도 개집이나 문지기 방에 산다"는
비유는 헤겔과 그의 철학 체계에 대한 풍자다. 키르케고르는 특히 헤겔 철학의 체계
성, 논리성, 사변적 전체성이 개인의 실존적 삶과 무관하게 구성되고 있다는 점을 신
랄하게 비판한다. 동일한 비판은 『결론 없는 비학문적 후서』에서도 반복되며, 거기
서는 더욱 전면적으로 헤겔주의적 진리관과 실존적 진리 사이의 단절이 부각된다.

또한, 다음을 참고하라. 예를 들어, Fragments, KW VII (SV IV 175-77, 180-81);
Postscript, KW XII (SV VII 4-6, 68-73, 86-97, 101-03, 115-36, 157-61, 303-06);

소크라테스에 대하여는 다음을 참고. JP IV 4267 (Pap. VII1 A 193) 또한, 다음을 참고하라.NB':131(Pap. VIII1 A 17, n.d., 1847) https://praus.tistory.com/575

72 다음을 참고하라. "The Anxiety of Spiritlessness," The Concept of Anxiety, KW VIII (SV IV 315, 363-66).

73 야곱과 빌헬름 그림 형제가 번역한 『아일랜드의 요정 동화』(Irische Elfenmärchen, 1826, 라이프치히) 중, 원전은 Thomas Crofton Croker의 『아일랜드 남부의 요정 전설과 민간 전승』(London, 1825)입니다. 그 중 1423호 소장본의 LXXXIII쪽에는 다음과 같은 이야기가 나온다.

덴마크 셸란 지방의 음악 작품 「요정 왕의 곡(Elverkongestykket)」에 따르면, 이 곡은 남녀노소는 물론, 심지어 생명이 없는 사물까지도 춤추게 만들었고, 연주자 자신도 연주를 멈출 수 없었다고 한다. 연주자가 해방되기 위해서는 그 멜로디를 정확히 '거꾸로' 연주할 줄 알아야 하거나, 아니면 누군가가 그 뒤에서 그의 바이올린 줄을 잘라주어야만 했다.

이와 관련해 키르케고르가 읽은 또 다른 저작으로는 O.L.B. 볼프가 영어에서 독일어로 번역한 『요정과 엘프의 신화: 이 신앙의 기원에서 현대까지』(Weimar, 1828, 전 2권) 제1권 153쪽도 있다. 키르케고르는 이 책을 실제로 읽었으며, 그에 대한 언급은 그의 저널 기록 DD:23(1837년), SKS 17권 227쪽에 나와 있다.

특히 '요정 왕의 곡' 전설에서처럼 무의식적 반복이 저주를 강화하고, 오직 의식적인 역진(reversal)만이 해방을 가져온다는 이야기는, 키르케고르가 말하는 절망과 구원, 무지와 인식 사이의 실존적 역설을 아주 생생하게 설명해 준다.

즉, 실존적 병(절망)은 무지 속에선 평온하게 지속되지만, 그 병이 치유되려면, 그 병의 전 과정을 자각적으로 되짚어야만 한다는 것이며, 이 구조는 이 전승 속 마법 이야기와 구조상 매우 유사하다. 이 주석은 키르케고르의 철학이 단지 추상적 사변에 머물지 않고, 구체적 문화적 상상력과도 깊이 연관되어 있음을 보여주는 중요한 단서다.

74 해설: 이 본문은 키르케고르가 『죽음에 이르는 병』에서 제시하는 가장 중요한 실존적 통찰 중 하나를 보여준다. 그는 절망이 단지 느껴지는 고통이 아니라, 자기 자신이 진정한 자기가 아님에도 그것을 자각하지 못하는 실존적 왜곡이라고 본다.

가장 두드러진 은유는 철학자가 자신의 사유로 거대한 사상 체계(시스템)를 구축해놓고, 정작 자기 삶은 그 구조물과 전혀 관계없는 주변부, 예컨대 '개집'이나 '문지기 방' 같은 곳에서 살아간다는 표현이다. 이는 사상과 실존의 불일치를 고발하는 아이러니다. 자기 삶에 실제로 적용되지 않는 사상은 아무리 정교해도 공허하다. 또한 키르케고르는 절망을 미혹, 즉 vildfarelse와 연결하며, 절망 자체보다 더 위험한 것은 자신이 절망 상태에 있다는 사실을 모르는 무지라고 말한다. 절망은 이미 존재하고 있으며, 진리로 향하려면 그 절망의 밑바닥을 인식하고 통과해야 한다. 이를 "뒤로 끝까지 연극을 다시 해야만 저주가 풀린다"는 전설적 비유로 표현한다. 이는 반성 없는 구원은 없다는 변증법적 구조를 드러낸다. 그러나 절망을 인식하는 것이 구원에 가까운 것만은 아니다. 그것이 윤리적 변증법의 시선에서는 오히려 더 깊은 자기 고착일 수 있다. 절망을 인식하면서도 변화하지 않고 머무르는 자는, 절망을 모르는 자보다 더 깊은 절망에 빠져 있기 때문이다.

결국 키르케고르에게 진리는 단순히 무엇을 아느냐보다, 그것을 어떻게 존재로 살아내느냐의 문제다. 절망은 단순한 감정 상태가 아니라 존재론적 질병이며, 그것을 '안고' 무지 속에서 살아가는 사람은 '편안한 지옥' 안에 있다는 점에서 더 위험하다.

75 Uddøethed: 영적인 활동이 전혀 없는 상태. 덴마크어 Uddøethed는 문자 그대로는 '완전히 꺼져버림', 또는 '다 타버려 사라진 상태'를 뜻한다. 키르케고르가 『죽음에 이르는 병』에서 이 단어를 사용할 때는 단순히 육체적 죽음이나 무기력을 가리키는 것이 아니라, 영(Spirit)이 전혀 작동하지 않는 상태, 곧 영적 무감각, 실존적 마비 상태를 지칭한다. 이는 '식물적 생존', 즉 생물학적 생명은 유지되고 있지만, 자기 자신이 누구인지, 무엇을 위해 존재하는지를 전혀 묻지 않고 살아가는 상태와 맞닿아 있다. 키르케고르에게 이러한 Uddøethed는 더 이상 죽을 수조차 없는, 그래서 더더욱 절망적인 상태이며, 실존의 가장 밑바닥에 해당하는 단계다.

76 Tæring : 몸이 점차 쇠약해지고 마르며, 특정 장기가 서서히 파괴되고 소모되어 가는 다양한 만성 질환을 가리키는 용어. Tæring은 19세기 유럽에서 주로 결핵(특히 폐결핵, consumption)을 가리키는 말로 사용되었다. 문자적으로는 '소모' 또는 '침식'이라는 뜻을 가지며, 몸이 서서히 말라가고 장기 기능이 하나하나 망가지는 병을 의미한다.

키르케고르는 이 단어를 은유적으로 사용하여, 절망의 은폐된 위험성을 설명한다. 겉으로는 건강하고 활기차 보이지만, 실제로는 안에서 병이 깊이 퍼지고 있는 상태-그것이 바로 절망의 가장 치명적인 형태라는 것이다. 즉, 자각하지 못한 채 잘 살아가고 있다고 믿는 그 순간이 오히려 실존적으로는 가장 위태로운 순간임을 폐결핵의 예를 들어 강조하고 있다.

77 이 부분은, 키르케고르가 『사랑의 실천』(1847) 제1편 II.B 「네 이웃을 사랑하라」 (SKS 9권, 51-67쪽)에서 자세히 설명한 내용이다. 예를 들어 60쪽에서는 다음과 같이 말한다.

"이방 종교에서도 완전한 사랑과 우정의 예들이 있지 않은가, 그리하여 시인들은 오히려 그들을 본받으려 돌아보기도 한다. 그러나 '이웃'을 사랑한 사람은 이방 종교에 아무도 없었고, 누구도 '이웃'이 존재한다는 것을 눈치채지 못했다. 이방 종교가 자기 사랑(Self-love)과 반대되는 개념으로 말하는 사랑은, 사실 '선택적 사랑(편애, Forkærlighed)'이었다. 그러나 만약 이 격정적인 편애가 본질적으로 자기 사랑의 또 다른 형태라면, 우리는 여기서 다시금 교부들의 다음과 같은 말을 확인할 수 있다: '이방 종교의 덕목은 눈부신 악덕일 뿐이다.' 이제 우리는 열정적 편애가 자기 사랑의 한 형태임을 보여줄 것이며, 반대로 자기 부정(Self-denial)에 기초한 사랑이야말로 '이웃'을 사랑하는 참된 사랑임을 보일 것이다."

해설: 이 주석은 『죽음에 이르는 병』에서 말하는 자기 사랑과 이방적 사랑의 구분이, 『사랑의 실천』에 나타난 '이웃 사랑'에 대한 신학적이고 윤리적 설명과 직접 연결됨을 보여준다. 키르케고르에 따르면, 이방 종교와 자연적 인간이 말하는 사랑(eros, philia 등)은 결국 자신이 선택한 대상에 대한 편애(Forkjærlighed)에 지나지 않는다. 그것은 '이웃'이라는 개념을 모른다는 점에서 본질적으로 자기중심적이다. 반면, 복음에서 말하는 사랑(agape)은 선택이 아닌, 자기 부정을 통해 모든 사람을 '이웃'으로 받아들이는 보편적 사랑이다. 이 사랑은 주어진 조건이나 감정에 의해 선택되지 않으며, 하나님 앞에서의 '책임적 관계'를 전제로 한다.

이 구분은 『죽음에 이르는 병』에서 "절망이면서도 절망을 모르는 상태"에 대한 설명, 특히 자신의 상태를 착각한 채 사랑하고 있다고 믿는 인간의 자기기만에 대한 비판과 정확히 맞물린다. 이방 세계는 자신이 절망이 아니라 생각하며, 심지어 사랑하고 있다고 생각하지만, 그 사랑은 결국 자기 사랑의 변형된 형태라는 것이 키르케고르의 통찰이다.

해설: 이 본문은 키르케고르의 『죽음에 이르는 병』 중에서도 핵심적인 실존론적 분석이다. 그는 절망을 단순한 슬픔이나 좌절이 아니라, 자기 자신이 '영(Spirit)'임을 알지 못하는 상태, 즉 실존적 자기 상실로 정의한다. 특히 이 구절에서는 절망을 세 가지 상태로 나눈다.

1. 완전히 죽은 상태 - 영이 없는 채로 생리적으로만 살아 있는, 정신적 생명력이 없는 상태.
2. 식물적 삶 - 단순한 생존은 있지만 어떤 자각도 없는 상태.
3. 강화된 삶 - 겉으로는 건강하고 생기 넘치며 활력 있게 살아가지만, 그 중심에는 절망이 숨겨져 있는 상태.

이 세 번째 경우는 폐결핵 비유로 설명된다. 병이 가장 깊을 때 외적으로는 오히려 가장 건강해 보이는 상태가 되는데, 이것은 바로 자기기만의 절정이다. 그리고 키르케고르는 이러한 절망의 형태가 세상에서 가장 흔하다고 말한다. 여기서 말하는 '세상'은 단순히 현대 사회나 일반 세속 문화가 아니라, 기독교 안에 여전히 존재하는 자연적 인간성, 다시 말해 기독교를 외적으로 받아들이고 있으나 실존적으로 '영'으로 살아가지 않는 사람들도 포함된다.

이방 종교나 자연적 인간이 절망과 절망이 아닌 상태를 구분한다고 할지라도, 그들이 말하는 '사랑'이 사실상 전부 자기애적인 것과 마찬가지로, 그들의 구분은 본질적인 것이 아니다. 왜냐하면 그들은 자기 자신이 절망하고 있다는 사실조차 모르기 때문이다.

결국 키르케고르가 말하고자 하는 바는, 절망의 가장 깊고도 보편적인 형태는, 그것을 자각하지 못하는 상태라는 점이다. 그리고 그러한 무지는 단순한 결핍이 아니라, 실존 전체를 잘못 살아가고 있다는 징표이며, 그 상태에서는 구원을 향한 첫걸음조차 나아가기 어렵다. 그러므로 절망의 치유는 진단에서 시작되며, 그 진단은 '나는 누구인가', '나는 영인가'를 자각하는 실존적 각성에서 비롯된다.

79　이 표현은 중세 라틴어 속담 Virtutes paganorum splendida vitia의 고정된 관용어로, 흔히 교부 아우구스티누스의 『하나님의 도성』(19권 25장)이나 락탄티우스의 『신적인 교의』(6권 9장 및 5권 10장)로 그 기원을 돌리곤 한다. 하지만 이 문장은 해당 저자들의 저작에 문자 그대로 나오지는 않으며, 그들의 취지를 요약한 것이다. 키르케고르는 이 표현을 여러 저작에서 자주 인용하며, 예컨대 『철학의 부스러기』(1844) SKS 4권 256쪽 23행 및 그 주석에서도 확인할 수 있다.

이 표현은 키르케고르가 이방 세계(Paganism)의 도덕성과 덕목이 실존적 진리 없이 자율적으로 빛나는 것처럼 보이지만, 실상은 하나님과의 관계를 상실한 상태에서 비롯된 자기기만이라는 점을 강조할 때 사용된다. 즉, 외면상으로는 아름답고 고결해 보이는 도덕적 행위들이, 하나님 앞에서의 참된 자기 인식과 무관할 경우, 그것은 오히려 죄의 정교한 형태라는 것이다. 이 관점은 키르케고르 실존론의 핵심인 "하나님 앞에서의 자기 자신 되기"라는 윤리-종교적 진리 기준을 극적으로 부각시킨다.

80　이 말은 주로 스토아 학파를 가리킨다. 스토아 학파에서는 자살을 칭송하는 것이 특징적인 태도 중 하나였으며, 그 대표적인 예는 기원전 335-263년의 키티온의 제논(Zenon af Kition)이다. 그는 고대 그리스 최초의 스토아 학파를 세운 인물이다. 또한, 키르케고르의 일기 NB13:29 참고.

스토아주의는 1~2세기 로마에서 세네카(Seneca), 에픽테토스(Epiktet), 마르쿠스 아우렐리우스(Marcus Aurelius) 등에 의해 계승되었으며, 이들 모두 자살을 찬양한 기록이 있다. 이에 대한 논의는 W.G. 테네만(W.G. Tennemann)의 『철학사』(1805년, 제5권, 140-182쪽, 특히 157, 169-176, 181쪽)를 참조하라. 또한 디오게네스 라에르티오스(Diogenes Laërtius)의 『유명한 철학자들의 생애와 사상, 기지 있는 발언들에 대하여』 제7권 1장 130절(1812년 B. Riisbrigh 번역, B. Thorlacius 편집, 코펜하겐 간행, 제1권 332쪽)에서도 스토아 철학자들에 관해 다음과 같이 말한다.
"스토아 학자들은 이렇게 말한다. 지혜로운 자는 이성과 합리적 판단에 따라 스스로 삶을 떠날 수 있으며, 그것은 조국과 친구를 위해서일 수도 있고, 혹은 지나친 고통, 불구, 불치병을 겪는 경우일 수도 있다."
또한 키케로(Cicero)의 『최고선과 최고악에 대하여(De finibus bonorum et malorum)』 제3권 18장 §60-61(『키케로의 철학적 저작』 제2권, 457쪽)에서도 유사한 입장을 찾아볼 수 있다.
해설: 이 주석은 키르케고르가 『죽음에 이르는 병』에서 말하는 이방인의 자살 옹호가 단순한 상징이 아니라, 스토아 철학의 실제 전통을 비판하고 있다는 점을 보여준다. 스토아 학파는 인간 이성이 삶을 결정할 수 있다고 보았기 때문에, 고통이나 수치로부터 벗어나기 위해 이성에 따라 자살을 선택하는 것을 도덕적이고 존엄한 행위로 보았다. 하지만 키르케고르는 이러한 입장을 "하나님 앞에서 자기로 존재해야 한다"는 기독교 실존의 관점에서 절망"으로 본다. 자살은 단순한 선택이 아니라, 하나님과의 관계를 끊어버리는 가장 근본적인 반역이며, 그것을 '칭송할 수 있는 것'으로 여긴 사고 자체가 절망이라는 것이다.

81 이 문장은, 아리스토텔레스가 『니코마코스 윤리학』 제5권 제11장에서 (1138a) 이와 유사한 주장을 암시한 것으로 볼 수 있다. 『니코마코스 윤리학』 제5권 11장 (1138a)에서 아리스토텔레스는 자살이 공동체적 정의와의 관계에서 문제가 될 수 있다는 식의 논의, 즉 개인이 자살함으로써 공동체에 대한 의무나 법질서를 해친다는 입장을 언급한다. 그러나 이는 하나님과의 관계에서 자살을 보는 키르케고르의 관점과는 본질적으로 다르다. 키르케고르에게 자살은 단순히 사회적 계약의 파괴가 아니라, 자기가 하나님 앞에서 존재하기를 거부하는, 본질적 실존의 반역이다. 이방 철학(특히 아리스토텔레스적 윤리)은 그런 차원을 갖고 있지 않으며, 자살의 비판 근거를 인간 간의 관계나 공동체 윤리에 한정짓는다.
이 부분은 키르케고르가 '기독교적 실존윤리'와 고대의 '시민적 윤리' 사이의 근본적인 차이를 드러내고 있음을 문헌적으로 지적해 주는 핵심적인 단서이다.

82 플라톤의 대화편 『파이돈』(61e-62c)에서 소크라테스의 논증을 참조할 수 있다.

이는 『플라톤 전집』(136,16), 제3권, 168쪽에 수록되어 있다. 플라톤의 『파이돈』에서 소크라테스는 자살에 대해 신이 인간을 이 세상에 배치한 것이므로, 자살은 자신이 맡은 직분을 스스로 파기하는 것이라며 신중한 입장을 보인다. 소크라테스는 자살이 인간의 소유권을 벗어나 신의 권위에 속한다는 점을 인정하고 있다. 이 점에서 그는 키르케고르가 말하는 윤리-종교적 관점에 부분적으로 접근하고 있다. 그러나 일반적인 이방 세계, 특히 스토아적 전통은 자살을 이성적 행위로 미화한 것과 달리, 소크라테스는 그 안에 신의 질서에 대한 자각을 담고 있었다는 점에서 예외적인 사례로 간주된다.

83 Hysteron-Proteron: 그리스어로 '나중-먼저'라는 뜻이며, 원래는 마지막에 와야 할 것이 앞에 배치된 경우를 가리킨다. Hysteron-Proteron은 수사학적 표현 혹은 논리적 오류를 지적할 때 사용되는 용어로, 시간적, 논리적 순서가 뒤바뀐 경우를 뜻한다. 예를 들어, 원인보다 결과를 먼저 언급하거나, 논리적으로 앞서야 할 개념이 뒤로 밀리는 경우를 가리킨다.

키르케고르는 『죽음에 이르는 병』에서 "자살은 절망이다"라고 말하는 것이 바로 Hysteron-Proteron이라고 비판한다. 왜냐하면 자살은 절망의 '결과'이지 절망 그 자체는 아니기 때문이다. 절망이라는 실존적 상태가 먼저 있고, 그 결과로 자살이라는 행위가 발생하는 것이 올바른 순서다. 그러므로 키르케고르는 "자살이 절망이다"라고 말하는 대신, "자살을 그와 같이 판단하는 이방인의 인식 자체가 절망이다"라고 말함으로써, 논리적, 실존적 질서를 바로잡고 있는 것이다.

84 해설: 이 구절은 키르케고르가 절망과 영(Spirit)의 실존적 관계를 가장 분명히 드러내는 대목 중 하나다. 그는 미학적 관점(아름다움, 쾌락, 고상함)에서는 절망을 판단할 수 없다고 단언한다. 왜냐하면 미학은 존재의 표면만을 다루기 때문이다. 반면, 절망은 실존의 깊이에서 일어나는 자기 상실, 즉 '하나님 앞에서의 자기 부정'이다.

그는 예술, 학문, 미적 삶 모두가 고도로 발전했을 수 있는 이방 세계(Paganism)조차 절망의 상태에 있다고 본다. 그 이유는 단 하나, 자기 자신이 '영'이라는 것을 자각하지 못한 채 살아가기 때문이다. 키르케고르에게 인간이란 하나님 앞에서 자기 자신으로 서야 할 과제를 부여받은 존재이며, 그 과제를 의식하지 않고 사는 삶은 아무리 위대해 보일지라도 실존적으로는 실패한 삶이다.

그는 이를 매우 극단적으로 보여주는 예로 자살에 대한 이방인의 태도를 들고 있다. 이방인은 자살을 어떤 개인의 선택 혹은 도덕적 판단으로만 보지만, 키르케고르는 그것이 하나님과의 관계를 단절시키는 가장 극단적인 절망 행위임을 강조한다. 이방인은 이 핵심을 보지 못한다. 왜냐하면 그는 '자기'와 '하나님'의 관계라는 실존의 틀을 갖고 있지 않기 때문이다.

그러므로 키르케고르의 핵심 진술은 논리적이다: 자살 그 자체가 절망이 아니라, 자살을 가볍게 여긴 이방인의 판단 자체가 절망이다. 그 판단은 이미 영이 부재한 판단이며, 윤리-종교적 관점이 결여된 실존적 어둠의 표현이다.

85 이는 『불안의 개념』(1844) 제3장 제1절 「영의 상실(영 없음)의 불안」(SKS 4권, 396-399쪽)에서 확인할 수 있다. 거기에는 다음과 같이 쓰여 있다.

"영 없음(Aandløshed, 영의 상실)의 상태에서는 불안이 존재하지 않는다. 왜냐하면 이 상태는 너무나 행복하고 만족스럽고, 또 너무나 영이 없기 때문이다. 그러나 이것은 매우 슬픈 근거이다. 이 점에서 이교도(Hedenskabet)의 영 없음(영의 상실)과 다르다. 이교도는 영을 향한 방향에 놓여 있지만, 영 없음(영의 상실)은 영으로부터 벗어난 방향, 곧 배반의 방향에 있기 때문이다. 따라서 이교도는, 그렇게 말하자면, '영의 부재'라고 할 수 있고, 그런 의미에서 영 없음(영의 상실)과는 전혀 다른 것이다."

『불안의 개념』에서 비길리우스 하우프니엔시스는 "영이 없기에 불안조차 느끼지 못하는 상태"를 묘사한다. 이것은 무감각한 안정감, 불안을 느끼지 못할 만큼 영적으로 마비된 상태이다. 그는 이와 고대 이방성(Paganism)을 비교하면서, 이방인은 영이 결여되어 있으나, 여전히 영을 향한 개방성을 갖고 있고, 따라서 구원의 가능성이 열려 있다고 본다. 반면, 기독교 안에서의 이방성은 이미 복음을 들었으나 거부하거나 무시하는 상태, 즉 영으로부터의 이탈이기 때문에, 더 본질적인 의미에서 "영 없음(영의 상실)"이라고 진단된다. 이 차이는 단순한 정도의 차이가 아니라, 키르케고르가 강조하듯 질적인 차이(Qvalitativ Forskel)이며, 윤리적, 종교적 실존의 근거 자체가 다르다. 요컨대, '모른 채' 있는 것과 '알면서도 부정하는 것' 사이에는 본질적 차이가 있으며, 후자가 더 깊은 절망이다. 이는 『죽음에 이르는 병』 전체 주제의 핵심이기도 하다.

86 해설: 이 문장은 키르케고르가 규정한 세 번째 유형의 절망, 즉 '의식적인 절망'을 설명한다. 여기서 중요한 것은 자기 자신에 대해 어느 정도 인식하고 있으며, 나아가 그 자아 속에 영원한 요소가 있다는 것도 안다는 점이다. 이처럼 인간이 단순한 유한한 자아가 아니라 '영원성과의 관계 안에서 형성되는 자기'임을 자각하면서, 두 가지 방식으로 절망하게 되는 경우를 말한다:

1. 자기 자신이 되기를 원하지 않는 절망: 자기가 진정 어떤 존재인지 알면서도 그것을 거부하고 도피하려는 상태.
2. 자기 자신이 되기를 원하는 절망: 자기가 되기를 원하지만, 그 자기는 하나님과의 관계 없이 자립적으로 확립하려는 자기다. 이는 자기 자신을 신처럼 만들려는 교만이

다.

결국 이 절망은 인간이 하나님과의 관계 안에서만 참된 자기를 이룰 수 있다는 진리를 거부하면서 생겨나는 절망이며, 키르케고르가 '죽음에 이르는 병'이라 부른 핵심 상태다.

87 키르케고르는 이 비교 자체가 종종 오해의 근원이 된다고 보며, 진정한 절망은 자기 자신과 하나님과의 관계 안에서 파악되어야만 그 깊이를 드러낼 수 있다고 말하는 것이다.

88 해설: 이 문단에서 키르케고르는 절망의 자각과 절망에 대한 올바른 이해는 별개라는 점을 분명히 한다. 어떤 사람은 자신이 절망하고 있다고 느끼고, 실제로도 그렇게 말할 수 있지만, 그것이 절망의 본질에 대한 진정한 통찰을 가지고 있다는 뜻은 아니다. 그는 단지 자기가 이해한 절망의 정의 안에서 절망하고 있을 뿐이다.

예컨대 이방인이 다른 이방인들과 자신을 비교해 '나는 절망하고 있다'고 판단했다면, 그는 그 말이 맞을 수도 있다. 그러나 그가 '다른 이들은 절망하지 않고 있다'고 생각한다면, 그는 절망의 보편성과 본질을 이해하지 못한 것이다. 키르케고르에게 절망은 단순한 심리 상태가 아니라 영원한 자기 자신과의 하나님 관계의 상실이나 왜곡으로 인해 생겨나는 실존적 질병이기 때문이다.

즉, 많은 경우 사람은 자신이 절망하고 있다는 사실조차 온전히 알지 못하며, 자기가 인식하는 절망은 오히려 깊은 절망의 표면에 불과한 것일 수 있다는 점을 강조하고 있다. 이는 키르케고르의 실존 분석에서 중요한 통찰 중 하나다.

89 키르케고르가 여기서 '이후에 더 논의하겠다'고 말하지만, 실제로 해당 부분은 결코 쓰이지 않았다. 그가 왜 쓰지 않았는지 그 의도를 설명하면 다음과 같다.

1. 미완성의 의도: 키르케고르는 절망의 인식이 절망 자체를 중단시키는가 하는 질문 — 즉, 절망에 대한 완전한 자기 인식이 과연 절망과 양립할 수 있는가?라는 변증법적 문제를 남겨두었지만, 실제 본문에서는 이 질문을 끝까지 추적하지 않았다.

2. 각주적 언급으로의 이행: 이 중요한 문제는 단지 각주의 짧은 언급으로 제한되어 있고, 본문 전개에서는 더 이상 발전되지 않았다. 이는 독자로 하여금 실존의 본질에 대한 사유를 유보한 채 스스로 사고하게 만들려는 전략으로도 볼 수 있다.

3. 실존의 간극 유지: 키르케고르가 절망의 인식이 곧 치료일 수 있다는 위기적 통찰을 일부러 전개하지 않은 점은, 오히려 절망의 복합성과 자기기만의 실존 구조를 열린 채로 남겨두려는 것으로 읽을 수 있다. 이것은 독자로 하여금 자신의 상태를 되묻고, 자신 안에서 '자기 자신에 대한 지식(인식)'이 절망을 드러내는 방식이 어떤 것인지 스스로 탐구하게 하는 실존적 장치이기도 하다.

다음을 참고하라. 최종본에서 삭제된 것: Pap. VIII2 B 171:13
(D)
괄호 안의 삭제된 (D)는 아마도 작성되지 않은 채로 남겨진 예정된 절(Section)을 가리키는 것으로 보인다. 절망과 자기 지식(self-knowledge) 사이의 관계에 대한 문제는 다음의 자료에도 언급되어 있다.

원고에서; Pap. VIII2 B 156 n.d., 1848년.
우리는 절망 속에서 우리를 얽어매는 것에 대해 절망한다. 불행에 대해, 세상적인 것에 대해, 큰 손실에 대해 등등. 그러나 우리가 진정으로 이해한다면, 사람을 절망으로부터 자유롭게 해주는 것, 즉 영원한 것, 구원 등에 대해서도 절망한다. 자기(self)와 관련해서는, 사람은 자신에 대해(over oneself) 절망하기도 하고, 자신으로 인해(of oneself) 절망하기도 하는데, 이는 자기가 매우 변증법적인 존재이기 때문이다.
그리고 특히 절망의 하위 형태들, 거의 모든 절망하는 사람에게서 나타나는 흐릿함이란, 그가 자기가 '무엇에 대해(over what)' 절망하고 있는지는 매우 열정적으로, 또 명확히 보고 알고 있지만, 정작 자기가 '무엇으로 인해(of what)' 절망하는지는 파악하지 못하고 있다는 점이다.
치유의 조건은 언제나 바로 이 '무엇으로 인해(of what)'에 대한 회개다. 그리고 완전히 명료한 의식 속에서 '무엇으로 인해 절망하는가'를 인식한 채 절망하는 것이 과연 가능한가 하는 문제는 미묘한 질문일 수 있다.*

*순수하게 철학적으로 본다면.

해설: 이 글은 키르케고르의 핵심적인 절망 이해의 이중성, 즉 '~에 대하여(over)' 절망하는 것과 '~으로부터(of)' 절망하는 것 사이의 변증법적인 구별을 보여준다. 사람들은 보통 어떤 사건이나 상실(예: 불행, 재산 손실)에 대해 절망한다고 느끼지만, 실은 그 절망을 가능케 하는 더 깊은 원인 — 자기 자신, 영원한 자기, 혹은 구원에 대한 관계 — 이 있다.
그러나 대부분의 사람들은 표면적인 '절망의 대상(over what)'만을 알고 있으며, 그것을 가능하게 하는 '절망의 근원(of what)'은 파악하지 못한다. 이것이 실존의 자기기만이다. 그리고 이 자기기만을 벗어나려면, 자기 자신이 절망하고 있다는 사실을 아는 것을 넘어서, 왜 그렇게 되었는가(of what)에 대한 명확한 자기 인식과 회개가 필요하다고 말한다.

또한 키르케고르는 이것이 단순히 윤리적 또는 심리학적 차원이 아니라, 철학적으로도 '절망 속에서 완전히 명료한 자의식이 가능하냐'는 미묘한 인식론적 문제로 연결된다고 보며, 이는 이후 전체 구조에서도 변증법적으로 확장될 수 있는 지점으로 남겨둔다.

90 해설: 이 긴 문단에서 키르케고르는 절망을 의식한다는 것이 단순하지 않다는 점을 강조한다. 절망은 심리적인 감정이 아니라, 자기 자신과 하나님과의 관계에 있어서 생겨나는 실존적 왜곡이기 때문에, 이를 의식한다고 해서 그 자체로 해방되는 것이 아니다.

그는 '절망을 의식한다'는 것이 때로는 절망에서 벗어나는 출발이 될 수 있고, 오히려 그 자각이 너무 깊어 절망을 벗어나게 만들 수도 있다고 지적한다. 하지만 대부분의 사람들은 이러한 자각을 완전히 하지 못한 상태에 머문다. 자신이 절망하고 있다는 사실을 희미하게만 인식하거나, 외적인 상황 탓으로 돌리고, 분산된 활동으로 스스로의 내면을 흐리게 만든다.

여기서 키르케고르는 무지나 어두움이 단지 '모름'이나 '깨닫지 못함'이 아니라, 그 안에 인식과 의지 사이의 복잡한 변증법이 작용하고 있다고 본다. 어떤 사람은 알면서도 외면하고, 또 어떤 사람은 외면하면서도 은근히 인식하고 있다. 이 양면성 때문에 절망의 진단은 단순하지 않다. 그리고 키르케고르의 분석은 바로 이 실존의 미묘함과 자기기만의 층위들을 철저히 파헤치는 데 집중되어 있다.

91 이하의 단락은 다음을 참고하라. https://praus.tistory.com/632

92 해설: 이 단락은 절망의 '강도'와 그것이 의식의 깊이가 어떻게 연결되는지를 분석하는 대목이다. 키르케고르는 절망이 단순한 정서적 상태가 아니라 자기 자신에 대한 진리 인식과 깊은 관련이 있다고 본다. 특히 여기서 강조하는 점은 다음과 같다:

1. 절망의 심화는 단순히 절망하고 있는지의 여부가 아니라, 절망의 본질을 얼마나 깊이 인식하고 있는가에 달려 있다.

2. 자살이라는 동일한 행위도, 그것이 '절망'이라는 진리를 의식하고 행해질 때, 훨씬 더 깊은 절망의 표현이다.

3. 의식과 자기 인식(self-consciousness)의 심화는 절망을 더욱 심화시키며, 결국 그것은 믿음과 직접적으로 대조되는 길을 보여준다.

키르케고르는 절망의 절정에서 믿음과의 변증법적 전환을 준비하고 있다. 절망이란 "자기 자신이 되기를 원하면서도 자기 자신을 부정하거나 거부하는 상태"이며, 믿음은 그 반대로, 하나님 안에서 진정 자기 자신이 되기를 의식적으로 '원하는' 상태다. 즉, 믿음의 공식은 절망이 완전히 제거된 상태의 공식이며, 그 내용은 "자기 자신과의 관계 안에서, 자기 자신이 되기를 원하며, 자기가 자신을 지으신 그 능력 안에 투명하게 근거를 두는 것"이다.

93 κατὰ δύναμιν(kata dýnamin)은 아리스토텔레스의 존재론에서 유래한 개념으로, 가능태로서, 혹은 가능성에 따라 존재한다는 의미다. 키르케고르는 이 철학적 개념을 사용해 아이에게는 아직 '영원한 것'이 현실적으로(ἐνεργείᾳ, energeia) 구현되어 있지 않다고 말한다. 따라서 어린아이에게는 실존적인 절망이 가능하지 않고, 단지 심리적 반응(예: 짜증, 분노)만이 존재한다고 본다. 이는 키르케고르가 절망을 실존적이고 영원한 자기에 대한 의식과 관련짓기 때문에, 그러한 자각이 아직 형성되지 않은 어린이에게는 절망이 본격적으로 발생하지 않는다는 구조적 전제를 보여준다.

94 예: C. Molbech의 『Dansk Ordbog』 제1권, 587쪽, 2열에 따르면, knibsk는 "무례할 정도로 거리 두는 태도; 쉽게 기분이 상함; 빈정대고 날카로운 반응을 보임(여성에 대해서만 쓰이는 표현)"이라고 정의된다. 이를 통해 알 수 있는 점은, knibsk라는 단어가 역사적으로 덴마크어에서 오직 여성에 대해 사용되던 사회문화적 용어였다는 것이다. 키르케고르는 이러한 단어 사용의 배경 자체를 지적하면서, 여성의 헌신적 본성에도 불구하고 그녀들이 얼마나 섬세하고 날카롭게 반응할 수 있는지를 '언어의 흔적' 속에서 끌어낸다. 하지만 그는 이러한 '잔인함처럼 보이는 예민함'마저도 여성의 본질이 헌신이기 때문이라는 역설적 설명을 시도하며, 그 까다로움조차 본능적 자기보호로 해석한다. 이것은 단지 성별 고정관념이 아니라, 그의 실존론적 성찰에서 헌신과 절망 사이의 긴장을 해석하는 수사적 장치로 읽는 것이 더 적절하다.

95 여기서 "그리스어로 말하자면(tale græsk)"이라는 표현은 단순히 언어적 번역을 의미하는 것이 아니라, 고전 그리스 철학의 사유 방식이나 존재론적 위상을 따라 생각한다는 뜻이다. 키르케고르는 헌신을 여성의 본질로 규정하면서, 이 '헌신'이 단지 심리적 특성이 아니라, 그리스적인 의미에서의 신적 선물(divine gift) 혹은 풍요(pléthos, 보물)와 같은 존재론적 가치를 지닌다고 말하고 있다.

이 표현은 "플라톤이나 아리스토텔레스의 언어로 사유되는 존재와 본질의 차원에서 말하자면"이라는 문맥에서 이해되어야 한다. 따라서 키르케고르가 "내가 그리스어로 말하자면…"이라고 말하는 순간, 그는 일상의 언어를 넘어서 존재론적 선언을 하고 있는 셈이다.

96 여기서 키르케고르가 말하는 Metamorphose는 단지 외적인 변화나 단순한 감정의 전환이 아니라, 존재론적 자기 형성의 계기로서의 '변모'를 뜻한다. 특히 이 구절에서는 여성이 본래부터 헌신적 존재인 것이 아니라, 처음에는 'knibsk'한, 즉 까다롭고 방어적인 태도로 나타나지만, 이 상태가 자신의 본질(헌신)을 드러내는 방식으로 변

모할 때 비로소 여성성으로 완성된다는 의미다.

이것은 키르케고르의 실존론에서 핵심적인 주제인 "자기 자신이 되어가는 과정"의 성(gender) 차원에서의 한 표현이라 볼 수 있다. 즉, '여성성'도 주어진 것이 아니라, 실존적 전환을 통해 형성되는 것으로 본다는 점에서, 이 Metamorphose는 존재의 내적 성숙 혹은 탈자기화를 의미하는 개념으로 확장될 수 있다.

97   Modus는 라틴어에서 '방식, 양태, 형태'를 뜻하는 단어로, 철학에서는 특히 존재나 상태가 구체적으로 드러나는 양상을 가리키는 기술어로 사용된다. 키르케고르가 여기서 말하는 "Fortvivlelsens Modus"는 절망의 본질이 여성 안에서 '헌신'이라는 방식으로 나타난다는 뜻이며, 이는 헌신이 절망을 겪는 형식(Form) 혹은 실존적으로 절망이 구현되는 방식이라는 의미다. 즉, 여성은 자기 자신을 헌신 속에 내던지는 방식으로 존재하고, 그것을 잃었을 때 절망이라는 형태(Modus)로 나타난다는 실존적 진단이다.

98   다음을 참고하라. https://praus.tistory.com/633

99   갈라디아서 3장 28절을 참조하는 구절이다. 여기서 바울은 그리스도와 합하여 침례(세례) 받은 자들에 대하여 이렇게 말한다: "너희는 유대인이나 헬라인이나, 종이나 자유인이나, 남자나 여자나 차별이 없나니 너희는 다 그리스도 예수 안에서 하나이니라."

여기에서 그는 성별 간의 본질적 구분(남성성-여성성)이 하나님과의 관계 안에서는 사라진다고 말하며, 바울이 갈라디아서에서 선포한 그리스도 안에서의 일치를 암시한다. 즉, 남성과 여성의 성별 차이 혹은 실존적 절망의 양상이 아무리 다르다 해도, 하나님 앞에서의 존재는 동일하며, 믿음 안에서 모든 차이는 무효화되고 "하나"가 된다는 복음적 진리를 지지하는 문맥이다.

100   현실에서는 여성이 종종 남성을 통해 하나님과 관계 맺는다는 진술은 고린도전서 11장 3절을 암시한다. 거기서 바울은 고린도 교인들에게 이렇게 쓴다. "그러나 나는 너희가 알기를 원하노니, 각 남자의 머리는 그리스도요, 여자의 머리는 남자요, 그리스도의 머리는 하나님이시니라."

또한 다음 구절들도 관련된다.
고린도전서 11:7-9, 여자는 남자에게서 났으며, 남자를 위하여 지음받았다는 구절.
에베소서 5:22-23, "아내들이여 자기 남편에게 복종하기를 주께 하듯 하라."
디모데전서 2:11-15, 여자의 조용함, 아담과 하와, 구원의 조건 등 여성의 위치에 대한 바울의 가르침.

해설: 이는 바울이 말한 "남자가 여자의 머리"라는 교리 전통을 암시하며, 키르케고르도 19세기 덴마크 기독교 사회의 질서 속에서 여성의 하나님 관계가 남성 매개를 통해 형성되는 현실을 인정하는 듯한 문맥이다. 그러나 이는 본질적으로 남성과 여성 사이에 구원적 차등이 있다는 뜻이 아니라, 당시의 사회적, 실천적, 교회적 구조 안에서 여성의 신앙 경로가 종종 남성과의 관계를 매개로 형성되곤 했다는 '현실에 대한 관찰'로 이해되어야 한다.

또한 키르케고르는 바로 앞 문장에서, 하나님과의 관계 안에서는 "남자와 여자라는 구별 자체가 사라진다"고 명확히 말했기 때문에, 이 진술은 단지 경험적, 역사적 사실에 대한 기술이지, 신학적 본질 규정은 아니다.

101 Reflexion i sig: 자기 반성(selvrefleksion). 여기서 Reflexion i sig는 단순한 '사유'나 '의식'이 아니라, 자기 자신에 대한 반성, 곧 자기 자신이 누구인지, 어떤 상태에 있는지를 돌아보는 자기 관계의 움직임을 말한다. 키르케고르의 절망론에서 중요한 것은 인간이 단순히 고통받고 있다는 사실이 아니라, 그 고통을 자기 자신과 관련하여 어떻게 의식하는가이다. 직접성(Umiddelbarhed)은 그 어떤 자기 반성도 없이 외부 자극에 의해 반응하는 상태이고, 여기에 Reflexion i sig가 조금이라도 들어오면, 절망이 실존의 사건으로 진입할 가능성이 열린다. 하지만 여기서는 여전히 "양적인 반성", 즉 자기를 어렴풋이 의식하는 정도에 불과하기 때문에, 절망이 존재하더라도 그것은 아직 '말 그대로의 절망'이 아니라고 키르케고르는 진단한다.

102 lidende: '수동적이다'라는 뜻. '행위형(handleform)'의 반대말로, 어떤 것의 지배를 받거나, 자신에게 어떤 일이 일어나도록 허용하는 상태. 곧, 어떤 일이 자기에게 '일어난다', 또는 그것이 자기 안에서 '작용한다'는 의미. 키르케고르에게 있어 이는 흔히 직접성(Umiddelbarhed)에 의해 지배되거나, 반성 없이 어떤 이념에 자신을 복속시키는 상태를 가리킨다. 여기서 "en blot Liden"에서의 Liden은 단순히 '고통을 겪는다'는 의미 이상의 것을 담고 있다.

이는 키르케고르의 실존철학에서 자주 나오는 수동성(lidende) 개념과 연결되며, 다음을 의미한다:

1. 주체가 능동적으로 자기 자신을 형성하거나 실존적 결단을 내리는 상태가 아닌 것.
2. 외적인 힘(환경, 사회, 감정, 자연적 조건 등)에 의해 '끌려다니는 상태.'
3. 아직 '자기 자신에 대한 의식적 관계'를 맺지 못한 단계, 즉 반성이 개입되지 않은 상태.

키르케고르에게 있어서 진정한 절망은 수동적으로 겪는 어떤 것이 아니라, 자기 자신을 인식하고도 그것에 대해 잘못되게 반응하거나, 하나님과의 관계를 거부하는 능동적 실존이다. 그러므로 여기서 "en blot Liden"은 아직 실존적 주체가 되지 못한 유아적 상태, 곧 실존의 잠재적 가능성만을 지닌 상태라고 말할 수 있다. 이는 '말 그대로의 절망'이 아닌 절망 이전의 전(前)단계이다.

103   즉, 이 자기는 욕망할 때조차도 독립적인 주어(문법적으로는 주격, nominativ)로서, 능동적으로 무엇을 의지하고 추구하는 존재가 아니라, 수동적으로 받고 반응하는 존재(문법적으로는 여격, dativ)에 불과하다는 뜻이다. '아이의 mig'는, 예컨대 아이가 "내가 원해(mig vil)"라고 말하듯 자기를 능동적 주체로 세우지 못하고, 환경과 분리되지 않은 상태에서 말하는 것을 가리킨다. 관련 저널 AA:12(1835)에서는 다음과 같이 말한다.

"아이가 자신을 대상들과 구별하는 법을 배우기까지 오랜 시간이 걸리듯, 그래서 그 주변 세계로부터 거의 분리되지 않은 채, 수동적 입장에서 말할 때 '말(hesten)이 나를 때려(mig slår hesten)'라고 표현하듯, 동일한 현상이 더 높은 영적 영역에서도 반복된다." (SKS 17, 23f)

키르케고르의 실존론에서 자기의 성숙과 반성의 형성 과정을 문법적 비유를 통해 설명한 매우 중요한 지점이다.
1. 문법적 은유:
Nominativ(주격): 능동적이고 독립적인 주체로서의 '나'
Dativ(여격): 수동적으로 무언가를 받는 존재, 외적 힘에 의해 작동하는 객체
2. 아이의 언어(mig vil, mig slår)는 아직 '나'를 주체로 세우지 못한 상태이며, 환경과 자기를 구분하지 못한 전(前)반성적 상태이다. 키르케고르는 이런 현상이 어른에게도 영적 차원에서 반복될 수 있다고 말한다.
3. 직접적인 자기는 욕망조차도 자기 주도적인 의지로 표현하지 못하고, 외부 자극에 대한 반응으로만 존재하는 비실존적 자기이다. 이러한 자기는 참된 의미에서의 '나'가 아니라, 단지 '작용받는 존재'일 뿐이다.
이 비유는 키르케고르가 말하는 진정한 자기(Self)가 되기 위해서는 환경과 자신을 구별하고, 자신의 의지와 선택에 대해 반성적 관계를 세워야 한다는 실존적 과제를 암시한다. '아이의 나'로 남는 자기는 아직 절망할 수조차 없는 단계에 있으며, 참된 의미의 절망은 바로 이 자기의식이 생겨날 때 시작된다.

104   다음을 참고하라. https://praus.tistory.com/634
105   Raad- og Domhuset: '시청 및 법원 건물'을 의미하며, 코펜하겐의 Nytorv 광장에 위치해 있었다. 키르케고르는 이 건물 바로 옆집에서 태어나 자랐고, 1837년까지

그곳에 살다가, 1844년부터 다시 이 집에 거주하며 1848년 4월 27일까지 『죽음에 이르는 병』을 집필하던 중이었다.

이 비유는 키르케고르가 실제로 오랜 시간 동안 살았던 장소의 지리를 배경 삼아 "절망의 무지"와 "실존의 자기기만"을 묘사하는 데 사용한 것이다. 그가 평생 바라보며 자란 Raad- og Domhuset이 여기서 "진리를 마주 보지 않고, 등을 돌린 채 잘못된 방향을 가리키며 진리를 말하는 사람"의 실존적 위치를 드러내는 상징으로 기능하고 있다는 점에서, 단순한 지리적 배경 이상의 철학적 함의를 담고 있다.

106   이 부분은 다음을 참고하라. 원고에서; JP I 747 (Pap. VIII2 B 154:3) n.d., 1848

그는 이것을 '절망한다'고 부른다. 그러나 실제로 '절망한다'는 것은 전혀 다른 의미다. 절망이란 '세상적인 것'을 잃는 것이 아니라, '영원한 것'을 잃는 것이다. 따라서 진리의 빛 아래에서 본다면, 그는 자신이 말하고 있는 것보다 훨씬 더 큰 손실을 당한 것이며, 자신에게 감당할 수 없는 손실을 가한 것이다. 그가 실제로 겪은 세상적인 상실과 비교하면, 그것은 그야말로 어린아이 장난에 불과하다. 하지만 이 모든 것은 그에게 철저히 감추어져 있다.

여백에서;

그러므로 그는 지금 서서 세상적인 것의 상실을 슬퍼하며 절망하고 있다고 말하지만, 사실 세상적인 것을 잃는 것이 결코 절망은 아니고, 오히려 그는 전혀 다른 것을 잃고 있으며, 그것이 바로 '영원한 것'이다. 이것이야말로 진정한 절망이다. 즉, 그는 자신이 말하고 있는 것과는 전혀 다른 것, 훨씬 더 크고 본질적인 것을 잃고 있으며, 기이하게도 절망하고 있지 않으면서도, 자신에게 그가 말하는 손실에 비하면 어린아이 장난에 불과한 손실을 가하고 있는 것이다…

해설: 이 여백 주석은 키르케고르가 본문에서 서술한 직접적인 절망의 자기기만을 보다 명확하게 정리해주는 주해적 설명이다.
표면: 어떤 사람은 세상적인 것을 잃고 절망한다고 말한다.
실상: 그는 절망의 본질(영원한 것의 상실)을 모르고 있으며, 정작 더 깊은 차원의 절망을 무의식 중에 자행하고 있다.
역설: 그는 절망하고 있다고 말하지만, 진실은 절망조차 하지 못할 만큼 무지한 상태다.
하지만 그 무지가 초래한 손실은, 자기가 인식하고 말하는 상실보다 훨씬 더 크고 치명적이다. 이는 "절망은 영원한 것을 잃는 것이다. 그리고 많은 이들이 그것을 모른

채, 자기 자신을 파괴하고 있다."를 매우 압축적이고 변증법적인 방식으로 드러낸다.

107 　다음을 참고. https://praus.tistory.com/635
108 　이 표현은 목사가 장례 설교를 해주는 대가로 별도의 사례금을 받았던 관행을 가리킨다. 이에 대한 규정은 다음과 같다.
　　"목사들은 죽은 이가 안치되었거나 땅에 묻혔을 때 흙을 던져야 하며, 시간이 허락되고 요청을 받을 경우에는 강단에서 하나님의 말씀을 따라 백성에게 설교와 권면을 해야 한다. 그리고 이에 대해 기꺼이 주어지는 것이 있다면, 이는 도시든 시골이든 목사들이 받을 수 있다. 다만, 절대로 얼마를 받을지 요구해서는 안 되며, 그렇게 할 경우 목사직을 박탈당할 수 있다." - 크리스티안 5세의 『덴마크 법전』(1683), 제2권 제10장 제1조
　　이처럼 다소 애매한 규정 아래에서, 목사는 적절한 수준의 사례를 받을 수 있었고, "10 리그스달러"는 그 중에서도 상한선에 가까운 고액으로, 여유 있는 이들의 장례에 곧잘 사용된 금액이다. 즉, 훌륭한 설교에 대한 '고급 사례비'였던 셈이다..
109 　이 농부 이야기의 출처는 정확히 확인되지 않았지만, 이와 유사한 이야기가 『Molbohistorier. Samlede og udgivne til Morskab og Underholdning for Unge og Gamle』(청년과 노인을 위한 오락용으로 엮어낸 몰보 이야기들, 편집자 L.R. Tuxen, 1866, 코펜하겐) 30-31쪽에 「낯선 다리(De fremmede Been)」라는 제목으로 수록되어 있다. 이 책은 몰보 지역 사람들의 어리석고 우스운 행동을 담은 덴마크 민속 유머집으로, 키르케고르도 종종 이를 인용하여 철학적 아이러니를 부각시키는 데 사용하였다.
110 　apoplectisk: 뇌졸중을 뜻하며, 여기서는 어떤 충격이나 타격에 의해 갑작스럽게 마비되거나 무기력해지는 상태를 의미함.
111 　키르케고르가 말하는 "벌거벗은 추상적 자기"(nøgne, abstrakte Selv)는 진정한 자기(det virkelige Selv) 그 자체가 아니라, 진정한 자기 형성을 향한 추진력이다. 이는 직접성(Umiddelbarhed)에서 외적인 조건들을 제거한 뒤 남는 최소한의 자기 의식으로, 키르케고르는 이를 무한한 자기(det uendelige Selv)의 첫 번째 형태라 부른다. 그러나 이것은 여전히 부정적 단계에 머물러 있으며, 자기(Self)가 참으로 완성되기 위해서는 하나님 앞에서 실존적으로 세워지는 과정을 거쳐야 한다.
112 　blind Dør: 장식용으로만 설치된 문, 즉 실제로는 열리지 않는 '가짜 문(falsk dør)'을 의미한다. 덧붙여 설명하면, 키르케고르는 이 표현을 "자기에 대한 물음이 영혼의 배경 속에서 마치 'blind Dør'처럼 되어 있다"고 표현함으로써, 겉보기에는 '자기'에 대해 생각하고 있는 듯하지만 실상은 아무런 실존적 깊이나 실체가 없는 상태를 풍자

하고 있다. 이때 이 문은 마치 있어 보이지만 실제로는 열리지 않고, 내부로 통하지 않는 '속이 빈 자기'의 상징으로 기능한다.

113   Charmant: 훌륭하게, 뛰어나게 (fortræffeligt, udmærket).
덧붙이자면, 이 단어는 본래 프랑스어 charmant에서 유래한 말로, '매력적인', '사랑스러운'이라는 의미도 있지만, 키르케고르의 문맥에서는 다소 풍자적 뉘앙스로 사용되고 있다. 즉, "Charmant!"라고 외치는 것은 문자 그대로 '아주 훌륭하군!'이라는 감탄이 아니라, 세속적 성공과 자기기만이 뒤섞인 삶을 조롱하는 표현으로 이해되어야 한다. 이는 키르케고르가 자주 사용하는 아이러니한 문체의 한 예다.

114   "Han Selv": 가족의 가장을 부를 때 사용하는 고정된 호칭 표현으로, 집안의 '주인어른', 즉 '가장의 호칭'을 뜻한다. 우리말로는 문맥에 따라 "댁의 주인어른", "그분 자신", 혹은 단순히 "그 양반" 등으로도 자연스럽게 번역할 수 있다.

115   Persons-Anseelse: 본래는 (부적절한) 개인적인 배려나 편파성, 즉 어떤 사람의 사회적 지위나 명예 등에 대해 (과도하게) 고려하거나 존중하는 태도를 의미한다. 성경적 표현으로 자주 사용되며(예: 야고보서 2장 1절 등에서 "외모로 사람을 취하지 말라"는 문맥), 여기서는 그 사람이 시민 사회에서 갖는 외적 명망이나 지위를 근거로 사람 대접을 받는다는 의미로 사용되었다. 다시 말해, 그는 실질적 인격으로 존중받는 것이 아니라, 그의 사회적 지위 때문에 사람들로부터 존중받는다는 비판적 어조가 담긴 표현이다.

116   Det Spørgsmaal om Udødeligheden(불멸에 대한 문제): 이 표현은 19세기 당시 철학과 신학에서 중심적으로 논의되었던 '영혼의 불멸성' 또는 '인간 존재의 불멸'에 대한 논쟁을 가리킨다. 키르케고르의 저작들 중에서도 이 주제는 자주 다루어지는데, 특히 다음과 같은 본문들이 대표적이다.
『결론의 비학문적 후서』(Afsluttende uvidenskabelig Efterskrift, 1846)에서는 주관적 진리의 문제와 함께 불멸성이라는 개념이 객관적 증명으로 다뤄질 수 있는가에 대해 깊이 있는 성찰을 제시한다(SKS 7, 158).
『기독교 강화』(Christelige Taler, 1848)에서는 특히 죽음과 희망의 문제를 통해 불멸성은 단순한 생존의 연장이 아니라, 하나님 앞에 선 '자기'로서의 존재가 영원히 책임을 지는 것이라는 실존적 관점이 강조된다(SKS 10, 213 참조).
여기서 중요한 것은, 불멸성의 문제가 단지 논리적, 형이상학적 논증의 대상이 아니라, '나 자신'이 그것 앞에서 어떤 존재로 살아가고 있는지를 묻는 실존적 문제로 재규정된다는 점이다. 키르케고르에게 있어 진정한 '자기'가 되지 못한 사람이 불멸성에 대해 묻는 것은, 마치 자기 자신도 모르는 채 "영원히 자기를 알 수 있을까?" 하고 묻는 것과 같은 아이러니한 자기기만의 한 형태다.

117 Skriven i Glemmebogen: 이 표현은 "망각의 장부에 기록한다"는 말로, 일부러 잊어버린다, 또는 의도적으로 무시하고 덮는다는 의미를 지닌 덴마크어 관용어다. 이 말은 일종의 기억에서 삭제하는 의도적 행위를 풍자적으로 표현한 것으로, 키르케고르가 이 표현을 사용할 때는 보통 어떤 실존적 진실이나 고통스러운 자기 인식을 의도적으로 무시하거나 외면하는 태도를 묘사할 때 사용한다.

그는 『죽음에 이르는 병』에서 "Tagen sig i sin Skjebne og Skriven i Glemmebogen"이라 말하면서, 실존적 절망에 직면한 인간이 결국 자기 내면의 근본적 문제를 정직하게 응시하지 않고, 그저 세속적 안락함이나 타협적 자기 이해 속으로 도피하는 현실을 풍자한다. 요컨대, Skriven i Glemmebogen은 자기 기만의 상징적 표현이라 할 수 있다.

118 Dumhed paa: 어떤 것에 대한 무지, 즉 "~에 대해 모르고 있음", "~에 대해 무감각함"이라는 의미다. 키르케고르가 『죽음에 이르는 병』에서 이 표현을 사용할 때는 단순한 어리석음이나 지능의 부족이 아니라, 윤리적, 실존적 무지를 뜻한다. 즉, 어떤 것이 정말 중요한지에 대해 알지 못하거나 알려고 하지 않는 상태, 또는 심지어 그것을 잊거나 무시하려는 의도적인 태도를 지칭하는 말이다.

여기서 말하는 Dumhed paa, hvor Faren egentlig er는 "정작 위험이 있는 자리에 대해 철저히 무지한 상태", 즉 실존적으로 가장 중요한 문제(예: 자기 자신을 진정으로 아는 것, 진리 앞에 서는 것 등)에 대해서는 전혀 알지 못하고 있다는 사실을 강조하는 표현이다. 이 말은 키르케고르가 반복적으로 사용하는 실존적 무지의 개념, 다시 말해 자기 자신에 대해 알지 못하거나 잃어버린 상태가 가장 심각한 위험임을 인식하지 못하는 어리석음과 연결된다.

119 이 독일어 인용문 "und rings umher liegt schöne grüne Weide"는 괴테의 『파우스트』 제1부, 제2장(서재 장면)에서 메피스토펠레스가 파우스트에게 학문과 고뇌를 그만두고 세상 속으로 뛰어들자고 유혹하는 장면에서 나온 구절이다.

원문: Drum frisch! lass alles Sinnen sein, Und grad' mit in die Welt hinein! Ich sag' es dir: ein Kerl, der spekuliert, Ist wie ein Tier, auf dürrer Heide Von einem bösen Geist im Kreis herum geführt, Und rings umher liegt schöne grüne Weide[그러니 자, 용기를 내게! 그 모든 사색은 그만두고 곧장 세상으로 들어가게나! 내가 말하지, 사색만 하는 인간은 마치 메마른 황야에서 악령에게 이끌려 원을 그리며 맴도는 짐승 같지. 그 주변으로는 푸르고 아름다운 초원이 펼쳐져 있는데 말일세.]

이 구절은 키르케고르가 『죽음에 이르는 병』에서 언급한 사람들, 즉 참된 자기 자신을 향해 나아가려는 길에서 어려움을 만나고는 되돌아 나와 '인생의 푸른 초원'으로, 즉 편안하고 일반적인 사회의 삶으로 향하는 이들의 모습을 풍자적으로 보여주는 데 인용되었다. 즉, 고통스럽고 내면을 요구하는 진리의 길은 '사막'처럼 보이지만, 주변의 평범한 삶은 '푸른 초원'처럼 유혹적이라는 메시지를 담고 있다. 이는 키르케고르가 말하는 절망의 선택, 곧 자기 자신이 되는 길을 외면하고 외적이고 일반적인 삶으로 달아나는 행위를 문학적으로 강조하는 장치다.

120   라틴어 "fuimus"는 동사 esse(to be, 있다)의 과거 복수 1인칭으로, 뜻은 "우리는 ~였다", 즉 "우리는 더 이상 아니다"라는 의미를 내포한다. 여기서는 과거의 자기에 대한 회상과 상실감을 표현할 때 쓰인다. 이 "fuimus Troes"라는 표현은 베르길리우스(Vergil)의 『아이네이스』 제2권 325행에 나오는 말로, "우리는 트로이 사람들이었다", 즉 "한때 우리는 트로이인이었지만 이제는 아니다"라는 뜻이다. 트로이의 멸망 이후에 살아남은 사람들이 자신들의 정체성과 영광의 상실을 회고하며 쓰는 말이다. 키르케고르는 이 표현을 노년기의 자기 환상 또는 자의식 없는 회상적 착각을 비판하기 위해 인용한다. 즉, 나이 든 사람들이 과거의 자기를 과장하거나 이상화하며 현재의 진실한 자기와의 만남을 회피할 때, 그들 역시 젊은이만큼이나 "절망 가운데 있는 환상" 속에 있다는 점을 지적하고 있는 것이다.

121   이는 키르케고르가 소크라테스의 특징 중 하나로 지적한 표현이다. 이 구절은 단순한 에로스적 애정의 표현이라기보다는, 철학적, 존재론적 의미를 지닌 것이다. 키르케고르는 『아이러니 개념에 관하여』(『Om Begrebet Ironi』, SKS 1, 91 각주)와 『사랑의 실천』(『Kjerlighedens Gjerninger』, SKS 9, 131f)에서 이 주제를 다루고 있다.

소크라테스가 젊은이들을 사랑했다는 것은, 그들이 아직 '성숙'의 가면을 쓰지 않은 채 존재의 진지함과 가능성 앞에 서 있는 상태라는 점에서다. 그는 젊은이들이 아직 자신을 속이지 않았고, 가능성과 진리에 열려 있다고 보았다.

이와 대조적으로, 나이를 먹은 사람들은 흔히 현실에 타협하고, 기존 사회의 관습 속에서 '성숙'을 가장하며 사는 경우가 많다. 키르케고르는 이를 일종의 '영적인 절망' 또는 '아무것도 모르는 채 살아가는 영이 없는 상태'로 보았다.

따라서 소크라테스가 젊은이들을 사랑했다는 것은 곧, 영의 가능성과 진리의 열림을 사랑했다는 것이다. 키르케고르에게 있어서 이는 곧 신 앞에서 진실하게 자신을 자각하려는 실존적 태도와도 연결된다.

122   Præsens in futuro: 라틴어로 '미래 속의 현재'를 의미한다. 즉, 아직 오지 않았지

만 다가올 미래의 사건을 현재처럼 여기고 경험하는 의식 상태를 말한다. 키르케고르는 이 표현을 사용하여 젊은이가 아직 오지 않은 미래의 가능성 앞에서 절망하는 방식을 묘사한다. 그는 그 미래를 현재처럼 붙잡으려 하지만, 정작 그것을 받아들이지 않고 거부함으로써 자기 자신이 되기를 거부하는 상태에 빠진다.

Præsens in præterito: 라틴어로 '과거 속의 현재'를 뜻한다. 과거에 있었던 어떤 사건이나 상태가 마치 지금도 여전히 현재인 것처럼 의식 속에서 살아 있는 상태를 가리킨다. 키르케고르에게 이 표현은 특히 노인의 절망을 묘사할 때 중요하다. 노인은 이미 지나간 일을 과거로 흘려보내지 못하고, 지금도 그 일에 얽매인 채 살아간다. 그것을 마땅히 회개해야 함에도, 그는 그 절망을 끝까지 밀어붙여 회개로 전환하지 못하고, 오히려 자기 자신을 치유해버리는 자가용 망각으로 전락한다.

요약하자면, 키르케고르는 이 두 라틴어 문법 용어를 단순한 시간 개념이 아니라 실존적 시간의식의 변증법적 구조로 활용하여, 미래와 과거 모두를 통해 현재의 자기 상실과 절망을 설명하고 있는 것이다.

123 **Hæler**: 오래된 의미에서의 Hæler는 범죄가 저질러진 이후, 범죄자를 도와주는 사람, 즉 사후 방조자를 의미한다.

124 **in toto**: 라틴어로 '전체로서', '전반적으로', 또는 '전적으로'라는 뜻이다. 즉, 어떤 것을 'in toto'라고 할 때는 그것 전체, 전부를 아우른다는 의미다. 본문에서 det Jordiske in toto는 세상적인 것 전체를 의미한다.

125 '세상적인 것 때문에 절망한다(fortvivle over det Jordiske)'와 '영원한 것에 대하여 절망한다(om det Evige)': 여기서 over는 절망의 '원인' 또는 '계기(Anledning)'를 나타내며, 반면 om은 절망이 실제로 '관련된 대상'을 가리킨다.

즉, 키르케고르가 구분하고자 하는 것은 이렇다: 사람이 "무엇 때문에" 절망한다고 생각할 때(over det Jordiske), 실제로 그 절망이 "무엇에 대해" 일어나고 있는지를 따져보면(om det Evige), 그것은 자기 존재의 본질, 곧 영원한 것에 대한 절망이라는 것이다. 다시 말해, 표면적인 이유는 세상적인 손실이지만, 본질적으로는 영원한 자기 자신을 잃어버리고 있다는 사실을 말하고 있는 것이다.

126 해설: 이 문단은 절망의 본질이 무엇인지 깊이 파고드는 내용이다. 겉으로는 세상적인 손실이나 어떤 특정한 것(재산, 명예, 사랑 등)에 대해 절망하는 것처럼 보일 수 있다. 하지만 키르케고르가 보기에, 진짜 절망은 그런 '겉의 이유'에 있는 것이 아니라, 그런 것을 '모든 것'으로 여기고 절대적 가치를 부여하는 그 마음가짐, 즉 '영원한 것'을 망각하고 세상적인 것에 집착하는 데에 있다. 이는 곧 인간 존재가 영원성과 관련되어 있다는 전제를 따를 때, 세상적인 것에 절대성을 부여하는 태도는 영원한 존재

로서의 자신을 망각한 것이며, 따라서 결국 '자신 자신에 대한 절망'이자 '영원에 대한 절망'이 된다. 절망의 참된 대상은 '그것'이 아니라 '자기 자신'이다.

127 '세상적인 것 때문에 절망한다(fortvivle over det Jordiske)'와 '영원한 것에 대하여 절망한다(om det Evige)': 여기서 over는 절망의 원인이나 계기(Anledning)를 나타내며, 반면 om은 절망이 실제로 관련하고 있는 본질적인 대상을 가리킨다. 이 문장은 절망의 언어적 표현에서 전치사 over와 om의 의미 차이를 설명하고 있다. over는 겉으로 보이는 원인(예: 돈을 잃었다, 실패했다 등)을 뜻하고, om은 절망이 실질적으로 향하는 존재론적 대상, 즉 '영원한 자기 자신'이나 '하나님 앞에서의 자기'와 같은 실존적 대상을 가리킨다는 뜻이다.

128 다음을 참고. https://truththeway.tistory.com/550

129 Stigen(사다리) : 여기서는 '단계적인 상승'을 의미한다. 즉, 이 표현은 '사다리(Stigen)'를 단순한 상징이 아니라, 절망의 의식이 점점 더 깊어지고 높아지는 일련의 실존적 단계들로 이해해야 한다는 뜻이다. 키르케고르는 절망을 단순한 병리적 상태가 아니라, 영원한 자기를 향해 가는 길 위에서 경험하게 되는 필연적인 통과 지점들로 보고 있다. 따라서 이 '사다리'는 절망이 단계를 따라 상승하며 마침내 구원의 가능성에 이르게 되는 변증법적 구조를 의미한다.

130 en Liden: 수동적인 어떤 상태를 의미한다. 여기서 en Liden은 덴마크어로 '고통받음' 또는 '괴로움'을 뜻하지만, 능동적 행위라기보다는 자신에게 닥친 상태를 '겪는' 것, 즉 수동적인 고통의 상태를 가리킨다. 키르케고르는 절망이 단순히 이런 수동적 고통에 머무를 때보다, 그것을 자각하고 다시 그 절망 자체에 대해 절망하는 능동적 차원에 이를 때 더욱 심화된 실존의 단계로 나아간다고 설명하고 있다.

131 여기서 나오는 den Elskede는 '사랑하는 사람'(사랑받는 사람)을 뜻하는 표현이지만, 이 구절의 문맥상 기독교적 사랑(Kærlighed, 아가페 혹은 Næstekærlighed)이나 키르케고르 특유의 윤리적 사랑 개념이 아니라, 감정적이고 열정적인 사랑, 즉 에로스적 사랑(Eros)을 말한다. 근거는 다음과 같다.

1. 사랑에서 증오로의 전환
본문에서는 "사랑하는 사람이었던 이를 저주한다"고 표현한다. 이는 키르케고르가 말하는 이웃 사랑(Næstekærlighed)의 구조와는 완전히 다르다. 이웃 사랑은 증오로 변질되지 않기 때문이다. 오히려 원수를 사랑하라고 명하는 것이 기독교적 사랑의 본질이다(마 5:44 참조).

2. 소유욕과 정념의 흔적
"그 저주는 오히려 그를 더욱 사로잡는다"고 묘사할 때, 이는 에로스적 사랑이 가지는 소유욕, 집착, 그리고 미련에서 비롯된 고통을 드러낸다. 키르케고르가 윤리적 사랑에서 강조하는 것은 오히려 해방과 섬김이지, 이런 식의 절망적 애착은 아니다.

3. 『유혹자의 일기』와의 구조적 유사성

이 문맥은 『유혹자의 일기』에서 요하네스가 여성을 유혹하고 버린 후 그 여성이 '증오를 품고도 그에게 사로잡혀 있는' 상태와 매우 유사하다. 이는 전형적인 에로스적 비극 구조다.

132   lader Alt gaae fra sig: 마치 스스로를 조절하지 못하는 아기처럼, 모든 것을 그대로 흘려보내는 상태를 말한다. 초고 원고(Pap. VIII 2 B 157)에서는 이렇게 표현되어 있다:
"첫 유아기에는 아이가 매우 사랑스럽고 거리낌 없이 바지에 모든 걸 쏟아 버리는 시기이다. 이런 종류의 직접성은 종종 큰 자부심을 가지고 스스로를 '진실함' 혹은 '있는 그대로인 사람'이라고 부른다. 하지만 이것은 마치 성인이 욕구를 느끼는 즉시 바지에 볼일을 보아버리는 것이 진실이라고 말하는 것과 똑같이, 오히려 거짓된 것이다. 성인은 잠시라도 참는 법을 알기 때문이다."
키르케고르가 '직접성(Umiddelbarhed)'에 대한 날카로운 풍자를 담아 쓴 구절로, 무반성적 솔직함을 마치 미덕인 것처럼 착각하는 태도를 배변을 참지 못하는 아기에 비유하며 철저히 해체하고 있다. 즉, '있는 그대로 말하는 사람'이 진실한 것이 아니라, 진정한 자기 인식이 있는 사람은 반드시 '절제와 반성'을 동반한다는 통찰을 담고 있다.

133   det Gudelige(경건한 일) : 하나님과의 관계에 속하는 것, 즉 신앙적인 영역을 뜻한다. 덴마크어 det Gudelige는 문자 그대로는 '신적인 것'이라는 의미이지만, 키르케고르의 문맥에서는 보통 '하나님과의 인격적 관계', 혹은 '신앙적 삶'을 가리키는 말이다. 즉, 단순히 종교적 행위나 제도가 아니라, 하나님 앞에서의 내면적 진실성과 실존적 태도를 포함하는 개념이다.

134   U- (…) Mennesker: '비(非)-인간', 곧 영(spirit)이 결여된 사람들, 즉 영이 없는 사람들을 뜻한다. 여기서 U-는 덴마크어에서 '부정' 또는 '결핍'을 나타내는 접두사로, Mennesker(사람들) 앞에 붙어 '진정한 인간됨'을 상실한 상태를 가리킨다. 키르케고르에게 진정한 인간은 단순히 생물학적 존재가 아니라 영(ånd) 앞에서 자신을 자각하는 실존적 존재이기에, 그 영을 상실하거나 회피하는 사람은 단지 외형만 인간인 "비인간적인 인간"으로 여겨지는 것이다.

135   Selskabsfuglene: 서로의 무리에 있어야만 잘 지내는 작은 새 종류들(특히 사랑앵무 같은 종)을 가리키며, 주로 집 안에서 기르는 애완조로 키워진다. 이 비유는 키르

케고르가 혼자 있는 것을 견디지 못하고 항상 사회적 자극과 관계 속에만 머무르려는 사람들을 풍자적으로 지적할 때 사용한 것이다. 즉, '사회적 새들(Selskabsfuglene)'은 늘 무리에 속해 있어야만 안정을 느끼며, 한순간이라도 혼자가 되면 불안을 견디지 못하는 인간형을 상징한다.

136   Bestandig-Selskabelige: 이 표현은 키르케고르 당대에 인기를 끌었던 코펜하겐의 사교 클럽 이름인 「지속적 시민 친목회(Det bestandige borgerlige Selskab)」를 풍자적으로 활용한 표현이다. 이 클럽은 1798년에 설립되었으며, 주된 목적은 '공동의 즐거움과 서로 간의 좋은 교제'를 도모하는 것이었다. 회원들은 무도회와 만찬에 참여했고, 클럽 공간에서 주로 당구 등 다양한 놀이를 즐길 수 있었다.
(참고: 『1798년 2월 23일에 설립된 지속적 시민 친목회의 규약』, 코펜하겐, 1806, 10쪽)
이 표현은 키르케고르가 당대 코펜하겐 사회의 지속적이고 표면적인 사교성, 즉 실존적 깊이를 피한 채 끝없이 타인과 어울리며 스스로를 망각하는 현대인의 삶을 풍자적으로 비판하기 위해 사용한 것이다.

137   범죄자에 대한 처벌로서의 고독: 1840년, 덴마크의 감옥 제도를 개혁하기 위해 감옥위원회가 구성되었고, 이후 몇 년간 위원회는 미국의 펜실베이니아 시스템을 본받아 고립 수감 제도(격리 독방 수용)를 도입할 것인지에 대해 논의했다. 이 제도를 지지하는 논거 중 하나는 다음과 같았다. 범죄자는 고독 속에서 자기 자신을 깊이 성찰하게 되고, 그로 인해 종교에 더 잘 마음을 열게 된다는 것이었다. 결국 1846년에 새로 제정된 덴마크의 구금 규정에서는 '독방 수용'이 수감 시 기본 방식으로 권장되게 된다.

138   horis succesivis: 정확히는 horis successivis로, 라틴어 표현이며 '연속되는 시간 속에서', 즉 '시간이 흐를수록, 시간마다, 시시각각'이라는 뜻이다. 이 표현은 키르케고르가 『죽음에 이르는 병』에서 자기 폐쇄적인 절망하는 자가 시간 속을 어떻게 살아가는지를 묘사할 때 사용된다. 즉, 그는 단번에 영원을 향해 나아가지 못하고, 한 시간, 또 한 시간, 자기 자신 안에서 절망을 되씹으며 살아가는 상태를 뜻한다.

139   "영원을 위해 살지 않았던 시간들(Timer, der, om end ikke levede for Evigheden)": 이 표현은 독일 신학자 크리스티안 F. 진테니스(Christian F. Sintenis)의 경건서적 《Stunden für die Ewigkeit gelebt》(1791-92, 베를린)을 암시하는 표현이다. 이 책은 1795년에 덴마크어로 번역되어 《영원을 위해 살았던 시간들(Timer, levede for Evigheden)》이라는 제목으로 출간되었고, 1798년에 제2판이 출간되었다.

이는 키르케고르가 "영원을 위해 살지 않은 시간들"이라고 표현하면서, 그 반대 개념인 "영원을 위해 사는 시간들"에 대한 기존 경건 문헌의 전통을 의식적으로 참조하고 있음을 보여준다. 즉, 실존적으로 '영원한 것과 관계된 삶'을 살지 않는 상태를, 당시 널리 읽히던 신앙서적과의 대비 속에서 풍자적으로 드러내고 있는 것이다.

또한, 다음을 참고하라. The Point of View, KW XXII (SV XIII 546).

140 다음을 참고하라. https://truththeway.tistory.com/551

141 다음을 참고하라. 원고에서; Pap. VIII2 B 157:3 n.d., 1848
하지만 당신에겐 뭔가 이상한 점이 있다. 올바른 길이 마치 당신에겐 벽처럼 느껴져, 그것에 부딪혀 버리는 것 같다. 당신에겐 뭔가 이상한 점이 있다. 영적으로 말하자면, 당신은 마치 이런 플루트 연주자 같다. 그 음을 있는 그대로 연주할 수 있는 능력은 분명히 있는데, 항상 그것을 더 꾸미고 변형하려고 하다 보니, 결국 그 음이 틀어져버린다.

142 Omklædning: 의미는 옷을 입는 것, 또는 변장, 위장을 뜻한다. 키르케고르의 문맥에서 "den udvortes Omklædning(외적 외피)"는 겉으로 드러나는 삶의 외양, 즉 자신의 내면을 숨기기 위해 걸친 외적 위장을 말한다. 예를 들어, "자신이 누구인지 숨기고, 익명 속에 살아가는 겉모습"을 의미한다.

143 여기서는 셰익스피어의 희곡 『리처드 3세』 제4막 제4장에서의 장면을 가리킨다. 그 장면에서 리처드는 자신의 어머니가 저주를 퍼붓는 소리를 듣지 않기 위해 드럼 소리로 그 저주를 덮어버리도록 명령한다. 독일어판 Shakespeare's dramatische Werke (1840년 제3권, 339쪽)에서는 이렇게 표현되어 있다.
"Ein Tusch, Trompeten! Trommeln, schlaget Lärm! Der Himmel höre nicht die Schnickschnack-Weiber Des Herrn Gesalbten lästern: schlagt, sag' ich!"[한 소절, 나팔수들아! 드럼들아, 소란을 일으켜라! 하늘이 그 쓸데없는 수다쟁이 여자들의 주님의 기름부음 받은 자를 저주하는 소리를 듣지 않게 하라! 치라고, 말이다!]
리처드가 어머니 요크 공작부인(Duchess of York)에게 저주를 받는 이유는, 그가 가족을 포함해 수많은 사람들을 배신하고 살해한 죄악 때문이다. 리처드는 권력을 쥐기 위해 자신의 친형 클라렌스 공작 조지(Duke of Clarence)와 어린 조카들(에드워드 왕자와 요크 왕자)을 포함하여 수많은 사람을 제거한다. 그는 기만과 살인, 배신으로 점철된 길을 통해 왕위에 오르지만, 그 과정에서 그의 어머니조차 더 이상 아들의 만행을 견딜 수 없게 된다. 4막 4장에서 어머니의 저주가 나온다. 이 장면에서 그의 어머니인 요크 공작부인은 이렇게 말한다.

"배은망덕한 자식이여, 네가 나의 뱃속에 있던 시간이 저주스러웠다. 너의 존재는 내 자궁에 대한 욕된 낙인이며, 너는 나의 수치이고 고통의 근원이다."

이러한 말들을 통해 어머니는 리처드의 비인간성, 욕망, 악의를 고발하며 그에게 신의 저주가 임하기를 선언한다. 이에 대해 리처드는 그 저주를 듣지 않기 위해 드럼과 나팔로 떠들썩하게 하며 말한다.

"드럼을 울려라! 하늘이 저 수다스러운 노파의 저주를 듣지 않게 하라!"

이는 내면의 양심과 죄책감에서 도망치려는 필사적 몸부림이며, 키르케고르가 『죽음에 이르는 병』에서 인용한 이유도 바로 이런 내면적 진실을 회피하는 자기기만의 상징이기 때문이다. 즉, 리처드는 자신의 죄에 대한 책임을 지지 않으려고 하며, 어머니의 저주는 그의 절망과 자기기만을 폭로하는 진실의 목소리로 기능한다.

144 order nu aabenbart: 이제 분명해진다, 드러난다, 또는 밝혀진다는 뜻이다. 직역하면 "이제는 명백해진다" 또는 "이제는 드러나 보인다"로 번역할 수 있다. 덴마크어 vorde는 고어로 "되다"라는 의미이고, aabenbart는 "드러난, 명백한"을 뜻하므로 전체 표현은 "이제는 명백해진다" 혹은 "이제는 분명히 드러난다"이다.

145 omnibus numeris absoluta: 라틴어로, "모든 면에서 완전하게, 무조건적으로"라는 뜻이다.

146 이 부분은 다음 초고를 참고하라. 초고에서; —Pap. VIII2 B 158 n.d., 1848
1부 C, B, a, 2.
끝으로, 자기 안에 스스로를 가두며 그 자리에서 발을 구르듯 정지해 있는, 그 '폐쇄된 절망하는 자'를 다시 한번 잠시 들여다보자. 그는 자기 안에 스스로를 가둔 상태에서, 그리고 절망 가운데서, 자기 자신이 되기를 원하지 않는다. 그가 절망했던 것은 어떤 지상의 것, 즉 자기의 구성 안에 있는 어떤 것 혹은 세상적인 어떤 것-요컨대, 유한한 무엇이었다. 그는 그 지점에 자신의 모든 열정을 집중시켰고, 그 결과 절망했다. 아마도 그것은 조심스럽게 끌어올릴 수도 있었을 것이다. 어쩌면, 어쩌면-적어도 믿음 안에서 감당했어야만 했다. 그러나 그는 절망했다. 그런데 그의 절망이 진정으로 드러나는 것은 그 다음 순간이다. 그는 자신이 절망할 정도로 약했다는 사실에 대해 다시 절망한다. 그는 이것을 잊으려 하지 않으며, 자기 자신을 잊으려 하지도 않는다. 그에게는 그럴 수 없다고-설령 원한다 하더라도-느껴지는데, 이는 그의 자기가 이제 근본적인 결함을 안게 되었기 때문이다.

여기에서 나는 종교적인 것과 관련된 또 하나의 '자기 폐쇄적 절망' 형태, 곧 시인적 존재 방식의 일종에 대해 이야기하고자 한다. 이러한 폐쇄성은 처음에는 지상적인 것 혹은 세속적인 어떤 것에 대한 절망을 야기하고, 그다음에는 자신의 나약함에 대한 절망, 그리고 이어 영원한 것에 대한 절망, 마침내는 자기 자신에 대한 절망으로 나아간다. 결국 그는 자기 자신이 되기를 원하지 않는 절망 가운데 머무는 것이다. 그러한 자기는 실제로 깊은 종교적 열망을 가지고 있으며, 하나님에 대한 개념은 이 '자기 안으로의 폐쇄' 속에 자리잡고 있으며, 그 폐쇄된 내면의 산속 깊은 샘처럼 존재한다. 하지만 그는 자기 자신 안에 갇혀 절망 가운데 계속 존재한다. 그는 그 고통의 '고정된 지점'을 놓지 못한다. 그는 하나님을 가장 사랑한다. 하나님은 그의 은밀한 고통 가운데 유일한 위로다. 그러나 그는 그 고통 자체 또한 사랑하며 그것을 놓지 않으려 한다. 그는 절망 속에 있으면서도 자기 자신이 되려 하지 않는다. 믿음 안에서 그 고통을 관통하려 하지 않는다. 그는 마치 에로스적 사랑에서 불행해졌고, 그 결과 시인이 되어 사랑의 행복을 높고 복되게 노래하는 사람과 같다.

이 사람도 종교성 안에서 불행해진 자다. 그는 자신에게 요구되는 것이 이 고통을 내려놓는 일이라는 것을 희미하게나마 느낀다. 그러나 그는 그럴 수 없다. 결국 그는 궁극적인 의미에서는 여전히 원하지 않는 것이고, 여기서 그의 자기는 모호함 속에서 끝난다. 그럼에도 불구하고, 이 시인이 묘사하는 종교성―마치 에로틱한 사랑을 노래한 다른 시인의 그것처럼-그의 묘사는 매혹적이고, 서정적이며, 설득력 있고, 어느 유부남이나 어느 경건한 목사님의 설명보다도 더 큰 감동을 준다. 그가 말하는 것이 거짓은 아니다. 전혀 그렇지 않다. 단지 그가 묘사하는 종교는 그의 더 나은 자기, 더 행복했던 자기의 표현일 뿐이다. 그의 종교와의 관계는 진정한 신앙인의 관계가 아니라, 불행한 연인의 관계다. 그에게는 믿음의 첫 요소인 절망은 있으나, 그 안에서 종교적인 것에 대한 강렬한 갈망만이 있을 뿐이다.

147   키르케고르가 이 문맥에서 사용한 "slaaer det om"이라는 표현은 헤겔 철학에서 자주 사용되는 변증법적 용어다. 헤겔 변증법에서 하나의 개념은 자기 내적 긴장을 통해 필연적으로 그 반대 개념으로 '전환(slaar om)'되며, 이로써 진리는 보다 높은 차원의 동일성에서 나타나게 된다. 이때 이 동일성은 단순한 통일이 아니라, 대립된 요소들이 유지된 채 종합된 '높은 통일(højere identitet)'을 의미한다.

하지만 키르케고르는 이 '전환(slaaer det om)'의 개념을 차용하면서도 그 구조를 해체한다. 위 본문에서는, 처음엔 자기가 자신이 되기를 원하지 않는 '부정성'으로 출발했지만, 한 걸음 더 나아가 그 부정의 원인을 자각하는 순간 그것이 '전환(slaaer det om)'되어, 이제는 오히려 절망적으로 자기 자신이 되기를 원하게 되는 상태로 바뀌는 과정을 묘사한다. 이는 외견상 헤겔식 '부정의 부정'처럼 보일 수 있으나, 키르케고르에게 있어 이 전환은 진리의 성취로 가는 '높은 종합'이 아니라, 오히려 진리로부터의 '무한한 거리'를 드러내는 역설적 장치다. 즉, "그는 자기 자신이 되기를 원하지 않았다. 그런데 그 이유를 자각하는 순간, 그것은 전환(slaaer det om)되어, 이제 그는 자기 자신이 되기를 절망적으로 원하게 된다."는 이 구조 속에는, 헤겔적 전환의 외피를 쓴 채, 실은 진리에 다가서고 있는 것처럼 보이지만 실은 더욱 철저히 진리로부터 멀어지는 '반항(trods)'이라는 자기 폐쇄적 실존이 드러나는 셈이다.

148 fortvivle over det Jordiske (Anledningen), om det Evige: 여기서 'over'는 절망의 원인 또는 계기를 나타내며, 'om'은 절망이 향하는 대상, 곧 절망이 관련된 바를 가리킨다. 즉, "fortvivle over det Jordiske"는 "세상적인 것 때문에 절망한다"는 뜻이지만, 그 '세상적인 것'은 절망이 발생한 계기이고, "fortvivle om det Evige"는 "영원한 것에 대해 절망한다"는 뜻인데, 이때 '영원한 것'은 절망이 실제로 문제 삼는 본질적인 대상이라는 구분이다. 키르케고르에게 있어 이런 전치사의 정밀한 구분은 실존의 방향성과 절망의 심층을 구분하는 데 매우 중요하다.

149 lidende: 수동으로서 '고통'이라는 뜻이다. '수동형(lideform)'이라는 문법적 의미에서처럼, 행위형(handleform, 능동형)의 반대 개념. 어떤 것의 지배를 받거나, 그에 복종하거나, 혹은 그것을 통해 작용을 겪는 상태를 의미함. 즉, 수동적(active의 반대) 상태. 키르케고르에게 있어서 lidende는 종종 다음 두 가지 의미로 사용됨:
1. 직접성(umiddelbarhed)에 의해 지배되거나 인도되는 상태 - 반성(refleksion)과는 대조됨.
2. 이데아성(idealet, 이상성)에 복속되는 것 - 즉, 자신의 실존이 외적인 이념에 의해 통제되거나 지시받는 상태.
간단히 말하면, lidende는 단순한 수동성이 아니라, 키르케고르 철학에서는 직접적 존재 또는 외적 이념에 의존하는 존재 양식을 비판적으로 지시하는 개념으로 자주 쓰인다.

150 sat: 논리적 의미에서는 어떤 것을 주장한다, 즉 어떤 것을 전제로 삼는다, 유효한 것으로 간주한다, 또는 어떤 것을 성립된 것으로 간주한다는 뜻입니다. 또한 어떤 것을 규정한다는 의미도 된다. 따라서 'sætte'라는 동사는 철학적으로 'ponere', 즉 주장하다, 놓다, 설정하다라는 뜻과 대응한다.
이 용어는 키르케고르가 실존이나 자기가 어떤 능력(Magt, 힘)에 의해 '세워졌다'거나 '놓여졌다'(sat)는 표현을 쓸 때 중요한 철학적 함의를 지니며, 보통 하나님이나 절대자의 창조적 설정을 암시한다.

151 i Begyndelsen: 이는 창세기 1장 1절의 말씀, "태초에 하나님이 천지를 창조하시니라"에 대한 암시다. 또한 요한복음 1장 1절의 말씀, "태초에 말씀이 계시니라 이 말씀이 하나님과 함께 계셨으니 이 말씀은 곧 하나님이시니라"도 함께 연상하게 한다.

이 표현 "i Begyndelsen"은 키르케고르가 자기를 창조하려 드는 인간의 실존적 교만을 지적하면서, 인간이 스스로 '태초'로 돌아가 창조주처럼 시작하려 한다는 반(反)신학적 태도를 풍자하는 문맥에서 사용된다.

152　다음을 참고하라. https://truththeway.tistory.com/552
153　여기서 말하는 '스토아주의'는 단지 그 철학 학파를 의미하는 것이 아니라, 자신의 삶을 스스로 주권적으로 형성하고, 새롭게 자신을 창조하려는 모든 유형의 삶의 철학을 두루 가리키는 표현이다. 키르케고르가 '절망적으로 자기 자신이 되기를 원한다'는 존재를 특정 철학 학파의 산물로만 환원하지 않고, 더 넓게는 현대적 자기 창조의 사상 전체-가령 실존주의, 자기 계발, 근대적 자율성 철학 등-와도 연결지으려는 포괄적 비판 의도를 드러내지만, 이런 담론들이 영원의 의식이 없다는 점에서는 정확히 구분 지을 필요가 있다.
154　tilløiet Alvor: 이는 상상된 또는 꾸며낸 진지함(Alvor)을 의미한다. 키르케고르는 1846년의 저널 기록 JJ:497(SKS 18, 305)에서 이 표현을 "Tillyvelse"(날조, 꾸며내기)로 규정하면서, 그 의미를 이렇게 설명한다. "감정적으로 과장된 자가 스스로에게 어떤 것을 꾸며 부여한다(tillyver sig Noget)." 즉, tilløiet Alvor는 진정한 내면적 진지함이 아닌, 스스로 조작해 만들어낸, 외형적이고 과장된 '진지해 보이는 태도'를 뜻하며, 키르케고르 철학에서는 실존의 불성실함, 자기기만의 징후로 읽힌다.
155　이는 그리스 신화에 나오는 티탄 프로메테우스(Prometheus)에 대한 암시다. 프로메테우스는 신들로부터 불을 훔쳐 인간에게 가져다주었는데, 그 이전에 제우스는 인간에게서 불을 빼앗아 간 바 있었다. 이 행위에 대한 벌로, 프로메테우스는 절벽에 묶인 채 매일 독수리에게 간을 쪼이는 형벌을 받았다. 그의 간은 밤이 되면 다시 재생되어, 이 고통은 끊임없이 반복되었다. 이 신화는 키르케고르가 하나님께 속한 것을 스스로 탈취해 '자기 자신에게서 진리와 권위를 찾으려는 자'에 대해 비판할 때 자주 인용하는 상징으로 사용된다.
156　løsende, som den bindende Magt: 마태복음 16장 13-20절에 나오는 베드로의 신앙고백 이야기와 관련된 표현을 암시한다. 이 본문에서 예수께서는 베드로에게 이렇게 말씀하신다.

"내가 천국 열쇠를 네게 주리니, 네가 땅에서 무엇이든지 매면 하늘에서도 매일 것이요, 네가 땅에서 무엇이든지 풀면 하늘에서도 풀리리라"

이 표현은 곧 '묶는 권능과 푸는 권능'을 모두 지닌 권세를 지칭하며, 키르케고르는 이를 '결속하는 힘과 해방하는 힘'이라는 의미로 문맥 속에서 사용하고 있다.
157　고정된 표현으로, '공중을 향해 허공에 싸우다', 즉 목표를 보지도 못하고 맞추지도

못한 채 헛되이 힘을 쓰는 상황을 뜻한다. 이는 고린도전서 9장 26절의 말씀을 암시한다. "나는 허공을 치는 싸움꾼처럼 싸우지 아니하며…" 여기서 사도 바울은 의미 없는 싸움, 즉 방향을 잃고 표적 없는 영적 싸움을 경계하며, 키르케고르도 절망한 자기의 자기 투쟁을 이와 같은 헛된 공중전으로 묘사한다.

158 Ataraxi: 마음이 어떤 외적 자극에도 영향을 받지 않는 상태, 곧 평정심 혹은 심령의 고요함을 뜻한다. 이는 고대 그리스의 여러 삶의 철학자들, 특히 견유학파(킨니코이), 스토아학파, 회의주의자들이 추구했던 최고의 덕목 중 하나였다. 키르케고르는 이 개념을 인간이 절망 가운데서 자기를 자율적으로 통제하고자 하는 허상 된 자기이상으로 비판적으로 사용하고 있다.

159 다음을 참고하라. Either/Or, II, KW IV (SV II 145).

160 et Kors, en Grund-Skade : 이는 "십자가" 혹은 "근본적인 결함(손상)"을 의미한다. 즉, 삶 속에서 피할 수 없는 고난이나 어려움, 또는 존재 안에 자리한 뿌리 깊은 상처 혹은 결핍을 뜻한다. 이것은 인간 존재에 있어 고통과 시련의 원인이 되지만, 동시에 참고 견디며 받아들여야만 하는 것이다. 이 표현은 특히 바울이 말한 '육체의 가시'(고린도후서 12:7)를 연상시키며, 그것처럼 사람이 온전히 통제하거나 제거할 수 없는 고난의 자리로 이해된다.

161 Servitut: 본래 의미는 의무 아래 놓여 있는 상태, 즉 자유가 제한되고 어떤 강제적인 의무에 종속된 상황을 뜻한다. 이는 개인의 자유가 침해된 상태로, 강제적 부담이나 억압적인 짐을 나타내는 말이다. 키르케고르가 이 단어를 사용할 때는, 자기가 원치 않게 짊어진 고통이나 결핍, 또는 탈출할 수 없는 실존적 조건을 나타낼 때 종종 사용된다.

162 Pæl i Kjødet: 이 표현은 고린도후서 12장 7-9절을 암시한다. 거기서 바울은 다음과 같이 고백한다. "여러 계시를 받은 것이 지극히 큼으로 너무 자만하지 않게 하시려고 내 육체에 가시 곧 사탄의 사자를 주셨으니 나를 쳐서 너무 자만하지 않게 하려 하심이라. 이것이 내게서 떠나가게 하기 위하여 내가 세 번 주께 간구하였더니 나에게 이르시기를 내 은혜가 네게 족하도다 이는 내 능력이 약한 데서 온전하여짐이라 하신지라."
라틴어 성경(Vulgata)과 1819년의 덴마크 신약성경에서는 "가시(torn)"로 번역되었지만, 키르케고르가 인용하던 고전 덴마크어 성경들—특히 1740년판 Christian VI 성경, 1550년의 종교개혁 성경, 1699년부터 1802년까지 유통된 가정용/여행용 성경들—에서는 이 표현이 ""Pæl i Kjødet"(육체의 말뚝 혹은 못)이라고 되어 있다. 따라서 키르케고르는 "pæl(말뚝)"이라는 보다 강렬한 이미지로 바울의 고통을 언급하며,

또한, 다음을 참고하라. The Point of View, KW XXII (SV XIII 560, 569, 571).

163 『두려움과 떨림』에서의 무한한 체념(den uendelige Resignation)은 인간이 자기의 가장 소중한 것을 하나님께 내맡기는 실존적 결단으로, 믿음으로 들어가는 전제이다. 그러나 『죽음에 이르는 병』에서의 체념은 절망의 한 형식으로, 자기 현실의 고난을 영원 속에서 사라질 것이라며 배제하는 자기기만이다. 따라서 전자는 믿음의 문이지만, 후자는 믿음을 회피하는 절망이다.

164 forarges (…) paa: "~에 대해 실족하다" 또는 "~에 대해 분노하거나 거부 반응을 일으키다"는 뜻이다. 이 표현은 성경적 맥락에서는 특히 헬라어 σκανδαλίζω(skandalizó)에 해당하는데, 이는 걸림돌이 되어 누군가가 실족하게 되는 것을 의미한다. 키르케고르는 이 용어를 자주 하나님이나 존재 전체에 대해 분노하거나 거부하려는 실존적 태도를 묘사하는 데 사용한다.

165 i Kraft af det Absurde : "부조리의 힘으로" 또는 "불합리한 것의 힘으로"라는 뜻이다. 이 표현은 키르케고르의 사상에서 핵심적인 실존 개념으로, 특히 다음 작품들에서 정교하게 전개된다.

《반복》(Gjentagelsen, 1843), 《불안의 개념》(Begrebet Angest, 1844), 《두려움과 떨림》(Frygt og Bæven, 1843) - 이 표현의 중심적인 논의가 펼쳐지는 책은 《결론 없는 비학문적 후서》(Afsluttende uvidenskabelig Efterskrift, 1846)이다. "부조리의 능력으로(i Kraft af det Absurde)"란, 인간의 이성으로는 도저히 이해할 수 없는, 논리와 합리의 한계를 초월한 차원에서의 믿음을 의미한다. 특히 《두려움과 떨림》에서는 아브라함이 이삭을 제물로 바치려는 행위를 불합리의 힘으로 이루어진 믿음의 행위로 묘사하며, 이 표현을 신앙의 가장 깊은 핵심으로 설명한다. 요컨대, 이는 이성의 한계를 넘어서 오직 하나님을 신뢰하며 뛰어드는 실존적 결단의 표현이다.

166 for Gud er Alt muligt : "하나님께는 모든 것이 가능하니라"라는 뜻이다. 이 표현은 마태복음 19장 26절에서 예수께서 하신 말씀을 암시한다. "예수께서 그들을 보시며 이르시되 사람으로는 할 수 없으나 하나님으로서는 다 하실 수 있느니라."

키르케고르는 이 말씀을 자주 인용하며, 불가능처럼 보이는 실존의 고난이나 절망조차도 하나님 안에서 극복 가능하다는 신앙의 역설을 강조한다. 이는 그의 실존론에서 중요한 주제인 "부조리의 힘(i Kraft af det Absurde)"과도 깊이 연결된다.

167 다음을 참고하라. 이는 마치 니체를 연상케 한다. https://truththeway.tistory.com/553

168 "Hjælperen Haand": 아마도 히브리서 13장 6절을 암시하는 표현이다. "주는 나를 돕는 이시니 나는 두려워하지 아니하겠노라."
해설: 키르케고르가 『죽음에 이르는 병』에서 사용하는 "Hjælperen(도우시는 분)"이라는 표현은 단순한 외적 구원자를 뜻하는 것이 아니라, 실존 안으로 들어오시는 초월적인 도움, 즉 내면에 계신 하나님, 특히 성령으로 이해될 수 있다. 실제로 키르케고르가 다른 저작들-예를 들어 『사랑의 실천』이나 『기독교 강화』에서-"도우시는 분"이라는 표현을 사용할 때 그것은 명확하게 성령의 사역을 지시하는 문맥이 많다. 이는 다음과 같은 이유에서 성령으로 해석할 수 있다.

1. 절대적 타자이자 내면으로 임하시는 분
키르케고르에게 있어 "도움"은 단순히 외적 개입이 아닌, 실존의 가장 깊은 자리에서 나를 무너뜨리고 다시 세우시는 은혜다. 이는 요한복음 14:26에서 "보혜사 곧 아버지께서 내 이름으로 보내실 성령"과 유사한 기능을 한다.
2. 부조리(Absurd)의 능력과 연결된 도움
키르케고르의 도움 개념은 "부조리의 힘"을 통해 오는 것으로, 이는 오직 믿음 안에서만 가능하며, 믿음을 가능하게 하는 것은 "조건"으로 주어지는 성령의 역사다. 『철학의 부스러기』에서도 조건으로서의 도움은 외부로부터 오는 진리 자체이며, 이는 구체적으로는 성령의 은총적 개입을 의미한다고 볼 수 있다.
3. 자기를 잃게 하고, 자기를 얻게 하는 분
도우시는 분은 내가 붙잡고 있는 '나'를 포기하게 하고, 다시 새로운 '나'를 주시는 분이다. 이 변증법적 운동은 요한복음 3장의 "거듭남"의 영, 곧 성령의 사역과 밀접하게 연결된다.
"사람이 물과 성령으로 나지 아니하면 하나님의 나라에 들어갈 수 없느니라."(요 3:5, 개역개정)
따라서, 요약하자면, 키르케고르의 "Hjælperen(도우시는 분)"은 단순한 인간적 조력자가 아니라, 실존을 무너뜨리고 새롭게 하며, 믿음을 가능케 하며, 불합리한 은혜의 논리를 실현시키는, 곧 성령 하나님의 사역으로 이해하는 것이 가장 자연스럽다. 이러한 해석은 성령의 내재성과 초월성이라는 신비를 모두 포괄하며, 키르케고르가 추구한 실존적 구원의 긴장과도 완전히 부합한다.

169 다음을 참고하라. 초고에서: JP I 748 (Pap. VIII2 B 159:4) n.d., 1848
이처럼 세상에서 '체념(resignation)'이라는 이름으로 그럴듯하게 꾸며진 것들 가운데 많은 부분은, 사실 이러한 절망의 한 형태일 수 있다. 즉, 고통이나 고통을 유발하는 어떤 상황 속에서, 절망 가운데 자기가 되려는 것을 의지하고, 절망 가운데 점점 더 추상적인 존재가 되려고 하며, 절망 가운데 영원한 것만으로 스스로를 위로하려고 하여, 그리함으로써 세상적이거나 시간적인 것들을 무시하고 이겨내려는 태도인 것이다.

해설: 이 문단은 고난 가운데 있는 인간의 자기중심적 자기가 얼마나 하나님의 은혜와 도움을 거부할 수 있는가를 매우 날카롭게 묘사하고 있다. 이는 곧 키르케고르가 말한 "절망적으로 자기가 되려는 의지"와 맞닿아 있으며, 은혜를 받아들이는 행위는 존재론적으로 자신을 무화(無化)하는 순종의 행위임을 지적하고 있다.

170   det Dæmoniske: 키르케고르는 『불안의 개념』(1844)에서 '악마적(dæmoniske)' 상태를 '선한 것에 대한 불안'으로 규정한다. 이는 단순한 도덕적 타락이 아니라, 선함 자체-즉 구원, 용서, 화해-를 거부하고 두려워하는 심리적, 실존적 상태를 의미한다. 이러한 상태에 있는 자는 오히려 선의 손길을 피하고, 자기 파괴적 고립 속에 머무르기를 선택한다.

171   이는 고대 그리스에서 '다이몬(δαιμων)'을 신적인 존재와 인간 사이에 위치한 중간적 존재로 이해했던 관점에 대한 암시다. 다이몬은 일종의 전달자이자 수호령으로 여겨졌다. 키르케고르도 『아이러니 개념에 대하여』(1841)에서 소크라테스에 대한 논의 중 이 '악마적인 것(dæmoniske)'에 대해 설명하며, 다이몬 개념을 인간과 신 사이의 중재자이자 실존적 자기반성의 상징으로 해석한다(『Om Begrebet Ironi』, SKS 1, 207-215 참조).

이 해석은 키르케고르가 말하는 '악마적인 이상성'이 단순히 부정적이고 사악한 것을 뜻하는 것이 아니라, 존재론적 중간지대에서 발생하는 실존적 갈등과 긴장, 곧 "신과 인간 사이에서의 자기 이해"의 왜곡된 형태를 지칭한다는 점에서 중요하다.

172   미신 속 이야기처럼 (…) 아무도 볼 수 없는 갈라진 틈을 통해: 이는 예컨대 슐레지엔 지방의 산령(山靈) 루베차알(Rübezahl)에 관한 민속 전승을 가리킬 수 있다. 루베차알은 낭만주의 시대에 대중적인 소재였으며, 이 전승들은 J.K.A. 무제우스(J.K.A. Musäus)의 다섯 개 전설(1782년; 덴마크어 번역 1840년)과, 예컨대 A. 외렌슐레거(A. Oehlenschläger)의 희곡적 동화 『루베차알(Rübezahl)』(1832년)에서 문학적으로 형상화되었다. 이 작품은 1832년 덴마크 왕립극장에서 두 차례 공연되었고, 『프로메테우스: 시, 미학, 비평을 위한 월간지』 제3권(1833), 97-208쪽에도 실렸다. 이 작품의 104, 113, 173, 207쪽에는 루베차알이 암벽 속으로 사라지거나 암벽에서 나오는 장면이 암시적으로 묘사되어 있다.

173   tantalisk: 충족되지 못한, 좌절된. 그리스 신화에서 탄탈로스(Tantalos)는 자신의

죄로 인해 신들에게 벌을 받은 프리기아의 왕으로, 저승의 연못에 서서 머리 위로는 가장 아름다운 열매가 달린 나뭇가지가 있었지만 결코 배고픔이나 목마름을 달랠 수 없었다. 마시려 하면 물이 물러나고, 먹으려 하면 가지가 멀어졌다고 한다. 이 표현은 호메로스의 『오디세이아』 제11권 582행 이하 참고하라.

174 여기서 말하는 것은 단지 고대 철학 학파로서의 스토아주의를 지칭하는 것이 아니라, 자신의 삶을 주권적으로 형성하고, 자기 자신을 새롭게 창조하려는 모든 종류의 인생철학(livsfilosofi)을 포함하는 개념이다.

175 paa Trods: 일종의 고의적으로 반항하고자 하는 태도로, 어떤 것을 대적하거나 거부하는 뚜렷한 의도를 가지고 드러내는 반항의 방식을 의미한다. 단순한 반대나 무시가 아니라, 의식적인 저항의 표현이다.

176 해설: 이 본문은, 악마적 절망의 핵심이 자신의 고통과 왜곡된 자기 인식을 의도적으로 유지함으로써 하나님과 존재 전체에 대한 반역의 상징으로 삼으려는 태도임을 보여준다. 이 절망자는 고통의 제거를 치료나 구원이 아닌 정체성의 부정으로 받아들이고, 치유조차 거부한다. 이런 점에서 이 절망은 단순한 상실이 아니라, 신 앞에서 반항하며 자기를 고통이라는 형태로 '자기화'하려는 최종적 행위다.

2부
절망은 죄이다

A[1]

절망은 죄이다

죄란, 하나님 앞에서, 혹은 하나님의 개념을 동반한 상태에서, 절망 속에서 자기 자신이 되기를 원하지 않거나, 절망 속에서 자기 자신이 되기를 원하는 것입니다. 그러므로 죄는 강화[2]된 나약함이거나, 강화된 반항입니다. **죄란 절망의 강화**(Potentsation)입니다. 여기서 가장 중요한 강조점은 "하나님 앞에서", 혹은 "하나님의 개념이 동반된 상태에서"라는 점입니다. 윤리적·종교적으로 죄를 법률가들이 말하는 '가중된(qvalificeret)' 절망으로[3] 만드는 것이 바로 이 **하나님에 대한 개념**입니다.

비록 이 단락, 적어도 A에서는 심리학적 묘사를 담을 자리나 맥락이 없지만, 절망과 죄 사이의 가장 **변증법적인 접경**(confinium)[4]이기 때문에 여기서는 '종교적 방향으로 기울어진 **시적 실존**(digter-Existents)'[5]이라 부를 수 있는 어떤 실존이 언급되어야 합니다. 이 실존은 '**체념의 절망**(Resignationens Fortvivlelse)'과 몇 가지 유사점을 가지되, **하나님에 대한 개념**(Guds-Forestillingen)이 함께 있다는 점이 다릅니다. 이러한 시적 실존은, **범주들의 결합**(conjunktion)[6]과 배치에서 보이듯이, 가장 탁월한 시적 실존으로 간주될 수 있습니다.

그러나 기독교적으로 볼 때, (모든 미학적 고려에도 불구하고) 모든 시적 실존은 죄입니다. 곧 시를 짓는 것으로 존재하는 것(at være)을 대신하고, 선하고 진리된 것에 대해 그렇게 존재하려고 하기보다는 상상(fantasi)을 통해 그것과 관계를 맺으려는 죄입니다.

우리가 여기서 말하고자 하는 **시적 실존**은 일반적인 절망과는 다른데, 그것은 **하나님에 대한 개념**을 가지고 있으며, 곧 하나님 앞에 있는 실존이라는 점에서입니다. 하지만 이 실존은 지극히 변증법적이며, 마치 뚫고 들어갈 수 없는 변증법적 혼란 속에서, 자신이 어렴풋하게나마 죄 중에 있다는 사실을 의식하고 있는지조차 불확실한 상태입니다. 이러한 시인은 아주 깊은 종교적 갈망을 가질 수 있으며, 그의 절망에는 하나님에 대한 개념이 포함되어 있습니다. 그는 하나님을 만유보다 사랑하고, 하나님은 그의 은밀한 고통에서 유일한 위로이기도 합니다. 그러나 그럼에도 불구하고 그는 그 고통 자체를 사랑하고, 그것을 놓으려 하지 않습니다.[7]

그는 하나님 앞에서 자기 자신이 되기를 간절히 원하지만, 단 하나, 자기가 고통을 겪는 바로 그 '고정된 지점'에 대해서는 자신이 되기를 절망 속에서 거부합니다. 그는 **영원**(Evigheden)이 그 고통을 제거해 주기를 희망하면서, 이 **시간성**(Timeligheden) 속에서는 아무리 고통스러울지라도 그것을 받아들이기로 결단하지 못합니다. 그는 그것을 믿음으로 받아들이며 자신을 낮추려 하지 않습니다. 그런데도 그는 계속해서 하나님과 관계를 맺으며, 이것이 **그의 유일한 구원**(Salighed)입니다. 하나님을 잃는 것은 그에게 가장 큰 공포일 것이며, 그는 이렇게 말할 것입니다.

"그건 정말 절망스러운 일이 될 거야."

그러나 그는, 아마도 무의식적으로, 하나님을 실제와는 조금 다르게—예컨대, 자녀의 유일한 소원을 지나치게 들어주는 다정한 아버지처럼—조금 '시적으로' 상상하는 것을 스스로에게 허용하고 있습니다. 마치 한 사람이 **사랑**(Elskov)의 실패로 인해 시인이 되어 사랑의 행복을 노래하듯, 그는 **종교성의 시인**이 됩니다. 그는 **종교성**(Religieusitetens) 안에서 불행해졌고, 희미하게나마 자신에게 요구되는 것이 이 고통을 내려놓는 것, 곧 믿음으로 그 아래에 자신을 겸손히 두고, **자기**(self)의 일부로 받아들이는 것이라는 사실을 어렴풋이 이해하고 있습니다. 하지만 그는 그 고통을 자기 밖으로 밀어내려 하며, 바로 그 때문에 오히려 그것을 붙들고 있는 것입니다. 물론 그는 (이것이 절망한 자의 말이기 때문에 모든 말이 반대로 이해되어야 하듯이) 이것이 그 고통을 가능한 한 멀리하려는, 인간으로서 가능한 최대한 내려놓으려는 행위라고 생각하고 있습니다.

하지만 믿음으로 그것을 자기의 일부로 받아들이는 것, 그것은 그가 할 수 없는 일이며, 즉 정확히 말하면 그가 마지막 의미에서 '원하지 않는' 것입니다. 아니면, 그 자기는 그 지점에서 어둠 속으로 사라져 버립니다. 그러나 마치 **사랑**(Elskov)을 노래한 시인의 묘사가 그렇듯, 이 **종교성의 시인**이 그려낸 **종교성의 묘사**도 그만의 마법 같은 매력을 지닙니다. 그 표현에는 누구의 것도 닮지 않은 서정적 울림이 있으며, 그것은 어떠한 **남편**(Ægtemand)이나 어떤 **성직자**(Velærværdighed)도 가지지 못한 것입니다. 그가 말하는 것이 거짓인 것은 아닙니다. 결코 그렇지 않습니다. 그의 묘사는 바로 그의 더 나은 '**나**'(Jeg)', 그의 **더 행복한 '나'**입니다.

그는 종교적인 면에서 보면 **불행한 연인**(ulykkelig Elsker)에 불과합니다. 다시 말해, 그는 엄밀한 의미에서 '**믿는 자**'(Troende)'는 아닙니다. 그는 믿음의 첫 번째 단계, 즉 절망에 머물러 있고, 그 안에서 종교적인 것에 대한 **불타는 열망**(Længsel)을 지니고 있을 뿐입니다. 그의 **충돌**(내적 긴장)은 본질적으로 다음과 같은 것입니다.

과연 그는 부르심을 받은 자인가? 그의 '**육체의 가시**(Pæl i Kjødet)[8]는 그가 비범한 사명을 위해 택함받았다는 표시인가? 혹은, 그것은 그가 가장 보편적인 인간적 삶에 이르기 위해 겸손히 감내해야 할 고통인가?

그러나 이쯤에서 멈추어야겠습니다. 나는 진실된 강조와 함께 이렇게 말할 수밖에 없습니다. 도대체 내가 누구에게 말하고 있는 것인가? 이와 같은 심리학적 연구들의 **n차 방정식**과 같은 문제들에 대해 누가 관심을 가지겠습니까? 목사는 **뉘른베르크 그림**(Nürnberger-Billeder)[9]처럼(누구에게나 똑같이 보이고 누구든 이해할 수 있는 그런 인형처럼) 더 잘 알아들을 수 있는 그림을 설교 시간에 그려 보여주지만, 그것들은 모든 사람과 아무에게나 해당되는 그림일 뿐, 영적인 의미에서는 아무것도 아닙니다.

제1장 자기 의식의 단계들[10] (정의: 하나님 앞에서)[11]

앞의 단락에서는 **자기 의식**(Bevidsthed om Selvet)에 단계가 있음을 계속해서 밝혔습니다. 먼저는 **영원한 자기**(evigt Selv)를 가지고 있다는 사실조차 모르는 **무지 상태**(Uvidenhed, C. B. a.)가 있었고, 그 다음에는 무언가 영원한 것이 깃든 자기를 가지고 있다는 **지식 상태**(Viden, C. B. b.)가 있었으며, 그 안에서도 (*α.* 1. 2. *β*) 다시 **세분화된 단계들**이 있습니다. 이제 이 전체의 관점을 변증법적으로 새로운 방식으로 보겠습니다.

문제는 지금까지 다뤄온 자기 의식의 단계는 '**인간적 자기**(det menneskelige Selv)'라는 정의 안에 머물렀다는 것입니다. 즉, 그 **자기의 기준**(Maalestok)은 '인간'이었습니다. 그런데 **자기**(Self)기가 하나님 앞에 선 자기가 되는 순간, 이 자기는 새로운 질적 성격(Qvalitet)과 자격(Qvalifikation)을 얻게 됩니다. 나는 이것을, 오해하지 않기를 바라며, "**신학적 자기**(theologiske Selv)", 즉 **하나님 앞에 선 자기**(Selvet lige over for Gud)라고 부르고 싶습니다. 자기가 하나님 앞에서 존재한다는 것을 자각함으로써, 곧 하나님의 기준 앞에 선 하나의 인간적 자기가 됨으로써, 자기는 얼마나 **무한한 실재성**(Realitet)[12] 을 획득하게 됩니까!

예를 들어, 어떤 목동이 (가능한 일은 아니겠지만) 자기 자신을 오직 소들 앞에 선 존재로 생각한다면, 그 자기는 **매우 낮은 자기**입니다. 마찬가지로, 어떤 주인이 자신의 자기를 오직 종들 앞에서 드러나는 자기라고 여긴다면, 그는 실제로는 참된 자기라고 할 수 없습니다. 왜냐하면 그들 모두에게는 **올바른 기준**(Maalestok)이 없기 때문입니다. 아이일 때는 부모가 기준이 되지만, 어른이 되면 국가는 그 사람의 기준입니다. 그러나 **자기가 하나님을 기준으로 삼게 되는 순간**, 자기는 얼마나 **무한한 강조**(infinite accent)를 얻게 됩니까!

자기의 기준(Maalestok)은 언제나 다음과 같습니다. 곧, 자기란 무엇 앞에서 자기가 되는가에 따라 규정되는 것입니다. 이것이 바로 "**기준**(Maalestok)"이라는 개념의 정의이기도 합니다. 마치 동일한 종류의 것들만 덧셈이 가능하듯, 모든 사물은 그것으로 측정되는 것과 동일한 질적 성격을 지닙니다. 그리고 어떤 사물이 질적으로 측정되는 기준은, 윤리적으로는 그것의 목표(Maal)입니다.

그러므로 기준(Maalestok)과 목표(Maal)는 질적으로 동일하며, 그것은 곧 어떤 존재가 본래 되어야 할 것을 뜻합니다. 단 하나의 예외는, **자유의 세계**(Frihedens Verden)입니다. 이 세계에서는 어떤 사람이 자신의 기준이자 목표가 되는 그것과 질적으로 동일하지 않을 경우(질적으로 살아내지 못할 경우), 그는 스스로 그 자격 상실(Disqualification)을 자초한 것입니다. 그렇다 하더라도, 기준과 목표는 변하지 않으며, 오히려 그 사람의 결핍을 심판(dømmende)하여 드러내는 역할을 하게 됩니다. 즉, 그가 되어야 했던 그것, 그것이 바로 그의 목표이자 기준이었던 것입니다.[13]

194 '**죄가 하나님 앞에서 지은 죄이기 때문에 두렵고 끔찍하다**'는 통찰은 매우 깊이 있는 사유였습니다. **옛 교의학**(ældre Dogmatik)[14]은 자주 이 생각으로 되돌아가곤 했으나, **후대의 교의학**(senere Dogmatik)은 종종 이 생각 앞에 멈추었습니다. 그것을 이해할 지혜도, 받아들일 감각도 부족했기 때문입니다. 물론 이 생각이 때때로 잘못 적용된 경우도 있었지만, 그 핵심은 본질적으

로 옳았습니다. 그 사유란 바로 이것입니다. 죄가 무섭고 두려운 이유는 단순히 잘못된 행위이기 때문이 아니라, 그것이 **하나님을 향한 죄**(for Gud, 하나님 앞에서 진 죄)이기 때문이라는 점입니다. 바로 이 점에서 **지옥 형벌의 영원성**(Helvedesstraffenes Evighed)[15]이 정당화되곤 했습니다.[16] 그런데 나중에 사람들은 '영리해졌습니다.' 그리고 이렇게 말했습니다.

"죄는 그냥 죄다. 그것이 하나님을 향한 것이든 아니든, 죄가 더 커지는 것은 아니다."

이 얼마나 이상한 말입니까! 법률가들조차도 **'가중처벌이 필요한 범죄'**[17]라는 것을 말하지 않습니까? 법률가들조차도, 예컨대 어떤 범죄가 공무원에 대해 저질러졌는지, 아니면 일반 시민에 대해 저질러졌는지에 따라 구별하며, 부친 살해와 일반적인 살인 사이에도 형벌의 차이를 두지 않습니까?

아닙니다. 이 점에 있어서만큼은 **옛 교의학**이 옳았습니다. 죄(Synden)가 하나님(Gud)을 거슬렀다는 사실은 그것을 **무한히 강화**(uendelig potentserede)시킨다는 것입니다. 문제는 두 가지에 있었습니다. 하나는 하나님을 마치 외부에 존재하는 어떤 분처럼 이해했다는 점, 다른 하나는 죄가 단지 **때때로만** 하나님을 향해 지어진다고 여겼다는 점[18]입니다. 하지만 <u>하나님은 경찰관처럼 외적으로 존재하는 분이 아닙니다.</u>

여기서 핵심은, 자기(self)가 **하나님에 대한 개념**을 분명히 가지고 있으면서도, 하나님의 뜻을 따르지 않고, 여전히 **불순종한다는** 사실입니다. 또한 죄는 결코 가끔씩만 하나님 앞에서 지어지는 것이 아닙니다. <u>사실상 모든 죄는 하나님 앞에서 지어집니다.</u> 좀 더 정확히 말씀드리면, 인간의 잘못이 단순한 과오를 넘어 진정한 '죄'가 되는 이유는, 그 사람이 하나님 앞에서 존재하고 있다는 사실을 의식하고 있었기 때문입니다.

절망(Fortvivlelsen)은 **자기**(Selvet)**에 대한 의식**(Bevidsthed om Selvet)에 비례하여 **강화됩니다**(potentseres). 하지만 자기(self)는, 그 자기를 측정하는 기준에 따라 강화되며, 그 기준이 하나님이실 때, 자기는 무한히 강화됩니다. 하나님에 대한 개념이 깊어질수록 자기는 더욱 깊어지고, 자기에 대한 의식이 깊어질수록 하나님에 대한 개념도 더욱 깊어집니다. 이 단독자, 곧 이 특정한 단일한 자기(Self)가 자신이 하나님 앞에서 존재하고 있다는 사실을 의식할 때, 비로소 그는 **무한한 자기**(infinite self)가 됩니다. 그리고 이러한 자기는 하나님 앞에서 죄를 짓게 됩니다.

그러므로 **이교도의 이기심**(selfishness)은, 그에 대해 아무리 많은 말들이 덧붙여지더라도, 기독교 세계 내에서의 이기심에 비하면 결코 그 심각성이 같을 수 없습니다. 만일 크리스텐덤 안에도 이기심이 있다면 말입니다. 왜냐하면 **이방인**은 **하나님 앞에 선 존재로 자신의 '자기'를 알지 못했기 때문**입니다. 이방인이나 자연적 인간은, 단지 **인간적 자기**(human self)를 **기준**으로 살아갑니다. 그렇기에 더 높은 관점에서 보면, 이교도 전체가 죄 안에 있다고 말할 수도 있겠습니다. 하지만 이교도의 죄란 본질적으로 하나님을 알지 못한 채, 자신이 하나님 앞에 존재한다는 사실을 알지 못하고 살아가는 **절망적 무지**였습니다. 곧 그것은 성경이 말하듯, "세상에서 하나님 없이 살았다"(엡 2:12)[19]는 것입니다.

따라서 다른 한편에서 보면, 이방인은 가장 엄밀한 의미에서 죄를 짓지는 않았습니다. 왜냐하면 그는 **하나님 앞에서** 죄를 지은 것이 아니기 때문입니다. 그리고 **모든 죄는 하나님 앞에서 지어진 것**입니다. 또한 어떤 의미에서는 이런 말도 참입니다. 많은 이방인이 세상을 비교적 문제없이 지나갈 수 있었던 이유는, **그의 펠라기우스주의적인 경솔한**(가벼운) **개념**(pelagiansk-letsindige Forestilling)[20]이 그를 '구해주었기' 때문입니다. 하지만 그럴 경우, 그의 죄는 또 다른 데에 있습니다. 곧, **그런 펠라기우스적이고 경솔한 이해 자체가 죄**인 것입니다.

반면, 어떤 경우에는 어떤 이가 기독교적으로 엄격한 교육을 받은 탓에 오히려 일정한 의미에서는 죄에 빠지게 되기도 합니다. 특히 **젊은 시절**(livs tidligere Tid)에는 **기독교적 관점**(christelige Anskuelse) 전체가 그에게 너무 심각하고 무겁게 다가왔기 때문입니다. 그러나 동시에 이것 역시 한 측면에서는 그에게 도움이 될 수 있습니다. 왜냐하면 그는 그 과정을 통해 죄가 무엇인지에 대해 더 깊은 인식을 갖게 되기 때문입니다.

죄란 곧 하나님 앞에서, 절망 가운데 자기 자신이 되기를 원하지 않는 것, 혹은 하나님 앞에서, 절망 가운데 자기 자신이 되기를 원하는 것입니다. 그런데 이 정의가, 다른 면에서는 어떤 장점을 인정받을 수 있다 하더라도, 그 중에서도 성경적 정의라는 점, 곧 성경이 언제나 **죄를 불순종**으로 정의한다는 점이 가장 중요하다 하더라도,[21] 과연 너무 영적인 정의는 아닌가요?

이에 대해 가장 먼저 이렇게 대답드릴 수 있습니다. **첫째, 죄의 정의가 '너무 영적'일 수는 없습니다**. 물론, 그 정의가 너무 영적인 나머지 죄 자체를 없애버린다면 그것은 잘못이지만, **죄란 본래 영의**(spirit, 정신) **규정이기 때문입니다**. 둘째, 그렇다면 왜 이 정의가 "지나치게 영적"이라 여겨지는 것입니까? 살인(Mord), 도둑질(Tyveri), 음행(Utugt) 등에 대해 직접적으로 말하지 않기 때문입니까? 그러나 이 정의가 그러한 것들에 대해 말하지 않는 것이 아닙니다. 오히려 살인, 도둑질, 음행 또한 하나님을 거스르는 **자기 독단**(Selvraadighed mod Gud, 자기 고집)이며, **그분의 명령을 거역하는 불순종**(Ulydighed)입니다.

반대로, 죄에 대해 이야기할 때 단지 이런 외적인 범죄들(saadanne Synder)만을 언급하게 되면, 인간적으로 보아 어느 정도는 정당하다고 여겨질 수도 있는 이 모든 것들 속에서, 사실은 **삶 전체가 죄일 수 있다는 점**, 즉 잘 알려진 유형의 죄, 곧 '**빛나는 악덕들**(glimrende Laster)'[22]을 너무 쉽게 잊어버리게 됩니다. 이런 **자기 독단**(Selvraadighed)은 무감각하거나 대담하게도, **인간의 자기**(human self)가 하나님께 무한히 더 깊은 의미에서 순종해야 함에도 불구하고, **이를 모르거나 알고도 거부하는 상태**에 머무는 것입니다. 곧 자기의 가장 은밀한 욕망과 생각, **하나님의 뜻**을 가리키는 그분의 **가장 작은 신호**(Guds Vink)에도 귀를 기울이고 **순종할 책임**(forpligtet)이 **인간적 자기**에게 있다는 사실을 무시하는 것입니다.[23]

이런 관점에서 볼 때, 육체의 죄들은 낮은 자기(Self)의 **자기 독단**(Selvraadighed)입니다. 그러나 우리가 잘 알 듯, 한 마귀가 또 다른 마귀에 의해 쫓겨날 수도 있습니다.[24] 그리고 마지막 상태가 처음보다 더 악해질 수도 있습니다.[25] 실제로 세상에서는 이런 일이 일어납니다. 한 사람이 **나약함**과 **연약함** 가운데 죄를 짓습니다. 그러다가 그렇습니다, 어쩌면 그는 하나님께 피하고, 모든 죄에서 구원하는 믿음에 이를 수도 있겠지요. 하지만 지금 여기서 우리가 말하고자 하는 것은 그것이 아닙니다.

그는 자신의 연약함을 절망하며, 다음 두 가지 길 중 하나로 나아갑니다. 그는 **바리새인**[26]이 됩니다. 곧, 절망 속에서 스스로 **율법적 의로움**[27]에 도달하려 애쓰는 자가 됩니다. 혹은 그는 절망 속에서 다시 죄 가운데 자신을 **내던져버리는 자**가 됩니다.

따라서 이 정의는 아마도 모든 생각할 수 있는 죄의 형태, 실제 존재하는 죄의 형태를 포괄한다고 볼 수 있을 것입니다. 그러나 정의는 결정적인 점을 올바르게 강조하고 있습니다. 곧, **죄란 절망**이라는 것입니다(왜냐하면 죄는 육신과 혈육[28]의 광기가 아니라, 영이 그것에 동의하는 것이기 때문입니다). 그리고 <u>죄는 하나님 앞에서 죄입니다.</u> 그 정의는 마치 **대수학**(Bogstavregning)[29]과 같습니다. 이 짧은 글에서는 개별적인 죄들을 묘사하려는 시도는 부적절할 것이며, 설령 시도하더라도 실패할 수밖에 없는 일일 것입니다. 여기서 가장 중요한 것은, 이 정의가 그물처럼 모든 죄의 형태를 포괄하고 있다는 점입니다. 그리고 실제로 그렇습니다. 그 점은 이 정의를 대조 개념, 즉 믿음의 정의와 비교함으로써도 확인할 수 있습니다. 나는 이 전체 글에서 이 <u>**믿음의 정**의를 확고한 **이정표**처럼 삼고 있습니다. 믿음이란, 자기가 자기 자신으로 존재하며 자기 자신이 되기를 원함에 있어서 투명하게 하나님 안에 근거하는 것입니다.</u>

그런데 종종 간과되는 것이 있습니다. <u>죄에 대한 반대 개념은 결코 덕(Dyd)이 아니라는 점입니다.</u> 이것은 부분적으로는 **이교도적인 관점**이며, 단지 **인간적 기준**에 만족하고, 죄가 무엇인지를 제대로 알지 못하는 관점입니다. 곧, 모든 죄는 하나님 앞에서의 죄라는 것을 모르는 관점입니다. 아닙니다. <u>죄의 반대는 덕이 아니라 믿음(Tro)입니다.</u>[30] 그러므로 로마서 14장 23

절에서는 이렇게 말씀합니다. "믿음으로 말미암지 아니하는 것은 다 죄니라." 이는 기독교 전체를 결정짓는 가장 핵심적인 규정 중 하나입니다. 곧, **죄의 반대**는 **덕**(Dyd)이 아니라 **믿음**(Tro)이라는 것입니다.

부록

죄의 정의가 실족(Forargelse)의 가능성을 내포하고 있음 — 실족에 대한 일반적 고찰

죄 — 믿음이라는 대립은 기독교적인 대립이며, 기독교적으로는 모든 윤리적 개념 규정을 변화시키고, 거기에 하나의 **층위**(Udtræk)[31]를 더해 줍니다. 이 대립의 바탕에는 기독교적인 결정적 규정, 곧 '**하나님 앞에서**(for Gud)' 라는 규정이 놓여 있으며, 이 규정은 다시 기독교적인 것의 **결정적 기준**인 **부조리**(the Absurde), **역설**(paradokset), **실족의 가능성**(Forargelsens Mulighed)을 담고 있습니다.[32] 그리고 기독교적인 어떤 규정이든, 여기에 <u>실족의 가능성이 나타남을 보여주는 것은 대단히 중요합니다. 왜냐하면 실족은 기독교적인 것에 대한 모든 사변</u>(speculation)[33]<u>에 맞서는 방패이기 때문입니다.</u>

그렇다면 여기에서 **실족의 가능성**은 어디에 있습니까? 그것은 바로 한 인간이 **하나님 앞에 단독자로 존재한다는 실재성**(Realitet)에 있습니다. 곧, 거기서 다시 다음과 같은 것이 따라오게 됩니다. 인간의 죄가 하나님을 괴롭히고 신경 쓰이게 한다는 것입니다. 이것은 한 개인에 관하여 말하는 것입니다. 그런데 사변은 결코 하나님 앞에서 단독자로 선 인간이라는 사고를 갖지 못합니다. 그 대신 사변은 개별 인간들을 환상적으로 전체 인류 속으로 **보편화**(universaliserer)[34] 해버립니다.

그래서 믿지 않는 기독교는 이렇게 발명해 냈습니다. 즉, "죄는 하나님 앞에서이든 아니든 상관없이 죄다. 그건 중요한 게 아니다." 다시 말해, '**하나님 앞에서**'라는 규정을 제거하고자 했던 것입니다. 그리고 그렇게 하기 위에서 '더 높은 지혜'를 발명해 냈는데, 놀랍게도 그 '**더 높은 지혜**'란 것이 대체로 항상 그렇듯, 다름 아닌 예전의 **이교적 사상**(hedenskab)일 뿐이었습니다.

기독교가 너무 어둡고 불분명하다는 이유로, 너무 엄격하다는 이유로 사람들이 기독교에 대해 실족한다고 말해지는 경우가 자주 있습니다. 그러나 인간이 정말로 기독교에 대해 실족하게 되는 진짜 이유는, 사실 기독교가 **너무나도 높은 것**이며, 그 목표가 **인간의 목표**와 다르며, 인간을 너무나 탁월한 존재로 만들고자 하기 때문이라는 점을 한 번쯤 밝혀둘 필요가 있을 것입니다. 인간은 그것을 자신의 머리로는 도저히 이해할 수 없기에 실족하는 것입니다. 이는 **실족함**이란 무엇인가에 대한 아주 **단순한 심리학적 해설**[35]을 통해서도 분명히 드러납니다. 그리고 동시에, 기독교를 변호한다는 명목 아래 실족의 가능성을 제거해버린 사람들이 얼마나 무한히 어리석게 행동해 왔는지를 보여줍니다. 그렇게 실족을 없애려 한 것은 정말 어리석거나 혹은 대담하게도 그리스도의 가르침을 무시한 행위였습니다.

그리스도께서는 종종, 또 매우 걱정스러운 어조로 **실족을 경계하라고 경고**하셨습니다.[36] 이는 **실족의 가능성**이 실제로 존재하며, 기독교적인 것의 본질적인 구성요소로 항상 동반되어야 함을 직접 가리키신 것입니다. 만약 실족의 가능성이 존재하지 않는다면, 그것은 기독교적인 것에 본질적으로 포함되어 있는 것이 아니라는 말이 되며, 그렇다면 그리스도께서 실족을 걱정하시며 경고하신 것도 결국은 인간적인 허튼소리였다는 말이 되고 맙니다. 그분께서 실족을 없애기보다는 오히려 그것을 경고하셨다는 사실은 실족의 가능성이 반드시 있어야 함을 **반증**합니다.

가령 제가 하루 벌어 하루 먹고사는 한 **가난한 날품팔이**(Daglejer)[37]를 상상한다고 해 보겠습니다. 그리고 이제껏 존재했던 군주 중 가장 위대한 황제가 어느 날 갑자기 마음을 먹고 이 날품팔이를 부른다고 상상해 보십시오. 이 날품팔이는 황제가 자신이 존재한다는 사실조차 알 거라고는 꿈에도 생각해본 적이 없고, 마음속으로조차 떠올려본 적이 없는 사람입니다.[38] 그런데 황제가 그를 불러서는, 단 한 번이라도 황제를 볼 수 있게 해주겠다고 한다면, 그는 말할 수 없이 기뻐하며 그것을 자기 인생의 가장 중요한 사건으로 여겨 자신의 자녀와 손자들에게 두고두고 이야기하겠지요. 그런데 그 황제가 단순히 그를 불러 만나보려는 것이 아니라, 그를 사위로 삼고자 한다면 어떻겠습니까?

아마 이 **날품팔이**는 사람된 처지로서 굉장히 당황하고 난처해하며 겸연쩍어할 것입니다. 그리고 (이것이 인간적인 반응이겠지요) 어쩌면 그것은 그에게 아주 이상하고도 비현실적인 일로 여겨질 수밖에 없을 것입니다. 그는 도무지 감히 다른 사람에게 이런 이야기를 꺼낼 엄두조차 내지 못할 것입니다. 왜냐하면 그 자신도 마음속으로는, 아마 이건 황제가 자기를 조롱하려는 것이 아닐까, 자신을 온 동네 사람들의 웃음거리로 만들려는 게 아닐까 하는 생각을 떨치지 못할 테니까요. 신문에는 자신의 이야기가 실릴 것이고 (aftegnet i Bladet),[39] 잡상인들(Visekjærlinger)[40]이 '황제의 사위가 된 노동자'라는 제목으로 그 이야기를 팔아치우겠지요.

하지만 황제의 사위가 된다는 일은 머지않아 외적 현실(Virkelighed)이 되어, 그 **날품팔**이 노동자가 감각적 방식으로[41] 그것이 진짜로 황제의 진심인지, 아니면 황제가 그 불쌍한 사람을 가지고 장난이나 치며 평생토록 불행하게 만들고 결국 정신병원[42]에나 보내려는 것인지 확인할 수 있어야 할 것입니다. 왜냐하면 거기에는 quid nimis[지나친 어떤 것][43]이 자리잡고 있어서, 그것은 너무도 쉽게 정반대의 결과가 되어버릴 수 있기(Slaae om til sit Modsatte)[44] 때문입니다. 작은 은총 하나쯤은 이 노동자가 어떻게든 납득할 수 있었을 것이고, 그 도시(Kjøbstaden)[45]는 물론, 지식인들, 신사숙녀들, 신문팔이 할머니들, 요컨대 그 도시에 살고 있는 오십만 명 정도의 사람들 모두가 이해할 수 있었을 것입니다. 그 도시는 인구로 보면 분명 큰 도시였지만, 특별한 것에 대한 이해력이나 감수성으로 보자면 아주 작은 시골 마을에 불과했지요. 그러나 '사위가 된다'는 것은 정말 너무 지나친 일(meget for meget)[46]이었습니다.

그리고 이제 가정해 봅시다. 만일 이 일이 외적 현실(udvortes Virkelighed)에 대한 이야기가 아니라, 오히려 내적 현실, 즉 외적 사실(facticitet)[47]이 아닌 '믿음'만이 유일한 실제성이고, 모든 것이 오로지 믿음에 맡겨진 일이라면, 그 날품팔이가 이것을 믿을 만한 겸손한 용기를 가질 수 있었을까요? 왜냐하면 오만한 용기로는 믿을 수 없기 때문입니다. 그렇다면 그런 믿음을 지닌 일용노동자가 얼마나 있을까요? 만일 누군가 그 용기를 가지지 못한다면, 그는 실족(분노)하게 될 것입니다. 그에게는 그와 같은 '지나치게 특별한 일'이 조롱처럼 들릴 것입니다. 그는 아마 정직하게 이렇게 고백할 것입니다.

"그건 제게 너무 높은 일이에요. 제 머리로는 도저히 이해할 수 없습니다. 단도직입적으로 말씀드리자면, 저에겐 그것이 어리석은 일(Daarskab)[48]처럼 들립니다."

이제 기독교는 어떤가요! 기독교는 남자, 여자, 하인, 목사, 상인, 이발사, 학생 등 모든 개인이 하나님 앞에 존재한다고 가르칩니다. 이 개인은 아마도 일생에 한 번 왕과 이야기한 것을 자랑스러워 할 것입니다. 이 사람이나 저 사람과 친밀한 관계에 있다는 착각을 조금도 갖지 않는 이 사람, 그가 하나님 앞에 존재합니다. 언제든지 그가 원하면 하나님과 대화할 수 있고, 그분이 들으실 것을 확신합니다. 한마디로, 이 사람은 하나님과 가장 친밀한 관계로 살도록 초대받았습니다!

더 나아가, 바로 이 사람을 위해, 하나님은 세상에 오셨고, 태어나셨으며, 고난을 받으셨고, 죽으셨습니다. 이 고난당하신 하나님은, 거의 애원하듯, 이 사람에게 자신에게 주어진 은혜를 받아들이기를 간절히 바라십니다. "제발 이 구원을 받아주시오!"라고 말입니다. 정말로 이것은 정신을 잃을 만큼 충격적인 일입니다. 그러나 바로 그렇습니다!

이것을 믿을 만큼의 겸허한 용기가 없는 사람이라면 누구나 실족하게 됩니다. 그런데 그는 왜 실족합니까? <u>너무 높기 때문입니다. 자기의 이해력으로는 감당할 수 없기 때문입니다.</u> 그 현실 앞에서 **담대함**(Frimodighed)을 유지할 수 없기 때문입니다. 그래서 그는 그것을 없애버리고 싶어합니다. 무(無)로 만들고, 광기와 허튼소리로 전락시켜버리고 싶어하는 것입니다. 마치 그것이 자신을 짓눌러 질식시킬 것처럼 느껴지기 때문입니다.

그렇다면, 실족이란 무엇일까요? <u>실족이란, 불행한 감탄</u>(ulykkelig <u>Beundring</u>)입니다. 실족은 본질적으로 질투와 가까우며, 그러나 그 질투는 자기 자신을 향한 질투, 그 누구보다도 자기 자신을 가장 심하게 거부하는 질투입니다. 자연인의 **좁은 마음**(편협함)[49]은, 하나님께서 자신에게 예정하신 탁월한 것을 감히 자신에게 허락하지 못합니다. 그래서 그는 실족하는 것입니다. 실족의 정도는 사람의 감탄이 얼마나 열정적인지에 따라 다릅니다. 상상력과 열정이 부족하여 특별히 감탄하지 않는 더 **산문적인 사람들**(prosaiske Mennesker)도 실족합니다. 그들은 다음과 같이 말하면서 자신을 제한합니다.

"그런 것은 이해할 수 없으니 내버려 둡니다."

<u>이런 이들이 바로 회의주의자들입니다.</u> 하지만 더 많은 **열정과 상상력을 가진 사람일수록**, 그는 곧 하나님을 믿게 될 가능성, 즉 가능성 안에서 신앙을 가질 수 있는 사람에 가까워집니다. 주의할 점은, 그런 사람일수록 더욱 깊은 경외심을 가지고 위대한 존재 앞에 자신을 낮추고자 하지만, 동시에 더욱 격렬하게 실족할 수 있다는 것입니다. 이런 실족은 단지 거부나 회피로 끝나지 않고, 그것을 뿌리 뽑고,[50] 말살하고, 진흙에 짓밟아야만 직성이 풀리는 그런 실족이 됩니다.

만일 실족을 이해하고자 한다면, **인간적인 질투**를 공부해야 합니다.[51] 이것은 제가 피할 수 없었던 공부이며(giver op uden om),[52] 철저히 해낸 것이라 자부합니다. <u>질투는 감춰진 감탄입니다.</u> 감탄하면서도 그 감탄에 자신을 온전히 내어주는 것으로는 행복해질 수 없다고 느끼는 사람은, 자신이 감탄하는 대상에 대해 질투하는 쪽을 선택합니다. 그러면 그는 다른 언어로 말하기 시작합니다. 그의 언어에서는, 그가 본래 감탄했던 그것이 이제는 아무것도 아니며, 어리석고 민망하고 기이하고 과장된 무엇이라고 불립니다.

"감탄(Beundring)은 행복한 자기포기이며, 질투는 불행한 자기주장입니다."[53]

그리하여 실족도 마찬가지입니다.[54] 왜냐하면 사람과 사람 사이의 관계에서 **감탄**(존경, Beundring)와 **질투**(Misundelse)가 대립되는 것처럼, 하나님과 인간 사이의 관계에서는 **경배**(예배, Tilbedelse)와 **실족**(Forargelse)이 서로 대립되기 때문입니다.

모든 인간적 **지혜의 총합**(summa summarum, 요약)[55]은 바로 이 '**황금률**(gyldne)'[56]입니다. 아니, 어쩌면 더 정확히 말하자면, 도금(鍍金)된[57] 황금률— 즉 ne quid nimis[아무것도 지나치지 말라][58], 곧 지나치게 적어도, 지나치게 많아도 모든 것을 망친다는 것입니다.[59] 이 지혜는 사람들 사이에서 오가며 지혜로서 칭송받고, 존경을 받습니다. 그것의 통용 가치는 결코 떨어지지 않으며, 온 인류가 그것의 가치를 보증합니다.

그러나 때때로 어떤 천재가 그 황금률을 약간 벗어나는 일이 생깁니다. 그러면 그는 현명한 자들에 의해 미쳤다고 선언됩니다. 그러나 기독교는 이 "ne quid nimis[아무것도 지나치지 말라]"라는 지혜를 훨씬 넘어서는 거대한 도약을 감행합니다. 그것은 곧 부조리로 들어가는 도약입니다. 기독교는 바로 거기서부터 시작되며, 그곳에서 실족도 시작됩니다.

이제 우리는 알 수 있습니다. 무언가 **탁월한 것**(Overordentligt)이 남아 있도록 하려면, 기독교를 변호하는 것이 얼마나 탁월하게 어리석은 일인지, 그것이 인간에 대한 얼마나 적은 이해에서 비롯된 것인지, 그것이 비록 무의식적일지라도 어떻게 **실족**(Forargelse)을 변호하는 듯한 속임수를 쓰는지, 그리고 결국 기독교를 그렇게 비참한 무엇으로 전락시켜서, 마침내는[60] 방어를 통해 겨우 구제하려는 어리석음을 드러내는지 말입니다.

그러므로 이것은 확실하고도 진실입니다. 크리스텐덤 안에서 처음으로 기독교를 '변호(변증)하려는' 생각을 해낸 사람은, 사실상(de facto)[61] **'제2의 유다'**(Judas No. 2)[62]입니다. 그 역시 입맞춤(Kys)으로 배반하는 자[63]입니다. 단지 그의 배신은 악의의 배신이 아니라 어리석음의 배신이라는 차이가 있을 뿐입니다.

무언가를 변호한다는 것 자체가 언제나 그것을 실질적으로 **깎아내리는**(disrecommandere)[64] **행위**입니다. 어떤 사람이 창고 가득 금화를 가지고 있고, 그 모든 금화(Dukat)[65]를 가난한 자들을 위해 쓰려고 결심했다 해도, 그가 어리석게도 그 선행을 시작하면서 "이러이러한 세 가지 이유로 이것이 정당하다"고 변호부터 한다면, 사람들은 그가 과연 좋은 일을 하는 건지조차 의심하게 될 것입니다. 하물며 기독교에 대해선 어떻겠습니까! 그렇습니다. 기독교를 변호하려 드는 자는 결코 그것을 믿은 적이 없는 사람입니다. 정말로 믿는 자라면, 그의 믿음의 열정은 변호(defense)가 아니라, **공격이며, 승리**입니다. **믿는 자는 승리자입니다.**[66]

기독교와 실족은 이와 같습니다. 실족의 가능성은 기독교적 죄에 대한 정의에서 분명히 존재합니다. 그 정의란 이것입니다: 하나님 앞에서(for Gud). 한 이교도, 즉 자연적인 인간은 죄가 존재한다는 것은 기꺼이 인정하려 합니다. 하지만 그 죄가 "하나님 앞에서" 죄라고 정의되는 순간—곧 그 죄를 죄 되게 하는 본질적인 규정이 주어지는 그 지점에서—그는 그것이 지나치다고 여깁니다. 조금만 덜하면 그는 이에 동의할 준비가 되어 있습니다. 하지만 결국 이렇게 말하게 됩니다.

"너무 과한 것은 너무 과한 것이다(Meget for Meget er for Meget)."[67]

제2장 소크라테스적 죄의 정의

"죄(Synd)란 **무지**(無知, Uvidenhed)[68]이다." 이것은 잘 알려진 바와 같이 소크라테스적인 정의이며, 모든 소크라테스적인 개념이 그러하듯 언제나 주목할 만한 하나의 주장입니다. 그러나 이 소크라테스적인 정의에 대해서도 다른 많은 소크라테스적인 개념들과 마찬가지로, 사람들은 **더 나아가고자**(gaae videre)[69] 하는 욕구를 느껴왔습니다. 수많은 사람들이 이 '**소크라테스적인 무지**(socratiske Uvidenhed)'[70]를 넘어서고자 하는 내적 충동을 느꼈습니다. 아마도 그 정의에 머무는 것이 자기 자신에게는 불가능하다고 느꼈기 때문일 것입니다. 실제로 각 세대마다 과연 얼마나 많은 사람들이, 모든 것에 대해 무지를 실존적으로 표현하면서 한 달만이라도 그 상태를 견딜 수 있었겠습니까?

그러므로 저는 소크라테스적 정의를, 단지 그 정의에 머무를 수 없다는 이유로 결코 배척하지 않겠습니다. 오히려 기독교적인 것을 염두에 두고, 이 정의를 활용하여 그것(기독교적인 것)의 날카로움을 드러내고자 합니다. 이는 바로 소크라테스적 정의가 너무나도 진정한 그리스적인 것이기 때문입니다. 그래서 이 경우에도 언제나 그렇듯, 가장 엄격한 의미에서 기독교적인 것이 아닌 모든 다른 정의들, 곧 이른바 '**중간 정의**(Mellem-Definition)'[71]라는 것들은 그 허무함을 드러내게 됩니다.[72]

소크라테스적 정의가 지니는 문제점은, '무지(Uvidenhed)'라는 것이 구체적으로 어떻게 이해되어야 하는지, 즉 그 기원이나 성격에 대해 명확히 밝히지 않는다는 점입니다.[73] 다시 말해, 비록 '죄는 무지다'(혹은 기독교가 더 선호할지도 모르는 표현으로는 '어리석음'[74]이라고 부를 수 있겠습니다)라는 주장을 어떤 의미에서는 부정할 수 없다고 하더라도, 그 무지가 **본래적**(Udrindelig) **무지**'인지, 곧 진리에 대해 전혀 알지 못했고 지금까지도 알 수 없었던 상태인지, 아니면 후천적으로 생겨난 무지인지에 대한 구분이 불분명합니다.

만약 그것이 **후천적 무지**라면, 죄는 사실상 단순한 무지에 있는 것이 아닙니다. 죄는 오히려 인간 안에서 일어나는 **활동**(Virksomhed)에 있으며, 그 활동을 통해 인간이 **자신의 인식**(Erkjendelse)을 의도적으로 흐리게(fordunkle) 만들었기 때문입니다. 그러나 이 점을 받아들인다 해도, 또다시 끈질기고(seiglivede) **뿌리 깊은 문제**(Mislighed)가 다시 나타납니다. 그것은 바로 이런 질문입니다.

"그렇다면 인간이 자기 인식을 흐리기 시작한 바로 그 순간에, 그는 그것을 분명히 **의식**(bevidst)하고 있었는가?"

만약 그가 그것을 분명히 **의식하지**(bevidst) 못했다면, 이미 **자기 인식**(Erkjendelsen)은 **흐려진**(fordunklet) 상태에서 시작된 것이며, 질문은 다시 원점으로 돌아가게 됩니다. 반대로, 그가 자기 인식을 흐리기 시작할 때 **그것을 분명히 의식했다면**, **죄**(Synden)**는**(비록 결과적으로 무지[Uvidenhed]로 드러난다 할지라도) **인식**(Erkjendelsen)에 있는 것이 아니라 **의지**(Villien)에 있는 것이 됩니다. 그렇다면 결국 문제는 **인식과 의지 사이의 관계가 무엇이냐**로 옮겨가게 됩니다. 이러한 **문제들**(Alt Sligt)은—그리고 이런 질문은 며칠이고 계속 이어질 수 있습니다—사실 **소크라테스적 정의**(den socratiske Definition)가 다루지 못하는 부분입니다.

소크라테스는 분명히 윤리학자였습니다. 고대가 그를 "**윤리학의 발명자**"(Ethikens Opfinder)로 단정적으로 인정한 것은 옳습니다. 그는 자신의 영역에서 첫 번째였고, 여전히 독보적인 첫 번째로 남아 있습니다. 그러나 그는 **무지**(Uvidenhed)에서 시작했습니다. 지적으로(Intellectuelt)는 무지, 곧 "아무것도 알지 못한다"는 것(Intet at vide)을 지향했습니다. 그러나 **윤리적으로**(etisk) **그가 무지라고 이해한 것은 전혀 다른 것**이었으며, 그는 그 지점에서 출발했습니다. 그러나 그는 본질적으로 **종교적인 윤리학자**(religieus Ethiker)가 아니었고, 더구나 기독교적인 의미에서의 **교리학자**(dogmatiker)[75]는 아니었습니다.

따라서 그는 기독교가 시작되는 전체 탐구에 들어가지 못합니다. 즉, 죄가 전제되고 **기독교에서 원죄**(Arvesynden) **교리**[76]로 설명되는 prius[선행상태]에 실제로 들어가지 않으며, 이 논의는 단지 그 경계에 접근하는 것에 불과합니다.[77]

그러므로 소크라테스는 사실상 '**죄**'에 대한 규정에 이르지 못하였습니다. 이는 죄에 대한 정의로서 분명한 결함이라 할 수 있습니다. 왜 그렇습니까? 죄가 무지라면, 죄는 사실상 존재하지 않는 것이 됩니다. 왜냐하면 죄란 본질적으로 '**의식**'이기 때문입니다.

만일 죄가 올바른 것을 알지 못한 채 잘못된 행동을 하는 것이라면, 죄는 존재하지 않는 셈입니다. 그렇게 본다면, 소크라테스가 주장했듯이, '사람은 옳은 것을 알면서도 그른 것을 행할 수는 없다'는 전제를 수용하는 것이며, 이는 곧 **죄라는 것이 실제로 존재하지 않음**을 의미하게 됩니다.

그런데 바로 이것이, 이 지점이 기독교적으로는 전적으로 타당한 것으로 간주됩니다. 보다 깊은 차원에서 보면, 이것이 기독교적 입장에서 바로 *quod erat demonstrandum*[증명하고자 하는 바][78]입니다. 기독교가 이방 사상(Hedenskabet)과 가장 본질적으로, 질적으로(qvalitativt) 구별되는 **핵심 개념은 바로 죄**(Synden), 곧 **죄에 대한 교리**(Læren om Synden)입니다. 그래서 기독교는 일관되게 이렇게 주장합니다. 곧, **이방 사상**(Hedenskabet)이나 **자연적 인간**(det naturlige Menneske)은 죄가 무엇인지 알지 못한다는 것입니다. 더 나아가, 죄가 무엇인지 드러나게 하려면 반드시 하나님으로부터의 계시(Aabenbaring fra Gud)가 필요하다고 기독교는 전제합니다.[79]

이는 흔히 오해되듯, **화해**(Forsoningen, 속죄)**에 대한 교리**(Læren om Forsoningen)가 **이방사상**(Hedenskab)과 **기독교**(Christendom) 사이의 질적 차이(qvalitative Differents)가 되는 것이 아닙니다. 기독교는 훨씬 더 깊은 차원에서 시작하며, 바로 **죄**(Synden), 곧 **죄에 대한 교리**(Læren om Synden)에서 출발합니다. 실제로 기독교는 그렇게 시작합니다. 따라서 만일 이방사상이 기독교가 수용할 수밖에 없는 죄의 정의를 갖고 있다면, 그것이야말로 기독교에 대한 **치명적인 반론**(farlig Indvending)이 될 것입니다.[80]

소크라테스가 죄를 정의함에 있어서 결정적으로 놓치고 있는 것은 무엇일까요? 그것은 바로 의지이며, 또한 반항(trods)입니다.[81] 고대 그리스의 지성은 지나치게 행복했고, 순진했으며, 미적이고, 아이러니하며, 재치 있었고—결국엔 죄로 가득 차 있었습니다. 그런 그리스적 인간성으로서는 도저히 다음과 같은 생각을 받아들일 수 없었습니다. 곧, 어떤 사람이 옳은 것을 알고 있으면서도 그것을 행하지 않을 수 있으며, 혹은 알면서도 의도적으로 잘못된 것을 행할 수 있다는 사실입니다. **그리스 정신**(Græciteten)[82]는 인간의 지성을 중심에 두고, 지적으로 파악된 옳음을 자동적으로 실천하는 존재로 인간을 전제하였습니다. 다시 말해, **지적 정언명령**(intellectuelt kategorisk Imperativ)[83]**을 절대화한 것**입니다.[84]

하지만 이 정의가 내포하고 있는 진리를 우리가 간과해서는 안 됩니다. 오히려 이 점은 오늘날과 같은 시대에 더욱더 강조되어야 합니다. 오늘날은 너무도 많은 **공허한 허풍**(tomt opblæsende)과 **불모의 지식**(ufrugtbar Viden) 속에 길을 잃고 있기 때문입니다. 바로 이 시대야말로, 소크라테스의 시대보다도 더 심각하게, 사람들이 소크라테스적인 배고픔을 다시금 느껴야 할 때입니다.[85] 정말로 웃음과 눈물이 동시에 나올 만한 것은, 사람들이 스스로 **가장 높은 것**(det Høieste)을 이해하고 파악했다고 **확신**(Forsikkringer)하는 그 태도입니다. 또 많은 사람들이 **추상적으로**(in abstracto) 그것을 표현하는 **재능**(Virtuositet)을 지녔다고 생각하는 것 역시 마찬가지입니다. 이런 태도는 어떤 의미에서는 올바르다 할 수 있습니다. 그러나 동시에 참으로 웃음과 눈물이 나는 것은, 이러한 **모든 지식**(Viden)과 **이해**(Forstaaen)가 인간의 **삶**(Liv) 위에 전혀 어떤 **힘**(Magt)도 발휘하지 못한다는 사실입니다. 그들의 삶은 자신이 이해했다고 말하는 것을 조금도 표현하지 못하고, 오히려 **정반대**(Modsatte)를 드러냅니다. 이렇게 슬프면서도 우스꽝스러운 **불일치**(Misforhold)를 보게 되면, 사람은 저절로 이렇게 외치게 됩니다.

"도대체 어떻게 그들이 그것을 이해했다고 할 수 있는가? 과연 그들이 정말 이해한 것이 맞는가?"

이때 옛날의 그 아이러니스트(Ironiker)이자 윤리학자(Ethiker)가 대답합니다.

"오, 친구여, 그런 말은 절대 믿지 말게. 그들은 결코 이해하지 못했네. 만약 그들이 정말로 이해했다면, 그들의 삶은 그 내용을 드러냈을 것이고, 그들은 자신들이 이해한 것을 실천했을 테니까."[86]

"이해한다는 것과 이해한다는 것은 결국 두 가지 다른 일인가요?"[87] 그렇습니다. 그리고 이 차이를 이해한 사람—물론 여기서 말하는 '이해'는 앞서 말한 첫 번째 종류의 이해가 아니어야 하지만—그 사람은 그 자체로(eo ipso) **모든 아이러니의 비밀**(Hemmeligheder)에 입문한 셈입니다. 사실 아이러니가 집중하는 것은 바로 이 **모순**(Modsigelse)입니다. 단순히 어떤 사람이 무언가를 알지 못한다는 사실을 우스꽝스럽게 여기는 것은 아주 낮은 수준의 **코믹**(Comik)이며, **아이러니**(Ironien)의 품격에 미치지 못합니다.

조금 더 깊은 코미디적 요소는 다음과 같은 데에 있습니다. 지구가 정지해 있다고 믿었던 사람들이 있었다 하더라도, 그것은 그들이 더 잘 알지 못했기 때문이며, 그 자체로는 그다지 **깊이 코믹한 것**은 없습니다. 아마도 오늘날 우리 시대도 앞으로 물리적인 세계에 대한 더 많은 지식을 갖춘 시대가 도래하면 비슷한 방식으로 평가받게 될 것입니다. **이와 같은 모순은 서로 다른 두 시대 사이에서 생기는 것**이며, 그 사이에는 더 깊은 **접점**(Coincidentspunkt, 일치점)[88]이 결여되어 있습니다. 그러한 모순은 본질적인 것이 아니며, 따라서 본질적으로 코믹한 것도 아닙니다.

하지만 한 사람이 옳은 말을 하고, 즉 그것을 이해했다고 말하면서, 막상 행동에서는 그와 정반대로 잘못된 일을 저지른다면, 이건 정말로 끝없이

코믹한 일입니다. 어떤 사람이 눈물까지 흘리며, 땀이 아니라 눈물이 줄줄 흐를 정도로 감동하여, 자기 부정을 말하고, 진리를 위해 자기 생명을 바치는 고귀함을 읽거나 듣고서—그런데 바로 그 다음 순간, 하나, 둘, 셋, 후딱 (ein, zwei, drei, vupti)![89] 아직 눈물도 마르지 않은 채, 땀 흘리며,[90] 힘닿는 데까지 불의가 이기도록 돕고 있다면? 이건 정말 무한히 코믹한 일입니다.

정말로 코믹한 것은, 어떤 설교자가 목소리와 표정에 진정성을 담고, 깊이 감동하며 또 듣는 이들을 감동시키면서, 전율하게 할 정도로 진리를 전하고, 모든 악과 지옥의 권세 앞에 당당히 맞서며, 몸가짐은 안정감 있고 시선은 담대하며, **걸음걸이**(Pas'ene)[91] 하나하나가 놀라울 만큼 정확하게 조화를 이루는 모습을 보일 수 있다는 것입니다. 그런데 바로 그가 거의 같은 순간, 여전히 **예배복이나 성직자의 옷**[92]을 입고 있는 그 상태에서조차, 아주 작은 불편이나 비난 앞에서도 비겁하고 두려워하며 슬그머니 물러서는 모습을 보인다면, 이 얼마나 깊은 **아이러니이며 코믹**이겠습니까?

어떤 사람이 세상이 얼마나 비천하고 하찮은지를 다 이해했다고 말하면서도, 막상 자기가 이해했다고 주장하는 그 사실을 알아보지 못하고, 거의 같은 순간에 똑같은 하찮음과 비천함 속으로 자기가 직접 들어가 그것에 동참하고, 오히려 그것으로 명예를 얻고 또 영광을 받습니다. 곧, 그것을 인정하는 모습을 보일 때, 이는 정말로 **무한히 코믹한 일**입니다.

오, 어떤 사람[93]이 그리스도께서 얼마나 비천한 종의 모습으로 다니셨는지를,[94] 곧 가난하시고, 멸시받으시고, 조롱당하시며—성경 말씀대로라면 심지어 침뱉음까지 당하셨다는 것을[95]—완전히 이해했다고 굳게 주장하는 모습을 볼 때가 있습니다. 그런데 그 바로 그 사람이 세상적으로 안락한 곳으로 얼마나 세심하게 피하여 도망치는지를 보고, 세상에서 가장 안전하고 편한 자리[96]를 얼마나 철저히 준비해 두었는지를 보면, 또 그는 마치 생명이 달린 것처럼[97] 작은 불편조차도 피해 다니며, 너무나 행복해하고, 지극히 행복해하며, 말 그대로 '관 뚜껑을 덮을 만큼 기뻐서'—즉, 죽어도 여한이 없을 만큼 기뻐하며—심지어 감동하여 하나님께 감사까지 드리는 모습을 보게 됩니다. 바로 '모든 사람에게', 예외 없이 모든 이로부터 존경받고 인정받는 것에 대해 감사하는 그 모습을 보며, 저는 종종 제 마음속으로 이렇게 말하곤 했습니다.

"소크라테스여, 소크라테스여, 소크라테스여, 저 사람이 자기가 이해했다고 말한 그 내용을 정말 이해했단 말입니까?"

저는 그렇게 말했고, 동시에 이렇게도 바랐습니다. 부디 소크라테스가 옳기를 말입니다. 왜냐하면 기독교는 제게 너무나 엄격하게 느껴졌기 때문입니다. 저는 저런 사람을 위선자라고 단정짓는 것이 제 경험과는 도저히 맞지 않는다고 생각합니다.

아니오, 소크라테스여, 저는 당신을 이해할 수 있습니다. 당신은 그를 익살꾼, 즉 어떤 유쾌한 동료쯤으로 봅니다. 당신은 그를 조롱거리로 여기고, 제가 그를 코믹하게 표현하는 것에도 아무런 거리낌 없이 동의합니다. 정말 제가 그것을 제대로 해낸다면 말이지요.[98]

205   소크라테스여, 소크라테스여, 소크라테스여! 정말 당신의 이름은 세 번쯤은 불러야 마땅합니다. 어쩌면 열 번쯤 부르는 것도 지나치지 않을 것입니다. 만일 그것이 정말로 이 시대에 어떤 도움이라도 될 수 있다면 말입니

다.

사람들은 오늘날 세상에 공화국이 필요하다고 말합니다. 새로운 사회 질서를 원하고, 심지어는 새로운 종교까지도 말합니다.[99] 그러나 정작 아무도 생각하지 않습니다. 지금 이토록 지식으로 인해 **혼란스러워진 세상**(verden behøver)이 정말로 필요로 하는 존재가 바로 소크라테스라는 사실을 말입니다.[100] 물론, 누군가 그것을 생각하고 있었다면, 아니 많은 이들이 그렇게 생각하고 있었다면, 오히려 그를 필요로 하는 일은 줄어들었을 것입니다. **어떤 오류**(Vildfarelse)**가 가장 절실하게 필요로 하는 것은 항상 그 오류가 가장 덜 생각하고 있는 것입니다.**[101] 이는 당연한 일입니다. 왜냐하면 그렇지 않았다면, 그것은 이미 오류가 아니었을 테니까요.

그러므로 지금 이 시대야말로, 이러한 **아이러니적이고 윤리적인 교정**(ironsik-ethisk Correction)이 절실히 필요한 시대입니다. 아니, 어쩌면 그것만이 지금 우리가 진정으로 필요로 하는 유일한 것일지도 모릅니다. 왜냐하면 이 시대는 그것을 가장 덜 생각하는 시대이기 때문입니다. 우리는 소크라테스를 넘어서 나아가려 애쓰는 대신, 오히려 다시 소크라테스로 돌아갈 필요가 있습니다. 다시 말해, "**이해한다는 것과 진정으로 이해한다는 것은 다르다**"는 소크라테스의 통찰로 말입니다.[102] 그것은 인간이 최종적인 비참함에서 겨우 빠져나오는 하나의 결과가 아니라, 오히려 일상의 삶 속에서 윤리적으로 자신을 성찰하며 살아가게 하는 **출발점**이어야 합니다.

이런 맥락에서 볼 때, 소크라테스의 죄에 대한 정의는 나름대로 유효합니다. 어떤 사람이 옳은 일을 하지 않는다면, 그는 그 일을 진정으로 이해하지 못한 것입니다. 그의 이해는 단지 **착각**(Indbildning)일 뿐이고, 자신이 이해했다고 하는 **확신**(Forsikkring)은 **잘못된 방향**(feil Direction)입니다. 그가 맹세하듯, "제기랄(Fanden gale ham), 나는 이해했다"고 아무리 거듭 주장한다 하더라도, 그것은 상상할 수 있는 가장 먼 **우회로**(ad den størst mulige Omvei)를 거쳐 도달할 수밖에 없는 엄청난, 엄청난 거리(uhyre, uhyre Fjernhed)를 보여줄 뿐입니다.[103]

그러므로 이 정의는 결국 옳다고 말할 수 있습니다. 사람이 옳은 일을 행한다면, 그는 죄(Synd)를 짓지 않은 것입니다. 반대로, 옳은 일을 하지 않는다면, 그는 그것을 이해하지 못한 것입니다. 만약 그가 진정으로 이해했다면, 그것은 곧바로 그를 움직여서 옳은 일을 하게 하거나, 아니면 그의 이해 자체가 **울려 퍼지는 메아리**(Klangfigur)[104]가 되었을 것입니다. 따라서 결론은 이렇습니다: **죄는 무지**(Uvidenhed)다.

그러면 그 결함은 도대체 어디에 있는 것일까요?[105] 그것은 소크라테스적 입장 안에—물론 어느 정도까지는 그 자신도 이를 의식하고 극복하려 하였지만—'어떤 것을 이해한 것'에서 '그것을 실제로 행하는 것'으로의 **이행**(Overgangen)에 대한 **변증법적 규정**(dialektisk Bestemmelse)이 결여되어 있다는 데 있습니다. <u>바로 이 이행에서 기독교적인 것이 시작됩니다.</u> 이 길을 따라 나아가면 **죄가 의지**(Villien) 안에 놓여 있다는 것이 드러나고, 결국 '**고의적인 반항**'(Trods)이라는 개념으로 나아가게 됩니다. 그리고 마지막으로 이 결말을 확고히 하기 위해[106] '**원죄**'에 대한 교리(Dogmet om Arvesynden)가 덧붙여지는 것입니다.[107] 아, 왜냐하면 **사변**(思辨, spekulation)**의 비밀**은 바로 매듭짓지 않고 실 끝을 고정하지 않은 채 바느질하는 것에 있기 때문입니다. 그래서 사변은 기묘하게도 계속해서 바느질을 이어갈 수 있습니다. 곧, 실을 계속 꿰어 나가는 것, 이해를 계속 이어가는 것이죠. <u>반면 기독교는 '역설</u>

(paradokset)'을 통해 끝을 고정(fæster Ende) 짓습니다.

순수한 이상 세계, 즉 개별적 인간이 아닌 관념의 영역에서는 이 **이행**(Overgangen)[108]이 **필연**입니다. **체계**(Systemet)[109] 안에서 모든 것은 필연적으로 진행되기 때문입니다.[110] 그리하여 '이해하는 것'과 '행하는 것' 사이에는 아무런 어려움이 없습니다. 이것이 바로 **그리스적 사유의 방식**(Græciteten, 그리스성)입니다. 다만, 소크라테스만은 예외입니다. 그는 단순한 사상가가 아니라 윤리학자였기 때문입니다. 그러나 바로 이 동일한 구조가, 사실상 근대 철학 전체[111]의 **비밀**(Hemmelighed)이기도 합니다.

그 핵심 명제는 잘 알려진 "나는 생각한다, 고로 존재한다(cogito ergo sum)"[112]입니다. 곧, "**생각하는 것이 존재한다는 것**(at tænke er at være)"이라는 전제입니다. 하지만 기독교는 이렇게 말하지 않습니다. "**네 믿음대로 될지어다**(Dig skeer, som Du troer)." 또는 "**네가 믿는 바에 따라 네가 존재한다**(som Du troer, saa er Du)."[113] 즉, 기독교는 '믿는 것이 존재하는 것이다(at troe er at være)'라고 말합니다.[114]

이 점에서 우리는 분명히 깨닫게 됩니다. 근대 철학은 그 본질에 있어 다름 아닌 이방사상(Hedenskab)입니다. 물론 그것이 가장 나쁜 것은 아닙니다. 소크라테스와 닮았다는 것은 결코 나쁜 일이 아닙니다. 오히려 영광스러운 일일 수도 있습니다. 그러나 근대 철학이 전혀 소크라테스적이지 않은 결정적인 지점이 하나 있습니다. 즉, 그 철학은 자기도 속이고 우리도 속이려 하며, 이것이 기독교라고 주장한다는 사실입니다.

반면에 현실의 세계에서는, 곧 구체적인 한 개인을 문제 삼는 세계에서는, '이해했다는 것'에서 '행한다는 것'으로 넘어가는 그 아주 작고 사소한 이행이, 항상 그렇게 즉시 *cito citissime*[즉각적으로][115] 일어나는 것은 아닙니다. 제가 철학적으로 말할 능력이 없어서 독일어로 표현하자면, 그것은 결코 '*geschwind wie der Wind*[바람처럼 빠르게]' 일어나는 것이 아닙니다. 오히려, 여기서부터는 아주 장황하고 복잡한 이야기가 시작됩니다.[116]

영적 삶(Aands-Livet)에는 결코 **정지**(Stilstand)가 없습니다(사실상 어떤 '상태'도 없으며, 모든 것이 '활동[Actualitet][117]'입니다). 그러므로 만일 어떤 사람이 옳은 것을 인식한 바로 그 순간에 그것을 실천하지 않는다면, 첫 번째로, 그 인식은 이미 반쯤 사라진 것이며, 다음으로 제기되는 질문은 다음과 같습니다.

"**의지**(Villien)는 그 인식된 것을 어떻게 여기는가?"

의지는 **변증법적인 성격**을 가지며, 인간 안에 있는 모든 하위 본성(낮은 본성)을 그 아래 거느리고 있습니다. 그 하위 본성이 인식된 것을 좋아하지 않는다면, 꼭 의지가 그것을 거스르는 행동을 즉시 하지는 않겠지만(그 정도로 강력한 반대 작용은 드뭅니다), 의지는 시간을 끌게 됩니다. 그 결과 "내일 다시 한 번 생각해 보자"고 말하며 유예하게[118] 됩니다.

이러한 동안, 그 **인식**(Erkjendelsen)은 점점 희미해지고, **낮은 본성**(det Lavere)은 힘을 얻어 **승리**(seirer)하게 됩니다. 아, 왜냐하면 **선한 것**(Gode)은 반드시 즉시, **인식한 바로 그 순간에 실천**되어야 하기 때문입니다. (그래서 순수한 이상성(idealitet) 안에서는 **생각하는 것과 존재하는 것의 이행**이 매우 쉽게 이루어지는 것이죠. 왜냐하면 그곳에선 모든 것이 곧바로 일어나니까요). 하지만 하위 본성은 시간 끌기에 능합니다. 그렇게 점차 **의지**(Villien)는 그런 상황을 눈감아 주듯이 용인하게 됩니다. 마침내 **인식**(Erkjendelsen)이 충분히 흐려졌을 때, **의지와 인식**은 서로를 더 잘 이해하게 됩니다. 결국 그들은 완전히 동의하게 되고, 이제 인식은 의지의 편으로 기울어, "의지가 원하는 것이 맞다"고 인정하게 됩니다.

이러한 방식으로 살아가는 사람들이 아마도 많을 것입니다. 그들은 자기 안의 **낮은 본성**(det Lavere)이 싫어하는 **결단**(Afgjørelser)과 **결과**(Conseqventser)로 자신을 몰아가는 **윤리적, 윤리-종교적**(ethiske og ethisk-religieuse) **인식**을 차츰 흐리게(fordunkle) 만드는 데 힘을 씁니다. 대신, 그들은 자신의 **심미적**(æstetiske)이고 **형이상학적**(metaphysiske) 인식을 확장해 나갑니다. 그러나 윤리적으로 보자면, 그것은 단순한 **산만함**(Adspredelse)일 뿐입니다.

하지만 이 모든 것을 가지고서도 우리는 아직 소크라테스적인 것 이상으로는 나아가지 못한 셈입니다. 왜냐하면 소크라테스라면 이렇게 말했을 것이기 때문입니다.

"그 일이 그렇게 일어난다면, 그것은 결국 그런 사람이 참으로 옳은 것을 이해하지 못했다는 것을 보여주는 것이네."

즉, 어떤 사람이 자기가 알고 있는 **지식**(vidende)으로 **잘못된 일**(det Urette)을 행하고, **옳은 것**(Rette)에 대한 지식을 가지고 있으면서도 **잘못된 일**을 행한다는 사실을 말할 **용기**(Mod), 이것은 **그리스 정신**(Græciteten)으로는 감히 할 수 없는 말이며, 그래서 그리스 정신은 이렇게 도와 말해버립니다.

"어떤 사람이 그릇된 일을 한다면, 그는 옳은 것을 이해하지 못한 것이다."[119]

전적으로 그렇습니다. 그리고 그 이상으로 나아갈 수 있는 인간은 아무도 없습니다. 어떠한 인간도 자기 자신에 의해서, 그리고 자기 자신으로부터 죄가 무엇인지 말할 수 없습니다. 바로 그가 죄 가운데 있기 때문입니다. 그가 죄에 대해 말하는 모든 것은 본질적으로 죄에 대한 **미화**(Besmykkelse), **변명**(Undskyldning), **죄된 완화**(syndig Formildelse)에 불과합니다.[120]

그렇기 때문에 기독교는 전혀 다른 방식으로 시작합니다. <u>바로 하나님께로부터의 계시가 있어야 한다는 것입니다. 인간이 죄가 무엇인지 깨닫기 위해서는, 하나님의 계시가 필요하다는 것입니다.</u> 왜냐하면 죄는 단순히 인간이 옳은 것을 이해하지 못했다는 데 있는 것이 아니라, 그가 **이해하려 하지 않는 것**(ikke vil forstaae det), 그리고 그것을 **원하지 않는 것**(ikke vil det)에 있다는 사실을 **계시**가 밝혀 주기 때문입니다.

208 이미 "**이해할 수 없음**(ikke at kunne forstaae)"과 "**이해하려 하지 않음**(ikke at ville forstaae)" 사이의 **구별**(distinktion)에 관해서는, 소크라테스는 사실상 아무런 설명도 해주지 않습니다. 반면 그는 '이해한다는 것과 진정으로 이해한다는 것 사이의 차이'를 다루는 **아이러니의 대가**입니다.[121] 소크라테스는 이렇게 말합니다.

"선한 행동을 하지 않는 사람은, 결국 그것을 진정으로 이해하지 못한 것이다."[122]

그러나 기독교는 여기서 한 걸음 더 물러나 이렇게 말합니다.

"그가 이해하지 못한 것은, 그가 **이해하려 하지 않았기 때문**이고, 그가 이해하려 하지 않은 것은, 그가 **선을 행하고자 하지 않았기 때문**이다."[123]

그리고 나서 기독교는 이렇게 가르칩니다. 사람이 옳은 것을 이해하고서도 **불의**(det Urette)를 행하거나, 옳은 것을 이해하면서도 **행하지 않는다는 것**, 곧 이것이야말로 **진정한 반항**(egentlige Trods)이라는 것입니다 짧게 말해, 기독교의 죄(Synden)에 대한 **가르침**(lære)은 인간을 향한 끊임없는 집요한 **고발**(Nærgaaenhed)이며, **비난**(Beskyldning) 위에 비난을 더하는 것입니다. 그것은 신적인 존재가 검사의 위치에서 인간을 향해 제기하는 공소(Paastand)입니다.[124]

하지만 과연 어떤 사람이 이 **기독교의 가르침**을 완전히 이해할 수 있을까요? 결코 없습니다. 왜냐하면 이 가르침은 본질적으로 기독교 그 자체이며, 따라서 **실족**(forargelse)을 불러일으키기 때문입니다. 이것은 이해되는 것이 아니라, 믿어야 하는 것입니다. '이해'란 인간이 인간적인 것과 맺는 관계입니다. 그러나 '믿음'은 인간이 신적인 것과 맺는 관계입니다.

그렇다면 기독교는 이 **불가해한 것**(Ubegribelige)을 어떻게 설명합니까? 기독교는 아주 **일관되게**(conseqvent), 똑같이 **불가해한 방식으로**, 곧 **계시**(aabenbaret)**의 도움**으로 설명합니다.

기독교의 관점에서 보면, 죄(Synden)는 **인식**(Erkjendelsen)에 있는 것이 아니라 **의지**(Villien)에 있습니다. 그리고 이 **의지의 부패**(Fordærvethed)는 개인의 의식이 미치지 못하는 영역에까지 뻗어 있습니다. 이것은 철저히 일관된 주장입니다. 그렇지 않다면, 각 개인에 대해 '죄가 어떻게 시작되었는가'라는 질문이 제기될 수밖에 없기 때문입니다.

여기서 다시 **실족의 특징**이 드러납니다. **실족의 가능성**(Forargelsens Mulighed)은 바로 여기에 있습니다. 즉, 죄가 무엇이며 그것이 얼마나 깊은지를 밝히기 위해서는 하나님의 계시가 필요하다는 것입니다. 자연인, 곧 이방인은 이렇게 생각합니다.

"좋아요, 나는 하늘과 땅에 있는 모든 것을 다 이해했다고 주장하지는 않습니다. 계시가 필요하다면, 하늘의 일에 대해서 계시가 우리를 밝혀줄 수는 있겠지요. 하지만 죄가 무엇인지를 알기 위해 계시가 필요하다는 건, 그야말로 가장 불합리한 일 아닙니까? 나는 결코 완전한 사람이라고 자처하지는 않아요. 오히려 내 부족함을 기꺼이 인정할 수 있습니다. 그런데 내가 죄가 무엇인지조차 모른단 말입니까?"

하지만 기독교는 이렇게 대답합니다.
"아닙니다. 당신은 그것을 가장 알지 못합니다. 즉, 당신이 완전함에서 얼마나 먼지, 그리고 죄가 무엇인지에 대해서 가장 무지합니다."

그러므로 이런 의미에서 본다면, 기독교적으로 **죄는 분명히 무지**입니다. 그것은 곧 **죄가 무엇인지에 대한 무지**입니다.[125]

그러므로 앞 장에서 제시된 죄의 정의는 다음과 같이 완전히 보완되어야 합니다.

"죄란, 하나님의 계시를 통해 죄가 무엇인지에 대해 깨달은 후에도, 하나님 앞에서 절망 가운데 자신이 되기를 원하지 않거나, 절망 가운데 자신이 되기를 원하는 것이다."[126]

제3장 죄는 부정(Negation)이 아니라 정립(Position)[127]이다

　기독교가 이와 같다는 사실, 곧 기독교가 믿음을 통해 이해되는 것이며, 죄에 대한 정의가 단순한 부정이 아니라는 점은, 전통적인 **정통 교의학**(orthodox dogmatik)과 정통 신학 전체가 줄곧 싸워 온 내용입니다. 정통 신학은 항상, 죄를 단지 부정성, 연약함, 감각성, 유한성, 무지 등으로 규정하려는 모든 정의를 **범신론적인 것**으로 배격해 왔습니다.[128]

　정통 신학은 이 싸움의 핵심이 바로 여기에 있다는 점을 분명히 보았습니다. 다시 말해, 여기야말로 신학적으로 중심이 세워져야 할 자리이며, 이 지점을 붙들고 저항하지 않으면 안 되는 것입니다. 죄가 단순히 부정적인 것으로만 이해된다면, 기독교 전체는 입장을 잃고 말게 됩니다.[129] 그러므로 정통 신학은 강조합니다. 하나님의 계시가 반드시 있어야만 인간이 죄가 무엇인지를 알 수 있으며, 이 계시는 철저히 믿어야 할 것으로 주어지며, **교의**(dogma)로 받아들여야 합니다.[130] 이와 같이, **역설**(Paradox), **믿음**(Faith), **교의**(Dogma)—이 세 가지 규정은 하나의 동맹을 이루며, 이 동맹은 온갖 이방 철학과 지혜에 맞서는 가장 확고한 지지대이자 방어막이 됩니다.[131]

　정통 신학은 이와 같습니다. 그런데 기묘한 오해로 인해, 철학과 위험스러운 방식으로 얽혀 있는 이른바 **사변적 교의학**(spekulativ Dogmatik)은, "**죄는 하나의 정립**(Position, 적극적인 것)**이다**"라는 이 규정을 이해할 수 있다고 여겼습니다.[132] 그러나 만일 이 말이 참이라면, 오히려 **죄는 하나의 부정**(Negation)입니다. 왜냐하면 모든 '**이해**(Begriben)**'의 비밀**(Hemmelighed)은, 이해한다는 행위 자체가 그가 세운 어떤 **정립**(Position)보다 **더 높은 차원**에 있다는 사실에 있습니다. **개념**은 어떤 것을 '**정립하지만**(sætte)',¹³³ 그것을 이해한다는 것은 곧 그것을 **부정한다**(negeres)는 것입니다.

이러한 점을 사변적 교의학도 어느 정도는 의식하고 있었지만, 철학적 학문으로서 그다지 온당하지 못한 방식으로 이 문제를 처리했습니다. 곧, 문제가 전개되어야 할 핵심 지점에 이르면, 다만 일종의 '**확신의 부대**(detaschement af forsikkringer)'¹³⁴를 던져놓는 것뿐이었습니다. 그래서 그들은 한 번은 더 장엄하게, 다음 번은 더 맹세하고 저주하듯 더욱 격렬하게 말합니다.

"**죄는 하나의 정립**(Position)이다. 죄를 단순한 부정(Negation)이라고 말하는 것은 **범신론**(Pantheisme)이고 **합리주의**(Rationalisme)다. 하나님께서 아시는 모든 잘못된 것, 그것이 바로 그것이다. 그러나 우리는 모두 이를 단호히 **거부**(abrenuntierer)하고 **혐오**(afskyer)한다."

하지만 그렇게 말한 다음에는 곧장, '죄가 하나의 정립이라는 것'을 이해하려는 시도로 넘어갑니다. 즉, 죄는 확실한 정립인 것처럼 말하지만, <u>결국에는 이해 가능한 정도의 정립, 개념적으로 포섭될 수 있는 수준의 정립일 뿐이라는 말입니다.</u>¹³⁵

210   이와 같은 사변철학의 **두 갈래 혀**(tvetungethed, 이중성)는 결국 같은 주제에 속한 또 다른 지점에서도 드러납니다. 곧 '죄'라는 규정, 혹은 죄가 어떻게 규정되느냐 하는 문제는, '**회개**(Anger)'가 어떻게 규정되느냐에 결정적인 영향을 줍니다. 그런데 이 **부정의 부정**(Negationens Negation)¹³⁶이라는 사변적 논리가 워낙 정교하고 추상적인 나머지, 결국 회개는 '부정의 부정'이어야만

하고, 그 결과 죄는 그냥 '부정'일 수밖에 없습니다.

사실, 언젠가 어느 한 **정신이 맑은**(sober, 술 깬) 사상가가 다음과 같은 문제를 진지하게 조명해 주기를 바라는 바입니다. 곧, 이 순수한 논리적 절차, 이를테면 두 번의 부정은 긍정을 만든다는 문법적 규칙처럼 들리거나, 또는 수학에서의 연산처럼 들리는 이 **논리적 구조**가, 현실 세계의 영역, 즉 **질적 차원의 세계**(Qvaliteternes Verden)에서 과연 타당한가 하는 것입니다. 혹시 **질적 존재들의 변증법**(Dialektik)은 완전히 다른 방식으로 작동하지는 않는지, '**이행**(Overgang)'이라는 개념이 이 영역에서는 전혀 다른 방식으로 작동하지는 않는가요?

예컨대 **영원의 관점**(sub specie æterni),[137] **영원의 방식**(æterno modo)에서는, **시간적 간격**(det Spatierende)[138]은 전혀 존재하지 않습니다. 따라서 그런 관점에서는 **모든 것이 이미 존재**하고 있으며, **어떤 이행도 존재하지 않게 됩니다**. 그러나 이처럼 **추상적인 매개**(medium) 안에서 무언가를 정립하는(sætte) 것은, 그 자체로(eo ipso) 그것을 **지양하는**(ophæve, 폐기하는) 것과 동일합니다. 그런데 현실을 그런 식으로 본다면, **그건 거의 광기에 가까운 일입니다**.

물론 추상적으로(in abstracto, 이론적으로)는 말할 수 있습니다: 미완료형(Imperfectum) 뒤에는 완료형(Perfectum)이 따른다고요.[139] 그러나 현실 세계에서 누군가가 그것을 근거로, "자기가 끝내지 못한 일(imperfectum)은 자동적으로 완료된다(perfectum)"고 주장한다면, 그 사람은 분명 제정신이 아닌 것이겠지요. 이와 마찬가지로, 죄의 소위 '**정립**(Position)'이라는 것도, 그것이 **순수 사유**(den rene Tænkning)[140]라는 매개 안에서 정립된 것이라면, 그런 매개는 너무나도 허약하고 덧없어서, 그 정립(Position)을 실제적이고 **진지한**(Alvor) 것으로 만들 수 없습니다.[141]

하지만 이런 모든 것들은 저에게 그다지 중요하지 않습니다. 저는 오직 기독교적인 것, 곧 죄가 하나의 정립(Position)이라는 사실만을 고수합니다. 그러나 그것은 이해될 수 있는 것으로서가 아니라, **믿어야만 하는 역설**(paradox)로서입니다. 이것이 제 생각에는 옳다고 여겨집니다.

사람들이 죄를 이해하려는 모든 시도들이 결국 **자기모순**(selvmodsigende)임이 드러난다면, 문제는 바로 자기 자리를 찾게 됩니다. <u>그렇게 되면 이는 분명히 믿음에 맡겨져야 할 문제임이 분명해지며, 한 사람이 믿을지, 믿지 않을지는 그 사람의 몫이 됩니다.</u> 이해하는 것을 고집하는 사람이, 그리고 오직 이해될 수 있는 것만을 좋아하는 사람이, 이러한 주장을 매우 빈약하게 여긴다는 것도 저는 잘 알고 있습니다(그리고 사실 그런 사람의 반응은 전혀 놀랍지 않으며, 그 반응 자체가 신적인 것이 너무 높아서 이해할 수 없다는 것과는 무관합니다).

하지만 만약 기독교 전체가 '**믿어야만 한다**'는 데에 전적으로 달려 있다면, 그리고 그것은 이해되는 것이 아니라 믿어야 할 것이며, 또 그것은 믿든지 실족하든지 둘 중 하나로 반응할 수밖에 없는 것이라면―그렇다면 과연 그것을 이해하려 드는 것이 그렇게도 훌륭한 태도일까요? 그것이 과연 칭찬받을 만한 태도입니까? 아니면 오히려, 이해될 수 없도록 되어 있는 것을 이해하려 드는 것 자체가 **뻔뻔함**이거나 깊은 **몰이해인 것**은 아닐까요?

211 어느 왕이 자신이 완전히 **익명**(incognito)으로, 그리고 철저히 평범한 사람처럼 대우받고자 하는 생각을 품었다고 가정해 봅시다. 그런데 만약 사람들이 일반적으로 보기에는 그 왕에게 왕답게 경의를 표하는 것이 더 마땅한 일이라고 여긴다면, 그렇다고 해서 **왕의 뜻**을 거슬러 그에게 왕으로서의 예우를 하는 것이 진정 옳은 일일까요? 아니면, 그것은 오히려 자기 생각과 방식을 왕의 뜻보다 더 앞세우는 것, 곧 자신의 판단에 따라 행동하고, 왕의

의지 앞에 겸손히 복종하지 않는 태도가 되지 않겠습니까? 또 그 사람이 왕의 뜻에 반하여, 왕에게 경의를 표하기 위한 **기발한 방법들**을 고안해 낼수록, 과연 그 왕이 기뻐하실까요? 아니면 오히려 그 사람이 왕의 뜻을 더욱 교묘히 어기고 있는 것으로 보이지는 않을까요?

그러니 다른 사람들이 "기독교를 이해할 수 있다고 말하는 사람"을 감탄하며 칭찬하더라도, 저는 그것을 명백한 **윤리적 과제**(ethisk Opgave)로 여깁니다. 즉, 이처럼 사변적인 시대에, 모두가 '이해하려 애쓰는 것'에 몰두해 있는 이때에, 차라리 기독교는 자신이 결코 이해할 수 없는 것임을 인정하는 것, 그리고 그것은 **이해해서도 안 되는 것**임을 고백하는 것이 오히려 진정한 **자기부정**(Selvfornegtelse)과 정직함을 요구하는 **윤리적 의무**라고 생각합니다.

사실, 바로 이것이 오늘날 이 시대, 그리고 크리스텐덤이 진정으로 필요로 하는 것일지도 모릅니다. 즉, 기독교 앞에서의 약간의 **소크라테스적인 무지**,[142] 그러나 꼭 기억해야 할 점은, 정말 '소크라테스적인' 무지여야 한다는 것입니다.

우리는 결코 잊지 말아야 합니다. 아니, 실상 얼마나 많은 사람들이 과연 한 번이라도 제대로 이 사실을 알고 생각해 본 적이 있을까요?

우리는 결코 잊지 말아야 합니다. **소크라테스의 무지는 일종의 경외이며, 신을 향한 예배였습니다.**[143] **그의 무지**는, 헬라적 방식으로 표현된 유대적 진리, 곧 "**여호와를 경외하는 것이 지혜의 근본이다**"[144]라는 진리를 담고 있었습니다.

우리는 결코 잊지 말아야 합니다. 소크라테스는 신에 대한 경외심에서 무지를 고백한 자였으며, 그는, 이방인으로서 가능한 한에서, 신과 인간 사이의 **질적 차이**[145]**의 경계선 앞을 지키는 자,** 곧 **심판자**(Judge)로서 그 자리를 지켰습니다. 그는 항상 그 질적 차이의 깊이가 무너지지 않도록 감시하고 경계했으며, 그로 인해 신과 인간이 철학적으로나 시적으로 하나가 되어버리는 혼합이 일어나지 않도록 막았던 사람입니다. 그래서 그는 무지한 자였으며, 바로 그 때문에 신은 그를 가장 지혜로운 자로 인정하셨던 것입니다.

그런데 기독교는 이렇게 말합니다. <u>기독교적인 모든 것은 오직 믿음을 위해 존재한다고요.</u> 그러므로 오늘날 필요한 것은, 바로 그런 **소크라테스적인, 신을 향한 경외심 어린 무지**(socratisk, gudfrygtig Uvidenhed)입니다. 그 무지는 자신의 무지를 통하여, 믿음을 사변적 철학으로부터 보호하며, **하나님과 인간 사이의 질적 차이**(Qvalitets-Forskjellighedens Dyb)의 깊이를 지키려는 **무지**입니다. 그 깊이는 **역설**(Paradox)과 **믿음**(Tro) 안에 견고히 세워져 있으며, 신과 인간이, 이교 시대보다도 더 무섭게, 철학적으로나 시적으로 하나가 되어버리는 일, 즉 '**체계**(system)'라는 이름 아래 융합되어 버리는 일을 막기 위해 **필요한 거룩한 무지**입니다.

212   그렇다면 이제 오직 한 가지 관점에서만, **죄가 하나의 정립**(Position)이라는 사실을 조명할 수 있습니다. 앞선 절에서 절망(Fortvivlelse)의 전개 과정은 끊임없는 **상승**(Stigen)으로 묘사되었습니다. 이 상승을 나타내는 표현은 두 가지였습니다. 하나는 자기(Self)에 대한 **의식의 강화**(Potentsation af Bevidstheden om Selvet)였고, 또 다른 하나는 **고통에서 의식적인 행위로의 강화**(Potentsation fra Liden[146] til bevidst Handling)였습니다.

이 두 표현은 다시 결합되어 하나의 중요한 진리를 나타냅니다. 즉, 절망은 외부로부터 주어진 것이 아니라, 전적으로 내면으로부터 생긴다는 사실입니다. 그리고 그만큼 절망은 점점 더 정립적(ponerende)이 되어 갑니다. 그런데 앞에서 세운 죄의 정의에 따르면, 죄가 되기 위해서는 **하나님에 대한 관념**(Forestilling om Gud)**을 통해 자기의 의식이 무한히 강도 높게 고양**되어야 하며, 그에 따라 죄를 행위로 인식하는 최대한의 의식 상태, 즉 **죄를 하나의 '행위**(Gjerning)**'로 자각하는 것**이 포함되어야 합니다. 이것이 바로 죄가 하나의 정립(Position)이라는 뜻이며, 바로 그것이 **하나님 앞에서** 지은 죄라는 사실 자체가 그 죄 안에 존재하는 **긍정적인**(positivitet, 적극적인) 것입니다.[147]

덧붙여, 죄(Synden)가 **하나의 정립**(Position)이라는 규정(Bestemmelse) 안에는 또 다른 의미에서 **실족**(Forargelsens)**의 가능성**(Mulighed), 곧 **역설**(Paradoxe)이 들어 있습니다. 이 역설은 바로 **화해**(Forsoningen, 속죄)**의 교리**(Læren)에 대한 결과(Conseqventsen)입니다. 기독교는 먼저 죄를 하나의 정립으로, 너무도 단단히 세워서, 인간의 이성으로는 도저히 이해할 수 없게 만들어 버립니다. 그리고 그다음에는, 그와 똑같은 기독교의 가르침이 그 죄의 정립을 제거하려고 하는데, 그 방식 역시 인간의 이성으로는 전혀 이해할 수 없는 것입니다.

사변철학(헤겔식 철학)은 이런 역설을 회피하고 양쪽 모두에서 강도를 낮추려 합니다. 죄를 그다지 '실질적'이지 않게 만들면, 문제 해결이 좀 더 쉬워 보이니까요. 하지만 그렇게 해도 결국, 죄가 완전히 잊혀질 수 있다는 생각은 받아들이지 못합니다. 하지만 <u>하지만 기독교는, 모든 역설의 최초의 발명자</u>(første Opfinder af Paradoxerne)로서, 여기서도 가능한 한 가장 역설적인 태도를 취합니다. 곧, 기독교는 죄를 하나의 정립(Position)으로 이토록 확고히 세워, 이제 그것을 제거하는 것이 완전히 불가능해 보이게 만들어 놓습니다. 그리고는 다시 바로 그 기독교가, **화해**(Forsoningen, 속죄)를 통해 죄를 완전히 제거하여, 마치 **죄가 바다에 빠져 흔적도 없이 사라진 것처럼**[148] 만든다고 선언하는 것입니다.

부록 A
그렇다면 어떤 의미에서 '죄'는 아주 드문 것이 되지 않는가? (도덕적 질문)

앞 절에서는(1부), 절망이 더 강렬해질수록 세상에서는 그만큼 더 드물어진다고 말한 바 있습니다. 그런데 이제 '죄'는 질적으로 다시 한 번 더 강화된 절망이므로, 그렇다면 죄는 정말 아주 드물게 나타날 것입니다. 얼마나 이상한 난관입니까! 기독교는 모든 것을 '죄' 아래 두고 있으며,[149] 우리는 가능한 한 가장 엄격하게 기독교적인 관점을 제시하려고 애썼습니다. 그런데 그 결과 나타나는 이 이상한 결론이란, <u>죄는 이방 세계(즉, 이교 사회)에는 전혀 존재하지 않고, 오직 유대교와 기독교 안에서만 발견되며, 그 안에서도 매우 드물다는 것입니다.</u>

그러나 이는, 단 한 가지 의미에서만 보면, 분명 맞는 말입니다.

"**하나님의 계시**(Aabenbaring fra Gud)를 통해 **죄가 무엇인지 알게 된 후**, 하나님 앞에서 자기가 되기를 절망적으로 원하지 않거나, 혹은 절망적으로 자기가 되기를 원한다면, **그것이 곧 죄다.**"[150] 그렇다면, 분명히도, 한 인간이 그렇게까지 성숙하고, 자신을 그렇게까지 **투명하게**(gjennemsigtigt) 통찰할 수 있는 존재가 되는 일은 드문 일입니다.

하지만 그렇다면 그다음에는 어떤 결론이 따라오게 될까요? 이 점을 잘 유의하셔야 합니다. 왜냐하면 여기엔 **고유한 변증법적 전환**(dialektisk Vending)이 있기 때문입니다. 한 사람이 더욱 강렬한 의미에서 절망하지 않는다는 사실이, 곧 그가 절망하지 않는다는 것을 뜻하지는 않습니다. 오히려 그 반대입니다. 앞서 말했듯이, 대부분의 사람들, 정말 아주 많은 사람들이 절망 가운데 살아가고 있지만, 그 절망은 비교적 낮은 단계에 있을 뿐입니다.

그런데 높은 단계의 절망에 빠져 있다는 것은 결코 **어떤 공로**(Fortjenstligt)가 아닙니다. 미학적으로는 그게 하나의 '장점'처럼 보일 수 있겠지만, 왜냐하면 미학은 단지 인간의 '**힘**(Kraft)'만을 보기 때문입니다. 그러나 윤리적으로 본다면, 더 깊은 절망은 오히려 **구원으로부터 더 멀어진 상태**입니다.

그리고 죄에 대해서도 마찬가지입니다. 대부분의 사람들의 삶은, **무차별적-변증법적으로**(indifferent-dialektisk) 규정하자면, **선**(Det Gode, 곧 믿음[Troen])에서 너무나 멀리 떨어져 있어서, 그것은 거의 **영이 없는 것**(for aandløst, spiritless)이라 차라리 죄(Synd)라고 부르기도 어려우며, 심지어 **절망**(Fortvivlelse)이라고 부르기에도 부족할 정도입니다.

가장 엄격한 의미에서 철저히 죄인(Synder)이 된다는 것은 결코 **어떤 공로**(Fortjenstligt)가 아닙니다. 그러나 한편으로, 대체 이 세상 어디에서 기독교가 요구하는 진정한 의미의 **죄의식**이 나타날 수 있겠습니까? 그 삶이 그토록 진부함에 빠져 있고, 그저 "다른 사람들"을 시시하게 흉내 내는 데 그친다면 말입니다. 그러한 삶은 차라리 너무 **영이 없어서**(spiritless) 죄라고 부르기조차 어려울 정도이며, 성경의 말씀처럼 "**토해내버릴 수밖에 없는**"[151] 것 밖에 되지 않을지도 모릅니다.

하지만 이렇게 말한다고 해서 문제가 끝나는 것은 아닙니다. 왜냐하면 **죄의 변증법**은 그저 다른 방식으로 다시 붙잡기 때문입니다. 어떻게 해서 어떤 사람의 삶이 그렇게 **영이 없고**(aandløst) 무기력해지는 걸까요? 마치 그 삶에는 기독교가 전혀 적용될 수 없는 것처럼 말입니다. 마치 어디에도 받침점이 없어서 **차량용 잭**(Donkraft)¹⁵²을 설치할 수 없는 경우와 같습니다. 그런데 바로 그 잭처럼, 기독교는 인간을 들어 올리는 힘입니다. 하지만 그 삶에는 단단한 기반이 없고, 오직 부드러운 **이끼와 수렁**¹⁵³뿐입니다.

그렇다면 이것은 인간에게 저절로 일어나는 일일까요? 아닙니다. 그것은 전적으로 **인간 자신의 잘못**(Skyld)입니다. 누구도 **영**(spirit)이 없는 상태로 태어나지 않습니다. 설령 많은 이들이 죽을 때 그것만(영이 없는 상태)을 인생의 유일한 결과로 가지고 간다 해도, 그것은 결코 **인생 자체의 잘못**이 아닙니다.

그러나 반드시, 그리고 가능한 한 솔직하게 말씀드리자면, 오늘날 이른바 '**크리스텐덤**(Christenheden)'¹⁵⁴은—그 안에서 수백만 명의 사람들이 아무런 내적 과정도 없이 그저 **그리스도인**으로 불리며, 사람 수만큼 **그리스도인**이 있는 것처럼 여겨지는 이 현실은—단순히 기독교의 초라한 판본, 곧 뜻을 흐리는 오탈자와 무심한 생략, 제멋대로의 첨가로 가득 찬 판본에 불과하지 않습니다. 그것은 오히려 기독교의 **남용**(Misbrug)이며, 기독교를 헛되이 (forfaengelig) 취급한 것입니다.¹⁵⁵

작은 나라에서는 한 세대에 시인이 세 명도 태어나기 어렵지만, 목사는 차고 넘칩니다. 승진이나 직분을 맡길 수 있는 자리보다 훨씬 많습니다. 시인에 대해서는 '**소명**(召命)'¹⁵⁶이 있다고 말합니다. 그러나 목사가 되는 것은—사람들(즉, 기독교인들)의 일반적인 생각으로는—시험에 합격하는 것만으로 충분합니다.

하지만, 참된 목사는 참된 시인보다도 훨씬 드뭅니다. 더구나 '소명'이라는 말은 본래 종교적인 영역에 속하는 말입니다. 시인이 되는 일과 관련해서는, 크리스텐덤 안에서도 여전히 '그것이 대단한 일'이며 '그것이 소명'이라는 생각이 남아 있습니다. 그러나 목사가 되는 일에 대해서는, 사람들(즉, 기독교인들) 대부분의 눈에는 그 어떤 고양된 생각도, 신비로운 면모도 없이, 그저 있는 그대로의 자연스러운[*in puris naturalibus*][157] 생계 수단일 뿐입니다. '**소명**'이라는 말은 직위(임명)를 뜻합니다. 사람들은 '**소명을 받는다**'고 말하지만, '**소명을 가진다**'[158]고 말할 때조차도, 그 의미는 단지 누군가에게 줄 수 있는 **권리**를 가지고 있다는 뜻에 불과합니다.[159]

아, 크리스텐덤에서 이 **단어**("소명", Kald)가 겪은 운명은, 마치 모든 기독교의 실상을 보여주는 표어와도 같습니다. 불행은, 기독교적인 것이 전혀 말해지지 않는 데 있는 것이 아닙니다(마치 불행이 목사가 부족한 데 있지 않은 것과 같습니다). 오히려 문제는, 그것이 **말해지는 방식**에 있습니다. 마치 이 다수의 사람들에게 있어 목사가 된다는 것이 전혀 특별하지 않고, 상인, 변호사, 제책공, 수의사 등 평범한 직업과 조금도 다르지 않게 여겨지는 것과 같습니다. 그래서 가장 높고 거룩한 것도 전혀 감동을 주지 못하고, 단지 알 수 없는 이유로—하나님만 아시겠지만—이제는 관습과 관례가 되어 버린, 그저 그런 많은 것들 가운데 하나로 들리고 받아들여지는 것입니다. 그러니, 자기 삶의 태도를 부끄럽게 여길 줄 모르는 사람이라면, 차라리 기독교를 '변호'해야 할 필요를 느끼게 되는 것도 무리가 아니지요.

215 목사는 반드시 신앙을 가진 사람이어야 하지 않겠습니까? 그리고 믿는 자라면! <u>믿는 자는 결국 사랑에 빠진 사람입니다</u>. 그것도 모든 사랑에 빠진 사람 가운데 가장 깊이 사랑하는 사람입니다. 열정의 관점에서 보면, 믿는 자는 사랑에 빠진 청년과 비교해도 훨씬 더 **강렬한 사람**입니다. 이제 한 사

랑에 빠진 사람을 떠올려 보십시오. 그렇지 않습니까, 그는 하루 종일, 하루가 다 가도록, 밤을 포함해 자신의 사랑에 대해 말할 수 있을 것입니다. 그런데 그가 이렇게 말하는 상황이 상상됩니까?

"사실 사랑에 빠지는 것이 정말 가치 있는 일이라는 것을 세 가지 이유로 증명하고 싶다."

이것이 가능할까요? 그에게는 그것이 차라리 **역겨운 일**(Afskyelighed)로 여겨지지 않겠습니까? 그런데 지금 목사가 하는 일이 꼭 그렇습니다. 마치 어떤 목사가 "기도하는 것이 유익하다"는 것을 **세 가지 이유로 증명**하려 드는 것과 같습니다.[160] 그렇게 되면 기도의 가치는 이미 땅에 떨어져, 겨우 세 가지 이유를 들어 조금 명예를 회복시켜야 하는 처지가 된 것입니다. 아니면, 이것과 같은데, 오히려 더 우스꽝스럽게도, 목사가 "기도는 모든 지각(이해)을 뛰어넘는 복이다"[161]라는 것을 세 가지 이유로 증명하려 하는 것입니다. 아, 이 **참을 수 없는 역전**(anticlimax)![162] 모든 지각을 뛰어넘는 것을 세 가지 이유로 증명한다니! 그 이유들이 정말로 유효하다 해도, 결코 모든 지각을 뛰어넘지 못하고, 오히려 이 복이 전혀 지각을 초월하지 않는다는 것을 이성에 납득시키는 셈입니다. 왜냐하면 '이유'라는 것은 결국 이성의 범위 안에 속하기 때문입니다. 실제로 모든 지각을 뛰어넘는 것을 믿는 사람에게는 세 가지 이유란 세 병의 술이나 사슴 세 마리보다 더 큰 의미가 없습니다![163]

한 걸음 더 나아가, **사랑에 빠진 사람**이 자기 사랑을 변호하려 들까요? 즉, 그것이 자기에게 절대적인 것이 아님을 인정하고, 그 사랑에 대한 반론들과 함께 생각하면서 거기서 변론을 꺼내올까요? 그렇게 한다면 그는 이미 **사랑에 빠지지 않은 것**입니다. 그는 스스로를 고발하는 셈입니다. 혹시 누군가 사랑에 빠진 사람에게 그런 식으로 말하자고 제안한다면, 그는 그 제안자를 미친 사람 취급할 것입니다. 그리고 그가 사랑에 빠진 동시에 약간의 관찰력까지 갖춘 사람이라면, 그 제안자가 사랑이 무엇인지 전혀 모르는 사람이라고 의심하거나, 아니면 그 사랑을 배신하고 부인하게 만들려는 속셈이 있다고 여길 것입니다.

이것은 분명합니다. 정말로 사랑에 빠진 사람이라면, 그는 절대 세 가지 이유를 들어 증명하거나 변호하려 들지 않습니다. 그는 모든 이유와 모든 변호를 뛰어넘는 상태에 있기 때문입니다. 그는 사랑에 빠져 있는 것입니다. 반대로 그런 일을 하는 사람은 사랑에 빠진 것이 아니라, 단지 사랑에 빠진 척하는 것일 뿐이며, 불행히도—혹은 다행히도—너무 어리석어서 스스로가 사랑에 빠진 사람이 아님을 드러내고 마는 것입니다.

그러나 실제로는 신앙이 있다고 하는 목사들조차 기독교를 이렇게 말하고 있습니다. 기독교를 '변호'하거나, 그것을 '이유들'로 환원시켜 설명하는 것입니다. 더 나아가 억지로 철학적으로 '이해한다'고 하면서 기독교를 이론 속에 끼워 맞추기도 합니다. 이것을 '설교'라고 부르고, **크리스텐덤**에서는 벌써 이렇게 설교하는 것과 그런 설교를 누군가가 듣는 것만으로도 대단한 일이라고 여깁니다. 그런데 바로 이 때문에, **크리스텐덤**은 스스로 부르는 그 이름과는 전혀 다르게, 대부분 사람들의 삶이 기독교적으로 보았을 때 너무나도 **영이 없는 상태여서**(spiritless, 영적으로 무기력하여), **엄밀한 기독교적 의미에서는 죄라고 부르기조차 어려운 상태에 있는 것입니다.**[164]

참고자료

1 이 부분은 다음을 참고하라. 초고에서;
2부 A를 위하여
1부와 2부 사이의 놀라운 경계의 예로 사용될 것, 그러므로 제2부 A에서 제1장 전에 배치될 것.
이것은 '체념(resignation)'과 가장 공통점이 많지만, 차이점은 하나님에 대한 개념(conception of God)이 존재한다는 점이다.
예를 들어: 하나님 앞에서, 그리고 하나님에 대한 개념을 가지고 있을 때, '자기 자신이 되기를 원하지 않는 것'은 내가 종교적 관계 안에 있는 시적 실존(poet-existence)라고 부를 수 있는 것에 해당한다. 그런 시인은 아주 깊은 종교적 갈망을 가질 수 있다.
—Pap. VIII^2 B 161 n.d., 1848

2 비유적으로: 영적으로 혹은 실존적으로 악화된 상태.

3 법률가들이 말하는 "가중된(qvalificeret)"이라는 표현: 이는 형법에서 '단순한(simple)' 범죄와 '가중된(kvalificerede)' 범죄를 구분하는 것에 대한 언급으로, 후자는 특정한 상황에서 저질러졌기 때문에 형벌이 더 무겁게 적용되는 범죄를 의미한다.

4 라틴어로 '경계지역' 또는 '접경지대'라는 뜻. 해설: 절망과 죄 사이의 접경, 심리학적·실존적 분석의 교차점에서 쓰임.

5 이 부분은 다음 초고를 참고하라. 초고에서; —Pap. VIII2 B 158 n.d., 1848
1부 C, B, a, 2.
끝으로, 자기 안에 스스로를 가두며 그 자리에서 발을 구르듯 정지해 있는, 그 '폐쇄된 절망하는 자'를 다시 한번 잠시 들여다보자. 그는 자기 안에 스스로를 가둔 상태에서, 그리고 절망 가운데서, 자기 자신이 되기를 원하지 않는다. 그가 절망했던 것은 어떤 지상의 것, 즉 자기의 구성 안에 있는 어떤 것 혹은 세상적인 어떤 것-요컨대, 유한한 무엇이었다. 그는 그 지점에 자신의 모든 열정을 집중시켰고, 그 결과 절망했다. 아마도 그것은 조심스럽게 끌어올릴 수도 있었을 것이다. 어쩌면, 어쩌면-적어도 믿음 안에서 감당했어야만 했다. 그러나 그는 절망했다. 그런데 그의 절망이 진정으로 드러나는 것은 그 다음 순간이다. 그는 자신이 절망할 정도로 약했다는 사실에 대해 다시 절망한다. 그는 이것을 잊으려 하지 않으며, 자기 자신을 잊으려 하지도 않는다. 그에게는 그럴 수 없다고-설령 원한다 하더라도-느껴지는데, 이는 그의 자기가 이제 근본적인 결함을 안게 되었기 때문이다.

나는 종교적인 것과 관련된 또 하나의 '자기 폐쇄적 절망' 형태, 곧 시인적 존재 방식의 일종에 대해 이야기하고자 한다. 이러한 폐쇄성은 처음에는 지상적인 것 혹은 세속적인 어떤 것에 대한 절망을 야기하고, 그다음에는 자신의 연약함에 대한 절망, 그리고 이어 영원한 것에 대한 절망, 마침내는 자기 자신에 대한 절망으로 나아간다. 결국 그는 자기 자신이 되기를 원하지 않는 절망 가운데 머무는 것이다. 그러한 자기는 실제로 깊은 종교적 열망을 가지고 있으며, 하나님에 대한 개념은 이 '자기 안으로의 폐쇄' 속에 자리잡고 있으며, 그 폐쇄된 내면의 산속 깊은 샘처럼 존재한다. 하지만 그는 자기 자신 안에 갇혀 절망 가운데 계속 존재한다. 그는 그 고통의 '고정된 지점'을 놓지 못한다. 그는 하나님을 가장 사랑한다. 하나님은 그의 은밀한 고통 가운데 유일한 위로다. 그러나 그는 그 고통 자체 또한 사랑하며 그것을 놓지 않으려 한다. 그는 절망 속에 있으면서도 자기 자신이 되려 하지 않는다. 믿음 안에서 그 고통을 관통하려 하지 않는다. 그는 마치 에로스적 사랑에서 불행해졌고, 그 결과 시인이 되어 사랑의 행복을 높고 복되게 노래하는 사람과 같다.

이 사람도 종교성 안에서 불행해진 자다. 그는 자신에게 요구되는 것이 이 고통을 내려놓는 일이라는 것을 희미하게나마 느낀다. 그러나 그는 그럴 수 없다. 결국 그는 궁극적인 의미에서는 여전히 원하지 않는 것이고, 여기서 그의 자기는 모호함 속에서 끝난다. 그럼에도 불구하고, 이 시인이 묘사하는 종교성-
마치 에로틱한 사랑을 노래한 다른 시인의 그것처럼-그의 묘사는 매혹적이고, 서정적이며, 설득력 있고, 어느 유부남이나 어느 경건한 목사님의 설명보다도 더 큰 감동을 준다. 그가 말하는 것이 거짓은 아니다. 전혀 그렇지 않다. 단지 그가 묘사하는 종교는 그의 더 나은 자기, 더 행복했던 자기의 표현일 뿐이다. 그의 종교와의 관계는 진정한 신앙인의 관계가 아니라, 불행한 연인의 관계다. 그에게는 믿음의 첫 요소인 절망은 있으나, 그 안에서 종교적인 것에 대한 강렬한 갈망만이 있을 뿐이다.

또한, 다음을 참고하라. The Lily of the Field and the Bird of the Air(1849), KW

XVIII (SV XI 11-13, 21).

6 결합(Conjunktion): 천문학적 용어로, 두 천체가 지구에서 보았을 때 동일한 지점에서 만나는 현상을 의미하며, 다시 말해 같은 방향에 위치해 있는 것으로 보이는 상태를 말한다.

7 다음을 참고하라. Three Discourses at the Communion on Fridays (1849), KW XVIII (SV XI 254-55).

『금요일 성찬의 세 편의 설교』 중 마지막 부분 요약 (SV XI, 254–255쪽) 성찬에 임하는 자, 곧 참으로 죄인인 자는 말없이 떨며, 감히 감정이나 언어로 그 은혜를 넘치게 표현하지 못한다. 그는 조용히 다가와 무릎을 꿇고, 용서를 구한다. 그는 스스로를 감정의 열정으로 감싸려 하지 않는다. 오히려 그 감정조차 침묵으로 감싸며, 하나님의 은총 앞에 자신을 낮춘다. 그는 기억하기 위해 온 자이다. 그러나 이 기억은 단순한 회상의 행위가 아니라, 자신의 죄와 하나님의 사랑을 동시에 마주하는 내면의 진실한 기억이다. 그는 말을 삼가며, 하나님의 사랑에 의해 자신이 새롭게 되고 있음을 내면 깊이 느낀다. 이렇게 성찬 앞에 서는 자는, 자기를 과시하지 않는다. 그는 무너진 자이며, 동시에 세워지는 자이다. 그는 침묵 가운데 진정으로 말하고, 겸손 속에서 참된 영광에 참여한다.

8 "육체의 가시(Pæl i Kjødet)": 이 표현은 고린도후서 12장 7-9절을 가리킨다. 여기서 바울은 다음과 같이 말한다. "여러 계시를 받은 것이 지극히 크므로 너무 자만하지 않게 하시려고 내 육체에 가시, 곧 사탄의 사자를 주셨으니 이는 나를 쳐서 너무 자만하지 않게 하려 하심이라. 이것이 내게서 떠나가게 하기 위하여 내가 세 번 주께 간구하였더니 나에게 이르시기를 '내 은혜가 네게 족하도다 이는 내 능력이 약한 데서 온전하여짐이라' 하신지라."

9 Nürnberger-Billeder: 그 당시 유행했던 구리판화와 석판화들로, 강한 색상과 거칠고 뉘앙스 없는 선들을 사용하여 상상력을 자유롭게 자극하였다. 이 표현은 흔히 (폄하적인 의미로) 값싸고 질 낮은 제품을 가리키는 데 사용되었다. 키르케고르가 '뉘른베르크 그림'이라는 표현을 사용할 때는 단순히 시각적 이미지를 넘어, 지적 깊이나 예술성 없이 감각적으로 자극만 주는 저급한 콘텐츠를 풍자하거나 비판하는 의미일 수 있다.

10 Gradationerne: 라틴어 gradatio에서 유래된 말로, '오름', '단계적 상승'(gradus, '계단')을 의미하며, 그리스어로는 klimaks(사다리)이다. 점진적인 상승이나 계단식 순서를 뜻한다. 수사학에서는 여러 단계로 이루어진 표현 기법을 가리키며, 내용상의 중요도에 따라 배열된 단어들이 점진적으로 강해지는 방식(클라이맥스)이나, 그 반대

로 점점 약해지는 방식(안티클라이맥스)을 말한다.

11 다음을 참고하라. Postscript, KW XII (SV VII 462-63); Three Discourses at the Communion on Fridays(1849), KW XVIII (SV XI 265-67).

12 '실재성'(Realitet)이라는 용어에 대해서는 『일지와 논고』(JP III, pp. 900–03.) 제3권, 900~903쪽을 참조하라.

13 이 부분의 덴마크어 문장은 다음과 같다. "dømmende bliver den samme, gør det aabenbart."

이 문장은 단순한 인식의 계기나 판단의 순간이 아니라, 실존적 계시 사건(revelatory event)으로 이해하는 것이 옳다. 이 부분은 키르케고르의 전체 철학 구조, 특히 실존의 진리와 자기폭로, 그리고 하나님 앞에서의 자기형성이라는 관점과 정확히 일치한다.

"dømmende bliver den samme"→ "심판자로서 동일하게 남아 있다"라고 볼 수 있다. 여기서 '동일하게 남아 있음'은 단지 변화하지 않는다는 의미가 아니라, 그 변하지 않는 기준이 심판적 기능을 수행한다는 뜻이다.

"gør det aabenbart"→ "그가 무엇이 아닌지를 드러낸다" 여기서 "aabenbart"는 단순한 드러남이 아니라, 키르케고르 철학에서 자주 사용되는 "계시적 드러남"을 뜻할 수 있다. 이 단어는 그 자체로 Aabenbarelse(계시)와 어근이 같다.

왜 이것이 계시인가? 첫째, 진리는 실존적으로 드러난다 키르케고르에 따르면 진리는 객관적으로 '소유'되는 것이 아니라, 실존적으로 폭로되는 것이다. 그러므로 자기가 자기 자신이 아니게 될 때, 그 진리(기준, 목표)는 폭로 즉, 계시(revelation)의 방식으로 드러난다. 진리의 계시란 나의 진정한 자기로부터의 이탈이 드러나는 사건이다. 둘째, 심판과 계시는 분리되지 않는다. "심판적 동일성"은 존재의 거울로서 나를 비추는 기능을 한다. 이 거울은 '내가 무엇이 아닌가'를 계시한다. 이 계시는 단순한 정보 전달이 아니라, 실존 전체를 흔드는 드러남, 다시 말해 두려움과 떨림 속의 계시다. 셋째, 하나님 앞에 선다는 것은 언제나 계시의 자리다 이 기준은 하나님이고, 이 기준은 변하지 않으며, 자기는 그 앞에서 드러난다. 이 '드러남'은 자기 자신에 대한 철저한 폭로이고, 그 순간이 곧 계시 사건이 된다. 이는 바르트가 말하는 '하나님 인식은 곧 심판이다'라는 사상과도 통한다.

14 예를 들어, 아우크스부르크 신앙고백서(Augsburg Confession) 제2조와 제4조를 참조하라. 제2조(죄에 대하여, Of Original Sin)는 인간의 타락성과 원죄에 대해 다루고 있으며, 인간이 스스로 하나님의 뜻을 따를 수 없다는 신학적 선언을 담고 있다. 제4조(칭의에 대하여, Of Justification)는 인간이 오직 믿음으로 의롭게 된다는 루터교

신학의 핵심 주제를 설명한다.

15 지옥 형벌이 영원하다는 생각은 단순한 감정이나 후대의 신학이 아니라, 고대 루터교 교의학의 핵심이었으며, 하나님의 위엄에 대한 모독에 대한 무한 형벌이 정당화된다는 신학적 전제가 있었다. 이는 단순한 행위(factum)보다 죄에 대한 인식과 태도, 즉 하나님에 대한 의식의 유무에 따라 죄가 성립된다는 생각으로 이어진다.

16 1848년경 작성된 것으로 보이는 한 낱장의 메모에 다음과 같이 기록되어 있다. 키르케고르는 이렇게 쓴다.

"예전의 신학에서는 자주 이런 말을 했다. 죄가 하나님을 향한 것이기 때문에, 그것이 그렇게 크며, 따라서 지옥의 형벌도 영원해야만 한다. 그런데 후대에 이르러 사람들은 이 생각이 어리석다고 여겼다. 죄는 하나님을 향한 것이든 아니든 똑같이 큰 죄라는 것이다. 하지만 이는 근본적으로 가장 영혼 없는, 그리고 가장 물질적인 관점이다. 죄가 단지 외적인 사실(faktum)인가? 죄는 또한 하나의 관념(forestilling, 개념)이 아닌가? 그렇다면, 분명하고 명확한 관념을 가진 사람이, 모호한 관념만 가진 사람보다 더 큰 죄를 짓는 것 아닌가? 나아가, 하나님에 대한 명확한 인식을 가지고 있음에도 여전히 죄를 지속해서 짓는 자, 그는 가장 깊이 죄를 짓는 자가 아닌가?" (Pap. VIII 1 A 662)

또한 키르케고르가 H.N. 클라우센의 『교의학 강의(Dogmatiske Forelæsninger)』(1833-34)의 "지옥 형벌과 영원한 정죄에 대하여"라는 절을 요약한 곳에서는, '고전 루터파 교의학자들'이 지옥 형벌의 영원성을 주장하는 첫 번째 근거로 이렇게 말하고 있다고 밝힌다.

"하나님의 무한한 위엄(Majestæt)이기에, 무한한 형벌이 요구된다." (Not1:6, SKS 19, 32,2f)

또한 참고로, §82 '죄의 개념'에 대한 항목은 K.A. 하제(Hase)의 『후테루스 레디비부스(Hutterus redivivus)』 또는 『복음-루터 교회의 교의학』(1839년 독일어 제4판, 1841년 덴마크어 번역)에 실려 있다. 여기서 죄는 다음과 같이 정의된다: violatio amoris divini s. religionis(라틴어: "신적 사랑 혹은 종교적 사랑의 침해") 그리고 루터파 정통주의 교의학자 D. 홀라츠(D. Hollaz, 1648-1713)의 주석에서는 죄를 이렇게 정의한다: Aberratio a lege divina, creaturas rationales obligante, culpabilis, et poenam corporalem atque aeternam inferens(라틴어: "합리적 피조물에게 책임을 지우는 하나님의 율법으로부터의 탓할 만한 일탈이며, 육체적이며 영원한 형벌을 초래하는 것이다.") (p. 201)

같은 주석의 마지막 부분에서는 다음과 같이 덧붙여져 있다. "근대의 도덕 철학에서는 죄를 일반적으로 '도덕률에 어긋나는, 불법적 행위나 부작위를 향한 의지의 자기결정'이라고 정의한다."

또한 §87 '죄의 다양한 구분' 항에서는 '원죄(原罪)'(peccatum habituale)를 "인간 본성에 보편적으로, 원초적으로 존재하는 동일한 죄"라고 정의하고, '행위로서의 죄(個人罪)'(peccatum actuale)는 "각각의 인간 개체에게 나타나는 개별적이고 다양한 죄"로 정의한다. (p. 216)

이후 '옛 교의학자들'이 여러 형태의 개별 죄들을 구분하는 내용을 다루면서도, 그들에 따르면 다음의 원칙이 통용되었다: "모든 죄는 결국 하나님을 향한 죄이다." (p. 216)

이러한 다양한 형태의 죄 구분에 대한 논의 뒤에, 주석은 다음과 같이 밝힌다: "많은 근대 교의학자들 및 합리주의 신학자들은 이 보편적 개념을 거부하고, 개별적 사실(factum)에만 머물며, 죄의 크기를 외적인 조건에 따라 재려 한다. 그러나 실제로는 죄책의 크기는 외적인 조건이 아니라 내면의 동기(drive, 원동력)에 따라 측정되어야 한다는 점을 고려하지 못한다." (p. 218f)

이는 키르케고르가 단순히 과거 교의학을 수용하는 것이 아니라, 죄에 대한 질적이고 실존적 기준, 즉 하나님 앞에서의 죄, 의식의 정도에 따른 죄의 무게라는 관점을 현대적 합리주의 교의학의 '평준화된 윤리관'에 대한 급진적인 비판으로 삼고 있음을 보여준다.

17 앞서 설명된 '죄는 강화된 절망'이라는 개념과 연결된다. 죄의 질적 심화를 설명하기 위해 세속 법률 용어를 끌어오는 키르케고르의 전략이다. 단순 범죄(simple crime)와 가중 범죄를 구분하는 개념으로, 키르케고르는 죄의 본질을 단순한 '행위'가 아니라 '하나님 앞에서의 의식된 반항'이라는 질적으로 강화된 상태로 보고 있다.

18 이에 대해서는 『후테루스 레디비부스(Hutterus redivivus)』 제87절 「죄의 다양한 구분」을 참조하라. 이 절에서는 '옛 교회 교의학자들'이 '행위로서의 죄(gerningssynden)'를 여러 형태로 구분한 내용이 설명된다. 그중에서도 죄의 대상(object)에 따른 첫 번째 구분 아래 다음의 세 가지 유형이 제시된다:

1. 하나님을 향한 죄 (peccatum in Deum)
2. 이웃을 향한 죄 (peccatum in proximum)
3. 자기 자신을 향한 죄 (peccatum in nosmetipsos)

이는 키르케고르가 비판하고 있는 "죄가 오직 때때로만 하나님을 향한다"는 개념이 사실상 고전 교의학의 죄 구분 체계에서도 이미 존재했음을 보여준다. 하지만 키르케고르는 이러한 대상 중심의 분류를 넘어서, 죄의 본질은 '하나님 앞에 존재한다는 의식을 가진 자가 저지른 불순종'이라는 점에 있다고 주장한다.

19 "그 때에 너희는 그리스도 밖에 있었고 이스라엘 나라 밖의 사람이라 약속의 언약들에 대하여는 외인이요 세상에서 소망이 없고 하나님도 없는 자이더니"(에베소서 2:12, 개역개정)

20 pelagiansk-letsindige Forestilling: 이 표현은 5세기경 로마 등지에서 활동한 영국 수도사 펠라기우스(Pelagius)를 가리킨다. 그는 아우구스티누스(Augustinus)가 강력히 반대했던 이른바 '펠라기우스주의'의 핵심 인물로 유명하다. 펠라기우스는 원죄 교리를 부정하고, 하나님의 뜻에 따라 죄 없이 살 수 있는 인간의 자유의지를 주장했다. 즉, 인간은 하나님의 은혜에 의존하지 않고도 자신의 노력만으로 구원에 이를 수 있다고 보았다. 그에 따르면 하나님의 은혜는 단지 보조적인 역할을 할 뿐이며, 죄는 상태가 아니라 하나의 행위로 간주되었다. 모든 인간은 처음 창조된 아담과 마찬가지로 선하고 타락하지 않은 상태로 태어난다고 본 것이다. 이 펠라기우스의 가르침은 아우구스티누스의 주도로 열린 북아프리카 공의회(416년, 418년)에서 이단으로 정죄되었고, 에베소 공의회(431년)에서 최종적으로 공식 이단 판결을 받았다.
또한 루터교의 신앙고백서인 『아우크스부르크 신앙고백서(Confessio Augustana)』 제2조 "원죄에 대하여"에서는 다음과 같이 명확히 선언하고 있다: "[루터파 개혁자들은] 펠라기우스주의자들과 그 외 다른 이들을 정죄한다. 그들은 이 본래적인 타락을 죄로 인정하지 않으며, 그리스도의 공로와 은혜의 영광을 훼손하면서, 인간이 자기 이성의 힘만으로 하나님 앞에서 의롭게 될 수 있다고 주장한다." (《아우크스부르크 신앙고백서》, A.G. 루델바흐 번역, 코펜하겐, 1825, p. 47)
또한 H.N. 클라우센의 『교의학 강의』 제38절(194,4)에서도 펠라기우스를 다루며, 제40절에서는 "펠라기우스주의적 경솔함(pelagiansk letsindighed)"에 대해 언급하고 있다.

21 "성경은 언제나 죄를 불순종으로 정의한다": 키르케고르는 이 문장에 대해 원고 초안(Pap. VIII 2 B 163)에 다음과 같이 덧붙였다. "그리고 로마서 14장 23절에서는 사실상 이러한 정의가 주어져 있다. 곧 '믿음으로 말미암지 아니한 모든 것은 죄니라'(롬 14:23)."
여기서 키르케고르는 죄를 단순한 행위의 위반이 아니라, 믿음 없는 상태에서 행해진 모든 것, 즉 하나님에 대한 신뢰와 순종이 결여된 실존 전체로 이해하고 있으며, 그 근거로 로마서 14장 23절을 명확히 제시하고 있다. 이는 죄의 정의를 단지 윤리적 범주가 아니라, 실존적, 신앙적 관계의 파열로 파악하는 키르케고르의 깊은 신학적 통찰을 보여준다.

22 이 표현은 중세 라틴어 격언 "Virtutes paganorum splendida vitia" 즉, "이방인의 덕은 눈부신 악덕이다"를 덴마크어로 옮긴 고정 표현(fast vending)이다. 이 격언은 종종 교부 아우구스티누스(Augustinus)의 저서 『하나님의 도성(De civitate Dei)』 제19권 25장에서 유래한 것으로 간주되며, 또는 락탄티우스(Lactantius)의 『신적 교훈(Institutiones divinae)』 제6권 9장 및 제5권 10장에서 그 의미를 찾아볼 수 있다. 다만, 이 격언은 직접적인 문장 형태로 이들 저자에게서 인용되지는 않고, 그들의 사상을 요약하는 의미로 널리 쓰이게 된 표현이다. 키르케고르도 이 표현을 자주 사용하였으며, 예를 들어 『철학의 부스러기(Philosophiske Smuler)』(1844)에서도 찾아볼 수 있다

※ glimrende는 문자 그대로는 "빛나는, 찬란한"을 의미하지만, 이 경우에는 "겉보기엔 훌륭하나 실제로는 타락한", 즉 "눈부신 위선", "화려한 타락"의 뉘앙스를 가진다. 요약하자면, 이 표현은 기독교적 관점에서 볼 때 이방인의 미덕은 참된 덕이 아니라, 하나님을 향하지 않은 자기 의에 불과한, 오히려 타락한 덕에 불과하다는 신학적 통찰을 담고 있다. 키르케고르에게 이 표현은 하나님 앞에 서지 않은 자율적 도덕의 실존적 공허함을 비판하는 데 매우 핵심적인 개념이다.

23 다음을 보라. NB21:109, JP VI 6689 (Pap. X3 A 551).
태만의 죄들(Undladelses Synder)
F. W. 뉴먼(F. W. Newmann)의 저서 『Die Seele, ihr Leiden und ihr Sehnen』(『영혼, 그 고통과 갈망』, 라이프치히 1850년 출간)의 죄에 관한 단락에서, 내가 어느 부분에서 이런 말을 발견했다. 곧, 태만(게으름, 소홀함)의 죄들이 가장 위험하며, 바로 경건한 사람들일수록 이러한 죄들에 가장 민감하게 괴로워한다는 말이었다. 이 말은 전적으로 옳은 이야기이며, 저로 하여금 안티-클리마쿠스의 『죽음에 이르는 병』을 떠올리게 한다.
※ 여기서 "Undladelses Synder"는 문자적으로는 "의무를 태만히 한 죄들" 또는 "해야 할 일을 하지 않은 죄들"로, 한국어로는 "태만의 죄들" 혹은 "하지 않음의 죄" 정도로 번역할 수 있다. 키르케고르가 강조한 "부정적 형태의 절망" 개념과도 밀접하게 연결되는 주제다.
이 부분에 대한 자세한 해설은 다음을 참고하라. https://praus.tistory.com/681

24 이는 마태복음 12장 22-32절의 내용을 가리킨다. 이 구절에서는 예수님께서 귀신 들

린 사람을 고치신 후, 바리새인들이 이를 보고 "이가 귀신의 왕 바알세불을 힘입지 않고는 귀신을 쫓아내지 못한다"고 말한 장면이 나온다(24절, 개역개정). 이에 대해 예수님께서는 성령을 거스르는 모독(blasphemy), 곧 성령을 모독하는 죄는 결코 용서받을 수 없다고 경고하신다(31-32절). 키르케고르가 여기서 언급한 바는, 바로 그리스도를 마귀의 힘으로 귀신을 쫓아낸 자라고 비난했던 바리새인들의 태도가 곧 성령을 부정하는 깊은 절망의 표현이며, 이는 죄를 쫓아내는 일조차 다시 죄를 불러들이는 식으로 타락시킬 수 있다는 그의 사유와 연결된다.

25 이는 마태복음 12장 43-45절을 암시하는 표현이다. "더러운 귀신이 사람에게서 나갔을 때에 물 없는 곳으로 다니며 쉬기를 구하되 얻지 못하고 이에 이르되 내가 나온 내 집으로 돌아가리라 하고 와 보니 그 집이 비고 청소되고 수리되었거늘 이에 가서 저보다 더 악한 귀신 일곱을 데리고 들어가서 거하니 그 사람의 나중 형편이 전보다 더욱 심하게 되느니라 이 악한 세대가 또한 이렇게 되리라"

키르케고르는 이 성경 구절을 인용함으로써, 한 번 죄에서 떠났던 사람이 참된 회개 없이 다시 죄로 돌아가게 될 때, 그의 상태는 이전보다 더 악화된다는 점을 강조한다. 이는 단순한 도덕적 타락이 아니라, 절망 속에서의 자기의지적(자의적인) 죄악의 심화를 가리키며, 바리새주의적 외적 의로움이 오히려 더 깊은 영적 타락으로 이어질 수 있음을 비판하는 맥락에서 사용된다.

26 바리새인(Pharisæer): 기원전 약 100년부터 서기 70년 예루살렘이 멸망할 때까지, 헬레니즘-로마 시대 유대교에서 가장 영향력 있었던 운동 중 하나의 구성원을 말한다. 바리새인들은 모세 율법의 철저한 준수, 특히 제사장 계층을 위한 정결 규정의 복잡한 조항들까지도 일반 백성에게 확대 적용하려고 했다. 이들은 모세오경 외에도 '조상들의 전통' 혹은 '장로들의 전승'으로 불리는 방대한 구전율법 체계를 형성하여, 율법을 세밀하게 해석하고 적용하는 데 주력했다. 또한 죽은 자의 부활과 심판, 천사와 같은 중개적 존재의 실재를 믿었다.

예수 시대의 바리새인 수는 약 6,000명 정도였다고 전해진다. 복음서에서는 이들이 종종 율법의 문자적 해석에 집착하여 외적 경건은 갖추었으나, 내면의 진실함을 결여한 자들로서 비판의 대상이 되었다.

27 legal Retfærdighed(율법적 의로움): 이는 현행 법률에 부합하는 정의 혹은 정당성을 의미한다. 키르케고르가 이 표현을 사용할 때는 대개 칸트 철학의 구분, 즉 '합법성(Legalitet)'과 '도덕성(Moralitet)'의 구별을 전제로 하고 있다. Legalitet(합법성)은 어떤 행위가 단지 법에 부합하기 때문에 이루어진 경우를 말하며, 이는 도덕적 동기나 마음가짐 없이도 행위 자체가 규범에 맞는 것을 뜻한다. 반면, Moralitet(도덕성)은 행

위가 외적으로 법에 맞을 뿐 아니라, 그 행위의 내적 동기 역시 도덕적 요구에 응답하려는 의지에서 비롯되어야 한다는 것이다. 따라서 "legal Retfærdighed"은 율법에 맞는 겉모습의 의로움이지만, 키르케고르의 문맥에서는 진정한 내적 순종이나 회심 없이도 도달 가능한 외형적인 상태를 비판적으로 가리킬 때 쓰인다. 이는 바리새적 의로움, 혹은 회개 없는 자기 옳음 주장과 연결된다.

28   Kjød og Blods Vildhed: 감각적이거나 자기중심적인 인간의 야성(野性, 광기)을 의미한다. 신약성경에서 "혈과 육"(kød og blod)은 인간 자체를 가리키는 고정된 표현으로 자주 쓰인다. 예를 들어 마태복음 16장 17절, 갈라디아서 1장 16절, 에베소서 6장 12절 등을 참고할 수 있다.
키르케고르가 이 표현을 사용할 때는, 인간의 본성적 충동이나 죄의 기원을 단순히 생물학적 존재로서의 인간성에 두는 것이 아니라, 그러한 충동을 '영이 동의하는 것'으로 설명하며 죄의 본질을 보다 깊은 실존적 차원에서 파악한다. 즉, 죄는 단지 '육과 혈의 광기'가 아니라, 그것에 영혼이 동조할 때 참된 죄가 된다고 보는 것이다.

29   키르케고르의 여러 저작은 다양한 형식을 갖추고 있다. 예를 들면 『이것이냐/저것이냐』 제1권에 실린 "디압살마타(Diapsalmata)"의 서정적 토로, 『두려움과 떨림』의 부제에 나오는 "변증법적 서정시(dialectical lyric)", 그리고 『불안의 개념』, 『철학적 단편』, 『죽음에 이르는 병』에 나타나는 "대수학적 형식(algebraic form)"이 있다. 이 '대수학적'이라는 표현은 작품들 스스로에 의해 명명된 것이다. 이 용어는 이러한 후기 저작들이 가진 압축적이며 변증법적인 성격을 가리킨다. 참조: 『일기와 논고』 제6권 6137번 (Pap. VIII1 A 652) 이때 "algebraic"은 수학의 대수학이 아니라, 개념 간 관계가 치밀하고 계산적이며 논리 구조로 엮여 있는 글쓰기 방식을 의미한다.

30   다음을 참고하라. NB11:86, JP IV 4020 (Pap. X1 A 384)
이것이 바로 기독교적인 죄의 정의다. 그리스도께서 친히 말씀하시기를, 성령께서 세상에 죄에 대하여 깨닫게 하시되, 그 죄란 곧 그들이 믿지 아니한 것이라 하셨다. 죄란 믿지 않는 것이다. 이것은 『죽음에 이르는 병』에서도 그렇게 제시되고 있다.

이 구절은 요한복음 16장 8절과 9절을 반영한다. "그가 와서 죄에 대하여, 의에 대하여, 심판에 대하여 세상을 책망하시리라 죄에 대하여라 함은 그들이 나를 믿지 아니함이요."
해설하자면, 키르케고르가 여기서 말하는 것은 기독교적 관점에서 죄란 단순히 도덕적 위반이 아니라, 하나님을 믿지 않는 것, 곧 믿음의 부재 자체라는 것이다. 이는

『죽음에 이르는 병』 전체의 핵심 사상과도 일치하며, 죄의 본질을 실존적으로 파악하는 방향을 보여준다.

31 Udtræk: 망원경의 접이식 관처럼, 또는 악기에서 뽑아내는 관처럼 하나 더 확장된 단계, 추가된 부분을 의미한다. 이 맥락에서는 "기독교적 개념 규정이 윤리적 개념들에 하나의 Udtræk을 더한다"는 말은, 기존의 윤리적 개념에 기독교적 차원을 추가로 확장시켜 덧붙인다는 의미로 이해할 수 있다. 즉, 단순한 윤리 이상으로 나아가 하나님 앞에서의 실존적 차원을 부여한다는 뜻이다.

32 이 핵심 주제들에 대해서는 다음을 참고하라. JP I 5-12; III 3025-40, 3070-3102

33 Speculation : '사변'을 뜻하며, 특히 헤겔식 사변적 신학을 가리킨다. 이 신학에서는 모든 모순과 대립이 이해하는 이성 안에서 지양(aufheben)되어 하나의 통일로 통합된다고 본다. 키르케고르는 이러한 사변적 사고를 비판하며, 기독교의 진리는 단순히 개념적으로 종합될 수 있는 것이 아니라, 부조리(Absurd)하고 역설(Paradox)적이며, 하나님 앞에서 단독자로 서는 실존적 결단 안에서만 파악된다고 강조한다.

34 이는 "사변은 개별 인간을 인류 속에서 환상적으로 보편화(universaliserer)시키며, 그 결과 개별자는 전체 속에서 사라지게 만든다"는 뜻이다. 즉, 이 문장은 사변적 사유가 개인(individet)의 독자성을 제거하고, 이를 '인류(Slægten)'라는 보편적 개념 속에 융해시켜 버리는 경향을 비판하고 있다. 이는 키르케고르가 반복적으로 비판하는, "하나님 앞에서 단독자로서의 인간"이라는 기독교적 실존의 핵심을 파괴하는 철학적 오류로 간주된다.

35 Udvikling af : '해설', '전개', 또는 '해석'이라는 의미로, 어떤 개념이나 주제에 대한 구체적인 설명이나 논리적 전개를 뜻한다. 예를 들어, en psykologisk udvikling af begrebet는 "그 개념에 대한 심리학적 해설"로 번역할 수 있다. [죽음에 이르는 병] 부제에 나오는 단어이기도 하다.

36 이는 아마도 마태복음 11장 6절 또는 마태복음 26장 31절을 가리키는 표현이다. 또한 요한복음 6장 61절도 참조할 수 있다. 이 구절에서 예수님은 제자들이 자신의 말씀을 어렵게 여겨 수군거리는 것을 보시고 "이 말이 너희에게 걸림이 되느냐?"라고 물으신다. 즉, 예수님 자신이 '실족함'(Forargelse)의 가능성을 직접 지적하고 경고하신다는 점에서, 이러한 '안내(anviisning)'는 기독교적 실족의 본질적 불가피성을 강조하는 근거가 된다. 복음서 곳곳에서 예수께서 실족(스캔들론, σκανδαλον)에 대해 경고하셨다는 신학적 맥락을 강조한다.
다음을 참고하라. pp. 127-28 and notes; Practice in Christianity, KW XX (SV XII 67-134).

37　Daglejer: "날품팔이"는 덴마크 사회에서 신분적으로 가장 낮은 계층을 상징하며, 이 예시는 인간과 하나님 사이의 신분 차이를 은유적으로 보여준다.

38　고린도전서 2장 9절에서 바울이 이사야 64장 3절을 인용하며 말한 구절을 자유롭게 인용한 표현이다. "기록된 바, 하나님이 자기를 사랑하는 자들을 위하여 예비하신 모든 것은 눈으로 보지 못하고, 귀로 듣지 못하고, 사람의 마음에 생각나지도 않았다 함과 같으니라."

이 표현은 사람이 전혀 상상하지도 못했던 하나님의 계획과 은혜, 특히 복음의 계시를 강조하기 위해 사용됩니다. 키르케고르는 이 표현을 인용하여, 가장 낮은 자(dagleier)에게 주어진 상상할 수 없는 은총-곧 왕의 사위가 된다는 복음의 역설을 강조하고 있다.

또한, 다음을 참고하라. 『철학의 부스러기』(Philosophical Fragments), KW VII (SV IV 178, 203).

39　aftegnet i Bladet: 지역의 저속한 신문에 희화화되어 실리는 것을 뜻한다. 예를 들어, 쇠렌 키르케고르 자신이 풍자잡지 『코르사렌(Corsaren)』에서 조롱받았던 것처럼 말이다. 이 표현은 당시의 대중매체, 특히 풍자적이고 저속한 인쇄매체가 한 개인을 어떻게 공개적으로 망신줄 수 있었는지를 풍자하는 방식으로 사용되고 있다.

40　Visekjerlingerne: 곧 visekonerne, 즉 동네 곳곳을 돌아다니며 값싼 대중가요('skillingsviser')를 큰 소리로 팔아 외치던 여자들을 가리킨다. 이 표현은 종종 조롱적이고 경멸적인 뉘앙스를 담고 있으며, '가십을 퍼뜨리는 사람들', 또는 '시시껄렁한 대중의 여론을 형성하는 이들'을 상징적으로 지칭하는 표현으로 사용되곤 한다. 키르케고르의 문맥에서 보면, 이는 세속적 대중이 신적 초월을 조롱하고 비웃는 방식의 풍자적 묘사다.

41　paa sandselig Maade: 감각적인 방식으로, 즉 오감을 통해 직접 체험하거나 경험함으로써.

이 표현은 신앙의 확신이나 실재에 대한 인식을 외적이고 경험적인 방식으로, 곧 눈으로 보고 손으로 만지는 식의 물리적 확증을 통해 얻고자 하는 태도를 묘사한다. 키르케고르는 종종 이러한 "감각적 방식"을 신앙의 참된 길과 대조하며, 참된 신앙은 오히려 감각을 초월한 내면의 결단과 신뢰임을 강조한다.

42　Daarekiste: 정신적으로 병든 사람들을 감금하던 시설, 즉 '정신병원' 또는 '광인 수용소'를 의미함. 그러나 오늘날과 같은 치료 목적의 병원이라기보다는, 단순히 격리와 수용을 목적으로 한 시설을 가리킨다. 키르케고르가 이 표현을 사용할 때는 대개 풍자적이거나 역설적인 문맥에서, 세상이 보기에는 미친 짓처럼 보이는 신앙의 실존을

말할 때 자주 사용된다.

43 quid nimis: 라틴어로 "지나친 것", 즉 "너무 지나친 어떤 것"이라는 뜻이다. 여기서 키르케고르가 이 표현을 사용하는 맥락은, 어떤 일이 너무 과도하게 일어나면 그것이 금세 반대로 전환되어 버릴 수 있다는 위험성을 지적할 때다. 예를 들어, 너무 큰 호의나 기대는 곧 조롱이나 실망으로 변할 수 있다는 식으로, quid nimis는 인간 실존의 불안정성과 신앙의 역설을 강조하는 데 사용된다.

44 이 표현은 헤겔 철학에서 자주 사용되는 표현으로, 변증법적 사유 구조에서 어떤 개념이 그 자체의 내적 모순을 통해 그 반대로 전환(umschlagen)될 때 쓰인다. 즉, 개념이 그 자체의 한계에 도달하면 그것이 반대 개념으로 '전도'되어, 상위 단계의 통일(synthesis) 속에서 보다 높은 진리로 나아간다는 사상이다.

예를 들어, 자유는 무제한적인 자기 주장 속에서 오히려 억압으로 전도될 수 있고, 합리성은 지나치면 비합리로 바뀔 수 있다는 식의 구조다. 키르케고르가 이 표현을 사용하는 맥락에서는, 실존적인 신앙의 극단성과 불가능성이 오히려 역설적으로 진리로 나아가게 되는 "도약"이나 "모순의 수용"과 연결될 수 있다.

45 Kjøbstaden: '시장 도시' 또는 대도시로, 시민 사회와 공론장이 형성된 공간을 뜻한다. 기독교 진리가 대중 사회에서 조롱받는 구조를 나타낸다. 덴마크어 단어 Kjøbstad(시장 도시)는 코펜하겐(Copenhagen, 덴마크어로 Kjøbenhavn)이라는 이름과 언어유희를 이루고 있다. 코펜하겐은 문자 그대로 "시장 항구"를 의미한다. 이에 관해서는 『관점의 문제』(The Point of View), KW XXII (SV XIII 580–582쪽) 참조. 이 책에서 키르케고르는 자신이 "시장 도시의 천재"로 살아야 했던 운명을 말한다. 1845년 당시 코펜하겐의 인구는 126,787명이었다.

46 Quid nimis: 라틴어로 "과유불급(過猶不及)"에 해당하며, 과도한 것은 해로울 수 있음을 의미한다.

47 Faciciteten: 실제적인 사실들, 즉 역사적 현실 또는 사실성을 뜻하는 말이다. 키르케고르의 문맥에서는 감각적으로 확인 가능한 외적 현실을 가리키며, 신앙의 내적 확실성과 대조되는 개념으로 사용된다. 다시 말해, "faciciteten"은 믿음을 가능하게 하는 눈에 보이는 증거나 실제적 상황을 의미하며, 종종 믿음이 의존하지 않아야 할 것으로 암시된다.

48 mig en Daarskab: 고린도전서 1장 18-31절에 대한 암시다. 바울은 그곳에서 십자가의 도를 "유대인에게는 거리끼는 것이요 이방인에게는 미련한 것"이라 말하며, 그리스도의 십자가가 세상의 지혜와는 다른 하나님의 지혜임을 강조한다.

"mig en Daarskab"은 덴마크어 표현으로 직역하면 "나에게는 하나의 어리석음이다"라는 뜻이며, 이 문맥에서 말하는 기독교 진리의 역설성과 높음이 세상적 지혜로는 이해되지 않음을 드러내는 표현이다.

49 Snæverhjertedhed: 문자적으로는 '마음이 좁음', 즉 편협함을 뜻한다. 여기서는 인간이 하나님의 위대하심을 이해하거나 받아들이지 못하고 거부하는 심리적 폐쇄성을 나타낸다.

50 faa dette udryddet, tilintetgjort, traadt i Snavset: '그것을 뿌리 뽑고, 없애고, 진흙에 짓밟는다'는 표현이다. 실족의 격렬하고 파괴적인 반응을 상징적으로 보여준다.

51 예를 들어, 다음을 참고하라. Two Ages, pp. 81-96, KW XIV (SV VIII 76-89).

52 giver op uden om: 원래 학문적 맥락에서 "시험 필수 과목 외의 내용까지 자발적으로 공부한다"는 뜻입니다. 즉, 정규 커리큘럼을 넘어서 자발적으로 심화 학습을 했다는 표현이다. 이 표현을 키르케고르가 자신의 경험에 비유해서 쓴 맥락에서는 다음과 같이 번역할 수 있다: "이것은 내가 피할 수 없었던 공부이며, 공식 과정을 넘어서 스스로 철저히 연구했다고 자부합니다." 즉, 실족과 질투에 대한 통찰은 단순한 개념 정의를 넘은 깊은 실존적 탐구의 산물임을 강조하는 문맥이다.

53 이 문장은 실족(forargelse)이 감탄에서 비롯된다는 역설적 구조를 보여준다. 즉, 그리스도교 진리의 고귀함에 스스로를 내어맡길 수 없는 자, 감탄은 하지만 그 감탄 속에 자신을 잃을 용기가 없는 자는, 차라리 그것을 깎아내리고 조롱하는 질투로 방향을 틀게 된다는 것이다. 실족이란 결국 감탄하지 않아서가 아니라, 감탄하고도 그것에 자신을 맡기지 못한 비참한 자기보존의 형태다. 키르케고르의 통찰은 여기에 담겨 있다.

54 Pap. VIII2 B 164:5. 키르케고르의 원고, 제8권 2부의 문서 B 164의 다섯 번째 항목을 참조하라. "실족이란 본질적으로 기독교적인 것인 비범한 것에 대하여 자신을 주장하려는 불행한 자기주장이며, 그것에 반대되는 것이다."

55 Summa summarum: 라틴어로 '모든 것을 더한 최종 결과', 즉 '총합', '요약된 결론'을 뜻한다. 보통 어떤 논의나 계산, 사유의 최종 정리 혹은 핵심 요점을 말할 때 사용된다.

56 gyldne: 이 표현은 전통적으로 '황금률(golden mean)' 혹은 '절제의 미덕'이라 불리는 '중용(中庸)'의 사상을 가리킨다. 이는 흔히 호라티우스(Horats)의 『오드(Oder)』 2권 10편 5행에서 유래한 것으로 여겨지며, 덴마크어 번역본(1792-93)에 따르면 다음과 같이 표현되어 있다: "지혜로운 자, 황금 같은 절제를 사랑하는 이는 / 비천한 가난의 불안으로부터도, 궁정 생활을 따르는 시기심으로부터도 자유롭다."

또한 이 사상은 아리스토텔레스의 『니코마코스 윤리학』 제2권 제6장에서 전개된 '과도하지도 부족하지도 않은, 정확한 중간'으로서의 덕(virtue) 개념과도 연결된다. 키르케고르(Søren Kierkegaard)는 이러한 중용의 개념을 자신의 메모 『Not13:10』(1842-43, SKS 19, 387)에서 보다 복합적이고 역설적인 방식으로 비판적이고 기독교적으로 변주한 바 있다.

57 pletterede: '도금된', 즉 겉보기만 귀금속으로 덮여 있고 실제로는 그렇지 않은 상태를 뜻한다. 여기서는 은유적으로, 진짜 '황금'이 아니라 그저 금처럼 보이기만 하는 가짜 지혜-즉 외적으로는 지혜처럼 보이지만 본질적으로는 속이 빈, 피상적인 인간의 지혜-를 비판하는 표현으로 사용되었다. 따라서 문맥상 'gyldne'(황금 같은) 인간의 지혜는 사실 'pletterede'(도금된) 지혜일 뿐이며, 이에 비해 기독교는 이 모든 것을 넘어서는 '불합리한 것(Absurde)'의 차원에서 시작된다는 역설이 강조된다.

58 ne quid nimis: 라틴어로 "지나치지 말라", 즉 "모든 것을 절제하라", "과유불급"을 뜻한다. 이 표현은 본래 델포이 신전에 새겨졌던 고대 그리스 격언에서 유래된 것으로, 로마의 희극 작가 테렌티우스(Terentius)의 작품 『안드리아(Andria)』 61행에 등장한다. 거기서 해방 노예 소시아(Sosia)가 이렇게 말한다.
"nam id arbitror / apprime in vita esse utile, ut ne quid nimis"
(나는 이렇게 생각하네: 인생에서 가장 유익한 것은 바로 어느 것도 지나치지 않은 것이라네.)
이는 고대 윤리학의 '중용(中庸)' 사상-특히 아리스토텔레스의 덕 윤리와도 연결된다-을 대표하는 인간적 지혜의 핵심이지만, 키르케고르는 바로 이 "인간적 지혜"가 기독교 신앙과는 본질적으로 충돌한다고 비판한다. 기독교는 절제나 '적당한 선'을 따지는 지혜를 넘어, 오히려 부조리(Absurde), 역설, 과도함, 전면적인 자기포기에서 시작된다고 보기 때문이다.

59 이 속담은 덴마크 격언집인 N.F.S. 그룬트비(N.F.S. Grundtvig)의 『Danske Ordsprog og Mundheld』(덴마크 속담과 관용구, 124,4쪽)에서 속담 번호 666번으로, 또한 E. 마우(E. Mau)의 『Dansk Ordsprogs-Skat』(덴마크 속담 보물집) 제2권 18쪽에서는 속담 번호 6387번으로 수록되어 있다. 이 속담은 우리말의 "지나치면 모자람만 못하다" 또는 "과유불급"과 비슷한 의미로, 모든 것은 적당할 때 가장 좋다는 세속적 지혜를 담고 있다. 키르케고르는 이러한 인간적 지혜가 기독교 신앙, 특히 "역설"과 "불합리"의 실존적 도약을 요구하는 기독교 진리와는 충돌한다고 보며, 이 속담을 기독교적 실존의 반명제로 제시하고 비판하고 있다.

60 am Ende : 독일어로 '마침내', '결국', '끝내는'을 뜻한다.

61 de facto: 라틴어로 "사실상", "현실적으로", "실제로는"이라는 뜻이다. 예를 들어, "de facto 지도자"라고 하면, 공식적으로는 아닐지라도 실제로는 권력을 행사하는 지도자를 뜻한다.

62 제2의 유다: 여기서 '기독교를 방어하는 사람'을 유다에 비유하는 것은 키르케고르 특유의 급진적 표현이다. 믿음이란 방어하는 것이 아니라, 스스로 확신 속에서 세상을 향해 도약하는 것임을 강조하고 있다.

63 forraader med et Kys: 누가복음 22장 47-53절에 나오는 예수의 체포 장면을 가리킨다. 거기서 가룟 유다는 대제사장들과 장로들, 성전 경비대의 우두머리들에게 예수를 지목하기 위해 예수께 입을 맞추었고, 그때 예수께서 말씀하시기를 "유다야, 네가 입맞춤으로 인자를 파느냐" 하셨다(48절). 이 표현은 외적으로는 애정이나 존경을 가장하지만, 실제로는 배신하는 행위를 상징적으로 나타낸다.

64 disrecommandere det: 그것을 낮게 평가하거나, 권하지 않거나, 나쁘게 말하는 것을 의미한다. 곧 어떤 것을 변호하거나 옹호하는 척하지만, 실제로는 그것에 대한 신뢰나 가치를 훼손하는 행동을 말한다. 키르케고르 문맥에서는 기독교를 방어하려 드는 일이 오히려 기독교 자체를 약화시키고, 신앙을 폄하하는 결과를 낳는다는 비판적 의미로 사용되고 있다.

65 Dukat: 금화(黃金貨幣)를 의미하며, 원래는 2리그스달러(rigsdaler)의 가치를 지닌 화폐였다. 덴마크에서는 1827년까지 주조되었다. 키르케고르는 이 단어를 통해 비유적으로 '누구도 의심할 수 없을 정도로 가치 있는 것'을 상징적으로 사용하고 있으며, 그런 가치를 지닌 사람일지라도 '변호하는 방식'으로 행동하면 오히려 의심받게 된다는 역설을 말하고 있다.

66 믿음은 방어가 아니라 공격이며, 승리이다: 이는 『두려움과 떨림』, 『철학적 단편』 등에서 반복되는 키르케고르의 기본 입장이다. 믿는 자는 변명하거나 설명하지 않고, 전적으로 자신을 던져 승리하는 자이다.

67 for Meget er for Meget: "너무 과한 것은 너무 과한 것이다"라는 뜻의 덴마크 속담이다. E. Mau의 『Dansk Ordsprogs-Skat』 제2권 171,35면, 속담 번호 6395번에 수록되어 있다. 이는 '적당함'을 넘는 어떤 것을 경계하는 보편적 인간 지혜를 표현한 말이며, 키르케고르 문맥에서는 인간이 하나님 앞에서 너무 큰 존재가 된다는 기독교 진리에 대해 자연인이 느끼는 당혹감과 실족의 반응을 요약하는 표현으로 사용된다.

68 무지(Uvidenhed): 여기서 말하는 무지는 단순한 정보 부족이 아니라, 진리와 선에 대한 내적 통찰의 결여, 또는 영혼의 눈먼 상태를 의미한다. 소크라테스에게 있어서 악행은 자기가 무엇을 하는지 모르는 데서 비롯되며, 그 무지가 바로 죄의 근원이다.

이것은 소크라테스의 테제, 즉 앎이 곧 덕이며, 앎은 영혼의 소유이고, 그러므로 사람이 고의로 잘못을 저지를 수는 없다는 주장에 대한 부정적 형식이다. 이 부분에 대하여는 다음을 참고하라. The Concept of Irony, K W II (S V XIII 155, 234, 290). 플라톤 전집 III "프로타고라스" 천병희 역 (파주: 숲, 2019), 278-290(351e-357e).

69 '더 나아가다'와 '넘어서다'는 당시 헤겔주의에서 데카르트의 의심을 넘어서는 것을 가리키는 용어였다. 이후, 이 용어는 다른 철학자, 예를 들어 헤겔을 넘어 서는 것을 가리키는 넓은 의미로 사용되었다. 또한, 이 용어는 『철학의 부스러기』에도 반복되는 주제이다.

70 플라톤의 대화편에서 나오는 대화에서 소크라테스는 종종 자신의 무지를 언급하는데, 이 부분에 대하여는 다음을 참고하라. 『소크라테스의 변명』 박문재 역 (파주: 현대지성, 2021), 18-23(21a-23b).

71 중간 정의(Mellem-Definition): '그리스적 정의'와 '기독교적 정의' 사이에서 타협하려는 개념. 그러나 키르케고르는 이러한 정의들을 '공허하다'고 본다. 이는 기독교의 실존적 진리 앞에서 이성적 추상이나 일반 도덕이 갖는 한계를 비판하는 데서 비롯된 표현이다.

72 해설: 이 문단에서 키르케고르는 소크라테스적 정의 — 즉 '죄는 무지다'라는 사고 — 를 폐기하거나 단순히 지나간 것으로 치부하지 않는다. 오히려 그는 그것이 진정한 헬라적 사유라는 점에서 긍정적으로 받아들이며, 바로 그 점 때문에 기독교적 진리의 더 깊은 본질을 부각시키는 데 사용하려고 한다. 즉, 진정한 기독교적 정의가 무엇인지 드러내기 위해 소크라테스의 정의를 일종의 대비적 도구로 사용하는 것이다.
여기서 "Mellem-Definition(중간 정의)"는 기독교와 철학, 영원성과 시간, 죄와 무지 사이에서 어정쩡하게 머무르려는 모든 타협적인 입장을 지칭한다. 키르케고르는 이런 중간 정의들이 결국에는 허무함을 드러낼 수밖에 없다고 주장한다. 즉, 진리는 철저히 기독교적 방식으로, 다시 말해 '죄는 의지적 반항'이라는 신학적 인식을 통해서만 올바르게 이해될 수 있다는 입장을 간접적으로 드러낸 것이다.

73 무지의 불확정성: 소크라테스는 죄를 무지로 보았지만, 그 무지가 본질적인 것인지 후천적인 것인지에 대한 해석은 애매하게 남아 있다. 키르케고르는 바로 이 지점에서 소크라테스의 정의가 실존적으로 부족하다고 본다.

74 Dumhed('어리석음'): 키르케고르는 'Uvidenhed'보다 좀 더 도덕적·의지적 책임이 담긴 단어로 'Dumhed'를 제안함으로써, 기독교적 죄 개념에 더 가깝게 조율한다.

75 교리학자(dogmatiker): 교리학은 신앙의 진리를 논리적으로 정립하는 신학 분야로, 소크라테스는 그리스 철학자였기에 계시나 원죄와 같은 교의의 문제를 다루지 않는

76 원죄 교리: 원죄는 인간의 최초의 근원적 죄를 의미하며, 아담의 타락으로 말미암아 세상에 들어오게 된 죄가 성적 행위를 통해 유전적으로 전해진다는 교리다. 이 개념은 교의학적 전통에서 창세기 3장의 타락 이야기, 시편 51편 7절, 로마서 5장 12-14절 등을 근거로 삼고 있다.

그러나 아우구스티누스에 이르러서야 이 개념은 하나의 정식 교의(dogme)로 확립된다. 아우구스티누스는, 죄가 성행위 안에서 작동하며, 모든 인간은 태어남과 동시에 죄 안에 있기 때문에 선을 행할 능력을 상실하였다고 주장하였다. 이 교리는 412년, 416년, 418년에 열린 카르타고 공의회들과, 431년 에베소 공의회에서 공교회 전체의 신앙 고백으로 수용된다.

이후 루터교 개혁자들 역시 이 교리를 계승하였으며, 1530년에 작성된 루터파의 첫 번째 신앙고백 문서인 『아우크스부르크 신앙고백(Confessio Augustana)』 제2조 "원죄에 관하여"에서 그 내용을 분명히 드러내고 있다.

77 이 부분에 대하여는 다음을 참고하라. JP 6139, Pap. VIII 2 B 166.
N.B. 특히 제2장(그리고 그 밖의 어디에서나 발견되는)에서 발견되는 원죄의 교리에 대한 암시를 제거하는 것이 가장 좋다. 그것은 나를 너무 멀리 데려갈 수도 있고, 여기서 필요한 것이나 유용한 것보다 더 멀리 갈 수도 있다. 죄에 대해 적절하게 진술된 것을, 즉 정통 신학이 "죄가 무엇인지를 보여주기 위해서는 계시가 필요하다"고 가르친다는 점은 정확하게 지적된 바이나, 이는 원죄 교리에 관한 말은 아니다.

해설: 이 문단은 키르케고르가 소크라테스적 죄 이해 — '죄는 무지다' — 의 한계를 명확히 드러내는 부분이다. 그 핵심은 "무지 자체는 죄가 아니라 죄의 결과일 수 있다"는 물음이다. 키르케고르는 단순히 "무지하므로 죄를 짓는다"는 식의 사고는 죄의 기원과 인간 내면의 의지를 충분히 설명하지 못한다고 본다. 특히 그는 죄가 단순한 인식의 결핍이라기보다는, 의지가 스스로 인식을 어둡게 만든 활동성에서 비롯된다는 점을 강조한다. 이는 후에 '자기기만', '의지적 망각', 혹은 '진리에 대한 증오'로 발전하는 개념이다. 중요한 것은, 인간이 인식을 어둡게 만들기 시작한 그 시점에서 자기 자신을 의식하고 있었는가 아닌가에 따라, 죄의 위치가 단순한 인식의 문제가 아니라 의지의 문제로 전환된다는 것이다.

또한, 키르케고르는 소크라테스를 '윤리학의 창시자'로 존경하지만, 그가 종교적 윤리학자나 기독교적 교리학자가 아니었기에, 죄에 대한 근본적인 신학적 논의 — 예컨대 '죄가 자기 자신을 전제한다'는 문제 — 에는 접근하지 못했다고 본다. 이는 키르케고르가 원죄 교리를 단지 교리로 받아들이는 것이 아니라, 죄의 실존적 기원에 대한 깊은 철학적 탐구의 지점으로 간주하고 있다는 것을 보여준다.

78   quod erat demonstrandum: 라틴어로 '증명하고자 했던 바', 또는 '보이고자 했던 것'. 수학이나 논리학에서 흔히 쓰이는 결론 표현으로, 논증이나 증명의 마지막에 덧붙여 논증이 의도한 바를 성공적으로 입증했음을 나타내는 공식적인 문장이다.

79   이 부분은 다음을 참고하라.
초고(Pap. VIII 2 B 165)에서 키르케고르는 'der(그것은)' 다음에 있었던 다음 문장을 삭제했다: "(아우크스부르크 신앙고백과 다른 신조들이 매우 명확하게 강조하는 바와 같이)"
이 삭제된 문장은 아우크스부르크 신앙고백(Confessio Augustana) 제2조 "원죄에 대하여"와 관련이 있다. A.G. 루델바흐의 『아우크스부르크 신앙고백』(195,6), 46쪽에 따르면 다음과 같이 진술된다:
"동일하게 개혁자들은 이렇게 가르친다. 아담의 타락 이후로 자연적으로 태어나는 모든 인간은 죄 가운데 잉태되고 태어난다. 이는 모든 사람이 모태로부터 악한 욕망과 성향으로 가득 차 있으며, 본성으로는 어떤 참된 경건함도, 하나님을 향한 참된 믿음도 가질 수 없다는 뜻이다. 이 타고난 질병 혹은 본래적 결함은 참된 의미에서 '죄'이며, 세례를 통해 성령으로 거듭나지 않은 자들에게는 지금도 여전히 영원한 죽음을 불러오는 정죄로 작용한다." (Die Bekenntnisschriften der evangelisch-lutherischen Kirche, 11판, 1992, 괴팅겐, 53쪽)
이와 더불어, 루터의 두 번째 신앙고백서인 『기독교 교리 조항』(1536)은 1541년 라틴어로 번역되어 Articuli christianae doctrinae, 혹은 흔히 De schmalkaldiske Artikler(슈말칼트 조항)로 알려진 문서에서 다음과 같이 말한다. 제3부 1조 "죄에 대하여": '이 원죄는 인간 본성의 너무도 깊고도 추악한 부패이기 때문에, 어떤 인간의 이성으로도 이해될 수 없고, 오직 성경의 계시를 통해서만 인식되고 믿어질 수 있다.' (K.A. Hase, Libri symbolici, 2판, 1837 [초판 1827], 317쪽; Die Bekenntnisschriften, 434쪽)
또한 루터교의 다른 신앙고백서인 포르뮬라 콘코르디아(Formula Concordiae), 즉 '일치 신조'(1577-78, 독일어판은 1580, 라틴어판은 1598 출간)도 이 내용을 다음과 같이 확증한다. 제1부 "에피토메(Epitome)", 1조 "원죄에 대하여(De Peccato Originis)", 9항: "이 죄가 얼마나 악한 것인지는 말로는 정말로 설명할 수 없으며, 인간 이성의 날카로운 탐구로는 파악될 수 없고, 오직 하나님의 말씀을 통한 계시에 의해서만 인식될 수 있다." (Libri symbolici, 574쪽; Die Bekenntnisschriften, 772

쪽)

그리고 제2부 "충실한 해명(Solida Declaratio)", 1조 "원죄에 대하여", 8항은 이렇게 말한다: '더욱이, 이 크고 심각한 유전된 악이 무엇이고 얼마나 큰 것인지는 어떤 인간 이성도 탐구하거나 인식할 수 없으며, (슈말칼트 조항의 표현처럼) 성경의 계시를 통해서만 배워지고 믿어져야 한다.' (Libri symbolici, 639쪽; Die Bekenntnisschriften, 847쪽)

또한 키르케고르의 일기 NB:79 (1846년, 『SKS』 20권, 69쪽)에서도 키르케고르는 루터를 인용하며 이와 같은 내용을 언급하고 있다.

80 해설:

이 본문에서 키르케고르는 소크라테스적 죄 이해 — "죄는 무지다" — 가 가진 근본적인 한계를, 기독교와의 비교를 통해 날카롭게 드러낸다. 소크라테스에서 죄란 '지식의 결여'이며, 진리를 알면 누구나 그에 따라 선을 행할 수밖에 없다는 낙관적 전제를 따른다. 그렇다면 죄는 의지를 동반한 반역이 아니라, 단순한 몰이해나 착오일 뿐이고, 결과적으로 죄는 존재하지 않게 된다.

하지만 기독교는 이와 정반대의 전제에 서 있다. 기독교에서 죄란 단순한 무지가 아니라, 알면서도 그 진리를 거부하고 외면하는 의지적 반역이다. 다시 말해, 죄는 의식적으로 하나님께 등을 돌리는 사건이며, 이는 계시 없이는 결코 파악될 수 없는 심오한 진리다.

키르케고르에 따르면, 기독교의 죄 개념은 철저하게 계시적이다. 자연적 인간, 이방인, 혹은 철학자는 '죄'를 결코 스스로 알 수 없다. 바로 이 지점 — 계시에 의해서만 드러나는 죄의 실상 — 이 기독교가 이방 종교나 철학과 질적으로 다르다는 핵심적인 구분점이다.

결론적으로 키르케고르는 이렇게 말한다. 만약 이방 종교나 소크라테스의 철학이 기독교도 받아들일 수밖에 없는 '죄의 정의'를 가지고 있었다면, 그것은 기독교 전체를 무너뜨릴 수 있는 위험한 반론이 될 것이다. 하지만 바로 그것이 불가능하기 때문에, 기독교는 그 자체로 독자적인 계시의 종교이며, 죄에 대한 이해 또한 오직 그 계시를 통해서만 가능하다는 것이다.

81 Trods(반항): 키르케고르가 말하는 죄의 핵심은 '의지적인 저항'이며, 단순한 무지나 실수가 아니라, 알면서도 거스르는 반항적 행위에 있다.

82 Græciteten은 "그리스성" 또는 "그리스 정신"을 뜻하며, 특히 고대 그리스의 철학, 시, 예술을 통칭하는 표현이다. 키르케고르는 이 단어를 통해 단순한 문화적 범주를 넘어서, 존재와 진리를 바라보는 독특한 사유 방식을 지칭한다. 예컨대, 이성 중심적

사유, 미(美)에 대한 민감성, 그리고 인간 존재에 대한 이상화된 태도 등이 이에 포함된다. 이러한 Græciteten은 키르케고르가 기독교의 죄 개념(의지적 반역)과 구별하려는 지성주의적 죄 이해(무지)의 토대가 된다.

83   이것은 칸트 윤리학의 핵심 개념으로, 행위의 준칙이 보편화 가능해야 한다는 기준을 담고 있으며, "해야 한다"는 것은 할 수 있다는 전제를 포함한다.

84   intellectuelt kategorisk Imperativ: '명령(Imperativ)'이란 어떤 명령, 규범, 규칙, 혹은 지침을 의미한다. '정언 명령(kategorisk imperativ)'이라는 표현은 칸트(Kant) 철학에서 잘 알려져 있는데, 모든 상황에서 무조건적으로 적용되어야 하는 윤리적 명령을 뜻한다. 이와 반대로 '가언 명령(hypotetisk imperativ)'은 특정한 조건 하에서만 적용되는 명령이다. 여기에 "지성적인(intellectuelt)"이라는 수식어가 붙음으로써, 옳은 것에 대한 인식, 즉 이해와 앎 자체가 그것의 실현을 요구하는 명령으로 작용한다는 의미가 된다.

85   udhungredes en lille Smule socratisk: 소크라테스의 산파술(maieutiske metode)에서 유래한 표현으로, 그는 대화를 통해 사람들로 하여금 자신이 품고 있던 잘못된 사유나 착각(사고의 유산아)을 드러내고 제거하도록 도왔다는 점을 가리킨다. 예를 들어, 플라톤의 대화편 『테아이테토스』(Theaitetos) 150b-151c 참조. (『플라톤 전집』 6권, 104-106쪽 참고)

86   실천 없는 이해는 진정한 이해가 아님: 키르케고르의 실존주의 핵심이다. '이해했다면 행한다'는 원리는 신앙과 윤리적 삶 모두에 적용되는 그의 판단 기준이다.

87   At forstaae og forstaae er altsaa to Ting : 『불안의 개념』(1844년) SKS 4, 442쪽에서는 이렇게 말한다: "이해한다는 것과 이해한다는 것은 두 가지 다른 일이다(At forstaae og at forstaae er to Ting)라고 사람들은 오래된 말로 말한다", 즉, 이는 자주 반복되어 온 격언 또는 관용구를 의미한다. 이 표현은 단순한 인지적 이해와 실존적, 전 존재적 이해 사이의 차이를 강조하는 키르케고르 특유의 사고방식을 드러낸다. 말로는 이해했으나 삶으로 살아내지 않는 경우가 얼마나 많은지를 비판적으로 조명하는 문맥에서 자주 사용된다.

88   Coincidentspunkt: 공통점, 접점; 논리학에서는 두 개 이상의 종(種, species)이 공통으로 가지는 지점을 가리키며, 이 공통점이 바로 그 종들을 아우르는 속(genus)의 개념을 형성한다.

89   ein, zwei, drei, vupti: 독일어로 된 고정 표현으로, 덴마크어의 'en, to, tre vupti', 즉 '하나, 둘, 셋, 휙!'에 해당하는 표현이다. 이는 매우 빠르게, 재빠르게 어떤 일이 일어나는 것을 나타내는 말이다.

(※ vupti는 감탄사로, 우리말의 휙, 후딱, 슥 등과 유사한 느낌을 준다.)
90   i sit Ansigts Sveed: 아담의 타락 이후 하나님께서 그에게 하신 말씀을 암시함. 즉, "땅은 네게 가시덤불과 엉겅퀴를 낼 것이며, 너는 밭의 채소를 먹을 것이라. 네 얼굴에 땀이 흘러야 먹을 것을 먹으리니 마침내 흙으로 돌아갈 때까지니라." (창세기 3장 18-19절, 구약 1740년판 기준)
이 표현은 인간이 노동으로 수고해야 먹고 살 수 있게 된 고난의 상태를 상징한다.
91   Pas'ene: 프랑스어에서 유래한 단어로 걸음걸이, 스텝, 동작을 뜻함. 특히 춤의 동작(춤걸음)을 지칭할 때 사용되며, 또한 말의 보조(특히 측대보, pasgang)를 가리키기도 함. 비유적으로는 천천히, 점잖고 조심스럽고 정교하게 진행되는 방식을 나타내는 데에도 쓰임.
92   med Andriennen paa: 'Adrienne' 혹은 'Andrienne'은 주름이 풍성한 긴 여성용 드레스로, 덴마크에서는 특히 홀베르(Holberg)의 희극들(예: 『Barselsstuen』 제2막 2장, 『Den politiske Kandestøber』 제1막 2장)에서 알려진 무대 의상이다. 이 드레스 이름은 로마 시인 테런스(Terents)의 희극 『Andria』(안드리아)에서 유래되었으며, 18세기 초 파리에서 공연되던 당시 주인공 여배우의 무대복으로 사용된 것이 기원이다.
키르케고르는 여기서 이 표현을 연극 의상의 의미로 사용하면서, 풍자적으로 '설교자의 예복(성직자 복장)'을 암시하고 있는 것으로 보인다. 즉, 겉모습은 그럴듯하게 갖추고 있지만 실상은 진리에 충실하지 않은 위선적인 형식주의를 비판하는 의미로 사용되었다.
93   이것은 아마도 J.P. 뮌스터(Mynster) 주교를 언급하고 있다.
94   빌립보서 2장 6-11절에 나오는 그리스도 찬가를 암시함. 바울은 예수 그리스도에 대하여 이렇게 기록한다. "오히려 자기를 비워 종의 형체를 가지사 사람들과 같이 되셨고" (개역개정, 빌립보서 2장 7절)
95   이는 아마도 누가복음 18장 32절을 가리키는 표현이다. 이 구절에서 예수님은 자신의 고난과 죽음을 예고하시며 이렇게 말씀하신다. "그는 이방인들에게 넘겨지며, 희롱을 받고 능욕을 당하며 침 뱉음을 당하겠고"
또한 이 표현은 키르케고르의 저널 기록 NB3:29(1847), 『SKS 20』, 258쪽, 31행에서도 나타난다. 이 외에도 마가복음 14장 65절과 15장 19절 역시 참조할 수 있다.
96   er godt at være: 이는 마태복음 17장 4절에 나오는 예수님의 산상 변화 사건을 암시하는 표현이다. 이 장면에서 베드로는 예수께 다음과 같이 말한다. "주여, 우리가 여기 있는 것이 좋사오니. 주께서 원하시면, 내가 여기서 초막 셋을 짓되, 하나는 주님

을 위하여, 하나는 모세를 위하여, 하나는 엘리야를 위하여 하리이다." 이 표현은 "여기 있는 것이 좋사오니"라는 말로, 세상적 안락함이나 안전함을 추구하는 태도를 풍자하거나 비판하는 맥락에서 사용된다.

97 som var det Livet om at gjøre: 이는 "그 일이 마치 생명이 걸린 것처럼", 또는 "목숨을 걸 만한 일인 것처럼"이라는 의미이다. 즉, 어떤 일에 대해 지나치게 중요하게 여기고 긴장하거나 두려워하는 태도를 묘사할 때 사용하는 표현이다.

98 소크라테스와 위선자 이해의 차이: 키르케고르는 기독교가 너무 엄격하게 '삶과 말이 다른 자'를 위선자로 단죄할 수도 있음을 우려하며, 소크라테스식 희화화를 더 온유하고 인간적인 반응으로 제시한다. 이 대목에서 키르케고르는 소크라테스를 위선자에 대한 해석의 도구로 활용하면서, 동시에 기독교의 기준에 비추어 위선자들을 판단하기를 주저하는 태도를 보인다. 그가 전달하고자 하는 의도는 다음 두 가지 차원에서 정리할 수 있다.

1. 소크라테스는 위선자를 '희극적 인물'로 본다 키르케고르는 본문에서 말하길, "Nei, Sokrates, Dig kan jeg forstaae, Du gjør ham til en Spasmager, en Slags lystig Broder, Du gjør ham til en Prise for Latteren…"
소크라테스는 '앎과 삶이 일치하지 않는 사람'을 비극적인 죄인이나 악인으로 보지 않고, 우스꽝스러운 사람, 즉 '웃음거리'로 본다. 그가 이해하지 못하는 사람, 혹은 삶으로 실현하지 못한 지식을 가진 사람은 단지 코믹한 존재일 뿐이다. 소크라테스의 아이러니는 바로 이런 사람들을 부끄럽게 만들고, 스스로 무지를 깨닫게 하기 위한 장치였다.

2. 기독교의 기준은 너무도 엄격하여, 그 기준으로는 누구나 위선자가 되어버린다. 키르케고르는 이어서 말한다. "Christendommen for streng … jeg kan ei heller bringe det i Samklang med min Erfaring, at gjøre en Saadan til en Hykler."
기독교의 기준(예: 그리스도의 자기 비움, 고난, 멸시받음, 희생)은 너무도 엄격해서, 이를 입으로만 이해하고 삶으로 살아내지 못하는 사람은 곧 위선자(hykler)로 간주되어야 한다. 하지만 키르케고르는 이 기준을 자신의 경험과 조화시킬 수 없다고 말한다. 왜냐하면 우리 모두가 그리스도를 진실로 이해했다고 말하면서도, 삶으로는 이해하지 못한 사람이기 때문이다. 그래서 그는 차라리 소크라테스에게서 구원을 찾는다. 소크라테스처럼 그들을 코미디의 인물로 보고 웃어주는 것이, 그들을 죄인으로 정죄하는 기독교적 접근보다 더 인간적이고 현실적인 반응이라는 것이다.
이를 정리하면 다음과 같다.
소크라테스: 앎과 삶이 불일치하는 사람을 아이러니의 도구로 희화화함.

기독교: 앎과 삶이 불일치하는 사람을 진리에 대한 배신자로 간주, 위선자로 정죄함.
키르케고르: 이 두 기준 사이에서 고뇌함. 기독교는 진리이지만 너무 엄격하고, 그래서 차라리 소크라테스의 희화적 관점이 인간 현실에 더 적절하다고 느끼기도 함.
이는 키르케고르의 아이러니와 신앙 사이의 내적 긴장, 그리고 심판과 자비 사이에서 갈등하는 실존적 윤리의식을 보여주는 극적인 장면이다.

99 "세상은 공화국을 필요로 하고, 새로운 사회 질서와 새로운 종교를 필요로 한다"는 이 표현은 1848년 2월 파리 혁명으로 촉발된 정치적 격변을 암시다. 이 격변의 여파는 덴마크에도 영향을 미쳤다(예: SKS 20, 230,10 참조). 예를 들어 『NB4:121』 (1848년), SKS 20, 347쪽 이하 및 그 주석을 참조하면, 키르케고르가 이 시대적 정세에 대해 사유하고 있었음을 확인할 수 있다.

100 소크라테스의 회귀 필요성: 키르케고르는 19세기의 과도한 이론과 추상 속에서, 오히려 고대 소크라테스적 실존 윤리가 절실히 필요하다고 본다. 이는 시대의 과잉지식에 대한 반성과 비판이기도 하다.

101 오류의 역설: 인간은 자신에게 가장 필요한 것을 가장 적게 생각한다는 실존적 진리. 이는 진정한 회개와 성찰이 어려운 이유이기도 하다.

102 "이해한다"와 "진정으로 이해한다"는 것은 다르다: 키르케고르는 표면적, 이론적 이해와, 실천으로 이어지는 실존적 이해를 엄격히 구분한다. 이 구분은 아이러니의 핵심이자 윤리적 자각의 출발이다.

103 가장 먼 길을 택한 자: 반복적 고백과 이론적 설명이 많을수록 실제로는 진리에 더 멀어졌다는 뜻이다. 이해는 말이 아니라 삶으로 드러나야 한다는 키르케고르의 실존 윤리적 주장이다.

104 Klangfigur: 이것은 마른 모래를 유리판이나 금속판 위에 고르게 뿌려 놓고, 판의 가장자리를 바이올린 활로 긁어 진동을 일으킬 때 형성되는 대칭적인 무늬를 가리킨다. 이 현상은 1787년 독일 물리학자 E. F. F. 클라드니(E. F. F. Chladni)가 처음 밝혔으며, 이후 H. C. 오르스테드(H. C. Ørsted) 등이 논의했다. 오르스테드는 이 주제에 관한 논문 「클랑피구어에 관한 실험(Forsøg over Klangfigurerne)」으로 1808년 덴마크 왕립과학아카데미(Det Kongelige Danske Videnskabernes Selskab)에서 은메달을 받았다. (『학회지』, 1807–1808년, 제5권, 코펜하겐, 1810, 31–64쪽).
키르케고르는 이 용어를 비유적 의미로 사용한다. 즉, 이해(Forstaaen)가 사람을 마치 활로 켠 듯이 울려서, 그의 삶 전체가 그 이해와 완전히 조화를 이루는 하나의 조화로운 무늬(klangfigur)를 형성한다는 뜻이다.

105 hvor stikker da Misligheden: "그러면 그 결함은 도대체 어디에 있는 것일까?",

또는 "그 불일치(모순)는 어디에서 비롯되는가?"라는 의미다. 덴마크어 표현 stikker i 는 어떤 문제의 "근원에 있다", "원인이 있다"는 뜻이고, Misligheden은 "모순, 문제점, 결함"이라는 의미로 사용된다. 따라서 이 구절은 전체 문맥에서 소크라테스적 정의의 문제점을 분석하는 전환점 역할을 한다.

106 『아이러니의 개념』(KW II / SV XIII 130 주석), 『나의 저작 활동에 대하여』(KW XXII / SV XIII 508), 『순간』 제2호(KW XXIII / SV XIV 138), Kierkegaard의 『저널과 논평』(JP III 3540, 3689; VI 6803, Pap. XI2 A 281; X4 A 190, 557)을 참조하라.

107 이 부분은 Pap. VIII2 B 166)을 보라.
주의. 원죄 교리를 암시하는 표현들은, 특히 제2장에서 두드러지게 나타나며, 그 외에 발견되는 부분에서도 마찬가지로, 삭제하는 것이 가장 좋다. 이 문제를 다루게 되면 본래의 목적에서 벗어나거나 필요 이상으로 멀리 나아가게 되기 때문이다. 죄에 관하여 정통 신학이 말하듯, 죄가 무엇인지를 알려면 계시가 필요하다는 점은 적절하게 언급되어 있지만, 이는 원죄 교리에 대한 말은 아니다. — JP V 6139 (Pap. VIII² B 166), n. d., 1848년

초고에서 키르케고르는 "아우크스부르크 신앙고백서 및 다른 신조들이 명확하게 강조하듯이"라는 문구를 삽입했으나, 이후 삭제했다(Pap. VIII 2 B 165 참조). 예를 들어 『아우크스부르크 신앙고백서』 제2조 "원죄에 대하여"에서는 다음과 같이 말한다:

"아담의 타락 이후로 모든 사람은 자연적으로 태어날 때 죄 안에서 잉태되고 출생한다. 곧 그들은 어머니의 태로부터 악한 욕망과 성향으로 가득 차 있으며, 본성적으로는 하나님에 대한 참된 경외나 참된 신앙을 가질 수 없다. 이 타고난 병 또는 근본적인 결핍은 참으로 죄이며, 세례로 성령에 의해 거듭나지 않는 모든 자에게 영원한 사망을 초래한다." (Die Bekenntnisschriften der evangelisch-lutherischen Kirche, 11판, 1992, p. 53)

또한 루터의 두 번째 신조문인 『기독교 교리조항』(1536년) 또는 라틴어판 『De Articulis Christianae Doctrinae』, 곧 『슈말칼덴 조항』 제3부 제1조 "죄에 대하여"에서는 이렇게 말한다:

"이 유전된 죄는 너무도 깊고 무서운 본성의 타락이라 어떤 인간의 이성으로도 이해할 수 없고, 오직 성경의 계시를 통해 인식되고 믿어져야 한다." (Libri symbolici, Leipzig 1837, p. 317)

이어지는 루터교 신조서인 『일치신조』(Formula Concordiae, 1577-78) 제1부 "개

요" 제1장 "원죄에 대하여" 9항에서도 말한다:
"이 죄가 얼마나 악한 것인지는 말로는 정말 설명할 수 없으며, 인간의 이성으로는 결코 탐구할 수 없다. 오직 하나님의 말씀을 통해 계시됨으로써만 인식될 수 있다." (Die Bekenntnisschriften, p. 772)
그리고 같은 신조서 제2부 "충실한 해설" 제1장 "원죄에 대하여" 8항에서는 다음과 같이 강조한다:
"또한 이 유전된 큰 악이 어떤 것이며 얼마나 심각한 것인지는 어떤 인간의 이성도 파악하거나 인식할 수 없고, (『슈말칼덴 조항』이 말하듯이) 오직 거룩한 성경의 계시를 통해 배워야 하며 믿어야 한다." (Die Bekenntnisschriften, p. 847)
참고로 키르케고르는 『Journaloptegnelsen NB:79』(1846년, SKS 20, 69)에서도 루터를 인용하며 이러한 주장을 지지하고 있다.

108   Overgangen: 한 범주(category)가 다른 범주로 '전환(overgang)'되는 지점을, 사변적(헤겔식) 논리학에서는 '이행(Overgang)'이라고 부른다. 이는 'Overgangen'이 단순한 '변화'나 '움직임'이 아니라, 헤겔 철학에서 한 개념이 그 내적 모순으로 인해 다른 개념으로 필연적으로 발전하는 지점임을 나타낸다. 키르케고르의 문맥에서는 이 '이해함에서 실천함으로의 이행'이 바로 그런 사변적 전환과는 다르며, 기독교에서는 그 사이에 신앙이라는 질적 도약이 필요하다는 점을 강조한다.

109   헤겔 철학을 지칭한 것이다. 예를 들어 『철학적 단편의 비학문적 후서(Postscript)』(KW XII / SV VII 119-122)을 보라.

110   여기서 언급된 '체계(Systemet)'는 철학적(헤겔식) 체계를 가리키며, 이 체계에서는 모든 것이 이른바 사변적 방법(spekulativ metode)에 따라 배열된다. 이 방법은 개념이 여러 지식 영역 속에서 전개되는 과정을 보여준다. 사변적 논리에 따르면, 변증법적 방법은 개념 자체 안에 존재하는 모순 또는 불완전성을 반영하며, 이 모순이 개념을 그 반대(부정)로 강제적으로 이끌고, 이어서 이 부정을 더 높은 통일 안에서 '지양(aufheben)'함으로써 그 모순이 화해된 상태로 나아간다고 본다. 하지만 키르케고르에게 있어 이러한 '필연적 전개'는 존재의 실존적 결단과 신앙의 역설을 무시하며, 오히려 신앙의 불확실성과 점프(도약)를 제거해버리는 철학적 오만으로 간주된다.

111   den nyere Philosophies: 여기서 말하는 '근대 철학'은 데카르트(다음 주석 참조)로부터 헤겔주의에 이르는 철학을 가리킨다.

112   이는 데카르트의 "의심할 수 있는 모든 것을 의심하는 과정" 속에서 도달한 의심 불가능한 중단점을 의미한다. 『성찰(Meditationes)』 제2성찰, 『철학의 원리(The Principles of Philosophy)』 제1부 제1-2항, 『철학 전집(Opera philosophica

Editio ultima)』(암스테르담, 1685; ASKB 473) 제1권 9–14쪽, 제2권 2–3쪽을 보라. 또한 『요하네스 클리마쿠스』(KW VII / Pap. IV B 2:10), 『철학적 단편의 최종판』(KW XII / SV VII 272–273), 『저널과 논평(JP)』 I 1033; III 2113, 2338 (Pap. V A 30; II A 159; IV C 11)을 참조하라.

113 마태복음 8장 13절을 보라. "예수께서 백부장에게 이르시되 가라 네 믿은 대로 될지어다 하시니 그 즉시 하인이 나으니라" 또한 『사랑의 실천』(Works of Love, KW XVI / SV IX 358–365)을 참조하라.

114 '생각이 곧 존재'라는 근대 철학의 명제는 인간 존재를 이성 중심으로 정의한다. 그러나 기독교는 존재의 핵심을 '믿음'에 두며, 실존적 선택과 결단에 그 중심을 둔다.

115 cito citissime: 라틴어로 "빠르게, 매우 빠르게"라는 뜻이다. 편지 위에 쓰이는 표현으로, "급함", "매우 급함"을 의미한다. 즉, 키르케고르는 여기서 "cito citissime"라는 표현을 통해 어떤 일이 즉각적으로, 지체 없이 이루어져야 함을 강조하는 라틴어 수사적 표현을 사용한 것이며, 이는 반어적으로 "실제로는 그렇지 않다"는 것을 말하기 위한 장치로 쓰였다.

116 이 구절은 키르케고르가 '실천'과 '이해' 사이의 간극을 강조하면서, 그 차이를 낭만적 철학이나 헤겔 철학처럼 단순하게 처리할 수 없음을 비꼬는 장면이다. 철학적으로는 한 단계를 논리적으로 넘어가는 것처럼 보일 수 있지만, 실제 삶에서는 그 사이에 '매우 장황한 역사'-즉, 실존적 갈등과 투쟁-이 있다는 것이 그의 핵심 주장이다.

117 Actualitet: 아마도 철학적인 의미로 사용된 것으로 보이며, 이는 행위, 실현 또는 단순한 변화나 움직임을 뜻한다.

118 et Interim: 중간 시기, 즉 일시적인 것, 임시적인 것, 또는 어떤 일을 미루는 상태를 의미한다.

119 그리스적 한계는 '앎과 행위는 반드시 일치해야 한다'는 전제에서 벗어나지 못한다. 이는 인간의 죄악성과 의지의 부패를 인식하지 못한 고전적 윤리의 한계이다.

120 키르케고르는 죄 안에 있는 인간이 죄에 대해 스스로 말할 때, 그 말은 언제나 자기 합리화일 수밖에 없다고 본다. 진정한 죄 인식은 외부로부터, 즉 계시를 통해서만 가능하다.

121 여기서 지칭되는 인물은 소크라테스다(『불안의 개념』 주석 136,16 참조). 키르케고르는 그의 독보적인 아이러니를 『아이러니 개념에 관하여』(1841)에서 다룬 바 있다. 플라톤의 대화편 『소크라테스의 변론』(21d)에서 소크라테스는 이렇게 말한다. "나는 한 가지 점에서 조금 더 지혜롭습니다. 그것은 내가 실제로 갖고 있지 않은 지혜를 가지고 있다고 착각하지 않는다는 점입니다"(『플라톤 전집』, 1권, 270쪽). 디

오게네스 라에르티오스의 『철학자 열전』 2권, 5장, 22절에서는 다음과 같은 일화가 전해진다. "에우리피데스가 헤라클레이토스의 저술을 그에게 건네주며 어떤지 물었더니, 그는 이렇게 대답했다고 전해진다. '내가 이해한 부분은 참으로 훌륭하오. 내가 이해하지 못한 것도 아마 그와 마찬가지일 것이라 생각하오. 하지만 여기에선 델로스의 수영선수가 필요하오.'"(『디오게네스 라에르티오스의 철학사』, 1권, 66쪽). 또한 『불안의 개념』(1844)의 모토도 참조하라(SKS 4, 310).

대가(Grand Master): 특정 분야(여기서는 아이러니)에 있어서 가장 뛰어난 인물, 특히 예술가나 철학자 등에 대해 사용되는 표현임.

122 여기서 지칭되는 것은 소크라테스의 명제(『불안의 개념』 주석 136,16 참조), 즉 '덕은 지식이다'라는 주장이다. 이 명제는 플라톤의 여러 대화편, 예를 들어 『프로타고라스』(351e-357e)에서 상세히 전개된다. 이 대화편에서 소크라테스는, 진정한 인식을 가진 사람은 열정이나 욕망에 의해 그 인식을 억누를 수 없으며, 어떤 행위에서 잘못을 선택한 사람은 그저 무지함을 드러낸 것일 뿐이라고 주장한다(『플라톤 전집』, 1권, 71-78쪽 참조).

키르케고르는 여러 저술에서 이러한 소크라테스의 입장을 '죄는 무지다'는 명제로 이해했다. 예를 들어 『아이러니 개념에 관하여』(SKS 1, 255,20 이하), 『철학의 부스러기』(SKS 4, 254,32), 『결론 없는 비학문적 후서』(SKS 7, 310,15 이하) 등에서 그러한 해석이 나타난다. 한편 아리스토텔레스(『불안의 개념』 주석 229,24 참조)는 『니코마코스 윤리학』 제7권 2장과 3장(1145b 20 - 1147b 20)에서 소크라테스의 이러한 관점을 소개한 뒤, 그것을 비판하고 반박한다.

이는 키르케고르가 소크라테스의 윤리학을 '죄=무지'라는 인식론적 도식으로 이해하고 있으며, 동시에 그것이 기독교적 죄 개념과 어떻게 대조되는지를 암묵적으로 보여주고 있는 것이다.

123 이는 로마서 7장 14-21절을 암시한다. 이 구절에서 바울은 율법으로부터의 자유에 대해 말한다.

"우리가 율법은 신령한 줄 알거니와 나는 육신에 속하여 죄 아래 팔렸도다. 내가 행하는 것을 내가 알지 못하노니 곧 내가 원하는 것은 행하지 아니하고 도리어 미워하는 그것을 함이라. 만일 내가 원하지 아니하는 그것을 행하면 내가 이로써 율법이 선한 것을 시인하노니 이제는 그것을 행하는 자가 내가 아니요 내 속에 거하는 죄니라. 내속, 곧 내 육신에 선한 것이 거하지 아니하는 줄을 내가 아노니 원함은 내게 있으나 선을 행하는 것은 없노라. 내가 원하는 바 선은 행하지 아니하고 도리어 원하지 아니하는 바 악을 행하는도다. 만일 내가 원하지 아니하는 그것을 하면 이를 행하는 자가 내가 아니요 내 속에 거하는 죄니라. 그러므로 내가 한 법을 깨달았노니 곧 선을 행하기 원하는 나에게 악이 함께 있는 것이로다."

비교 본문: 야고보서 4장 17절, "그러므로 사람이 선을 행할 줄 알고도 행하지 아니하면 죄니라."
이 부분은 키르케고르가 지적하는 죄는 단순히 '모르기 때문에 생기는 것'이 아니라 '알면서도 행하지 않기 때문에 생기는 것'이라는 기독교적 죄 이해가 바울의 고백적 표현과 깊이 관련되어 있음을 설명하고 있다. 이는 소크라테스가 말하는 '죄는 무지다'는 개념과 본질적으로 구별되며, 의지의 문제로 죄를 해석하는 신학적 전환점이 된다.

124   기독교는 인간의 죄를 인식이나 실수로 보지 않고, 의지적 거부와 반항으로 본다. 그래서 죄에 대한 설명은 인간의 변명을 거부하는 신적 고발로 나타난다.

125   이 대목은 키르케고르가 실존적 죄 개념을 통해 계시의 필요성을 강조하는 핵심 텍스트 중 하나다. 인간은 자신의 죄를 스스로는 결코 정확히 알 수 없다는 주장이다. 죄는 단순히 규범의 위반이 아니라, 하나님과의 관계 안에서만 그 깊이와 실체가 드러나는 것이기 때문에, 그것은 오직 계시를 통해서만 진정으로 알려질 수 있다. 그래서 여기에서는 "죄는 무지다"라는 말이 철학적 개념의 무지(예: 소크라테스가 말한 무지)와는 다르게, 실존적이고 계시론적인 무지로 재해석되고 있다.

126   해설: 여기서 키르케고르는 죄의 본질을 단순한 무지나 도덕적 실수로 보지 않는다. 그는 "하나님의 계시를 통해 죄가 무엇인지 알게 된 이후에도" 자신의 실존을 거부하거나 왜곡하는 태도, 즉 자신이 되기를 거부하거나 (또는 교만하게) 자기 자신이 되기를 절망적으로 고집하는 것을 죄라고 규정한다. 이 정의는 단지 윤리적 차원을 넘어서 존재론적, 실존론적 죄 개념을 드러내며, 키르케고르의 죄 이해가 신학적으로도 얼마나 깊은지를 보여준다. 이는 『죽음에 이르는 병』 전체의 핵심 주장이며, 죄란 '무엇을 알지 못해서 저지르는 실수'가 아니라 '알면서도 그렇게 선택하는 의지의 절망'이라는 점을 강조한다.

127   이 부분은 다음을 참고하라. Fragments, KW VII (SV IV 184-5)

128   『Hutterus redivivus』의 §82 「죄의 개념」에서 죄는 "세계 발전의 단지 부정적인 외관 또는 외양(이는 범신론자들이 주장하는 바)"으로도, "영적 발전을 위한 필연적인 통과지점(이는 신교 신학자들, 즉 '새로운 교회적 교의학자들'의 통상적인 주장)"으로도 묘사되어서는 안 된다고 말한다. 왜냐하면 이 두 경우 모두 죄는 신적인 세계 질서 안에 필연적으로 포함된 것으로 간주되며, 따라서 그것은 더 이상 죄로 보일

수 없기 때문이다. 반대로, 죄는 "하나님으로부터의 탈선으로 이해되어야 하며, 피조물들이 자유롭도록 하기 위해 허용된 것이고, 피조물 자신의 의지로부터 비롯된 것이며, 인류 전체에 공통된 것이지만, 동시에 필연적인 것은 아니다"라고 해야 한다고 밝히고 있다(202쪽 이하 참조).

키르케고르가 요약한 마르하이네케(Ph. K. Marheineke)의 『기독교 교의사 강의』에 따르면, 초기의 교의신학자들은 원죄를 부정적으로는 "의의 원형을 상실함(defectus justitiæ originalis)"으로, 긍정적으로는 "죄에 대한 경향, 금지된 것을 향한 욕망, 곧 concupiscentia(정욕 혹은 탐욕)"로 규정하였다. 이 탐욕은 단지 육체 속에 있는 것도, 단지 무지나 오해에서 비롯된 것도, 단지 연약함에서 오는 것도 아니며, 오히려 가장 신중하게 저질러지는 악덕들 속에서 스스로를 드러낸다고 설명한다(SKS 19권, 260쪽 4-8행. 이 강의에 대한 자세한 내용은 Not9:1의 주석 서문의 설명 참조).

'정통 교의학'과 '정통 신학'라는 말은 여기서 두 가지 의미로 쓰인다. 첫째, 17세기에 특히 활발했던 구(舊) 루터파 정통주의로서, 루터의 신학을 체계적으로 정립하고 그것을 로마 가톨릭에 대항해 방어하려 했던 교의학적 노선을 의미한다. 둘째, 19세기의 루터파 정통 교의학자들을 가리킨다.

'범신론적'이라는 표현은 자연이나 세계 전체가 곧 하나님이라는 관점을 가리킨다. 이는 특히 헤겔 철학을 염두에 둔 표현인데, 헤겔은 하나님을 세계정신의 역사적 발전 그 자체로 보았고, 악(惡)을 단지 겉보기 상의 악으로 보았으며, 그것은 더 높은 선으로 나아가기 위한 필연적이고 부정적인 단계로 간주하였다.

129 죄를 단순한 부정이나 약함으로만 볼 경우, 인간은 회개할 필요가 없는 존재로 전락하게 되고, 기독교는 그 윤리적 긴장과 진리성을 상실하게 된다.

130 죄에 대한 참된 인식은 인간의 이성이나 경험에서 오는 것이 아니라, 하나님의 계시를 통해 믿음으로 수용되어야 한다는 것이 정통신학의 입장이다. 본문 95쪽과 주석 35 참조.

131 이 단락은 키르케고르가 죄의 개념에 대한 정통 신학의 입장을 지지하며, 그것이 단순한 결핍이나 약점이 아니라는 점을 강조하는 부분이다. 죄를 단순히 부정적인 것으로만 이해하게 되면, 기독교 전체가 붕괴된다는 것이다. 정통 신학은 죄가 단지 '없는 것'이 아니라 '하나님 앞에서의 의식적인 거부'로서 적극적인 실재임을 강조한다. 이러한 인식은 인간 스스로 얻을 수 있는 것이 아니라, 하나님의 계시를 통해서만 알 수 있는 진리이며, 따라서 믿음으로 수용되어야 한다. 여기에서 키르케고르는 '역설', '믿음', '교의'라는 세 가지 개념이 서로 긴밀하게 연결되어 있으며, 이 세 가지가 하나의

방어선처럼 작동하여 이방적 철학이나 범신론적 해석으로부터 기독교의 진리를 지켜 준다고 본다. 이는 신앙이 단순한 도덕적 태도 이상의 것, 곧 하나님의 계시 사건에 대한 응답임을 천명하는 신학적 선언이다.

132 예를 들어 키르케고르가 기록한 Ph. K. Marheineke의 『기독교 교의사(Die Christliche Dogmengeschichte)』 강의 요약에서 다음과 같이 말하고 있다.
"악한 것을 사유함으로써 그것과 동일시되는 의지(Wollen), 바로 이 지점에서 인간은 자신과 모순에 빠진다. 곧, 자유와 필연성, 자유와 율법이 분리되고 서로 대립하게 될 때, 그로 인해 자유는 자기 자신을 비자유로 설정하게 된다. 의식은 이제 그 내용으로 '율법에 반대하는 자유'가 존재하게 된다는 사실을 갖는다. 그러므로 악은 실제로 존재하는 것이 아니라, 생성하고 소멸하는 과정 속에 있으며, 본질이기는 하지만 단지 본질일 뿐인, 따라서 비본질(U-Væsen)이다. 이 비본질은 개념으로까지 나아가지 못한다. 악은 모든 본질적인 것, 곧 모든 실제로 본질적인 것을 일시적이고 공간적인 것으로 바꾸어, 결과적으로는 비본질로 만든다. (…) 그것은 그 자체로는 어떤 실재도 아니며, '그 자체(an sich)'로는 허무한 것(das Nichtige)이며, 실재적인 것의 부정(Negative des Wirklichen)이다. 다시 말해, 악은 긍정적인 것이며, 선을 근거로 하여 스스로를 증명하는 것이다. 악은 부정 속에서의 하나의 긍정(Position, 정립)이다."(『SKS 19』, 257쪽 이하. Not9:1 참고)
사변적 교의학(spekulativ Dogmatik): 이 용어는 사변적 신학의 여러 입장들을 지칭하며, 이는 셸링(F.W.J. Schelling)과 헤겔(G.W.F. Hegel)의 사변적 철학을 전제로 하고 있다. 이 신학은 신학과 철학, 신앙과 이성 사이의 관계를 긍정적으로 규정할 수 있다는 기본 전제 위에서 출발한다. 사변적 교의학은 철학적이고 학문적인 방식으로 기독교 교리를 재정식화하고, 개념적으로 조직된 하나의 유기적 전체 체계로서 발전시키려 한다. 여기서 특히 염두에 둔 인물들은 우파 헤겔주의자들, 곧 Ph. K. Marheineke, Karl Daub, 그리고 H.L. Martensen 등이다.
사변적 교의학의 보다 구체적인 성격에 대해서는 예를 들어 H.L. Martensen의 『사변적 교의학』 강의를 참고할 수 있으며, 키르케고르는 그 강의의 앞부분 23개 파라그래프를 Journalen KK:11에 요약 정리해 두었다. (『SKS 18』, 374-386쪽)

133 논리적 의미에서 이는 어떤 것을 주장하다(hævde), 즉 어떤 것을 가정하다, 유효한 것으로 간주하다, 전제로 삼다, 또는 어떤 것을 규정하다는 뜻이다. 따라서 'sætte'(세우다, 놓다)라는 말은 'ponere'(정립하다, 단언하다)라는 말에 해당한다. 키르케고르가 논리적이고 철학적 맥락에서 사용하는 "sætte"라는 동사를 단순히 "놓다"나 "설정하다"가 아니라, 개념적으로 무언가를 주장하고 정립하는 철학적 행위

로 이해해야 한다는 것을 보여준다. 이는 "Position"을 "정립"으로 번역해야 하는 이유와도 연결된다.

134 Detaschement: 원래는 detachement로, 이는 주력 부대(main force)로부터 분리되어 특별 임무를 수행하는 소규모 군사 부대를 의미한다. 키르케고르가 이 단어를 사용하는 문맥에서는, 어떤 핵심 논점이 전개되어야 할 지점에서 철학적이고 논리적 설명 대신, 감정적이고 형식적인 주장(예: 반복적 선언, 맹세 등)만을 내세우는 방식에 대해 풍자적으로 비판하고 있는 표현이다. 즉, 정당한 논증 없이 '확신의 부대(detachment of assurances)'를 투입하는 행태를 조롱하는 것이다.

135 "정립(Position)"은 단순한 실재가 아니라 철학적으로 세워진 개념 구조를 뜻하며, 그 자체로는 신적 계시가 아니다. 키르케고르에 따르면, 죄는 하나님의 계시에 의해 드러나는 실존의 진리이기에, 철학적으로 "이해"될 수 있는 순간, 그 죄는 더 이상 죄일 수 없다. 사변적 교의학은 말로는 죄를 "적극적인 것"이라고 하면서도, 실상은 그것을 "이해 가능한 것"으로 만들어 죄의 실존적 진리를 부정하는 모순에 빠진다.

136 Negationens Negation: 헤겔 철학의 용어 사용에 따르면 '부정의 부정(Negationens negation)'은 개념의 발전 과정에서 나타나는 기본적인 변증법적 삼단 구조를 가리킨다. 이 논리적 삼위일체 구조를 J.L. 하이베르그(J.L. Heiberg)는 『논리 체계(Det logiske System)』 제15절에서 다음과 같이 설명한다:
"첫 번째 단계는 정지되어 있는 상태, 두 번째는 그 상태가 자기 자신으로부터 움직이는 운동, 세 번째는 그 운동의 결과를 나타낸다. 또는 다음과 같이 설명할 수도 있다: 첫 번째는 직접적인 긍정(positive) 혹은 추상적인 것(abstract), 두 번째는 그것의 부정(negative) 또는 변증법적 요소, 세 번째는 부정의 부정인데, 이는 곧 매개된 긍정 또는 사변적(= 철학적) 긍정, 즉 자기 내에 부정을 포함하고 있는 긍정을 의미한다. 또 다른 방식으로는 다음과 같이 설명된다: 첫 번째는 직접적인 무한성, 두 번째는 유한성, 세 번째는 무한성을 재생산(reproduce)하되, 보다 구체적인 규정 속에서, 즉 두 번째 단계인 유한성 혹은 부정을 포괄한 무한성으로 재생산하는 것이다. 이 모든 과정에서 세 번째 단계는 첫 번째와 두 번째의 통일을 의미한다. 전체 발전 과정은 하나의 순환적 구조를 이루며, 세 번째 단계는 다시 첫 번째로 되돌아가지만, 이전보다 더 높은 의미를 획득한 상태로서 돌아온다." (출처: 『Perseus, 사변적 이념을 위한 저널』, J.L. Heiberg 편, 제1-2권, 코펜하겐 1837-38, 2권, 30쪽 이하)
따라서 죄가 선의 부정으로 이해된다면, 회개(anger)는 이 모순을 다시 죄를 부정함으로써 화해시키는 것, 곧 죄의 부정을 통한 더 높은 차원의 긍정적 통일을 확립하는 것으로 간주되어야 한다.

이는 키르케고르가 비판하고 있는 사변적 죄 이해가 어떤 철학적 논리에서 나왔는지를 보여준다. 죄(synd)는 선(god)의 부정이고, 회개(anger)는 그 죄를 다시 부정하는 것 = 즉 부정의 부정 → 더 높은 긍정으로 나아가는 구조. 키르케고르는 이런 식의 회개의 개념화를 비판하는데, 이는 단지 논리적 도식이지, 실존적 고뇌나 계시적 만남 없이도 회개가 가능하다는 위험한 착각을 불러오기 때문이다.

137   Sub specie æterni, æterno modo o. s. v. : 라틴어로 각각 sub specie aeternitatis는 '영원의 관점에서', æterno modo는 '영원의 방식에 따라'를 뜻한다. 이 두 표현은 기본적으로 같은 의미를 가지며, 스피노자의 철학에서 유래한 것이다. 예를 들어 스피노자의 대표작 『윤리학(Ethica, 1677)』 제5권 정리 29에서 이 표현이 사용되며(Benedicti de Spinoza opera philosophica omnia, 157권 30절, 424쪽 참조), 'aeternus modus'라는 표현은 같은 책 제5권 정리 40에서도 등장한다(Opera, 429쪽 참조).
키르케고르는 이 표현들을 사변적 관념론(speculativ idealisme)을 비판할 때 자주 인용하는데, 여기서는 그 의미가 보다 확장된 방식으로 사용된다. 즉, 가장 높은 추상적 관점에서 사물을 바라보는 태도를 지칭하는 말로 쓰이고 있다. 이 표현들은 키르케고르가 스피노자적·헤겔적 관념론의 '영원한 관점에서의 무시간성'을 비판할 때 주로 사용하는 철학적 장치다. 그는 'sub specie aeternitatis'로 보는 관점이 현실 세계의 시간성, 변화, 실존의 고통을 제거한다고 보며, 그런 시각이 회개, 죄, 고난 등 질적 실존 사건을 개념화하고 무화시키는 추상화의 위험을 지닌다고 비판한다.

138   Spatierende: 공간적 확장을 부여하는 것, 혹은 구별하거나 분리하는 것을 의미한다. 이 표현은 보통 시간성과 공간성의 특징을 지칭하는 철학 용어로 쓰이며, 키르케고르의 문맥에서는 사변철학이 무시하는 현실 세계의 시간적·공간적 분절성, 즉 현존재의 실질적인 변화와 분리의 과정을 강조할 때 사용된다. 예컨대 "sub specie æterni에서는 spatierende가 존재하지 않는다"라고 할 때, 이는 영원의 관점에서는 시간과 공간의 구별이 사라지며, 모든 것이 완성된 전체로서 '이미 있다'고 간주된다는 사변철학의 문제점을 비판적으로 지적하는 것이다.

139   이 부분은 문법적으로는 동사의 시제(tempi)를 나타내는 용어로, imperfectum은 아직 끝나지 않은, 미완성된 동작이나 상태, perfectum은 완전히 끝난, 완성된 동작이나 상태를 가리킨다. 키르케고르는 이 문법 용어를 철학적 비판의 은유로 활용한다. 즉, 단순히 "미완료 다음엔 완료가 온다"는 문법 규칙처럼, 현실에서도 회개(imperfectum)가 자동적으로 구원(perfectum)으로 이어진다고 말한다면, 그것은 실존의 질적 고투와 전환을 무시한 비현실적 논리주의에 불과하다고 비판하는 것이

다.

140　den rene Tænkning: 즉, 추상적이고 사변적인(헤겔식) 논리를 의미한다. 키르케고르가 말하는 "순수한 사유(den rene Tænkning)"는, 현실의 시간성과 실존적 고통을 제거한 개념 자체의 운동을 말한다. 이는 헤겔 철학의 변증법적 체계, 곧 개념이 자기 내에서 정립-부정-종합을 반복하며 진리로 나아간다는 사변적 논리 구조를 비판적으로 지칭하는 표현이다. 키르케고르는 이러한 추상적 사유 안에서 죄나 회개를 다루는 것은, 실존의 고뇌와 하나님 앞에서의 진실된 결단을 완전히 제거한 것이라고 본다.

141　해설: 키르케고르에게 있어, 헤겔의 철학적 사유 안에서 죄와 회개를 다루는 것은 마치 실존이 빠진 순수한 개념 속에서 '고통'을 정의하려는 것과 같으며, 그것은 결국 허공을 치는 공허한 추상에 불과하다고 본다. 좀 더 구체적으로 표현하자면, 헤겔은 죄를 선(善)의 부정, 회개를 그 부정의 부정 → 매개된 긍정(정신의 화해)으로 설명한다. 하지만 키르케고르는 묻는다: "그런 논리적 절차 속에 '하나님 앞에서의 공포, 수치, 고뇌, 절망, 떨림'은 어디 있는가?"

핵심은 이것이다. 죄는 논리적 범주가 아니라, 하나님 앞에서 자신이 죄인임을 고백하는 실존적 사건이며, 회개는 사변적 개념의 전개가 아니라, 자기 자신이 산산이 부서지는 내면의 질적 전환이다. 따라서 키르케고르에게 있어 헤겔적 회개론은 회개가 아니다. 그것은 죄를 없었던 것처럼 개념 안에서 '처리'해버리는 자기기만이며, 진정한 회개가 요구하는 침묵, 눈물, 결정, 떨림, 그리고 하나님과의 단독자적 만남이 결여된 것이다.

마지막으로 요약하자면, "죄와 회개를 헤겔의 개념 체계 안에서 다룬다는 것은, 마치 목이 마른 자에게 수학공식으로 물의 본질을 설명해 주는 것과 같다." 이해는 될 수 있지만, 살릴 수는 없다.

142　socratisk Uvidenhed: 즉, 소크라테스가 자신은 아무것도 알지 못한다고 고백하며, 그로 인해 자신의 동시대인들에게 그들이 알고 있다고 생각하는 것에 대해 질문할 수밖에 없었던 태도를 의미한다. 이 "소크라테스적 무지"는 단순한 무식이나 지적 결핍이 아니라, 자신의 무지를 자각한 데서 출발하는 철학적 겸손이며, 키르케고르는 이것을 신 앞에서의 경외심(gudsfrygt), 즉 믿음을 위한 무지로 재해석하고 있다. 이 무지는 곧, 하나님과 인간 사이의 질적 차이를 함부로 넘지 않으려는 존재론적 경계 감각이자, 신성의 침묵을 보존하는 태도로 연결된다.

143　여기서 가리키는 것은 플라톤의 『소크라테스의 변론』(28e-29a) 구절이다. 해당 부분에서 소크라테스는 이렇게 말한다:

"지금 신께서 내게 한 자리를 맡기셨다. 나는 그렇게 받아들였다. 곧 내 인생을 진리 탐구에 바치며 나 자신과 타인을 시험하도록 명하셨다. 그런데 만일 내가 이 전투에서, 그것도 신이 나의 상관이신 이 싸움터에서, 죽음이나 다른 위험을 두려워하여 비겁하게 도망친다면, 그건 참으로 실족할 일(Forargelse)이 아니겠는가? 그렇다, 그것은 참으로 그러할 것이다! 그런 경우 나는 마땅히 법정에서 이렇게 비난받을 것이다: '신들을 인정하지 않는다. 왜냐하면 신탁의 말씀에 불복하고, 죽음을 두려워하며, 자신이 알지 못함에도 안다고 착각하기 때문이다.'"

소크라테스의 이러한 신적 명령에 대한 복종과 죽음을 두려워하지 않는 태도, 그리고 자신의 무지에 대한 인식은, 단순한 철학적 태도가 아니라 신을 향한 두려움과 예배의 태도로 해석될 수 있다. 키르케고르는 이러한 소크라테스의 무지의 신성한 성격에 대해 자신의 저서 『아이러니 개념에 대하여(Om Begrebet Ironi)』에서 상세히 다룬 바 있다(SKS 1권, 217-222쪽 참조).

144 "여호와를 경외하는 것이 지혜의 근본이다(Gudsfrygt er Viisdoms Begyndelse)": 이는 시편 111편 10절을 가리키는 표현으로, 그 구절은 다음과 같이 기록되어 있다: "여호와를 경외함이 지혜의 근본이라, 그의 계명을 행하는 자는 다 훌륭한 지각을 가진 자니 여호와를 찬송함은 영원히 계속되리로다." (개역개정) 또한 이 구절과 유사한 말씀은 잠언 1장 7절과 잠언 9장 10절에도 등장한다.

145 이는 예수님께서 하신 부자와 나사로의 비유(누가복음 16장 19-31절)를 암시하는 표현이다. 그 이야기에서, 부자는 음부에서 고통을 받으며, 아브라함에게 나사로를 보내어 자신의 혀를 식혀달라고 간청한다. 그러자 아브라함은 이렇게 대답한다: "우리와 너희 사이에 큰 구렁텅이(깊은 틈)가 놓여 있어, 여기서 너희에게 건너가고자 하여도 갈 수 없고, 거기서 우리에게 건너올 수도 없게 하였느니라." (누가복음 16:26, 개역개정).

키르케고르는 이 비유를 통해 하나님과 인간 사이에 존재하는 질적 단절(구렁텅이)의 개념을 철학적으로 사용한다. 그는 이 "질적 차이의 깊이(Dyb)"를, 믿음과 역설, 그리고 하나님에 대한 경외 속에서만 유지될 수 있는 실존적 구분선으로 해석한다. 이 구분이 무너질 때, 인간은 하나님을 철학적으로, 시적으로, 혹은 체계적으로 동일시하거나 동화시키는 오류에 빠진다고 경고한다.

146 '고통받는(lidende)'이라는 말은, 행위하는 자(active)와 대비되는 수동적인 상태(passive)를 뜻한다. 즉, 무언가를 능동적으로 행하기보다는, 그 무엇을 당하거나, 그 아래에 놓이는 상태를 의미한다. 키르케고르에게 있어 이 용어는 단순히 신체적 고통이나 정서적 고통을 넘어, 철학적으로는 다음과 같은 의미로 자주 쓰인다: 직접성

(umiddelbarhed)에 의해 지배받는 상태, 반성(refleksion)이 결여된 채 어떤 이상(ideality)에 의해 수동적으로 이끌리는 존재 양태. 예를 들어, 키르케고르가 "고통에서 의식적 행위로의 강화(Potentsation fra Liden til bevidst Handling)"라고 말할 때, 그는 단순히 당하는 상태(lidende)에서 벗어나, 자기 자신이 의식적으로 결단하고 책임지는 존재로 옮겨가는 것을 말하고 있다. 이러한 변화는 단순한 심리적 변화가 아니라 실존적 주체의 형성 과정이다.

147 해설: 죄는 단순한 실수나 외적인 결과가 아니라, 자기 내면에서 하나님을 의식하면서도 저지른 자발적 행위다. 절망의 상승 구조(의식의 고양, 행위로의 전환)는 결국 죄의 실존적 구조로 이어진다. 죄는 자기 안에서 형성되는 행위이며, 그것은 하나님 앞에서 자기를 부정하거나, 스스로 되려는 의지 속에서 정립되는 것이다. 따라서 "죄는 하나의 정립이다"라는 말은, 죄가 인간 존재 안에서 능동적으로 형성된 실재라는 의미다. 키르케고르에게 있어, 죄는 단지 상태(state)가 아니라 하나님 앞에서 의식된 실존적 결단(decision)이며, 그것이 죄를 단순한 결핍이 아닌 '적극적인 것'으로 만드는 이유다.

148 미가서 7장 19절: "다시 우리를 불쌍히 여기셔서 우리의 죄악을 발로 밟으시고, 그들의 모든 죄를 바다 깊은 곳에 던지시리이다."

149 모든 것을 죄 아래 두다: 이것은 갈라디아서 3장 22절을 참고한 것이다. 바울은 이 구절에서 이렇게 말한다. "그러나 성경이 모든 것을 죄 아래에 가두었으니 이는 예수 그리스도를 믿음으로 말미암는 약속을 믿는 자들에게 주려 함이라."

이 표현은 기독교 신학에서 인류 전체가 죄의 지배 아래 있다는 전제를 강조하는 구절로, 죄에 대한 인식이나 자각의 유무와 상관없이 모든 인간이 죄 가운데 있다는 보편적인 선언이다. 키르케고르 역시 『죽음에 이르는 병』에서 이와 같은 바울적 시각을 전제로 하여, 기독교는 모든 존재를 죄 아래 두며, 그 죄는 오직 하나님 앞에서만 인식되고, 오직 믿음을 통해서만 사라질 수 있다고 주장한다. 이는 인간의 도덕적 상태나 행위 이전에, 존재론적이고 신학적 진단으로서 죄를 보는 관점이다.

150 이 문장은 키에르케고르가 『죽음에 이르는 병』(Sygdommen til Døden) 전반에서 설명하는 '절망의 구조'를 요약한 것이다. 그는 절망을 단순한 감정이 아닌 '자기 자신과의 관계 속에서 하나님 앞에 놓인 실존의 왜곡된 상태'로 본다. 본문 96쪽 참조.

151 이 표현은 요한계시록 3장 15-16절을 가리킨다. 여기서 요한은 라오디게아 교회에 다음과 같이 기록하고 있다. "내가 네 행위를 아노니 네가 차지도 아니하고 뜨겁지도 아니하도다. 네가 차든지 뜨겁든지 하기를 원하노라. 네가 이같이 미지근하여 뜨겁지

도 아니하고 차지도 아니하니 내 입에서 너를 토하여 버리리라."

이 말씀은 영적으로 미지근하고 자기기만에 빠진 상태, 즉 참된 열정도 회개도 없이 타성과 안일에 젖은 상태를 강력하게 경고하는 구절이다. 키르케고르가 여기서 말하는 "죄라 부르기에도 부족한, 영 없는 상태"는 바로 이러한 미지근함과 일치한다. 그는 이러한 존재를 기독교적으로는 "토해내 버릴 것"에 불과하다고 평가하고 있는 것이다.

152 잭: 고장 난 타이어를 교체하기 위해서 차체를 들어 올리는 기계장치

153 Hengesæk: 또는 hængesæk, 덴마크어로 "hængedynd"를 뜻하며, 이는 질퍽한 늪지대, 진흙탕, 또는 빠져나오기 어려운 수렁을 의미한다. 은유적으로는 지탱할 수 없는 기반, 정신적이고 도덕적 침체 상태를 비유할 때 사용되며, 본문에서는 기독교의 진리가 들어설 수 없을 만큼 무기력하고 허약한 내면 상태를 묘사하는 데 쓰이고 있다.

154 여기서 Christenheden은 "모든 그리스도인들의 전체 공동체, 그리스도인이 거주하는 모든 나라"를 의미한다. 이는 C. 몰베크의 《덴마크어 사전》(1833) 1권 149쪽 1열에서 제시된 정의다.

155 "기독교를 헛되이 취하다"라는 것은 기독교를 잘못 사용하거나, 거룩함을 훼손하거나, 아무 의미 없는 것으로 만들어 버리는 방식으로 적용하는 것을 뜻한다.

156 여기서 'Kald(소명)'이라는 단어는 하나님과의 관계에 속하거나 하나님으로부터 오는 부르심을 의미한다. 마르틴 루터의 '소명과 신분'에 관한 가르침과도 연결되는데, 예를 들어 N.E. 발레와 C.B. 바스톨름이 집필한 《덴마크 학교용 복음주의 기독교 교리서》(1791, 1824년판) 2장 2절 §4에는 이렇게 설명되어 있다. "각 사람은 자신이 놓인 신분을 하나님의 부르심으로 여기고, 그를 통해 상황에 따라 이룰 수 있는 최대한의 선과 유익을 이루어야 한다." 이는 고린도전서 7장 20절("각 사람은 부르심을 받았을 때의 그 부르심 안에 그대로 있으라")에 근거한다.

또한 '소명' 혹은 '부르심'을 하나님이 사람에게 주시는 구원의 초청으로 이해할 수도 있는데, 예를 들어 베드로후서 1장 10-11절에서는 "그러므로 형제들아 더욱 힘써 너희의 부르심과 택하심을 굳게 하라… 그리하면 우리 주 곧 구주 예수 그리스도의 영원한 나라에 들어감을 넉넉히 너희에게 주시리라"라고 말한다.

더 나아가, 《후터루스 레디비부스》 §112("Vocatio", '소명')와 §125("Status hierarchicus triplex", '세 가지 교회 직분')에서는 목회자의 부르심과 임명에 대해 다루는데, 여기서 목회자가 되기 위해서는 '내적 하나님의 부르심', '정식 권위에 의한 외적 부르심', 그리고 '교회의 안수(ordination)'가 필요하다고 밝히고 있다.

키르케고르는 루터가 유익한 직업들을 하나의 공통된 기독교적 소명과 연결시키는 것에 대해서는 이의를 제기하지 않는다. 그러나 그는 이 소명(vocation)이나 부르심(call)을 단순히 직업이나 경력으로 축소시키는 것, 그리고 특히 "소명"이라는 말을 교회 임명(성직 임명)의 전문 용어로 한정시키는 이러한 축소 형태에 대해 항의한다. 이에 대해서는 다음을 참고하라. Upbuilding Discourses in Various Spirits, Part One, "Purity of Heart," KW XV (S V VIII 228-37); JP I 227-39; IV 4946-49, 5009-15.

157 in puris naturalibus는 라틴어로 '순수한 자연 상태에서'라는 뜻이며, 비유적으로는 아무런 꾸밈이나 포장 없이, 완전히 드러난 상태를 의미한다.

158 '누군가가 줄 소명을 가지고 있다'(at En har et Kald at give bort)라는 표현은, 『Departementstidenden』(정부 관보)에 목회직이 공석으로 공지되면, 6주 이내에 해당 교구의 감독(주교)에게 지원서를 제출해야 하고, 감독은 이에 대한 자신의 의견과 함께 이를 교회와 교육부 장관(당시에는 교회 및 학교 업무를 관할하는 장관)에게 송부하였다. 이후 교회와 교육부 장관이 국왕에게 그 직임을 누구에게 부여할지를 추천하였다. 이런 절차에서, 특히 국왕의 개인 고문 역할을 했던 J.P. 뮌스터(Mynster) 주교와 교회와 교육부 장관은 '줄 소명을 가지고 있다'고 말할 수 있었다.

159 최종본에서 삭제된 것은 다음과 같다. Pap. VIII2 B 171:15.
"진리 안에서" - 물론 이런 말투는 조롱하는 사람이 하는 것이고, 과장도 심할 것이다. 하지만 내가 그렇게 거짓되거나 조롱조로 말할 수도, 말하고 싶지도 않지만, 어쩌면 이렇게라도 들어보는 것이 유익할지도 모른다 - "제도화된 기독교는 그 자체에 대한 풍자(epigram)다. 그리고 종교를 위해 무언가를 하려고 할 때마다, 그 풍자가 얼마나 날카로운지, 또 그것이 얼마나 분명한지를 알 수 있다. 예를 들어 새로운 주일 규정이 발표되고, 그 규정을 모두 철저히 지킨다고 하자. 멋지지 않은가! 그러나 만약 그 주일 규정을 정말 철저히 지킨다면, 무엇보다도 먼저 주일에는 교회를 닫아야 한다. 왜냐하면 목사는 사실상 생계를 위해 일하는 사람이고, 교회는 목사의 '가게'이기 때문이다. 그렇다면 왜 목사만이 주일에 가게 문을 열 수 있는 유일한 상인이어야 하는가?" 주일 규정을 만드는 것보다, 그리고 그것을 지키는 것보다, 기독교의 정신에 더 맞는 일은 오히려 예배를 주중으로 옮기고, 인구조사에서 목사를 '여관 주인' 항목에 분류하는 것일 것이다.

160 이 부분은, 키르케고르가 여러 차례 자신의 저널에서 기록한 생각(예: NB2:183, 1847년, SKS 20, 213 참조)과 연결된다. 그는 여기서 구체적으로 누구를 지목하지는 않았지만, 예를 들어 J.P. 뮌스터(J.P. Mynster)가 부활절 여섯째 주일에 한 설교

〈영혼을 깨우는 기도의 유익한 효과〉에서 유사한 표현을 찾을 수 있다. 이 설교는 《Prædikener paa alle Søn- og Hellig-Dage i Aaret》(코펜하겐, 1837년, 초판 1823년, 3판, 권 1-2, ktl. 229-230, 2191) 제2권 14-25쪽에 수록되어 있으며, 특히 18쪽에서 그는 이렇게 말한다. "기도는 우선 경배입니다. 곧 완전하시고, 거룩하시며, 전능하시고, 전지전능하시며, 한없이 선하신 하나님에 대한 살아 있는 표상이며, 깊은 경외심이 동반되는 표상입니다. 그러므로 기도는 그 자체로 가장 유익한 효과를 가져야 합니다." 이어 20쪽에서 그는 이렇게 덧붙인다. "둘째로, 기도는 감사입니다. 아니, 반드시 감사가 되어야 합니다. 왜냐하면 우리는 하나님 앞에 나아가면서도 그분의 은혜를 잊어버리는 일을 결코 해서는 안 되기 때문입니다." 마지막으로 22쪽에서 그는 이렇게 말한다. "더 나아가 기도는 반드시 자기 성찰과 결부되어야 합니다."

161 "모든 지각을 뛰어넘는 복"이라는 표현은 빌립보서 4장 7절을 암시한다. 이 구절에서 바울은 하나님의 평강이 "모든 지각에 뛰어나다"(개역개정)라고 말한다.

162 Anticlimax: 그리스어 klimaks(계단, 사다리)에서 유래. 수사학에서는 비슷한 어휘나 구절이 차례로 이어지되, 그 의미가 점점 약해지는 표현 기법을 가리킴. 극작법에서는 고조된 긴장이 절정에 이르지 못하고 풀려 버리는 상황을 의미함. 여기서 anticlimax라는 용어는, 말하거나 행하는 것의 중요성이나 인상도가 점차 줄어드는 일반적인 의미로 사용된 것이며, 필명 저자 '안티클리마쿠스(Anti-Climacus)'라는 이름과는 전혀 관계가 없다.

163 '세 개의 병'(De tre Flasker)이라는 이름의 주막이 코펜하겐 바로 밖에 있었고, 시내 안에는 '세 마리의 사슴'(De tre Hjorter) 또는 간단히 '세 사슴'이라고 불린 오래된 여관이 있었다. 이 여관은 주로 시골 사람들에게 인기가 있었는데, 이는 홀베르(Holberg)의 희극 『6월 11일』(Den ellevte Junii, 1723년 초연)에서 묘사된 것과 정확히 같은 모습이었다(제1막 4장과 제2막 1장 참조).

164 최종본에서 삭제된 것은 다음과 같다. Pap. VIII2 B 171:16 n.d., 1848.
"이것이 죽음에 이르는 병 아닌가?"

B

죄의 지속

죄 가운데 있는 **어떤 상태도 새로운 죄**(ny Synd)입니다. 혹은 더 정확하게 표현하자면, 그리고 이후에 더 자세히 서술하겠지만, **죄 가운데 머무르는 상태**(Tilstanden i Synd) 자체가 **새로운 죄**며, 곧 죄입니다. 이 점이 죄인에게는 다소 과장된 주장처럼 여겨질 수 있습니다. 죄인은 **새로운 실제 죄**(aktuel ny Synd)[1]만을 새로운 죄로 인정하려고 합니다. 그러나 **영원**(Evigheden)은 죄인의 장부를 평가할 때, 죄의 상태도 새로운 죄로 기록해야만 합니다. 영원에는 단 두 개의 분류만이 있을 뿐인데, 곧 "**믿음으로 하지 않는 모든 것은 죄입니다.**"[2] 회개하지 않은 죄는 모두 새로운 죄며, 또한 그 죄를 회개하지 않은 채 남아 있는 시간의 모든 순간마다 새로운 죄입니다.

하지만 **자기 자신에 대한 의식**(Bevidsthed om sig selv)을 **끊임없이**(Continueerlighed) 유지하는 사람은 얼마나 드뭅니까! 대부분의 사람은 오직 특정 순간에만 자기 자신에 대해 의식할 뿐이며, 중요한 결정을 할 때에만 자기를 돌아봅니다. 일상 순간에는 전혀 자신을 의식하지 않고 지나쳐 버립니다. 이따금 사람들은 한 주에 한 번 한 시간 정도만 **영으로서**(Aand) 존재할 뿐입니다. 물론, 이는 사실상 다소 짐승 같은 방식으로 **영적인 존재**가 되는 것임이 분명합니다.[3]

그러나 **영원**(Evigheden)은 **본질적으로 지속성**(væsentlige Continueerlighed)입

니다. 그리고 인간에게도 그렇게 살아갈 것을 요구합니다. 곧, 인간은 자신이 영(Aand)이라는 것을 늘 의식하며, **하나님 앞에서**(for Gud) **믿음**(Tro) 안에 있어야 한다는 것입니다. 반면, 죄인은 **죄의 권세**(Syndens Magt) 아래 놓여 있기에, **죄의 전체적 규정**(totale Bestemmelse)에 대해 전혀 인식하지 못하고, 자신이 멸망의 길을[4] 걷고 있다는 사실조차 깨닫지 못합니다. 그는 단지 각 새로운 죄만을 따로따로 계산하면서, 마치 이전 순간에 이미 모든 죄의 속도로 그 길을 달려가고 있지 않았던 것처럼, 새로운 죄를 지을 때마다 멸망의 길에서 **새 출발**(ny Fart, 새로운 속도)을 얻는 것처럼 여깁니다.

죄는 이제 그에게 너무나 자연스러워졌습니다. 아니, 죄가 그의 '**제2의 본성**'(den anden Natur)이 되었습니다. 그래서 그는 자신의 **일상**(Daglige)을 전혀 문제 삼지 않고, 그것을 당연한 것처럼 여깁니다. 다만 새로운 죄를 지을 때마다 잠시 멈춰 서서, 그때마다 마치 **새 출발**을 얻은 듯 생각할 뿐입니다. 그러나 그는 **멸망**(Fortabelsen) 속에서 눈멀어(blind) 있습니다. 그의 삶은 하나님 앞에서 믿음 안에서 **영원**(Eviges)과의 **본질적인 지속성**(Continueerlighed)을 가지는 대신, **죄의 지속성**(Syndens Continueerlighed) 속에 있기 때문입니다.

그러나 "죄의 지속성"이라니, 죄란 본래 지속될 수 없는 것, 즉 비지속적인 것 아닌가요? 보십시오, 여기서 또다시 등장하는 것입니다. 죄는 단지 하나의 **부정**(否定, negation)일 뿐이며,[5] 그것은 도무지 정당한 권리를 가질 수 없다는 생각입니다.[6] 마치 도둑질한 재산에 대해 정당한 권리를 주장할 수 없듯이 말입니다. 죄는 부정이며, 자기 자신을 성립시키려는 무력한 시도에 지나지 않으면서도, 온갖 무력함의 고통 속에서 절망적인 반항으로 자신을 세우려 하지만, 결국에는 그렇게 하지 못한다는 것입니다.[7]

철학적으로는(spekulativt, 사변적으로는) 분명 그럴 수 있습니다. 그러나 기독교적으로는 죄는—이 점은 믿어야만 하는 것입니다. 왜냐하면 이것이 모든 인간이 도저히 **이해할 수 없는 역설**이기 때문입니다—하나의 정립(Position, 적극적인 것)이며, 이 정립은 점점 더 강력하게 자기를 **세워가며**(ponerende),⁸ 더 큰 **지속성**(Continuerlighed)을 발전시킵니다.⁹

<u>죄의 지속성(continuity)은 단지 빚의 지속성이나 부정의 지속성과는 전혀 다른 법칙에 따릅니다.</u> 왜냐하면 빚이라는 것은, 단순히 갚지 않는다고 해서 커지는 것이 아니라, 매번 빚이 새로 늘어날 때만 커지기 때문입니다.¹⁰ 그러나 죄는 거기서 빠져나오지 않는 매 순간 커집니다. 그래서 죄인은 단지 "새로운 죄를 범할 때마다 죄가 더해진다"라는 식으로만 생각해서는 결코 안 됩니다. 기독교적으로 보자면, **죄 가운데 머무르는 상태 자체**(Tilstanden i Synden)가, 매번 새롭게 죄를 짓는 것보다 **더 큰 죄**라는 것을 명심해야 합니다.

속담에도 **"죄를 짓는 것은 인간적이지만, 죄 가운데 머무르는 것은 악마적이다."**¹¹라는 말이 있습니다. 하지만 기독교적으로는 이 속담도 조금 다르게 이해되어야 합니다. **단편적으로[desultoriske]**¹² 죄를 바라보며, 각각의 새로운 죄만 보고 그 사이의 시간을 건너뛰는 태도는 매우 **피상적인 관점**입니다. 이는 마치 어떤 사람이 기차¹³가 움직이는 건 기관차가 김을 내뿜을 때마다만 그렇다고 생각하는 것과 비슷합니다. 하지만 실상 우리가 봐야 할 것은 그 '김을 내뿜는 순간'이 아니라, 기관차가 일정한 속도로 계속 달리는 **운동 자체**이며, 오히려 그것이 김 내뿜음을 만들어내는 것입니다.

죄도 이와 똑같습니다. <u>죄 가운데 머무르는 상태—그것이 바로 가장 깊은 의미의 죄입니다.</u> 개별적인 죄들은 죄의 연속 그 자체가 아니라, 죄의 연속됨을 표현하는 외적 자극들에 불과합니다. 즉, 새로운 죄를 통해 우리는 단지 그 죄의 운동성과 강도를 더 선명하게 감지할[14] 수 있게 되는 것일 뿐입니다.

219 　**죄 가운데 머무르는 상태는 개별적인 죄보다 더 깊고 더 무거운 죄입니다.** 마찬가지로 그 **상태 자체**가 **죄의 지속**이며, 동시에 **새로운 죄**입니다. 일반적으로 사람들은 이 문제를 다르게 이해하고 있습니다. 사람들은 죄가 죄를 낳는다고 말합니다. 즉, 하나의 죄가 또 하나의 새로운 죄를 유발한다는 식입니다. 그러나 실제 그 이면에는 훨씬 더 깊은 진실이 자리하고 있습니다. 그 깊이는 바로 '죄 가운데 머무르는 상태 자체가 새로운 죄'라는 데 있습니다. 이 점에서 셰익스피어가 희곡 『맥베스』 3막 2장에서 맥베스를 통해 말하게 한 대사는 심리적으로 매우 탁월한 통찰입니다. 그는 말합니다.

"죄에서 비롯된 행위들은 죄를 통해서만 자신의 힘과 강함을 얻는다."[15]

(Sündentsproßne Werke erlangen nur durch Sünde Kraft und Stärke.)

이 말은, 죄는 그 자체 안에서 하나의 깊은 **일관성**(conseqvents)를 가지고 있으며, 이 **악의 일관성** 속에서 특정한 힘을 지닌다는 뜻입니다. 하지만 이러한 깊은 통찰은 결코, **각각의 개별적인 죄들**(de enkelte Synder)만을 바라보는 시각에서는 도달할 수 없습니다.

대부분의 사람들은 자기 자신에 대해 너무 적은 의식을 가지고 살아가기에, **결과적 일관성**이라는 것이 무엇인지조차 상상하지 못합니다. 다시 말해, 그들은 **영으로**(qua spirit) **실존하지**(existere) 않다는 것입니다. 그들의 삶은 다소 순진하고 사랑스러운 유아적 형태로 머물러 있거나, 혹은 단순한 장난과 같은 행위들과 사건들로 점철되어 있습니다. 어떤 날에는 선한 일을 하다가도 다시 잘못된 행동을 반복하고, 또다시 처음부터 시작합니다. 어느 오후에는 절망에 빠져 있다가도 몇 주가 지나면 다시 쾌활한 모습으로 돌아서며, 다시 몇 날이 지나 또다시 절망의 상태에 놓이곤 합니다.

이들은 말하자면 삶과 '놀이하듯' 살아가고 있지만, 결코 '전 존재를 걸고 산다'라는 의미를 체험하지 못하는 이들입니다. 곧, 자신의 존재 안에 무한한 **일관성**(conseqvents)이 내포되어 있다는 인식을 갖지 못하므로, 언제나 개별적인 것들만이 언급됩니다. 이들 사이에서는 늘 몇 가지 선행이나 혹은 몇 가지 죄악과 같은 단편적인 이야기들이 오갈 뿐입니다.

영의 규정을 받은 모든 실존(Existents)는—그가 오직 자신의 책임 아래에 있는 존재일지라도[16]—본질적으로 내면에 **일관성**(conseqvents)을 지니며, 더 높은 차원의 일관성, 적어도 하나의 이념 안에서의 일관성을 지니고 있습니다. 이러한 사람은 다시 말해 **무한한 일관성의 가능성**을 의식하고 있기 때문에, 모든 **비일관성**(Inconseqvents, 불일치)을 무한히 두려워합니다. 왜냐하면 그는 그 **결과**(Følgen)가 무엇이 될 수 있는지 **무한한 상상**(Forestilling)을 가지고 있기 때문입니다. 그 결과 그는 자신이 **생명을 두고 살아가는 전체**(Totale)로부터 끊겨 나가 버릴지도 모릅니다. 그에게 있어 아주 작은 비일관성조차도 엄청난 상실입니다. 그는 자기 존재의 **일관성 자체**를 잃게 되기 때문입니다.

그 순간 마법이 풀릴(løst)[17] 수도 있고, 모든 힘을 조화롭게 묶어주던 신비로운 힘은 약화되며, **스프링 장력**(Springfjederen afspændt)[18]은 풀려버리고, 전체는 혼돈 상태로 빠져들게 됩니다. 그 안에서는 각 힘들이 서로 충돌하고 자기 자신에게 고통을 가하게 되며, 더 이상 어떤 자기 일치도 없고, 어떤 운동도, 어떤 **내적 추진력**(impetus)[19]도 남아 있지 않습니다. 이전에 일관성(Conseqventsen) 속에서 그토록 유연하게 움직이며 **강철 같은 힘**(Jern-Styrke)을 가졌던 **거대한 기계**(Maskineri)는 이제 무질서에 빠집니다. 그리고 그 기계가 훌륭하고(ypperligere), 장엄(grandiosere)할수록, 그 혼란(Virvarret)은 더욱 끔찍해집니다.

그러므로 **선**(Det Gode)**의 일관성** 안에서 안식하고(hviler i), 그 안에서 자신의 생명을 살아가는 **믿는 자**(Troende)는, **가장 작은 죄**(Synd)조차도 무한히 두려워합니다. 왜냐하면 그는 **무한한 것**을 잃을 수 있기 때문입니다. 반면, **직접적인 삶**(umiddelbare), 어린아이 같은(barnlige) 혹은 유치한(barnagtige) 사람들은 잃을 **전체**(Totalt)가 없습니다. 그들은 언제나 단지 **개별적인 것**(det Enkelte)을 잃고 얻을 뿐입니다.

믿는 자(Troende)에 대해 말한 것과 마찬가지로, 그 반대 모습, 즉 **악마적인 자**(den Dæmoniske) 역시 죄(Syndens) **내적 일관성**(Conseqvents)에 대하여 같은 방식으로 작용합니다. 예를 들어, 술주정뱅이가 매일 술을 마시며 술기운을 유지하려 하는 이유는, 하루라도 그 흐름이 끊기고 술이 깼을 때 찾아올 공허함, 무력함(Mathed)과 그 가능한 결과들이 두렵기 때문입니다. 마찬가지로 악마적인 사람도 그러합니다.

선한 사람은, 만약 누군가가 유혹하며 어떤 매혹적인 모습으로 죄를 제시해 온다면, "나를 시험하지 마십시오"[20]라고 간절히 말할 것입니다. 그런데 실제로 악마적인 사람 가운데서도 그와 똑같은 모습을 볼 수 있습니다. 자신보다 더 선한 힘을 가진 사람이 다가와, 선의 고귀한 복됨을 보여주려 할 때, 그는 눈물을 흘리며 제발 자신에게 말하지 말아 달라고, 다시 말해

"자기를 약하게 만들지 말아 달라"고 간청하기도 합니다.

왜일까요? **악마적인 사람** 역시 자기 안에서 **악의 일관성**을 유지하고 있기 때문에, 그는 자기만의 **전체성**(Totalitet)을 지니고 있고, 그것을 잃을까 두려워하기 때문입니다. 자신의 일관성 바깥으로 벗어나는 단 한 순간, 단 하나의 생활 습관의 흐트러짐, 단 한 번의 곁눈질, 또는 자신의 삶 전체나 그 일부를 다른 방식으로 바라보고 이해하는 단 한 번의 순간-그는 말하길, 그렇게 되면 다시는 예전의 자기 자신으로 돌아갈 수 없을지도 모른다고 합니다.

<u>이는 그가 이미 선에 대해 절망적으로 포기해버렸기 때문입니다.</u> 그는 선이 자신에게 아무런 도움도 되지 않는다고 생각하지만, 그렇다고 해서 선이 자신을 방해하지 않을 것이라는 보장도 하지 못합니다. 오히려 선은 그를 혼란에 빠뜨릴 수 있고, 다시는 죄의 일관성을 회복하지 못하게 만들 수 있으며, 그를 약하게 만들 수 있습니다. 그는 오직 죄의 지속성 속에서만 자신일 수 있으며, 오직 그 안에서만 살아 있고, 그 안에서만 자기 자신에 대한 감각을 가집니다.

하지만 이것이 의미하는 바가 무엇일까요? 곧, <u>**죄 가운데 머무르는 상태**(Tilstanden i Synden)란 그가 깊이 빠져 가라앉아 있는 저 밑바닥에서, 그의 실존 전체를 붙들고 유지하는 바탕이라는 뜻입니다.</u> 그것은 불경스럽게도 일관성이라는 이름 아래 그를 오히려 강화하는 것입니다. 결국 한 건 한 건 새로운 죄가 그에게 도움을 주는 것이 아닙니다. (실로 이것은 섬뜩할 만큼 광기어린 일입니다!) 각각의 새로운 죄는 그가 이미 빠져 있는 죄의 상태, 그 상태 자체를 드러내는 외적 표현일 뿐입니다. 그리고 바로 그 죄 가운데 머무르는 상태가 본래의, **참된 죄**입니다.[21]

'**죄의 지속**'(Syndens Fortsættelse)에 관하여 이제 다루고자 하는 바는,[22] 개별적이고 단편적인 새로운 죄들 그 자체에 초점을 맞추려는 것이 아니라, 오히려 그 밑바탕에 자리한 **죄 안에 머무르는 상태**(Tilstanden i Synden) 자체에 주된 관심이 있다는 점입니다. 이 **죄의 상태**는 다시금 죄 그 자체 안에서 일어나는 '**강화**'(potentsation), 곧 내면적 심화로 작용하게 됩니다. 이 심화의 운동을 지배하는 법칙은, 다른 모든 경우와 마찬가지로, 점점 더 깊은 내면으로, 점점 더 강렬해지는 **의식**(Bevidsthed) 안으로 나아가는 방향입니다.

A.
자신의 죄 때문에(over) 절망하는 죄[23]

    죄란 곧 절망하는 것입니다. '**죄의 강화**'(potentsation)란 곧 자신의 죄 때문에 절망하는 **새로운 죄**입니다. 이것이 죄의 강화에 해당하는 규정이라는 사실은 쉽게 이해할 수 있습니다. 이는 단순히 어떤 사람이 한 번은 100리그스달러[24]를 훔쳤다가 다음에는 1000리그스달러를 훔친 것과 같은 방식의 새로운 죄를 말하는 것이 아닙니다. 여기서 말하는 것은 개별적인 죄가 아니라, **죄 가운데 머무르는 상태**(Tilstanden i Synden) 자체가 곧 죄이며, 이 죄는 **새로운 의식**(Bevidsthed) 속에서 더욱 강화됩니다.
    자기 죄 때문에 절망한다(Fortvivle over sin Synd)는 것은, 그 죄가 자기 안에서 일관성을 가지려 한다는 것을 보여주는 표현입니다. 다시 말해, 그 죄는 더 이상 **선**(Det Gode)과 어떤 관련도 가지려 하지 않으며, 가끔이라도 다른 목소리를 들어보려는 나약함조차 가지려 하지 않습니다. 아니요, 죄는 오직 자기 자신의 말만 들으려 하고, 자기 자신만을 상대하며, **자기 자신 속으로 스스로를 닫아버립니다**. 더 나아가, 한 겹 더 두꺼운 벽 안으로 숨어버리고, 죄에 대한 절망을 통해 선의 어떤 침입이나 접근 시도도 차단하려는 것입니다. 그는 스스로 자신 뒤의 다리를 끊어버렸다는 것을 의식하고 있으며, 자신은 이제 선으로부터 단절되었고, 마찬가지로 선도 자신에게 도달할 수 없다고 여깁니다. 그래서 그가 만약 한순간 마음이 약해져 다시 선을 원한다고 해도, 그 길은 이미 불가능해져 버렸다고 믿습니다.
    죄 자체가 선으로부터의 단절이라면, 죄에 대한 절망(죄 때문에 절망하는 것)

은 **두 번째 단절**입니다. 이러한 상태는 당연히 **악마적인 자**(dæmoniske) 안에 있는 가장 극단적인 힘까지 죄에서 짜내게 만들고, 죄에 하나님을 모독하는 강인함 또는 완고함을 부여합니다. 그래서 그는 회개라는 모든 말, 은혜라는 모든 말을 단지 공허하고 무의미한 것으로 여길 뿐 아니라, 자신의 가장 큰 적으로 간주합니다. 그는 자신을 지켜야 할 가장 중요한 위협이 바로 그것들이라고 여깁니다. <u>이는 선한 사람이 유혹을 경계하듯, 그도 회개와 은혜를 유혹처럼 경계하는 것과 같습니다.</u>

이런 관점에서, 『파우스트』에 나오는 메피스토펠레스(Mephistopheles)의[25] 반격은 참으로 적절합니다. 그는 말합니다.

"절망하는 악마만큼 비참한 존재는 없다."[26]

여기서 '절망한다'는 말은, 회개나 은혜에 대해 들으려 할 만큼 자신이 약해지는 것을 의미합니다. **죄와 그 죄에 대한 절망 사이의 강화**(potentsation)를 설명하기 위해 이렇게 말할 수도 있습니다. 첫 번째 죄는 선과의 단절이며, 두 번째 죄—즉 죄에 대한 절망—는 회개와의 단절입니다.

죄에 대한 절망(Fortvivlelse over Synden, 죄 때문에 절망하는 것)은, **스스로 생존하기 위해 더 깊이 가라앉으려는 시도**입니다. 마치 열기구를 타고 올라가는 사람이 자신의 무게를 덜어내기 위해 추를 버리듯, 절망하는 자는 점점 더 분명하게 **모든 선한 것**들을 버림으로써 계속해서 **추락**합니다. (왜냐하면 선의 무게는 곧 '올려주는 힘'이기 때문입니다.) 그는 더 깊이 가라앉지만, 정작 자기 자신은 자신이 **상승하고 있다고 착각**합니다. 그가 "더 가벼워졌다"고 느끼기 때문입니다.

죄 그 자체는 절망의 투쟁입니다. 그러나 그 힘마저도 소진되었을 때는 새로운 강화, 곧 자신 안의 새로운 **악마적 폐쇄**(dæmonisk Sluttethed)가 필요해집니다. 그것이 바로 '**죄에 대한 절망**(죄 때문에 절망하는 것)'입니다. 이것은 일종의 전진이며, 악마적인 것 안에서의 상승이고, 물론 실상은 죄 속으로의 더 **깊은 침잠**입니다. 이 절망은 이제 죄를 하나의 위엄과 흥미를 지닌 권세로 고정시키려는 시도가 됩니다. 곧, 앞으로는 절대로 회개에 대해서도, 은혜에 대해서도 더는 듣지 않겠다는 영원한 결단이 될 것입니다. 그러나 아이러니하게도, **죄에 대한 절망**은 자기 자신의 공허함을 뚜렷이 의식하는 상태입니다. 그 절망 안에는 자기 자신 안에서조차 살아갈 어떤 자원도 남아 있지 않습니다. 심지어 자기 자신에 대한 상상 속에서도 더 이상 붙잡을 것이 없습니다.

셰익스피어의 『맥베스』 제2막 2장에서 맥베스가 (왕을 살해한 직후) 죄에 대한 절망에 빠지며 말하는 대사는 이 심리를 아주 탁월하게 보여줍니다.

"이제부터 인생에는 더 이상 진지한 것이 없어졌다. 모든 것이 헛되고, 영광도 은혜도 다 죽어버렸다."(von jetzt gibt es nichts Ernstes mehr im Leben; Alles ist Tand, gestorben Ruhm und Gnade.)

여기서 정말 탁월한 점은 마지막 표현인 '**영광**(Ruhm)과 **은혜**(Gnade)'의 이중 타격입니다. 그는 죄를 통해, 곧 자신의 죄에 절망함으로써, 은혜에 대한 모든 관계를 상실했을 뿐 아니라, 자기 자신과의 관계도 잃어버렸습니다. 그의 이기적인 자기는 야망 속에서 최고조에 달했지만, 지금 그는 이미 왕이 되었음에도 불구하고, 자신의 죄와 회개의 실재성, 은혜에 대한 가능성에 절망하면서 자기 자신도 잃어버린 것입니다. 그는 더 이상 자기 자신조차 지탱하지 못하고, 야망 안에서 자신을 즐기지도 못하며, 은혜를 붙잡을 수도 없는 상태에 처해 있습니다.

―――――――――――――――――――

삶 속에서 (물론 여기서 말하는 '죄에 대한 절망'이 실제 삶 속에서 일어난다는 의미는 아닐 수도 있지만, 세상 사람들이 그렇게 부르는 어떤 것이 분명히 존재하긴 합니다), 죄에 대한 이러한 절망은 종종 오해받기 쉽습니다. 아마도 세상에서는 대부분 경솔함, 무사려, 허무맹랑함과만 상대하기 때문에, 사람들은 평소보다 조금만 더 진지해 보이거나 깊은 감정을 드러내는 사람에게 매우 엄숙하고 공손하게 모자를 벗고 존경을 표하는 경향이 있는 것 같습니다.

죄에 대한 절망은 종종 다음과 같은 방식으로 자기를 위장하여 '좋은 것'처럼 보이려는 경향이 있습니다. 그것은 자신의 본질에 대한 혼란이나 모호함에서 비롯될 수도 있고, 가벼운 위선의 감정에서 나올 수도 있으며, 혹은 절망이 항상 내포하고 있는 **교묘함과 궤변**(sophistik)의 도움을 받아 겉으로는 괜찮은 상태인 척 위장될 수 있습니다.

예를 들어 이런 식입니다. 어떤 사람이 특정한 죄에 깊이 빠져 살다가, 오랜 시간 동안 그 **유혹**(Fristelsen)을 이겨내고 승리한 경험이 있습니다. 그런데 그가 다시 유혹에 넘어가 죄를 짓게 되었을 때, 그가 보이는 낙심이나 침체 상태는 반드시 죄에 대한 진정한 슬픔이라고 말할 수는 없습니다. 그것은 오히려 다른 감정일 수 있습니다. 그것은 **하나님의 섭리**(Styrelsen, Governance)[27]에 대한 분노일 수도 있습니다. 마치 하나님께서 자신을 그 유혹에 빠지도록 내버려 두신 것처럼, 그동안 열심히 잘 버텨왔는데 왜 이렇게 가혹하게 대하셨느냐는 **원망이 그 속에 깔려 있는 것**입니다.

그러나 어떤 경우든 간에, 이러한 슬픔을 아무런 분별 없이 곧이곧대로 받아들이는 것은 전적으로 감정적으로 경솔한 태도입니다. 특히 그런 태도는, 모든 격정 속에 내포된 이중성—곧 말과 마음이 엇갈리는 이중된 언어—을 전혀 인식하지 못하는 것이며, 이것이야말로 바로 불길하고 위험한 징조입니다. 왜냐하면 격정적인 사람은, 때로는 거의 광기에 이를 정도로 뒤늦게야, 자신이 실제로는 말하고자 했던 것과 정반대되는 말을 했다는 사실을 깨닫게 되기 때문입니다. 이러한 사람은 어쩌면 점점 더 강한 어조로 이 죄의 재발이 자신에게 얼마나 고통스러운지, 그것이 얼마나 깊은 절망으로 이끌었는지를 강하게 강조하며 말합니다. 그리고 마침내 이렇게 말합니다.

"나는 결코 이 죄에 대해 나 자신을 용서할 수 없습니다."

그러나 이것은 사실 **하나의 자기기만**(Mystification)입니다. 제가 의도적으로 "나는 결코 나 자신을 용서할 수 없다"는 표현을 예시로 넣은 이유는, 이 말이 이런 상황에서 매우 자주 들리는 말이기 때문입니다. 그런데 바로 이 말을 통해 우리는 이 상황을 변증법적으로 정확히 꿰뚫어 볼 수 있습니다. 그는 "나는 나 자신을 용서할 수 없어"라고 말하지만, 만일 **하나님께서 그 죄를 용서하신다면**, 그는 마땅히 자기 자신에게도 은혜를 베풀 줄 알아야 하지 않겠습니까? 하지만 그는 그렇게 하지 않습니다. 왜냐하면 그의 죄에 대한 절망, 그리고 특히 그 절망이 격정적인 언어로 맹렬하게 터져 나올수록, (그리고 그는 자신이 무심코 하고 있는 말이 사실은 자신의 상태를 드러내는 폭로라는 걸 전혀 의식하지 못합니다) 그가 어떻게 그런 죄를 지을 수 있었는지를 절대로 받아들이지 않겠다는 고백이기 때문입니다.

하지만 이런 표현은 참된 회개와 겸손한 깨어짐—즉, 하나님께 긍휼을 구하는 진실한 통회의 말과는 완전히 정반대의 것입니다. 이 절망은 선(Det Gode)의 징표가 아니라, 오히려 **죄의 더 강화된 규정**(intensivere Bestemmelse af Synd)이며, **죄 속으로 더 깊이 가라앉는 행위**(Fordybelse i Synd)입니다. 왜냐하면, 그는 유혹을 이기던 기간 동안 자기 자신을 실제보다 더 낮게 여기며 **교만**(Stolthed)에 빠졌기 때문입니다. 그의 교만은 과거의 죄를 완전히 지워버리고 싶어합니다. 그러나 재범이 일어나는 순간, 과거가 다시 현재 속으로 생생히 소환됩니다. 그의 교만은 이 기억을 견디지 못하고, 그래서 깊은 슬픔으로 빠져듭니다. 그러나 이 슬픔은 명백히 하나님을 향한 것이 아니라, 숨겨진 **자기애**(Selvkjerlighed)와 **교만**(Stolthed)에 불과합니다.

그는 마땅히 이렇게 했어야 했습니다. 먼저 겸손하게 하나님께 감사하는 마음으로 시작했어야 했습니다. 즉, 그동안 자신이 유혹을 이겨낼 수 있도록 하나님께서 도와주셨다는 사실에 감사하고, 그것만으로도 자신이 받을 자격이 없는 은혜였음을 하나님 앞과 자기 자신 앞에서 고백했어야 합니다. 그리고 그렇게 도우심을 입은 과거를 떠올리며, 겸손히 자신을 낮추는 자세로 나아가야 했던 것입니다.

여기에서도, 그리고 모든 경우에서 그렇듯이, **옛날의 건덕적 저술**(Opbyggelsesskrifter)이 전하는 내용은 정말로 깊고, 경험에서 우러나왔으며, 길잡이처럼 명확합니다.[28] 이들은 이렇게 가르칩니다. 하나님께서 때때로 믿는 자가 어떤 시험(Fristelse, 유혹)에 넘어지도록 허락하시는 이유는, 바로 그를 더욱 겸손하게 만드시고, 그를 통해 더 깊이 **선**(Det Gode) 안에 뿌리내리게 하시려는 것이라는 것입니다. **시험에 다시 빠지는 일**(tilbagefald, 넘어짐)과 그 사람이 이전에 **선 안에서** 이룬 상당한 영적 성장 사이(Fremskridt, 진보)의 **괴리**는 매우 비참한 모순으로 느껴지며, **자기 자신과의 동일성**(자기 정체성)에 대한 상실은 큰 고통이 됩니다.

<u>사람이 선한 사람일수록, 하나의 죄가 더 깊은 고통을 줍니다.</u> 그러나 만약 그가 이 '**전환점**(svinget)'을 바르게 지나지 못한다면, 아주 작은 **조급함**(Utaalmodighed)조차도 위험해질 수 있습니다. 그는 슬픔에 잠겨서 가장 어두운 우울 상태에 빠질지도 모르며, **어리석은 영적 상담가**(Sjelesørger, 목사)는 그를 보며, "정말 깊은 영혼을 가진 사람이군요. 그 안에는 선한 힘이 얼마나 강한지요!"라고 감탄할지도 모릅니다. 마치 그것이 정말 선한 것인 양 말입니다. 그의 아내조차도, 그토록 심각하고 경건하게 죄를 슬퍼하는 남편 앞에서 자신은 너무 부족하다는 생각에 깊이 주눅 들 수도 있습니다.

어쩌면 그는 말로도 사람들을 더 현혹시킬 수 있습니다. 이전 사람처럼 "나는 나 자신을 결코 용서할 수 없어"라고는 말하지 않습니다. (마치 이전의 죄는 자기가 스스로 용서한 적이 있었다는 듯이—그것은 정말 하나님을 모독하는 말입니다.) 그 대신 그는 이렇게 말할지도 모릅니다.

"하나님은 나를 결코 용서하실 수 없을 겁니다."

하지만, 이 모든 것 역시 **하나의 자기기만**(Mystification)에 불과합니다. 그의 슬픔, 그의 괴로움, 그의 절망은 결국 이기적(selvisk)입니다. (마치 죄에 대한 불안처럼 어떤 사람이 죄에 빠질까 봐 지나치게 불안해하는 것도 자기 사랑(Selvkjerlighed, 자기애)이기 때문입니다. 즉, 자기 사랑(자기애)은 죄가 없는 자기 자신을 자랑스럽게 여기고 싶어 합니다. 그러므로 그가 가장 필요로 하지 않는 것은 바로 위로입니다. 그런데도 많은 **영적 상담가들**(Sjelesørgerne, 목사)이 엄청난 양의 "위로의 말들"을 처방함으로써, 도리어 **그의 병을 더 악화시키는 일**이 일어나고 마는 것입니다.[29]

B.
죄 사함에 대하여(om)[30] 절망하는 죄(실족)

자기에 대한 의식(Bevidsthed om Selvet)**의 강화**(Potentsationen)는 여기에서 **그리스도에 대한 앎**(Viden om Christus, 지식), 곧 **그리스도 앞에 선 자기**(Self)입니다.[31] 먼저 (1부에서) **영원한 자기**(evigt Selv)를 가지고 있다는 것을 알지 못하는 **무지**(Uvidenhed)가 있었고, 그다음에는 자기가 있음을 알지만 그 안에 영원한 것(noget Evigt)이 있다는 **앎**(Viden, 지식)이 있었습니다. 이어서(제2부의 시작에서) 이 차이는 다음과 같이 정리되었습니다. 곧, **자기**(Self)는 인간적인 개념에 따라 자신을 이해하거나, 인간 자체를 **그 기준**(criterion)으로 삼는 것이었습니다. 이에 반대되는 것은 **하나님 앞에 선 자기**(Self)였고, 이것이 **죄**(Synd)**의 정의**(Definition)로 제시되었습니다.

이제는 **그리스도 앞에 선 자기**(Self)가 나타납니다. 그러나 이 자기는 **절망**(Fortvivlelse) 가운데 자신이 되기를 원하지 않거나, 절망 가운데 자신이 되기를 원합니다. 왜냐하면 **죄 사함**(Syndernes Forladelse)**에 대한 절망**은 반드시 두 가지 절망 공식(Formel) 가운데 하나에 속하기 때문입니다. 곧, 실족(Forargelse)하여 감히 믿으려 하지 못하는 **나약함**(Svaghed), 혹은 실족하여 믿으려 하지 않는 **반항**(또는 교만, Trods)[32]입니다. 다만 <u>여기에서의 나약함과 반항은 일반적인 경우와는 정반대입니다.</u>

보통 나약함은 "절망 가운데 자신이 되려 하지 않는 것(fortvivlet ikke at ville være sig selv)"입니다. 그러나 여기서는 **그것이 오히려 반항**입니다. 왜냐하면 여기서 반항은 곧 자신이 **죄인**(Synder)임을 인정하려 하지 않고, 그로 인해 **죄 사함을 원하지 않는 것**이기 때문입니다. 반대로 보통 반항은 "절망 가운데 자신이 되려는 것(fortvivlet at ville være sig selv)"입니다. 그러나 여기서는 그것이 **나약함**(Svaghed)이 됩니다. 곧 절망 가운데 자신이 죄인(Synder)임을 받아들이되, **용서**(Tilgivelse)가 없다고 여기는 것, 즉 그렇게 **죄인으로 남아 있으려는 것**이 나약함입니다.

그리스도 앞에 선 자기(Selv)는, 하나님의 엄청난 **허락**(Indrømmelse)에 의해 **강화**(potentseret)**된 자기**입니다. 곧, 하나님께서 이 자기 때문에 친히 태어나시고, 사람이 되시고, 고난을 받으시고, 죽으셨다는 사실이 주는 엄청난 **강조**(Eftertryk)로 강화된 자기이지요. 앞에서 말했듯이, "**하나님에 대한 개념**(Forestilling om Gud)이 클수록 자기도 더 커진다"고 했습니다. 마찬가지로 여기서는 "**그리스도에 대한 개념**(Forestilling om Christus)**이 클수록 자기도 더 커진다**"는 것이 성립합니다.

자기(Self)는 그 **기준**(Maalestok)에 따라 질적으로 규정됩니다. 그리스도가 기준이라는 사실은, 하나님께서 명백히 확증(bekræftede Udtryk)하신 것으로, **자기가 얼마나 충격적 실재**(Realitet)**를 지니는가를 보여줍니다**. 왜냐하면 오직 그리스도 안에서야 비로소, 하나님께서 인간의 기준이시자 잣대라는 것, 곧 **기준**(Maalestok)**이면서 동시에 목표**(Maal)라는 것이 진실로 드러나기 때문입니다. 그런데 자기(Self)가 더 커질수록, 곧 자기가 더 강화될수록, **죄**(Synd)**는 더욱 심화**(intensivere)**됩니다**.

또 다른 측면에서도 **죄**(Synd)**의 강화**를 보여줄 수 있습니다. 죄는 절망(Fortvivlelse)이었습니다. 그 강화는 곧 **죄에 대한 절망**(Fortvivlelse over Synden)이었습니다. 그런데 이제 하나님께서 죄 사함 안에서 **화해**(Forligelsen)를 제시하십니다. 그러나 죄인은 절망하며, 그 절망은 더 깊은 표현을 띠게 됩니다. 이제 절망은 하나님과 일종의 관계를 맺지만, 사실은 그만큼 더 멀리 떨어져 더 깊이 죄 속으로 빠져드는 것입니다. 죄인이 죄 사함에 대해 절망할 때, 그것은 거의 마치 그가 하나님을 정면으로 공격하는 것처럼 들립니다. 이는 마치 이렇게 말하는 셈입니다.

"아니, 죄 사함 같은 것은 없다. 그것은 불가능하다."

이는 거의 일종의 **육박전**(Handgemænge)처럼 보입니다. 그러나 사실 인간은 하나님으로부터 질적으로 훨씬 더 멀리 떨어져 있어야만 그렇게 말할 수 있고, 또 그것이 들리게 됩니다. 그렇게 하나님과 가까이 맞붙어(cominus) 싸우려면, 오히려 멀리서(eminus) 있어야만 하는 것이지요.[33] 영적 존재(Aandens Tilværelse)의 "음향적 구조(akustisk Forstand)"[34]가 참으로 이상하게도 이렇게 되어 있으며, **거리**(Distance)**의 관계**가 그렇게 설정되어 있습니다.[35]

한 인간이 하나님께 그렇게 "아니오"라고 말할 수 있으려면, 하나님으로부터 **가능한 한 멀리 떨어져** 있어야 합니다. 그런데 그 "아니오"는 어떤 의미에서는 하나님을 겨냥하는 것이기도 합니다. 하나님께 가장 가까이 다가가는 듯한 태도가 사실은 그분에게서 가장 멀리 떨어져 있는 것입니다. 하나님께 가까워지려면 그렇게 참람하게 굴 수 없고, 참람하게 굴려 한다면 eo ipso(그 자체로) 이미 **멀리 떨어져 있다는 뜻**입니다.

오, 하나님 앞에서의 인간의 무력함(Afmagt)이여! 한 사람이 높고 존귀한 사람에게 무례하게 나아가면, 그 대가로 멀리 쫓겨날 수 있습니다. 그러나 하나님께 무례하게 굴려 한다면, 그는 먼저 하나님에게서 멀리 떠나야만 가능한 것입니다.

227   삶(Livet) 속에서는 흔히 이 죄, 곧 죄 사함에 대하여 절망하는 것(Fortvivlelse)의 잘못된 모습이 나타납니다. 특히 인간의 삶에서 윤리적인 것(Det Ethiske)을 폐지해 버린 이래로, 건전한 윤리적 언어(ethisk Ord)가 거의, 혹은 전혀 들리지 않게 된 이후에는 더욱 그러합니다.

심미적-형이상학적(æsthetisk-metaphysisk) 관점에서는, 죄 사함에 대해 절망하는 것을 오히려 **깊은 성품**(dyb Natur)**의 표지로 존중**합니다. 이는 마치 아이가 버릇없이 구는 것을 그 아이가 깊은 성품을 지녔다는 증거로 여기는 것과 비슷합니다.

전반적으로 말해서, 인간과 하나님과의 관계에서 "**너는 ~해야 한다**(Du skal)"라는, 유일한 규범(Regulativ)을 폐지한 이래로,[36] 종교적인 것(Det Religieuse) 안에 믿을 수 없을 만큼 큰 혼란(Confusion)이 들어오게 되었습니다. "**너는 ~해야 한다**(Du skal)"라는 명령은 종교적인 모든 규정 안에 반드시 포함되어야 합니다. 그런데 그 대신, 사람들은 하나님 관념(Guds-Forestillingen), 혹은 하나님에 대한 개념(Forestillingen om Gud)을 단순히 인간적 중요성(menneskelig Vigtighed)의 재료(Ingredients)로 삼아, <u>하나님 앞에서도 자기 자신을 중요하게 만들려 했습니다.</u>

국가 생활(Stats-Livet, 정치)에서도 사람이 반대파(Oppositionen)에 속해 있다는 이유로 스스로 중요하게 여기듯, 심지어는 반대해야 할 무언가를 갖기 위해 정부(Regjering)의 존재를 원하기도 하는 것처럼, 사람들은 결국 하나님을 완전히 폐지하려 하지 않습니다. <u>단지 하나님에 맞서 반대편에 서 있음으로써 자기 자신을 더욱 중요한 존재로 만들려 할 뿐입니다.</u> 옛날에는 불경스럽고 완고한 **반항**(Opsætsighed)의 표현으로 경악(horreur) 속에서 보았던 모든 것들이 이제는 "**천재적**(genialt)"이라고 불리며, 깊은 성품의 표지로 간주됩니다.

옛날에는 이렇게 말했습니다. "**너는 믿어야 한다**(Du skal troe)." 간단하고 분명하게, 가능한 한 절제된 방식으로, 가능하다면 '술 깬(sober)' 방식으로 말했습니다. 이제는 **믿지 못하는 것**이야말로 천재적이고 깊은 성품의 표지가 되어 버렸습니다. "너는 죄 사함을 믿어야 한다"는 말씀입니다. 그리고 그 유일한 주석은 이러했습니다.

"네가 그것을 믿지 못한다면 너에게 불행이 닥칠 것이다. 왜냐하면 사람이 '너는 ~해야 한다(Du skal)'라는 것은 곧 할 수 있는 것이기 때문이다."

그런데 이제는 오히려 죄 사함을 믿지 못하는 것이 천재적이고 깊은 성품의 증거로 여겨집니다. 이것이 바로 **크리스텐덤**(Christenheden)이 이룩한 훌륭한 결과입니다! 만일 기독교에 대해 한 마디도 들을 수 없다면, 사람들은 결코 이처럼 교만하거나 잘못된 자들이 되지 않을 것입니다. 이방 세계(Hedenskabet)에서도 결코 이 **정도의 자만**은 없었습니다. 그러나 오늘날은, 공기 중에 기독교적 관념(christelige Forestillinger)이 비기독교적으로 뒤섞여 떠돌아다니고 있기 때문에, 사람들은 그것을 가장 악화된 형태의 건방짐(Næsviished)으로 악용하거나, 혹은 똑같이 뻔뻔스러운 다른 방식으로 남용합니다.

이는 아이러니하지 않습니까? 하나님을 욕되게 하는 말(bande)조차도 이방 세계에서는 관습으로 자리 잡지 않았는데, 오히려 그것이 **크리스텐덤**(Christenheden)**에서는 자연스러운 일이 되어 버렸다는 사실** 말입니다. 이방

B 죄의 지속 •**319**

세계는 **신비한 것에 대한 두려움**(Sky for det Mysterieuse)과 **경외**(Horreur)를 품으며, **하나님의 이름**(Guds Navn)을 대개 엄숙(Høitidelighed)하게 불렀습니다. 그러나 크리스텐덤에서는 하나님의 이름이 일상 언어에서 가장 자주 등장하는 단어가 되었지만, 동시에 가장 적게 생각되는 단어가 되었습니다. 그 이름은 가장 경솔하게 사용되는 말이 되었는데, 이는 드러나신(계시된) 하나님(den aabenbare Gud)—보통 위엄 있는 자들은 자신을 숨기는데, 하나님은 신중하지 못하게도 자신을 드러내셨던 까닭에—이제는 대중에게 너무도 잘 알려진 존재가 되어 버렸기 때문입니다. 그래서 사람들은 교회에 가끔 한 번 나와 주는 것만으로도 하나님께 큰 은혜를 베푼 듯 여깁니다. 그럴 때 목사는 하나님의 이름으로 그 방문의 영광에 대해 감사하고, 그 사람을 경건하다고 칭찬하며, 오히려 결코 교회에 오지 않는 사람들을 살짝 꼬집어 비판합니다.[37]

228 **죄 사함에 대하여 절망하는 죄는 곧 실족**(Forargelse)**입니다.** 이 점에서 유대인들은 전적으로 옳았습니다. 곧, 그들이 그리스도에게 실족한 이유는 그가 죄를 용서하려 했기 때문입니다.[38] 만일 사람이 믿는 자(Troende)가 아니라면(그 경우 믿는 자는 그리스도가 하나님이라고 믿는 것이므로), 한 인간이 죄를 용서하려 한다는 사실에 실족하지 않는다면, 그것은 참으로 **기묘한 영의 상실**(Aandløshed, spiritlessness)입니다. 이는 **크리스텐덤**에서 일반적으로 발견되는 것이지요. 그리고 죄가 용서될 수 있다는 사실에 실족하지 않는 것도 마찬가지로 기묘한 **영의 상실**입니다. 인간의 이성으로 볼 때, 그것은 모든 것 중에서 가장 불가능한 일입니다. 그러나 그렇다고 해서, 나는 그것을 믿지 못하는 것이 "**천재성**(Genialitet)"이라고 칭송하지는 않습니다. 왜냐하면 그것은

반드시 믿어야(Du skal troes) 하기 때문입니다.

　이방 세계(Hedenskabet)에서는 당연히 이러한 죄는 존재할 수 없었습니다. 만약 이방인이(그는 하나님에 대한 개념[Guds-Forestillingen]을 가지고 있지 않았기 때문에 실제로는 불가능했지만) 죄에 대한 참된 이해를 가질 수 있었다면, 그가 더 나아갈 수 있는 한계는 **자신의 죄에 대하여 절망**하는 데까지였을 것입니다. 사실, 한 걸음 더 나아가 말한다면(그리고 이것이야말로 인간의 이성과 사유에 대해 허락할 수 있는 모든 인정입니다), 만약 이방인이 정말로 그렇게까지 도달하여, 세상에 대하여 절망하거나 단순히 자기 자신에 대하여 절망하는 것이 아니라, 자신의 죄에 대하여 절망했다면, 그는 오히려 칭찬받아 마땅할 것입니다.* 인간적으로 말하면, 그것은 깊은 사유(Dybsind)와 윤리적 규정(ethiske Bestemmelser)을 전제로 하기 때문입니다. 인간이라는 한계 안에서 그것보다 더 멀리 갈 수는 없습니다. 그리고 누군가 거기까지 도달하는 경우도 드뭅니다. 그러나 기독교적으로 말하면 모든 것이 달라집니다.39 왜냐하면 "너는 죄 사함을 믿어야 한다(Du skal troe Syndernes Forladelse)"이기 때문입니다.

*여기에서 죄에 대한 절망(Fortvivlelse over Synden, 죄 때문에 절망하는 것)은 신앙(Troen)을 향한 방향에서 변증법적으로(dialektisk) 이해되고 있음을 주목해야 합니다. 이 변증법적 성격(dialektiske)은(비록 이 저술이 절망을 병[Sygdommen]으로서만 다루고 있다 해도) 결코 잊어서는 안 됩니다. 왜냐하면 절망(Fortvivlelse)은 신앙(Tro)의 첫 번째 계기(Moment)이기도 하기 때문입니다. 반대로 그 방향이 신앙으로부터 멀어지고, 하나님과의 관계(Guds-Forholdet)에서 멀어질 경우, 죄에 대한 절망(Fortvivlelse over Synden)은 곧 새로운 죄(Synd)가 됩니다. 영적 삶(Aands-Livet)에서는 모든 것이 변증법적(dialektisk)입니다.
예를 들어, 실족(Forargelse)은 폐지된(지양된) 가능성(ophævet Mulighed)으로서 신앙의 하나의 계기(Moment)이기도 합니다. 그러나 실족(Forargelse)이 신앙에서 멀어지는 방향을 가질 때, 그것은 죄(Synd)가 됩니다. 심지어 이렇게 말할 수도 있습니다. 어떤 사람은 그가 기독교에 대해서조차 실족할 수 없다는 것이 비난받을 만한 일이라고요. 그렇게 말한다면,

실족한다는 것이 마치 좋은 일처럼 여겨지는 셈입니다. 그러나 사실은 이렇게 말해야 합니다. 실족하는 것 자체가 죄입니다.

229   그렇다면 크리스텐덤은 죄 사함에 대하여 어떤 상태에 놓여 있습니까? 사실상 **크리스텐덤의 상태는 바로 죄 사함에 대한 절망**(Fortvivlelse om Syndernes Forladelse)입니다. 다만 이것은 이렇게 이해해야 합니다. 곧, 그 상태는 너무나 뒤로 물러나 있어서, 자신이 그런 상태임을 분명히 의식(자각)하는 것조차 못한다는 것입니다.

사람들은 아직 **죄**(Synd)**에 대한 의식**(Bevidsthed)에조차 이르지 못했고, 단지 이방 세계(Hedenskabet)도 알았던 종류의 죄만을 알고 있을 뿐입니다. 그래서 오히려 행복하고 평안하게 **이방적 안전**(hedensk Tryghed) 속에서 살아갑니다. 그러나 크리스텐덤 안에서 살아간다는 이유 때문에, 사람들은 이방 세계를 넘어 한 걸음 더 나아갑니다. 곧, 그들은 이 **평화의 안전을**—크리스텐덤 안에서는 결코 다른 의미일 수 없기에—**죄 사함에 대한 의식**(Bevidsthed om Syndernes Forladelse)**이라고 착각**하게 됩니다. 그리고 목사들(Præsterne)은 교인들(Menigheden)에게 바로 그 착각을 더욱 확신시켜 줍니다.

크리스텐덤의 가장 근본적인 불행(Grund-Ulykke)**은 사실상 기독교**(Christendommen) 자체입니다. 곧, **하나님-사람**(Gud-Mennesket)[40]**에 대한 가르침**(Læren, 교리)입니다. 주의하십시오. 기독교적으로 이해한다면, 이 가르침은 **역설**(Paradox)**과 실족의 가능성**(Forargelsens Mulighed) **안에서만** 보호받을 수 있습니다. 하지만 이 가르침이 끊임없이 반복적으로 설교되면서, 헛되이 취급되었다(더럽혀졌다)는 점입니다. 그 결과 **하나님과 인간 사이의 질적 차이**

(Qvalitets-Forskjellen mellem Gud og Menneske)는 **범신론적으로**(pantheistisk) 지워져 버렸습니다. 처음에는 고상한 철학적 사변(speculative)에서 그렇게 되었고, 이후에는 거리와 광장에서 천박하게(pøbelagtigt) 그렇게 되었습니다.⁴¹

지상에서 어떤 가르침도 결코 하나님과 인간을 이토록 가깝게 만든 적은 없었습니다. 이것은 오직 기독교만이 했으며, 또한 오직 하나님 자신만이 하실 수 있는 일이었습니다. 왜냐하면 모든 인간적 발명은 결국 하나의 꿈에 불과하고, 불확실한 환상(Indbildning)이기 때문입니다. 그러나 동시에 어떤 가르침도 하나님에 대한 가장 끔찍한 신성모독(Gudsbespottelser)—즉, 하나님께서 친히 이런 결단을 내리신 후에도 그것을 헛되이 여겨 마침내 하나님과 인간은 결국 동일하다는 결론으로 귀결시키는 모독—에 맞서 이토록 철저하게 자신을 지킨 적은 없습니다. 바로 기독교가 그렇습니다. 기독교는 **실족**(Forargelsen)을 통해 자신을 지켜낸 것입니다.

그러므로 화(vee)가 있을 지라! 나약한 설교자들(slappe Talere)에게, 방탕한 사상가들(løsagtige Tænkere)에게 화가 있을지라! 그리고 그들에게서 배우고 그들을 칭송한 모든 **추종자들**(hele Tilhæng)에게는 두 번, 세 번 화가 있을지라!

존재(Tilværelsen)**에 질서**(Orden)가 유지되어야 한다면⁴²—그리고 하나님(Gud)은 질서의 하나님이시며, 혼란의 하나님이 아니시기에⁴³—무엇보다도 먼저 주의해야 할 것은, **모든 사람이 하나의 단독자**(et enkelt Menneske)라는 사실입니다. 각 사람은 자신이 단독자임을 자각해야 합니다.

만약 사람들이 아리스토텔레스(Aristoteles)가 "동물 규정(Dyre-Bestemmelsen)"이라 부른 것, 곧 군중(Mængden) 속으로 흘러들어가 버린다면,⁴⁴ 그리고 이 추상(Abstraktum)이—본래는 아무것도 아닌 것, 가장 미미한 단독자보다도 더 하찮은 것임에도 불구하고—어떤 실재로 여겨진다면, 곧 오래 지나지 않아 **이 추상이 하나님이 되어 버릴 것입니다.**

이렇게 되면, 철학적 방식으로(philosophice) "하나님-사람(Gud-Mennesket)의 교리(Læren, 가르침)"가 정당화됩니다.[45] 국가들(Statene)에서 보듯, 군중(Mængden)이 왕(Kongen)을 압도하고, 신문(Bladene)이 각료들(Conferentsraader, 장관들)을 압도하는 것처럼, 마침내 **사람들의 총합**(summa summarum af alle Mennesker)**이 하나님을 압도한다고 주장**하게 됩니다.[46] 이것이 곧 "하나님-사람(Gud-Mennesket)의 교리(Læren)"라고 불리며, **하나님과 인간이 동일하다**(idem per idem)[47]**는 뜻으로 전락**합니다.

물론, 이 "세대(Generationens) 전체가 개인(Individet)을 압도한다"는 교리를 널리 퍼뜨렸던 철학자들(Philosopher) 가운데 일부는, 자기들의 교리가 이렇게까지 타락하여, 군중(Pøbelen)이 곧 하나님-사람(Gud-Mennesket)이라고 주장되는 지경에 이르면, 혐오감을 느끼며 등을 돌립니다.[48] 그러나 이 철학자들은 그것이 결국 자기들 교리의 귀결임을 잊고 있습니다. 그들은 그 교리가 예전에 고귀한 이들이 받아들였을 때, 즉 엘리트(Eliten af de Fornemme)나 선택된 철학자들의 집단(Kreds af Philosopher)이 그 화신(Incarnationen)으로 여겨졌을 때에는 더 진실했다고 착각합니다. 그러나 그것은 여전히 똑같이 거짓된 것이었습니다.

230   즉, **하나님-사람**(Læren om Gud-Mennesket)**의 교리**가 크리스텐덤을 오만하게(fræk) 만들어 버린 것입니다. 그것은 마치 하나님(Gud)이 너무 약하셨던 것처럼 보입니다. 마치 선량한 사람이 지나치게 큰 양보(Indrømmelser)를 하고 결국은 배은망덕으로 보답받는 것과 같습니다.

하나님께서 바로 이 하나님-사람의 교리(Læren om Gud-Mennesket)를 창안하셨습니다. 그런데 이제 크리스텐덤은 그것을 뻔뻔스럽게 뒤집어, 하나님께 인간과의 **동질성**(Slægtskabet)을 강제로 씌웁니다. 그래서 하나님이 하신 그 양보(Indrømmelse)는, 오늘날 한 왕(Konge)이 더 자유로운 헌법(Constitution)을 내어주는 것과 비슷하게 여겨집니다.[49] 그리고 사람들은 잘 압니다.

"그것은 어차피 어쩔 수 없이 내준 것이다."

마치 하나님께서 곤경에 빠지신 것처럼 보입니다. 마치 어떤 현명한 자(Kloge)가 하나님께 이렇게 말하는 것이 옳은 듯합니다.

"이건 당신 스스로의 책임입니다. 왜 그토록 인간과 가까이 지내려 하셨습니까?"

사실 하나님과 인간 사이에 그와 같은 유사성이 있다고 생각한 것은 그 어떤 인간의 마음에도 떠오른 적이 없습니다.[50] 그것은 하나님께서 친히 선포하게 하신 것이었고, 이제 하나님께서 그 열매를 거두고 계신 것입니다.

그러나 기독교는 처음부터 스스로를 지켜왔습니다. 그것은 **죄**(Synd)**의 교리로 시작합니다. 죄의 범주는 곧 단독성**(Enkelthedens Kategori)**의 범주**입니다. 죄는 결코 사변적으로(spekulativt) 사고될 수 없습니다. 왜냐하면 개별 인간(det enkelte Menneske)은 개념(Begrebet) 아래 놓여 있기 때문입니다.[51] 우리는 한 "개별 인간"을 사고할 수 없고, 다만 "인간이라는 개념"만을 사고할 수 있습니다. 그러므로 **사변**(Spekulation)은 곧장 개별자(Individet) 위에 군림하는 세대(Generationens)의 힘(Overmagt)이라는 교리 속으로 들어갑니다. 사변이 "개념(Begreb)이 현실(Virkeligheden)에 대하여 무력하다"는 것을 인정할 것이라고 기대하는 것은 불가능합니다.

마찬가지로, 우리가 **개별 인간**(et enkelt Menneske)을 사고할 수 없듯이, **한 개별 죄인**(en enkelt Synder)도 사고할 수 없습니다. 우리는 "죄(Synd)"를 사고할 수 있을 뿐인데, 그렇게 되면 **죄는 단순한 부정**(Negationen)이 됩니다. 그러나 개별 죄인(Synder)을 사고할 수는 없습니다. 바로 그렇기 때문에 죄를 단순히 사고의 대상으로만 다룰 때에는 결코 죄가 "**진지함**(Alvor)"이 될 수 없습니다. **진지함**(Alvoren)은 바로 "당신과 내가 죄인이다"라는 사실에 있습니다. 진지함은 죄(Synd) 일반(overhovedet)에 있지 않고, 오히려 **죄인**(Synderen), **즉 단독자**(Enkelte)에게 있습니다. "단독자"와의 관계에서, **사변**(Spekulation)은 만약 일관적(conseqvent)이라면 사실상 "단독자로 존재하는 것"을 조롱할 수밖에 없습니다. 곧 "단독자로 존재하는 것"이란 생각할 수 없는 것이므로, 만약 사변이 이 방향에서 뭔가를 시도하려 한다면, 단독자에게 이렇게 말할 수밖에 없을 것입니다.

"그것에 시간을 낭비할 필요가 있나? 무엇보다도 그것을 잊어버려라. 개별 인간으로 존재한다는 것은 아무것도 아닌 것이다. 사고하라(cogito), 그러면 그대는 곧 전체 인류(hele Menneskeheden)이다. 즉, 나는 생각한다. 고로 나는 존재한다(cogito ergo sum)."[52]

어쩌면 "단독자(det enkelte Menneske)" 혹은 "단독자로 존재한다는 것(et at være et enkelt Menneske)"이 가장 높은 것이라는 말도 거짓일 수 있습니다. 그렇다 하더라도, 사변(Spekulation)이 일관적(conseqvent)이라면 이렇게도 말해야 할 것입니다.

"**한 개별 죄인**(en enkelt Synder)으로 존재한다는 것은 아무 의미가 없는 일이다. 그것은 개념(Begrebet) 아래 놓여 있는 것이니, 거기에 시간을 낭비하지 말라."

그렇다면 어떻게 되겠습니까? 단독 죄인으로 존재하는 대신, 단순히 "죄(Synd)"라는 개념을 사고하는 데 머물러야 할까요(마치 단독자로 존재하기보다 "인간 개념[Menneske]"을 사고하라는 권유처럼)? 그리고 그렇게 '죄'만을 사고하다 보면, 마침내 스스로 '죄'가 되어 버린다는 결론에 이르게 될까요? "나는 생각한다, 그러므로 나는 존재한다(cogito ergo sum)"라는 식으로 "나는 죄다"라고 말하게 될까요? 훌륭한 제안이 아닐 수 없습니다!

하지만 실제로는 그렇게 죄 그 자체, 즉 **순수한 죄**(rene Synd)가 되어 버릴까 두려워할 필요조차 없습니다. **왜냐하면 죄**(Synd)**는 사고될 수 없는 것이기 때문입니다.** 죄는 개념(Begrebet)으로부터의 이탈(Affald)이므로,[53] 사변 스스로도 결국 이것은 인정할 수밖에 없을 것입니다. 그러나 더 이상 이렇게 상대방의 인정에서 출발하여 논증하려 하지 않고(disputere e concessis),[54] 핵심적으로 말하면 **어려움은 다른 곳**에 있습니다.

사변은 죄와의 관계에서 **윤리적인 것**(det Ethiske)이 작동한다는 사실을 전혀 고려하지 않습니다. 윤리적인 것은 항상 사변과는 정반대의 방향을 가리키며, 사변이 내딛는 걸음과 정반대의 발걸음을 내딛습니다. 왜냐하면 윤리적인 것은 현실(Virkelighed)에서 추상화하지 않고, 오히려 현실 속으로 더 깊이 들어가기 때문입니다. 그리고 윤리적인 것은 사변이 간과하고 멸시한 바로 그 범주, 즉 **단독성**(Enkeltheden)을 본질적으로 매개로 삼아 작동합니다. **죄**(Synd)는 **단독자**(Enkelte)**의 규정**입니다. 그러므로 자신이 바로 그 **단독 죄인**

(en enkelt Synder)이면서, 그것을 아무것도 아닌 것처럼 여기고 부인하는 것은 경솔함(Letfærdighed)이자 **새로운 죄**입니다.

여기서 바로 기독교가 개입합니다. 기독교는 사변을 가로막아 **십자가**(Kors)를 세웁니다. 사변이 이 난관에서 빠져나오는 것은, 마치 돛단배가 정면의 맞바람 속에서 앞으로 항해하려 하는 것만큼이나 불가능한 일입니다. **죄의 진지함**(Syndens Alvor)은 그것이 **단독자**(Enkelte), 곧 '당신(you)'이나 '나(I)'라는 현실(Virkelighed)에 존재한다는 사실에 있습니다. 그러나 사변은 단독자를 철저히 배제하려 합니다. 따라서 죄에 대하여 사변적으로 말한다는 것은 경솔한 일일 뿐입니다. **죄의 변증법**(Syndens Dialektik)은 **사변의 논리**를 정면으로 거스릅니다.

여기에서 **기독교는 시작합니다. 곧 죄**(Synd)**의 교리**(Læren), **그리고 그와 더불어 단독자**(Enkelte)**에서 시작합니다.*** 사실 **하나님-사람**(Gud-Mennesket)에 대하여, 곧 하나님과 인간 사이의 유사성(Ligheden)을 가르친 것은 기독교입니다.[55] 그러나 기독교는 방자하거나(næsviiis) 건방진(nærgaaende) 접근을 크게 미워합니다.

---

* "인류의 죄(Læren om Slægtens Synd)"[56]에 관한 교리는 종종 잘못 사용되어 왔습니다. 왜냐하면 죄(Synd)가 모든 사람에게 공통적이라 할지라도, 그것은 인간들을 하나의 보편적 개념(Fællesbegreb)이나 사회(Selskab), 혹은 집단(Compagni) 속에 모으지 않기 때문입니다. (마치 묘지[Kirkegaarden]에 모여 있는 죽은 자들의 무리[Mængde]가 결코 어떤 사회를 이루지 않는 것과 같습니다.)[57] 오히려 죄는 인간을 단독자(Enkelte)로 분리(adsplitter)시키며, 각 단독자를 죄인(Synder)으로 붙잡아 둡니다. 이러한 분리(Adsplittelse)는 또 다른 의미에서, 존재(Tilværelsen)의 완전성(Fuldkommenhed)과 일치하며, 그 목적론적 방향(teleologisk Retning) 속에 놓여 있습니다.

그러나 사람들은 이 점을 주목하지 않았습니다. 그래서 타락한 인류(den faldne Slægt)가 한 번에 그리스도(Christus)를 통해 이미 회복되어 버렸다고 여겨 버린 것입니다. 이렇게 하여 다시 하나님(Gud)에게 하나의 추상(Abstraktum)을 떠맡기는 결과가 되었는데, 추상은 추상일 뿐이므로 오히려 하나님과 "더 가까운 친족(Slægtskab)"처럼 보이게 됩니다. 그러나 이것은 단지 사람들을 오만하게(frække) 만들 뿐인 기만(Skalkeskjul)에 지나지 않습니다.

왜냐하면 단독자(den Enkelte)가 하나님과 친족 관계(Slægtskab)를 느끼게 되는 것이 기독교의 가르침(Lære, 교리)이지만, 그럴 때 그는 두려움과 떨림(Frygt og Bæven)[58] 속에서 그 모든 무게를 견디게 됩니다. 그는, 만약 그것이 이미 알려진 옛 발견이 아니라면, 실족(Forargelsens) 가능성을 새롭게 발견해야 할 것입니다. 그러나 추상(Abstraktum)을 통해 단독자(den Enkelte)가 이런 영광(Herlighed)에 이른다고 하면, 문제는 지나치게 쉬워져 버리고, 결국 헛되이 취급되는(더렵혀지게 되는) 셈입니다.

그 경우 단독자(den Enkelte)는 하나님으로부터 오는 그 엄청난 압력(Tryk)을 받지 못하게 됩니다. 그 압력은 겸손(Ydmygelse) 속에서 그를 깊이 누르면서 동시에 들어 올리는 것인데 말입니다. 오히려 단독자는 자신이 단지 그 추상(Abstraktum)에 참여(participere)함으로써 아무 조건 없이 모든 것을 가진 것처럼 착각하게 됩니다.

그러나 인간(Mennesket)은 동물(Dyr)의 경우와는 다릅니다. 동물은 언제나 개체(Exemplaret)가 종(Arten)보다 작습니다. 그러나 인간은 다른 동물 종들로부터 흔히 말하는 여러 우월성들 때문에 뛰어난 것이 아니라, 질적으로(qvalitativt) 바로 개인(Individ), 단독자(den Enkelte)가 종(Arten)보다 더 위대하다는 점에서 구별됩니다. 그리고 이 규정(Bestemmelse)은 다시 변증법적(dialektisk)입니다. 곧, 단독자는 죄인(Synder)이라는 뜻이 되며, 동시에 단독자로 존재한다는 것 자체가 완전성(Fuldkommenhed)이라는 의미이기도 합니다.

바로 이 **죄의 교리**(Læren om Synden)와 **개별 죄인**(den enkelte Synder)을 통해, 하나님과 그리스도(Gud og Christus)는 일찍이 단 한 번, 그 어떤 왕(Konge)과도 전혀 다른 방식으로, 민중(Folket)과 군중(Mængden), 대중(Publikum) 등의 집단적 요구에 맞서 스스로를 지켜내셨습니다. 다시 말해, 더 자유로운 헌법(friere Forfatning)에 대한 모든 요구에 대항해 하나님은 자기 자신을 보호하셨던 것입니다.

    그 모든 추상적 개념들(Abstrakta)은 하나님께 아무 의미가 없습니다. 하나님 앞에서, 그리스도 안에서 살아가는 존재들은 오직 개별 인간들, 곧 **죄인들**(Syndere)뿐입니다. 물론 하나님께서는 전체를 초월하여 관통할 수도 있습니다. 심지어 참새(Spurvene)조차도 돌보실 수 있습니다.[59] 하나님은 본질적으로 **질서**(Orden)**의 친구**이십니다.

    그리고 이를 위해 하나님은 매 순간(Øieblik), 모든 지점(Punkt)에 친히 현존하십니다. (교리문답서[Lærebogen]에서는 이것을 하나님을 가리키는 속성 가운데 하나로 언급하지만, 인간들은 가끔만 그것을 생각할 뿐, 매 순간 그렇게 사고해 보려는 시도는 거의 하지 않습니다.) 하나님은 **어디에나 계시는 분**(allestedsnærværende)이십니다.[60]

    하나님의 개념(Begreb)은 인간의 개념과 다릅니다. 인간의 개념에서는 **단독자**(Enkelte)가 포섭될 수 없는 것처럼 바깥에 놓여 있지만(ligger under Begrebet), 하나님의 개념은 모든 것을 포괄합니다. 그러나 다른 의미에서, 하나님은 아예 개념을 가지고 계시지 않습니다. 하나님은 약식(Abbreviatur)으로 이해하려 하지 않으시고, 오히려 **현실**(Virkeligheden) 자체, 모든 **단독자**(alt det Enkelte)를 파악하십니다(comprehendit). 하나님 앞에서 단독자는 개념 아래로 떨어져 버리는 존재가 아니라, 바로 그분의 이해 속에 온전히 포함된 존재입니다.

    죄의 교리(Læren om Synden), 곧 "당신과 내가 죄인(Synder)이다"라는 교리는, 조건 없이 "군중(Mængden)"을 분리시키며, 동시에 **하나님**(Gud)**과 인간**(Menneske) **사이의 질적 차이**(Qvalitets-Forskjellen)를 그 어떤 때보다도 깊이 확립합니다. 다시 말해, 이것은 오직 하나님만이 하실 수 있는 일입니다. 왜냐하면 죄(Synd)는 "**하나님 앞에서**(for Gud)" 규정되기 때문입니다.

인간이 하나님과 구별되는 지점은 그 어떤 것보다도 바로 이것입니다. 곧, 인간은, 그리고 모든 인간은 죄인이라는 사실입니다. 그리고 그 죄인됨이 "**하나님 앞에서**(for Gud)" 성립한다는 것입니다. 이렇게 될 때, 모순(Modsætninger)들은 이중적인 의미에서 서로 묶여(continentur) 떨어져 나갈 수 없습니다. 그러나 바로 그렇게 함께 붙들려 있을 때, 그 차이는 더욱 분명하게 드러납니다. 마치 두 가지 색을 함께 놓아둘 때(opposita juxta se posita magis illucescunt), 그 대비가 훨씬 더 선명해지는 것과 같습니다.

죄(Synd)는 인간에 대하여 말할 수 있는 모든 규정 중에서, 하나님에 대해서만은 결코—부정의 방식(via negationis)으로든 긍정의 방식(via eminentiae)으로든[61]—말할 수 없는 유일한 것입니다. 하나님에 대해 "그는 죄인이 아니다"라고 말하는 것(곧, 마치 "그는 유한하지 않다, 그러므로 그는 무한하다"라는 식의 부정의 방식(via negationis)으로 하나님을 규정하려는 것)은 곧 **신성모독**(Gudsbespottelse)입니다.

죄인(Synder)으로서 **인간**(Mennesket)은 **하나님**(Gud)과 **질적 차이**(Qvalitetens Dyb)[62]의 **가장 깊은 심연에 의해 분리**되어 있습니다. 그리고 하나님께서 죄인을 버리실 때 역시, 하나님은 동일한 질적 심연에 의해 인간과 분리되십니다. 그러나 만일 정반대의 방식으로 어떤 적응(Accomodation, 조정)[63]이 가능하여, 신적인 것(Guddommelige)을 인간적인 것(Menneskelige)으로 옮길 수 있다고 하더라도, 인간이 하나님과 영원히 닮을 수 없는 단 하나의 점이 있습니다. 그것은 바로 죄를 용서하는 일(tilgive Synder)입니다.

여기에서 바로 **실족**(Forargelsens)의 가장 극단적인 집중점이 드러납니다.

아이러니하게도, **하나님과 인간의 유사성**(Ligheden, 닮은 점)을 가르친 바로 그 교리(Læren)에서 이 문제가 반드시 제기됩니다.

그러나 **실족**(Forargelse)은 **주관성**(Subjektiviteten), 곧 **단독자**(det enkelte Menneske)**의 가장 결정적인 규정**입니다. 물론 "실족"을 생각하면서 동시에 "실족한 자(foraget)"를 생각하지 않는 것은, 피리 소리를 생각하면서 피리 부는 자(fløjtespiller)를 생각하지 않는 것만큼은 불가능하지 않을 수도 있습니다.[64] 그러나 사고(Tænkningen) 자체도 분명히 인정해야 할 것입니다. 곧, 실족(Forargelse)은 사랑에 빠짐(Forelskelse)보다도 더 "**비현실적인 개념**(uvirkeligt Begreb)"이라는 점을요. 그것은 언제나 오직 **단독자**(en Enkelt)가 실제로 실족할 때마다, 즉 한 개인이 **실족 상태에 들어설 때마다 비로소 현실**이 되는 것입니다.

따라서 실족(Forargelse)은 단독자(Enkelte)와 관련됩니다. **바로 여기에서 기독교는 시작합니다.** 기독교는 모든 사람을 단독자(Enkelt), 곧 단독 죄인(en enkelt Synder)으로 만듭니다. 그리고 이제 하늘과 땅이 만들어낼 수 있는 모든 **실족의 가능성**(Forargelses Mulighed)을 집중시킵니다. (다만 그것을 주관하시는 분은 오직 하나님뿐입니다.) 이것이 곧 기독교입니다. 기독교는 이렇게 단독자 한 사람 한 사람에게 말합니다.

"당신은 믿어야 합니다(Troe). 즉, 당신은 실족(Forarges)하거나 믿어야(Troe)만 합니다."

그 이상은 한마디도 덧붙이지 않습니다. 더 이상 보탤 말이 없습니다.

하나님은 하늘에서 이렇게 말씀하십니다.

"이제 나는 말했다. 영원(Evigheden) 속에서 우리는 다시 말할 것이다. 그 사이에 네가 무엇을 하든 상관없다. 그러나 심판(Dommen)이 기다리고 있다."

심판(Dom)! 그렇습니다, 우리 인간은 경험(Erfaring)을 통해 이미 익히 알게 되었습니다. 배에서 반란(Mytteri)이 일어나거나 군대에서 반란이 일어날 경우, 죄인들이 너무 많아서 형벌을 집행할 수 없다는 것을 말입니다. 그리고 그것이 대중(Publikum), "존귀한 교양 있는 대중(det høistærede dannede Publikum)"이나 민중(Folket)일 경우에는, 그것은 더 이상 범죄가 아닐 뿐 아니라, 복음(Evangeliet)과 계시(Aabenbaringen)만큼이나 신뢰할 수 있는 **신문**(Avisen)에 따르면 오히려 그것이 **하나님의 뜻**(Guds Villie)이라고까지 합니다.

이것은 왜 그런 것입니까? 그 이유는 "**심판**(Dom)"이라는 개념(Begreb)이 본래 **단독자**(den Enkelte)에 상응하기 때문입니다. <u>사람은 군중 전체를 한꺼번에 심판할 수는 없습니다.</u> 사람을 집단으로 죽일 수는 있습니다. 집단으로 물을 뿌릴 수도 있고, 집단으로 아첨할 수도 있습니다. 짐승(Fæ)⁶⁵처럼 집단적으로 다룰 수 있는 방법은 많습니다. 그러나 짐승처럼 사람을 심판할 수는 없습니다. 왜냐하면 짐승은 심판의 대상이 될 수 없기 때문입니다.

설령 수많은 사람들이 함께 심판을 받는다 해도, "심판한다"는 행위가 **진지함**(Alvor)과 **진리**(Sandhed)를 지니려면, <u>반드시 각 단독자(hver Enkelt)가 심판을 받아야 합니다.</u>* 그러나 죄인들이 너무 많을 때에는, 인간적으로는 이것이 불가능합니다. 그래서 결국 전체를 포기해 버리게 됩니다. 곧, 여기에서는 더 이상 심판에 대해 말할 수 없다는 것을 인정하게 되는 것이지요. 왜냐하면 그 수가 너무 많아 개별적으로 심판할 수 없으므로, 결국 **심판 자체**를 포기해 버려야 하기 때문입니다.

*그러므로 하나님(Gud)은 "심판자(Dommeren)"이십니다. 왜냐하면 하나님 앞에서는 어떤 군중(Mængde)도 존재하지 않고, 오직 단독자(Enkelte)만 있기 때문입니다.

이제 우리의 "계몽된 시대(oplyste Tid)"에는, 하나님에 대한 모든 인간형적(anthropomorphistiske) 혹은 인간정서적(anthropopathiske) 관념들을 부적절하다 여깁니다.[66] 그런데도 사람들은 **하나님을 심판자**(Dommer)로 생각하면서, 그분을 마치 복잡한 사건을 감당하지 못하는 하급 재판관(Birkedommer)[67]이나 군사법정 감사관(General-Auditeur)[68]에 비유하는 것을 전혀 부적절하게 여기지 않습니다. 그래서 결론을 이렇게 내립니다.

"영원(Evigheden)에서도 일이 정확히 똑같이 진행될 것이다. 그러니 우리 모두 함께 뭉쳐서, 목사들(Præsterne)로 하여금 그런 식으로 설교하게 만들자."

만약 어떤 **단독자**(Enkelt)가 감히 달리 말한다면, 곧 스스로 어리석게도 자기 삶을 근심과 **두려움과 떨림**(Frygt og Bæven) 속에서 책임지려 하고, 또 다른 사람들까지 괴롭히려 한다면, 우리는 그를 미친 사람으로 취급하면 됩니다. 필요하다면 그를 죽여버리면 됩니다. 우리가 다수(Mange)로 뭉쳐 그렇게 한다면, 그것은 결코 불의가 아닙니다.

"다수가 불의를 행할 수 있다"는 것은 넌센스이며 이미 낡아버린 생각입니다. **다수가 행하는 일은 곧 하나님의 뜻**(Guds Villie)입니다. 이 지혜(Visdom)를 우리는 경험(Erfaring)으로부터 잘 알고 있습니다. 우리는 미숙한 젊은이들이 아닙니다. 허탄한 말(løse Ord)[69]을 던지는 것도 아닙니다. 우리는 경험 많은 사람들(Mænd af Erfaring)로서 말하는 것입니다.

지금까지 모든 인간들, 왕(Konger)들과 황제(Keisere)들, 대신들(Excellencer)까지도 이 지혜 앞에 고개를 숙여 왔습니다. 지금까지 우리의 모든 제도와 피조물(Kreaturer)은 **이 지혜의 도움**으로 세워져 왔습니다. 그렇다면 하나님도 역시 마침내 이 지혜 앞에 굴복하는 법을 배워야 할 것입니다. 중요한 것은 우리가 다수가 되는 것, 진정으로 많은 사람들(rigtigt Mange)이 함께 뭉치는 것입니다. 그렇게만 한다면 우리는 **영원한 심판**(Evighedens Dom)으로부터 안전할 수 있습니다.

네, 물론 그렇습니다. 만약 단독자(Enkelte)로 서야 하는 것이 영원에서 처음으로 일어나는 일이라면 말입니다. 그러나 실제로는, 사람은 언제나 **하나님 앞에서 단독자**(Enkelte)로 서왔고 지금도 그러합니다. 마치 유리상자 속에 앉아 있는 사람보다도 더 노출되어, 모든 인간은 하나님 앞에서 완전히 **투명**(Gjennemsigtighed)합니다. 이것이 바로 **양심**(Samvittighed)**의 관계**입니다.

양심 덕분에, 모든 죄책은 곧바로 그에 대한 보고서를 동반합니다. 그리고 죄인은 스스로 그 보고서를 작성해야만 합니다. 다만 그것은 **비밀 잉크**(sympathetisk Blæk, 눈에 보이지 않는 잉크)[70]로 쓰여 있기 때문에, 영원(Evigheden) 속에서 빛 앞에 드러날 때 비로소 분명하게 드러납니다. 영원은 그렇게 양심들을 **심사**(revidere)합니다.

결국 모든 사람은 **영원**(Evigheden)에 도착할 때, 자신이 저지르거나 방치한 가장 사소한 잘못까지 포함한 **가장 정확한 보고서**(Anmeldelse)를 스스로 가지고 와서 제출하게 됩니다. 따라서 **영원에서 심판을 집행하는 것**은 어린 아이조차 맡을 수 있는 일입니다. 제3자가 할 일은 사실상 아무것도 없습니다. 왜냐하면 가장 사소한 말 한마디까지 이미 정리되어 있기 때문입니다.

삶을 통과해 영원을 향해 여행하는 죄인(Skyldige)의 처지는 마치 이렇습니다. 기차(Jernbanen)를 타고 범행 현장에서 빠르게 도망치던 어느 **살인자**(Morder)가 있었습니다. 그러나 바로 그가 앉아 있던 기차 아래를 따라, 전신(telegraph)이 전류처럼 달리며 그의 인상착의와 체포 명령을 이미 전하고 있었습니다. 그가 다음 역에 도착해 객차에서 내리는 순간, 그는 이미 **체포된 죄수**(Arrestant)였습니다.[71] 그는 어떤 의미에서 자기 자신이 직접 신고서를 가지고 온 셈이었습니다.

그러므로 **죄 사함**(Syndernes Forladelse)에 대한 **절망**(Fortvivlelse)은 곧 실족(Forargelse)입니다. 그리고 **실족은 죄**(Synd)**의 강화**(Potentsation)입니다. 그러나 일반적으로 사람들은 이것을 전혀 생각하지 않습니다. 보통은 실족을 죄에 속하는 것으로조차 여기지 않습니다. 그래서 실족에 대해서는 말하지 않고, 죄들(Synder)에 대해서만 말하며, 그 죄들 가운데 실족이 포함될 여지는 없습니다. 더욱이 실족을 죄의 강화로 이해하는 경우는 거의 없습니다. <u>이것은 사람들이 기독교적으로 죄―믿음(Synd-Tro)의 대립을 세우지 않고, 죄―덕(Synd-Dyd)의 대립으로만 이해하기 때문입니다.</u>

C.
기독교를 비진리라고 선포하고 적극적으로 거부하는 죄

이것은 **성령을 거스르는 죄**(Synd mod den Hellig-Aand)[72]입니다. 여기에서 자기는 절망이 최고조로 강화됩니다. 자기는 기독교를 완전히 버릴 뿐 아니라, 거짓이요, 비진리로 만들어 버립니다. 여기에서 자기는 자신에 대해 얼마나 끔찍하게 절망적인 개념을 가져야 하는지요!

죄의 강화는 전술을 바꾸는 인간과 하나님 사이의 전쟁으로 인식될 때 분명해집니다. 이 강화는 방어에서 공격으로 나아가는 **사다리**(Stigen, 점진적 증가)입니다. 죄는 절망입니다. 여기서 싸움은 **회피**(eviterende)로 나타납니다. 그런 다음 죄에 대한 절망이 옵니다. 여기서 싸움은 다시 한번 회피로 나타나거나 **물러난 위치**에서 자신을 강화하지만 항상 **발을 뒤로 빼고**(pedem referens) 있지요.

자, 이제 전술이 바뀝니다. 죄는 점점 더 자신 속에 점점 더 깊이 빠져들어 멀어집니다. 그런데도 다른 의미에서 죄는 점점 더 결정적으로 자기 자신이 되면서 더 가까워집니다. **죄 사함에 대한 절망은 하나님의 긍휼**(Barmhjertighed)**에 반대하는 분명한 입장**(Position, 정립)**입니다.** 죄는 도망자가 아니며 단순히 방어적인 것이 아닙니다. 그러나 기독교를 거짓과 비진리로 버리는 **죄는 공격적인 전쟁**(offensiv Krig)입니다. 앞서 말한 모든 죄는 어떤 의미에서 상대방이 자신이 더 강하다는 것을 인식하게 만듭니다. 그러나 지금 죄는 공격하고 있습니다.

성령을 거스리는 죄는 실족(Forargethed)의 **적극적 형태**(positive Form)입니다.

기독교의 교리(Christendommens Lære)는 **하나님-사람**(Gud-Mennesket), 곧 하나님과 인간 사이의 **친족 관계**(Slægtskabet)에 대한 가르침입니다.[73] 그러나 여기서 주의해야 할 점은, **실족의 가능성**(Forargelsens Mulighed)이 일종의 **보증**(Garanti)으로 작동한다는 사실입니다. 이 보증은 하나님께서 인간이 자신에게 너무 가까이 다가올 수 없도록 스스로를 지키시는 방식입니다. 실족의 가능성은 모든 기독교적 것 안에 있는 **변증법적 순간**(det dialektiske Moment)입니다. 만약 이 가능성이 제거된다면, 기독교는 단순히 **이교**(Hedenskab)가 될 뿐 아니라, 이교조차도 그것을 터무니없는 **헛소리**(Vrøvl)라고 선언할 만큼 환상적인 것이 되고 맙니다. 기독교가 가르치듯, 인간이 하나님께 그렇게 가까이 나아갈 수 있고, 감히 그렇게 해야 하며, 그리스도 안에서 하나님께 나아가야 한다는 생각은 **지금껏 어느 누구의 마음에도 떠오른 적이 없었습니다**.

자, 이제 이것을 직접적으로 이해해 봅시다. 조금도 주저하지 않고, 의기양양하게 이해해 봅시다. 신에 관한 이교도의 시(이야기)를 **인간의 광기**라고 부르고 싶다면, 기독교는 미친 신의 발명품입니다. 그런 가르침은 이성을 잃은 신에게만 나타날 수 있습니다. 이제 아직 이성을 간직한 인간이라면 판단해야 합니다. 성육신하신 하나님이 지체 없이 **절친한 인간의 동역자**가 된다면 셰익스피어에 나오는 **헨리 왕자의 상대**가 될 것입니다.[74]

하나님과 인간은 두 가지 특성이 있으며, 그 사이에는 무한한 질적 차이가 있습니다. 이 차이를 간과하는 모든 가르침은 인간적으로 말하면 미친 짓(광기)입니다. 신성하게 이해하면 **하나님을 조롱하는 것**(Guds-Bespottelse)입니다. 이교도에서는 인간이 신을 사람으로 만들었고(사람-하나님: Menneske-Guden), 기독교에서는 하나님이 자신을 사람으로 만드셨습니다(하나님-사람: Gud-Mennesket). 그러나 긍휼하신 은혜의 무한한 사랑으로 한 가지 조건을 만드셨습니다. 즉, 그분은 다른 것을 하실 수 없습니다. "**다른 것을 하실 수가 없다는 것**,"[75] 이것이 바로 **그리스도의 슬픔**입니다. 그분은 자신을 낮추시고, 종의 형체를 취하시고,[76] 고난을 받으시고, 사람들을 위해 죽으시고, 모든 사람을 그에게 오도록 초대하시고,[77] 매일 매시간을 바치셨고, 생명을 희생하셨건만, 실족의 가능성만은 제거할 수 없었습니다.

오, 얼마나 유일한 사랑의 역사(실천)인지요! 얼마나 헤아릴 수 없는 사랑의 슬픔인지요! 하나님조차도 할 수 없습니다. 다른 의미에서 그분은 하지 않을 것이고, 할 수 없습니다. 그러나 하나님이 원한다고 해도, 이 사랑의 실천이 사람을 정반대로, 최고의 비참함으로 만드는 것을 불가능하게 만들 수는 없습니다! **죄보다 더 큰 인간의 가장 큰 불행은 그리스도께 실족하고 그 실족 가운데 계속해서 머무는 것입니다.** 그리고 바로 이것을, **실족의 비참함**을 그리스도께서 불가능하게 하실 수 없습니다. '사랑'이 불가능하게 만들 수 없습니다. 그러므로 그분께서 말씀하십니다.

"누구든지 나로 말미암아 실족하지 아니하는 자는 복이 있도다."[78]

이것이 그분께서 할 수 있는 전부입니다. **다른 것을 할 수 없습니다.** 그래서 그분은 사랑으로 사람을 가장 비참하게 할 수 있습니다. 오, 얼마나 헤아릴 수 없는 사랑의 모순인지요! 그러나 그럼에도 불구하고 그분은 사랑의 실천을 단념할 마음이 없습니다. 아아, 그것이 지금까지 사람이 비참했던 것보다 사람을 더 비참하게 만들다니 말입니다!

238 그것에 대해 아주 인간적으로 이야기해 봅시다. **사랑**(Kjerlighed) 때문에 모든 것을 바치고 싶은 충동을 한 번도 느껴 본 적이 없는 **비참한 사람**, 그렇게 할 수 없었던 그 사람은 얼마나 불쌍합니까! 그러나 그가 바로 이것, 즉 **사랑의 희생**(Kjerlighedens Opoffrelse)이, 그 **사랑의 실천**(Gjerning)이, 다른 사람의, 사랑하는 사람의 가장 큰 불행이 될 수 있다는 것을 발견했을 때, 그 다음에는 어떻게 될까요? 두 가지 중에 한 가지 일이 일어날 수 있습니다.

한편으로, <u>사랑이 그에게서 삶의 힘이 되지 못하고 활력</u>(Spændkraft)<u>을 잃는 것입니다.</u> 사랑은 비애로 가득 찬 폐쇄된 내면 속으로 가라앉습니다. 그는 사랑을 포기할 것이며, 감히 이 사랑의 실천을 하지 않습니다. 그는 무너지고 맙니다. 그런데 사랑의 실천으로 무너진 것이 아니라, <u>그 가능성의 무게 때문에 무너진 것이지요.</u> 무게가 막대기의 끝에 놓이면 한 없이 무한히 무거워지고, 그것을 들어 올리는 사람은 반대쪽 끝을 잡아야 하는 것처럼, 모든 행위 역시 변증법적이 될 때 더욱 무거워지다가, 그것이 '**공감적-변증법적**(sympathetisk-dialektisk)'이 될 때, 가장 무거워집니다. 따라서 사랑이 사랑받는 이를 위해 행하도록 촉구하는 것이 다른 의미에서 사랑받는 이가 행하는 것을 박탈하는 것처럼 보입니다.

다른 한편으로, 사랑이 승리했고 그는 감히 사랑으로 그것을 행한 것이지요. 그러나 사랑의 기쁨 속에(특히 모든 것을 희생할 때 사랑은 항상 기쁘기 때문에) 여전히 **깊은 슬픔**이 있었습니다. 왜냐하면 그것이 가능했기 때문입니다! 그러므로 그는 이 사랑의 행위를 이루었고 희생했습니다. 눈물이 없이는 불가능했던 것이지요. 그는 자신의 역할에 기뻐했습니다. 이것을, 이 **내면성의 역사적 그림**(Inderlighedens Historie-Maleri)⁷⁹을 무엇이라고 부를까요? 이 얼마나 우울한 가능성입니까? 그러나 그가 그것을 맴돌지 않았다면 그의 행위는 진정한 사랑의 실천이 아니었을 것입니다.

오, 내 친구여, 당신은 인생에서 무엇을 시도했습니까! 당신의 두뇌를 자극하십시오. 가슴의 모든 덮개를 찢어 버리고 **감정의 내장**(viscera)을 드러내십시오. 당신이 읽고 있는 그 사람과 당신을 분리하는 모든 요새를 헐어 버리십시오. 그때, 셰익스피어를 읽으십시오. 그러면 당신은 **충돌**(Collision) 앞에서 몸서리칠 것입니다. 그러나 **진정한 종교적 충돌**(religiøse Collisioner)은, 셰익스피어조차도 두려워하며 물러섰던 듯합니다. 어쩌면 이런 충돌은 오직 **신들의 언어**(Gudernes Sprog)로만 표현될 수 있을 것입니다. 그러나 인간은 이 언어를 말할 수 없습니다. 그리스인들은 이것을 이미 다음과 같이 아름답게 말한 적이 있지요.

"사람들에게 인간은 말하는 법을 배우고, 신들에게 침묵하는 법을 배운다."⁸⁰

하나님과 사람 사이에는 무한한 질적 차이가 있다는 것이 제거할 수 없는 실족의 가능성입니다. 사랑 때문에 하나님은 사람이 되십니다.⁸¹ 그분은 말씀하십니다.

"사람이 되는 것이 무엇인지 여기에서 보라. 그러나 또한 주의하라. 왜냐하면 나는 하나님이기 때문이다. 나를 보고 실족하지 않는 자는 복이 있다."

239   그분은 **비천한 종의 형체**를 가지셨습니다. 보잘것없는 사람이 되는 것이 무엇인지 보여주셨습니다. 이는 누구도 배제되었다고 느끼지 못하게 하기 위함이었습니다. 또는 하나님께 더 가까이 나아가기 위해서는 인간적인 명예나 지위 같은 것이 아무런 필요가 없음을 보여주기 위함이었습니다.[82] 맞습니다. 그분은 보잘것없는 사람입니다. 그분은 말씀하십니다.

"여기를 보라. 사람이 되는 것이 무엇인지 알라. 그러나 조심하라. 나도 하나님이기 때문이다. 나를 보고 실족하지 않는 자는 복이 있다."

혹은, 반대로 말씀하십니다.
"아버지와 나는 하나이다.[83] 하지만 나는 비천하고 가난하고 버림을 받고 사람의 폭력에 굴복한 사람이다.[84] 나를 보고 실족하지 않는 자는 복이 있다. 이 보잘것없는 자, 나는 귀머거리를 듣게 하고, 눈먼 자에게 보게 하고, 앉은뱅이를 걷게 하고, 문둥병자를 깨끗게 하고, 죽은 자를 살아나게 한 자이다. 나를 보고 실족하지 않는 자는 복이 있다."

그러므로 나는 최고의 책임을 지고, "나를 보고 실족하지 않는 자는 복이 있다."라는 이 말씀은 같은 방식은 아닐지라도, 주의 만찬에서 제정하신 말씀과 같은 그리스도의 선포에 속한다고 감히 말할 수 있습니다.

모든 사람은 각자 자신을 시험하십시오.[85]

이 말씀은 그리스도 자신의 말씀이며, 특히 기독교 세계에서는 반복해서 강조하고 반복해서 모든 사람에게 특별히 말해야 합니다. 이 말씀이 선포되지 않는 어디든*, 혹은 기독교를 표현하는 어디든 모든 지점에서 이 생각이 스며들지 않는다면, 그곳에서 **기독교는 신성 모독**입니다. 경호원도 없고, 길을 예비하고 사람들에게 오실 분이 누구인지 알릴 수 있는 종도 없이 **그리스도께서는 종의 낮은 모습으로** 이 땅을 걸으셨습니다.[86] 그러나 **실족의 가능성**(오, 사랑이신 그분께서 이 사실에 얼마나 슬퍼하셨는지요!)은 그분을 지키셨고 지금도 지키고 있습니다. 또한, 이 가능성은 그리스도와 그분과 가장 가까이 있었으며, 가장 가까이 서 있던 자 사이에 **거대한 심연**을 만들었습니다.[87]

---

* 그리고 지금의 상황은, 크리스텐덤(Christenheden) 전역에서 거의 동일하게 나타납니다. 즉, 크리스텐덤은 마치 이렇게 하는 듯 보입니다. 첫째, 전혀 무시합니다(ignorerer) ─ 곧 그리스도(Christus) 자신이 친히 얼마나 반복적으로(gientagent), 얼마나 진지하게(inderligt) 실족(Forargelsen)에 대하여 경고하셨는지를, 심지어는 그의 생애 마지막 순간에도, 그를 처음부터 따라왔고 그를 위하여 모든 것을 버린 그의 신실한 사도들(troe Apostle)[88]에게까지 경고하셨음을 무시합니다.

둘째, 혹은 더 나아가 침묵 속에서(taus) 이것을 일종의 과도한 불안(overspændt Ængstelighed)으로 여깁니다. 즉, 그리스도의 이러한 말씀은 지나친 염려일 뿐이라고 간주한다는 것입니다. 왜냐하면 수천수만 명(Tusinder og Tusinders)의 경험이 증명하듯이, 사람들은 실족의 가능성을 전혀 눈치채지 못한 채로도, 그리스도에 대한 믿음(Troen paa Christus)을 가질 수 있다고 여기기 때문입니다. 그러나 이것은 잘못된 생각(Feiltagelse)일 수 있습니다. 왜냐하면 바로 그 실족의 가능성이 언젠가 크리스텐덤(Christenheden)을 심판하게 될 것이기 때문입니다.

실족하지 않는 사람은 **믿음으로 예배**(tilbeder)를 드립니다. 그러나 믿음의 표현인 예배를 드린다는 것은 그들 사이에 무한하고도, 거대하고도, 질적인 심연이 확고하게 있음을 표현하는 것이지요. 믿음 안에서 **실족의 가능성은 다시 변증법적 순간**이기 때문입니다.*

* 여기 관찰자들을 위한 작은 과제가 있습니다. 설교를 하고 설교문을 쓰는 국내외의 많은 목사들이 모두 믿는 기독교인이라고 가정할 때, 특히 우리 시대에 적절한 기도를 듣거나 읽지 않는 것을 어떻게 설명할 수 있을까요?
"하늘에 계신 하나님, 기독교를 이해하도록 인간에게 요구하지 않으신 것에 감사를 드립니다. 이해를 요구했다면 저는 가장 비참한 사람이 될 것입니다.[89] 내가 기독교를 이해하려고 노력할수록 더 이해할 수 없는 것처럼 보일수록 나는 실족의 가능성만 발견합니다. 그러므로 믿음만을 요구하시는 것에 감사를 드립니다. 저에게 언제나 믿음을 더하여 주시기를 기도드립니다.[90]"
정통에 대하여 말하자면, 이 기도가 전적으로 옳습니다. 기도한 사람의 진정성을 고려할 때, 모든 사변(Spekulationen)[91]에 대한 적절한 아이러니일 것입니다. 하지만 이 땅에서 이 믿음을 찾을 수 있는지 궁금합니다![92]

그러나 여기서 논의되고 있는 종류의 **실족은 적극적인**(modo ponendo) 것입니다. 그것은 기독교가 비진리이며 거짓이라고 주장합니다. 따라서 다시 그리스도에 대해서도 마찬가지라고 말합니다.

이런 종류의 실족을 특징짓기 위해서는 다른 종류의 실족에 대하여 살펴보는 것이 가장 좋습니다. 이것은 주로 **역설**(Paradox, 곧 그리스도)과 관련이 있으므로 **본질적으로 기독교적인 모든 규정**(Bestemmelse)과 함께 발생합니다. 그러한 모든 규정이 그리스도와 관련이 있고, 그리스도를 염두에 두고 있기 때문입니다. 가장 낮은 형태의 실족, 인간적으로 말하자면, 가장 순진한 실족은 그리스도에 대한 모든 문제를 결정하지 않은 채로 남겨두는 것이며, 다음과 같이 결론을 내립니다.

"나는 그것에 대해 어떤 결정도 내리지 않을 것이다. 나는 믿지도 않고, 아무것도 결정하지 않을 것이다."

이것이 **실족의 한 형태**라는 것이 대부분의 사람들에게 간과되고 있습니다. 문제는 사람들이 기독교의 본질적 요구, 즉 **"너는 ~해야 한다**(Du skal)"를 완전히 잊어버렸다는 점입니다. 그 결과, 그리스도를 **무관심**(Indifferents)의 자리에 두는 것이 **실족**(Forargelse)임을 보지 못하게 된 것입니다. 기독교가 당신에게 선포된다는 것은 당신이 그리스도에 대한 의견을 가져야 한다는 것을 의미합니다. 그분이 존재하셨고, 존재하고 계시다는 사실, 이것이 **모든 존재에 대한 결정적 문제**(hele Tilværelsens Afgjørelse)입니다. 그리스도가 당신에게 선포되었을 때, "나는 이에 대한 어떤 의견도 갖고 싶지 않다."라고 말하는 것이 **실족**입니다.

기독교가 제대로 설교되지 않는 이 시대에 특정한 제한을 가지고 이해되어야 합니다. 의심할 여지없이 오늘날 기독교가 선포되는 것을 들었지만 이 "**너는 ~해야 한다**(Du skal)"에 대해 한 번도 들어 본 적이 없는 수천 명이 있습니다. 그러나 그것을 들은 사람도 "나는 그것에 대해 어떤 의견도 갖고 싶지 않다."라고 말합니다. 그렇다면, **그는 실족하고 있는 것이지요**. 그는 **그리스도의 신성**을 부인하고 있으며, 그리스도께서 사람에게 의견을 가져야 한다고 요구할 권리가 있음을 부인하는 것입니다. "나는 그리스도에 대해 '예'도 '아니오'도 아무 말도 하지 않습니다."라고 말하는 것은 다음 질문에는 아무런 도움이 되지 않습니다.

241

"그분에 대해 **당신이 의견을 가져야 할**(skal) 것인지 말 것인지에 대해 아무런 의견이 없습니까?"

만약 그가 "예"라고 대답한다면, 그는 스스로 **모순에 빠진 것**입니다. 그러나 "아니오"라고 대답한다면, **기독교**(Christendommen)**는 그를 여전히 심판합니다.** 그리스도에 대한 의견을 가져야 한다는 것이고, 따라서 결국 그리스도 자체에 대하여 의견을 가져야 한다는 것입니다. 곧, 그 누구도 그리스도의 생애를 단순한 '**호기심의 대상**(Curiositet)'으로 방치할 수는 없는 것입니다.

하나님이 스스로 태어나 사람이 되는 것은 무모한 변덕이 아닙니다. 빈둥거리다가 생각해낸 어떤 공상이 아니며, 하나님이 권태를 끝내기 위해 뭐든 해보자고 떠올린 생각이 아닙니다.[93] 그것은 어떤 모험을 하기 위한 것도 아닙니다. 아니, 하나님이 그렇게 할 때, 이 사실이 **존재의 진지함**(Tilværelsens Alvor)입니다. 그리고 이것이 다시 이 **진지함에서의 진지함**입니다. 즉 **모든 사람이 그것에 대해 의견을 가져야 한다**(skal)**는 진지함입니다.**

예를 들어, 왕이 지방의 한 고을을 방문했을 때, 관리가 정당한 사유 없이 그에게 경의를 표하지 않으면 왕은 이것을 모욕이라고 여깁니다. 그러나 왕이 고을에 있었다는 사실을 전적으로 무시한 채, "폐하와 왕실법 따위는 아무것도 아니지!"[94]라고 말한다면 왕이 어떻게 판단할지 나는 궁금합니다.

마찬가지로, 하나님께서 사람으로 오시기를 기뻐하실 때, 어떤 사람이―그리고 관리가 왕에게 있어 그렇듯이, 모든 인간은 하나님께 그러한 자리에 있습니다―"나는 이에 대해서는 어떤 의견도 갖고 싶지 않다"라고 말한다면, 그는 사실상 하나님을 무시하는 것입니다. 그러나 그는 그것을 '고상하게' 말할 뿐입니다. 결과적으로, 그는 '고상하게' 하나님을 무시하는 셈이 되는 것입니다.

다음 형태의 실족은 부정적이지만 고통스러운 실족입니다. 이 실족은 그리스도를 무시할 수 없다고 느끼고, 그리스도의 문제를 내버려 둘 수 없다고 느끼지만, 그런데도 **분주한 삶**을 살아가는 것이지요. 그렇다고 믿을 수도 없습니다. 그것은 계속해서 **하나의 동일한 지점, 역설**을 응시합니다. 이 실족은 "당신은 그리스도를 어떻게 생각하십니까?"[95]라는 질문이 실제로 모든 질문 중에 가장 결정적인 것이라고 표현하므로 기독교를 존중하고 있습니다. 그런 실족한 사람은 그림자처럼 살아갑니다. 그의 삶은 피폐해집니다. 왜냐하면 **내면의 깊은 곳에서 이 결단**에 사로잡혀 있기 때문입니다. 이런 식으로 그는 기독교의 현실(Realitet, 실재성)을 표현합니다. 사랑과 관련하여, 마치 불행한 사랑의 고통을 표현하는 것처럼 말입니다.

마지막 형태의 실족은 우리가 여기서 말하는 적극적 실족입니다. 그것은 기독교를 비진리요, 거짓이라고 선언합니다. 그는 **그리스도**(Christus)를 부정합니다. 곧, 그리스도가 실제로 존재하셨는지, 또 **그분이 자신이 말씀하신 바로 그 존재인지에 대해 부정**하는 것입니다. 이는 두 가지 방식으로 나타날 수 있습니다. 하나는 **가현설 입장**[96]으로, 여기서 그리스도는 실제 인간이 아니라 단지 외양만을 지닌 존재로서, **시**(Ποίησις)나 **신화**(Mythologi)와 같이 역사적 실재를 주장하지 않는 것으로 여겨집니다. 다른 하나는 **합리주의**(rationalistisk)[97] 방식으로, 여기서 그리스도는 단지 한 명의 인간으로만 간주되어, 더 이상 **신적 권위를 주장하지 않는 것**입니다. 이렇게 **역설**(Paradoxet)로서 그리스도를 부정하는 데에는, 자연히 모든 기독교적 요소들—예를 들어 죄(Synd), 죄 사함(Syndernes Forladelse) 등—을 부정하는 것이 포함됩니다.

이런 형태의 실족은 성령을 거스르는 죄(Synd mod den Hellig-Aand)입니다. 유대인들이 그리스도에 대해 귀신의 도움으로 귀신을 쫓아낸다고 말했듯이,[98] 이러한 실족은 그리스도를 악마(귀신)의 발명품으로 만듭니다.

이 실족은 죄의 가장 강화된 형태입니다. 그러나 대부분의 경우 이것이 간과되는데, 그 이유는 기독교적으로 '**죄**(Synd)-**믿음**(Tro)'**의 대립**을 분명하게 세우지 않기 때문입니다.

다른 한편으로, **죄와 믿음의 대립**은 이 책 전체를 통해 발전시켜 왔던 것입니다. 1부의 A, A절에서는 **절망이 전혀 없는 상태에 대한 공식**을 소개하였습니다. **자기는 자신과 자신을 관계하며, 자신이 되고자 할 때, 자신을 세운 그 능력**(힘)**에 투명하게 근거짓는 것**이라는 공식입니다. 우리가 자주 상기하듯, 이 공식이 **믿음**(Tro)**의 정의**입니다.[99]

참고자료

1 '실제적 죄(aktuel synd)', 즉 실제로 일어난 죄, 행위로 드러난 죄를 가리키는 것으로, 고정된 신학적 개념이다. 또한 이 개념은 『불안의 개념』(1844년) SKS 4, 333쪽 및 해당 주석에서도 다루어진다.
2 "믿음을 따라 하지 아니하는 것은 다 죄니라" 로마서 14:23 하반절. 키르케고르가 자주 인용하는 말씀이다. 우리에게는 오직 믿음을 따라 행한 것과 믿음을 따라 행하지 않는 것만 있다.
3 여기서 짐승 같다는 진단은 짐승은 자아의식이 없다는 의미다.
4 'Fortabelsens Afvei'는 곧 '멸망의 길' 또는 '파멸의 길'을 뜻한다. "좁은 문으로 들어가라 멸망으로 인도하는 문은 크고 넓어 그리로 들어가는 자가 많고" (마 7:13)을 염두에 두고 사용된 신학적 표현이다.
5 여기서 죄의 지속성을 주장하는 저자는 반박하는 사람의 가상 항의로 신플라톤주의의 주요 주장을 가져온다. 신플라톤주의에서 어둠은 빛의 부재와 같은 상태라고 정의하듯이, 죄는 선의 부재, 혹은 부정이다. 죄나 악은 실체가 있는 '무엇'이기보다는, 선(good)의 결여(lack), 즉 있어야 할 본질의 부재일 뿐이다. 그러나 이러한 주장은 죄의 실체를 분명히 선언하는 성경과는 절대로 일치하지 않는다.
6 ikke kan vindes Hævd paa stjaalet Gods: 일반적으로 도둑맞은 재산에 대해서는 소유권을 주장할 수 없지만, 당시의 법률에 따르면, 해당 재산이 도둑맞은 것임을 모른 채 20년간 점유한 경우에는 이 규정이 유예될 수 있었다. 이는 크리스티안 5세의 『덴마크법전』(1683년), 제5권 제5장 제1조에 따른다.
7 이 주장은 표면상 저자의 주장과 똑같아 보인다. 하지만, 항의자는 자기 책임이 아니라고 주장하고, 저자는 하나님 앞에서 자신의 죄에 대해 분명한 책임을 져야 한다고 주장하기 위해 이런 가상 항변을 먼저 소개한다. 미묘한 차이의 독서가 요청되는 부분이다.

8   poneres: 논리학에서 '놓다' 또는 '세우다'에 해당하는 용어다(SKS 11, 129,22 참조). 'ponere(세우다)'에서 '긍정적인 것(the positive)'이라는 개념이 나오며, 이는 본래적으로는 '세워진 것(positum)'을 뜻한다. 특히 변증법적(헤겔식) 논리학에서는 이 개념이 중요한데, 그 방법은 어떤 것을 '세우는 것(ponere)'과 그것을 '폐기하거나 지양하는 것(aufheben)' 사이의 반복적 교차로 이루어진다.

9   키르케고르는 여기서 죄를 단순한 결핍이나 부정으로 이해하는 고전 철학적 견해(특히 플라톤주의적 혹은 헤겔적 관점)를 넘어서, 죄를 기독교적 실체로서의 '적극적 실존'으로 파악한다. 죄는 단순히 '없는 것'이 아니라, 자기 자신을 지속적으로 강화해가는 정립(position, 적극적인 것)이며, 계속해서 '자기 자신으로 존재하려는' 절망적 행위 속에서 그 존재를 드러낸다. 죄의 본질은 자기 폐쇄성 속에서 점점 더 강하게 자기 자신을 정당화하려는 지속적인 시도인 것이다. 이때 죄는 역설적으로 무력하면서도 강력한 자립의 시도로 나타나며, 이것이야말로 키르케고르가 말하는 죄의 실존적 공포다.

10   당대 유럽에서 루터교와 유대교 모두 '가까운 이에게 무이자 대출'을 이상적 윤리로 내세웠고, 루터교 안에서도 제한적이지만 실제 실천 사례들이 있었다. 키르케고르의 비유 역시 현실의 전면적 규범이기보다는, 이러한 공동체적 자비와 사랑의 윤리를 드러내기 위한 정신문화적 상정이었음을 이해하는 것이 바람직하다.

11   이 속담의 전체 형태는 다음과 같다. E. 마우의 『덴마크 속담 모음집』 제2권 (171,35쪽), 392면에 9920번으로 수록되어 있음: "죄를 짓는 것은 인간적이며, 죄에 머무르는 것은 마귀적이며, 죄에서 일어나는 것은 기독교적이다."

12   desultoriske: "단속적인, 불연속적인, 점프하듯 뛰어넘는" 여기서는 사람이 죄악을 단편적으로 보고 각각의 개별 행위만 문제시하며, 그 사이에 흐르는 '지속적인 죄의 상태'를 인식하지 못하는 사고방식을 비판적으로 지적한다.

13   et Jernbanetog(기차): (덴마크 본토 기준으로) 코펜하겐과 로스킬레 사이를 잇는 덴마크 최초의 철도 노선이 바로 1847년 여름에 개통되었다.

14   sandselig: "감각적으로 드러나는, 더 명료하게 체험되는" 이것은, 새로운 죄가 나타날 때, 그것은 어떤 새로운 것이 아니라 단지 원래 있던 죄의 상태가 더 감각적으로 드러나는 것이라는 의미이다. 즉, 눈앞에 더 선명하게 드러날 뿐, 새로 생긴 죄라기보다는 죄의 '운동력'이 체감되었을 뿐이라는 뜻이다.

15   독일어로 "죄에서 비롯된 행위는 오직 죄를 통해서만 힘과 능력을 얻는다"는 뜻이다. 셰익스피어의 비극 『맥베스』 제3막 2장에서 절망에 빠진 맥베스가 아내에게 말하는 대사로, 그는 덩컨을 죽인 죄가 새로운 죄인 뱅코우의 살인을 통해 더욱 '강화'

된다고 말한다. 이는 곧 "하나의 죄가 또 다른 죄를 낳는다"는 의미에 해당한다. 이 인용은 『셰익스피어의 극작품 전집』(Dramatische Werke) 제12권(1840), 314쪽에서 따온 것으로 보인다. 다만 키르케고르는 원문에 있는 복수형 "Sünden"(죄들) 대신 단수형 "Sünde"(죄)로 표기하였다. 당시 덴마크어 번역본 『맥베스, 5막의 비극. 셰익스피어와 실러를 따라 덴마크 연극 무대용으로 개작』(P. 포어솜, 1816년, 65쪽)은 매우 자유롭게 번역되었으며, 독일어 번역과 비교했을 때 의미 왜곡이 있다. - 'Shakspeare'는 독일어 번역과 포어솜의 덴마크어 번역에서 사용된 표기이며, 윌리엄 셰익스피어(1564-1616)는 영국의 극작가이자 시인이다.

16   paa eget An- og Tilsvar: 법률적 표현으로, 자신이 전적으로 책임져야 하는 것을 의미한다.
17   løst: 끝나거나 해제된 것, 또는 효력이 사라진 상태를 의미한다.
18   Springfjederen afspændt: 즉, 스프링(용수철)의 긴장이 풀리거나 느슨해졌다는 뜻이다.
19   impetus: 라틴어로, 추진력, 자극, 힘을 뜻한다.
20   frist mig ikke: 마태복음 4장 3절에 나오는 예수님의 광야 시험 이야기를 암시하는 표현이다. 이 표현은 키르케고르의 『사랑의 실천』(1847) SKS 9권 184쪽 등에서도 유사하게 언급된다.
21   이 두 문장은 키르케고르의 죄관을 간결하면서도 분명하게 요약해 준다. 죄는 단일한 행위가 아니라, 그보다 더 근원적인 차원인 행위 이전의 상태며, 또한 그 상태 이전의 존재에 뿌리를 두고 있다. 다시 말해 인간은 죄인이기 때문에 죄의 상태에 머무르고, 그 상태는 때때로 구체적인 죄의 행위로 드러날 뿐이다. 이러한 실존적 죄관은 현대 법학에서 이해하는 범죄 개념과 정면으로 배치된다. 법학은 라틴어 격언 "행위 없이는 범죄도 없다"(Nullum crimen sine actu / No crime without an act)에서 잘 드러나듯, 오직 실증이 가능한 외적 행위를 기준으로 범죄를 규정한다. 그러나 성경과 기독교 신학은 죄를 단순한 위법 행위 차원에 머물지 않고, 하나님과의 존재적 관계를 거절하는 실존 전체의 단절로 본다.
22   hvorom vi nu skulle handle: 이 표현은 단순한 연결어가 아니라, 곧이어 전개될 핵심 신학 사상의 방향성을 설명하는 신호구 역할을 한다. 이 짧은 문구 하나에 키르케고르적 사유의 치열함이 녹아 있다. 다음 항목에서 키르케고르는 "죄 가운데 머무는 상태", "의식된 죄의 지속", "회개하지 않음의 고의성"의 주제를 다룬다.
23   본문의 제목에서 키르케고르는 절망의 두 형태를 전치사 선택을 통해 구분한다. A의 제목에서 "at fortvivle over sin Synd(자신의 죄 때문에 절망하는 것)"는 자기 죄

그 자체에 대하여 절망하는 것을 가리키며, 이는 죄의 무게에 매달려 갇혀버린 상태를 뜻한다. 반면 B의 제목에서 "at fortvivle om Syndernes Forladelse"는 죄 사함에 관하여 절망하는 것, 곧 죄 사함의 가능성 자체를 의심하며 복음에 걸려 실족(Forargelse)하는 상태를 의미한다. 전자는 죄 자체에 대한 내적 절망을, 후자는 죄 사함이라는 기독교적 메시지에 대한 실존적 절망을 지칭한다.

또한, 다음을 참고하라. JP IV 4025, 4029(Pap. X2 A 74, 429).

이는 정말로 고해 신부(Skriftefader)가 한 말처럼 들린다. 자카리아스 베르너(Zacharias Werner)는 부활절 후 제4주일 설교에서 이렇게 말했다.

"많은 선량하지만 마음이 낙심한 그리스도인들은 고해소(Skriftestolen)에서, 사실은 전혀 죄가 아니거나 혹은 극히 사소한 죄들까지 스스로를 고발하곤 합니다. 그러나 차라리 여러분의 참된 죄, 곧 낙심한 죄(den Synd Forsagthed)를 고백하십시오. 왜냐하면 낙심한 것은 죄이며, 그것은 하나님의 은혜(Naade)와 긍휼(Barmhjertighed)을 불신(Mistro)하는 것으로 이어질 수 있는데, 이것은 두려운 죄이기 때문입니다."(NB13:7, Pap. X2 A 74, 1849년)

NB15:94, Pap. X2 A 429, 1850년.
많은 정신적 고통에 대해 이렇게 말해야 한다. 고통받는 자가 스스로를 죄 있다고 고발하는 그 죄는 사실상 바로 그 순간에야 제대로 저지르고 있는 것일지도 모른다. 그러나 전혀 다른 방식으로.

한 사람이 있었다. (그는 가톨릭 신자였다가 루터교인이 된 사람이었는데, 이 이야기는 내가 코포에드-한센(Kofoed-Hansen)에게 들었다). 그는 어려운 순간에 자기 신념을 저버렸기 때문에 성령을 거스르는 죄를 범했다고 주장했다. 그래서 자기에게는 은혜가 없다고 했다. 하지만 아마도 그것은 성령에 대한 죄라기보다, 차라리 자기 자신을 용서하지 않으려는 교만, 즉 자신에게 은혜를 허락하지 않으려는 그 교만이 성령을 거스르는 죄일지도 모른다. 스스로를 정죄하고, 은혜에 대해서는 듣기를 거부하는 그 엄격함, 그것 자체가 바로 죄다. 이 점은, 내가 코포에드-한센에게도 지적했듯이, 이미 안티-클리마쿠스(Anti-Climacus)가 보여준 바 있다.

24   당시 덴마크의 화폐 단위는 1818년 7월 31일 제정된 규정에 따라 리그스방크달러, 마르크, 스킬링으로 나누어졌는데, 한 리그스방크달러는 6 마르크, 한 마르크는 다시 16스킬링으로 구성되어 있었다. 따라서 1 리그스방크달러는 96 스킬링에 해당하는 셈이다.

조금 더 구체적으로 설명면, 5 리그스방크달러는 목수 견습공이 일주일 동안 일한 급

여와 맞먹는 금액이었다. 당시 왕실 및 시 법원의 재판관은 연봉이 1,200에서 1,800 리그스달러에 이르렀고, 법원 담당관은 400에서 500 리그스달러를 받았다. 반면 집에서 일하는 가정부는 보통 연간 30 리그스달러를 받았을 뿐 아니라, 숙식까지 제공받았다.

당시의 생활비를 보면, 한 켤레 신발이 3 리그스달러, 키르케고르의 『죽음에 이르는 병』 한 권은 1 리그스달러였으며, 호밀빵 1파운드는 2~4 스킬링에 불과했다. 이를 통해 당시 화폐 가치와 물가 수준, 그리고 사회 경제적 위치 간의 대비가 한눈에 드러난다.

이처럼 덴마크 19세기 초 화폐 단위와 구체적인 생활 비용 정보를 알고 나면, 앞서 살펴본 '100 리그스달러'라는 액수가 당시로서는 적지 않은 상당한 금액임을 이해할 수 있다. 그에 따라 '죄의 포텐스화' 분석에서 언급된 사례들도 보다 실감 나게 다가온다. 100 리그스달러는 오늘날 미화로 1.5만 불, 한화로 2000만 원 정도로 환산할 수 있다.

25   메피스토펠레스는 인간을 죄와 절망으로 이끄는 악마적 유혹자이자 드라마틱한 실존적 상징이다. '메피스토펠레스(Mephistopheles)' 이름의 어원 중에서 그리스어 'μή(부정)', 'φώς(빛)', 'φίλος(사랑하는)'의 합성으로 해석하는 설이 가장 널리 받아들여지고, 의미상으로도 가장 그럴듯한 설명이다. 즉, "빛을 사랑하지 않는 자" 또는 "빛을 싫어하는 자"라는 뜻을 내포하고 있어, 악마적이고 부정적인 존재의 특성을 상징적으로 잘 드러낸다. 특히 성경에서 빛은 곧 예수 그리스도의 은유이므로 메피스토펠레스는 "예수 그리스도를 사랑하지 않는 자" 또는 "예수 그리스도의 은혜와 진리를 거부하는 존재"라는 의미를 함축하게 된다.

26   이는 괴테의 『파우스트』 제1부 중 숲과 동굴 장면의 마지막에 나오는 메피스토펠레스의 대사를 가리킨다. 괴테 전집 제12권(1828), 176쪽, 행번호 3372 이하에 해당하며, 그 내용은 다음과 같다:
'내가 세상에서 가장 어이없다고 생각하는 건, 절망하는 악마다.'
(Nichts Abgeschmackters find' ich auf der Welt / Als einen Teufel der verzweifelt.)

27   Styrelsen: 즉, 하나님의 섭리를 의미한다.

28   이는 요한 타울러(Johann Tauler, 약 1300-1361), 토마스 아 켐피스(Thomas a Kempis, 본명 토마스 헤메르켄, 켐펜 출신, 약 1380-1471), 요한 아른트(Johann Arndt, 1555-1621) 등 저자들의 건덕적(영적) 저술들을 가리킨다. 예를 들어, 토마스 아 켐피스의 『그리스도를 본받아』 제1권 제13장 〈유혹을 억제하는 것에 대하

여〉를 보라.

29   이 대목은 키르케고르의 실존적 회개 이해를 잘 보여준다. 겉으로 보기에는 회개처럼 보이는 슬픔이나 절망도, 사실은 자기 자랑, 자기 사랑, 자기 기만일 수 있으며, 그 안에는 하나님을 향한 진실한 겸손이나 은혜의 수용이 결여되어 있다는 점을 통찰하고 있다.

▶ 핵심 개념어 정리

1. Mystification(신비화/자기기만)
신학적 배경: 'Mystification'은 본래 철학적, 신학적 담론에서 무언가를 신비롭게 포장하거나 왜곡하여 본질을 흐리는 것을 의미한다. 키르케고르가 사용한 맥락에서는, 기독교 신앙을 단순하고 명료한 실존적 결단이 아니라, 철학적 체계나 교권적 언어 속에 감추어 버리는 것을 비판할 때 자주 쓰인다.
루터적 회개와의 비교: 루터의 회개(poenitentia)는 단순히 '회개 행위들'이 아니라, 하루하루 자기 존재 전체가 하나님 앞에서 드러나고, 숨김 없이 죄를 고백하는 삶이다. 루터는 신비적, 형이상학적 언어로 은폐된 회개를 거부했다. 따라서 Mystification은 루터의 "투명한 회개"와 정반대에 놓인다. 루터는 인간이 스스로의 행위나 신비화된 교리로 자신을 덮을 수 없다고 보았고, 오직 말씀과 복음 안에서 죄가 폭로되고 용서된다고 강조했다.

2. Selvkjerlighed(자기애/자기 사랑)
신학적 배경: 이 말은 단순한 자기 돌봄이나 건강한 자기 사랑이 아니라, 키르케고르의 문맥에서는 자기 자신에게 굽어 있는 사랑을 가리킨다. 즉, 하나님이나 이웃을 향하지 않고, 자기 안으로만 갇혀 자기를 중심으로 모든 것을 해석하는 상태. 이때 자기애는 곧 죄와 절망으로 이어진다.
루터적 회개와의 비교: 루터는 인간의 죄를 incurvatus in se("자기 자신 안으로 굽어 있는 상태")로 설명했다. 자기 자신에게 집착하는 것이 죄의 본질이라는 뜻이다. 따라서 Selvkjerlighed은 루터가 말한 죄의 핵심 구조와 직결된다. 루터에게 회개란 자기애의 굴절된 곡선을 끊고, 하나님 앞에서 자신을 투명하게 세우는 전환이다.

3. Sjelesørger(영적 상담가/목사)
신학적 배경: 'Sjelesørger'는 전통적으로 '목자의 사역'-즉 영혼을 돌보고 지도하는 목회자를 가리킨다. 그러나 키르케고르는 단순히 제도적 성직자가 아니라, 실제로 한

개인의 내면과 절망을 진지하게 다루는 자만이 진정한 의미의 Sjelesørger라고 비판적으로 말한다. 단순히 교리적 위로나 제도적 행위(예: 고해성사)가 아니라, 개인이 하나님 앞에 서도록 돕는 것이 본질이라는 것이다.

루터적 회개와의 비교: 루터에게 회개는 교황권 체계의 '고해성사'가 아니라, 말씀과 복음 속에서 이루어지는 자기 폭로와 하나님의 용서 체험이었다. 따라서 참된 Sjelesørger는 단순한 제도적 사제(priest)가 아니라, 말씀을 통해 개인을 하나님 앞에 세우는 말씀의 봉사자다. 루터가 강조한 설교와 목양의 본질과 맞닿아 있다.

30   fortvivle over det Jordiske(Anledningen), om det Evige: 여기서 'over'는 절망의 원인 또는 계기를 뜻하고, 'om'은 절망이 관계하는 바, 그 내용을 가리킨다. 즉, 키르케고르가 언어적으로 "절망하다(fortvivle)"라는 표현을 다룰 때, "over"와 "om"이라는 전치사가 구별된다.

fortvivle over = 어떤 사건이나 사물 때문에 절망하다(원인/계기).

fortvivle om = 절망이 궁극적으로 걸려 있는 대상, 곧 영원이나 하나님과 관련된 것. 쉽게 말하면, "over"는 표면적인 이유, "om"은 절망의 궁극적 지향점을 보여주는 말이다.

31   키르케고르는 『죽음에 이르는 병』에서 "하나님 앞에 선 자기(Selv for Gud)"와 "그리스도 앞에 선 자기(Selv for Christus)"를 구분한다. 전자는 인간이 더 이상 자기 자신을 인간적 개념에 따라 규정하지 않고 하나님 앞에서 자신을 인식하는 자리로, 죄(Synd)의 정의가 드러나는 근거가 된다. 후자는 자기가 그리스도 앞에서 자신의 죄인됨을 직면하는 자리로, 죄 사함(Syndernes Forladelse)을 믿을 것인지, 아니면 실족(Forargelse)하여 거부할 것인지를 결정짓는 자리이다. 다시 말해, 하나님 앞에 선 자기에서는 죄의 정의가, 그리스도 앞에 선 자기에서는 용서의 역설이 드러난다.

32   Trods를 본 역본에서는 '반항'으로 옮겼다. 그러나 이 단어는 단순한 심리적 저항만을 뜻하지 않고, 하나님 앞에서 자기 자신을 절대화하려는 태도를 가리키므로 전통적 기독교 신학에서 말하는 '교만(驕慢, superbia)'의 의미를 동시에 내포한다. 따라서 독자는 '반항'이 곧 하나님 앞에서의 '교만'이라는 실존적, 신학적 차원을 함축한다는 점을 유념해야 한다.

33   cominus (…) eminus: 라틴어로 각각 "가까운 곳에서", 곧 근접 전투를 뜻하고, "멀리서", 곧 원거리 전투를 뜻한다. 두 표현 모두 로마 군사용어에 속한다. 즉 키르케고르는 하나님과의 관계를 설명하면서, 마치 로마 군대의 근접전/원거리전 용어를 빌려, 인간이 하나님께 가까이 맞붙어 싸우는 듯 보이지만 실은 가장 멀리 떨어져 있다는 역설을 드러낸다.

34 i akustisk Forstand: 소리에 관한 의미에서, 즉 들릴 수 있는 조건이나 음향적 관계에 관하여. 즉, 키르케고르는 영적 존재를 묘사하면서 "음향적 구조(akustisk Forstand)"라는 표현을 썼는데, 이는 문자 그대로의 물리적 음향이 아니라, 하나님과 인간 사이의 관계가 마치 들리고 안 들리는 거리 문제처럼 배치되어 있다는 비유적 설명이다.

35 다음을 참고하라. Postscript, KW XII (SV VII 517); Three Discourses at the Communion on Fridays(1849), KW XVIII (SV XI 265-69).

36 이 부분은 일기 NB3:32(1847)을 비교하라. 거기서는 이렇게 기록되어 있다.
"현대 전체는 모든 곳에서 '해야 한다(Skal)'라는 관념을 잃어버렸다. 특히 정치에서 그러하다. 정통주의(Orthodoxien)의 도움으로 기독교(Xstd.) 역시 그 '해야 한다(Skal)'를 잃어버렸다. 여기서 바로 불행이 시작된다. 이 관계를 다시 바로잡기 위해서는 큰 대가를 치러야 할 것이다. 그것은 정직한 선교사들에게, 한때 기독교를 이방 땅에 도입할 때와 똑같이 큰 희생을 요구할 것이다. 이제는 기독교(Xstd.)를 '크리스텐덤(Xstheden)' 안에 도입해야 하는 상황이기 때문이다."
여기서 "정통주의(Orthodoxien)"라는 말은 특히 그룬트비(Grundtvig)와 그의 추종자들을 가리킨다.
Regulativ: 원리, 지침. 이 표현은 칸트 철학에서 말하는 "규제적 이념(regulative Idee)"을 가리킬 수도 있고, 또한 도덕 명령인 "너는 ~해야 한다(Du skal)"를 떠올리게 한다.

37 이 부분에서 키르케고르는 『죽음에 이르는 병』에서 근대 크리스텐덤(Christenheden)의 문제를 다음과 같은 논리적 전개로 비판한다. 먼저 인간과 하나님 사이에서 윤리적 명령("Du skal")의 폐지가 일어나고, 그 결과 종교적 혼란(Confusion)이 발생한다. 이어서 죄인(Synder)이 하나님이 제시하신 죄 사함(Syndernes Forladelse)을 거부하는 절망이 오히려 깊은 성품(dyb Natur)의 표지로 미화되며, 마침내 일상 속에서 하나님의 이름(Guds Navn)이 가장 많이 불리지만 가장 경솔하게 사용되는 상황, 곧 하나님의 이름 남용에 이른다. 이러한 전개 속에서 키르케고르는 기독교가 본래 지닌 진지함이 상실되고, 신앙이 실족(Forargelse)으로 전락했다고 지적한다.

38 예수께서 가버나움에서 중풍병자를 고치신 사건(마태복음 9장 1-8절)을 보라. 거기서 이렇게 기록되어 있다.
"예수께서 배에 오르사 건너가 본 동네에 이르시니, 침상에 누운 중풍병자를 사람들이 데리고 왔다. 예수께서 그들의 믿음을 보시고 중풍병자에게 이르시되, '작은 자야,

안심하라. 네 죄 사함을 받았느니라.' 하시니, 어떤 서기관들이 속으로 '이 사람이 하나님을 모독한다.'라고 말하였다. 예수께서 그들의 생각을 아시고 이르시되, '너희가 어찌하여 마음에 악한 생각을 하느냐? 네 죄 사함을 받았느니라 하는 말과, 일어나 걸어가라 하는 말 중에 어느 것이 더 쉽겠느냐? 그러나 인자가 땅에서 죄를 사하는 권세가 있는 줄을 너희로 알게 하려 하노라.' 하시고, 중풍병자에게 말씀하시되, '일어나 네 침상을 가지고 집으로 가라.' 하시니, 그가 일어나 집으로 돌아갔다. 무리가 보고 두려워하며 이런 권세를 사람에게 주신 하나님께 영광을 돌렸다."

39 고린도후서 5장 17절을 가리킨다. 거기서 바울은 이렇게 쓴다. "그런즉 누구든지 그리스도 안에 있으면 새로운 피조물이라. 이전 것은 지나갔으니 보라 새 것이 되었도다." 즉, 키르케고르는 "기독교적으로는 모든 것이 달라졌다"(christeligt er Alt forandret)는 말을 통해, 바울의 "새 창조" 개념과 직접적으로 연결시키고 있다.

40 Læren om Gud-Mennesket: 곧 그리스도의 두 본성에 관한 교리적 가르침을 뜻한다. 즉, 그리스도는 하나님이 자신을 계시하신 인간으로서, 신성과 인성을 그 안에 결합하고 있다는 것이다. 예를 들어 발레(Balle)의 『교리문답서(Lærebog)』(214,17), 제4장 §3을 보라. 거기에는 이렇게 기록되어 있다.

"하나님의 아들 예수 그리스도는 사람으로서 동정녀 마리아에게서 태어나 세상에 오셨다. 그는 성령의 능력으로, 우리의 이해를 넘어서는 방식으로, 자신의 신적 본성을 모태에서 형성된 인성과 결합하셨다. 그래서 그는 동시에 하나님이자 인간이며, 언제나 두 본성으로 역사하신다."(37쪽 이하)

41 "처음에는 고상한 철학적 사변(speculative)"이라는 말은 헤겔 철학, 특히 우파 헤겔 신학자들(덴마크 신학자들을 포함)을 가리킨다. "그 뒤로는 거리와 광장에서 천박하게(pøbelagtigt)"라는 말은 이론적으로는 좌파 헤겔 학파, 특히 루트비히 포이어바흐(Ludwig Feuerbach)의 『기독교의 본질(Das Wesen des Christentums, 1841)』을 가리킨다. 포이어바흐에 따르면 하나님은 인간 종족의 필요와 욕망의 투사일 뿐이다. 그리고 실제적으로는 1848년의 정치적 운동들을 가리킨다(229쪽 이하 참조).

42 아마도 발레(Balle)의 『교리문답서(Lærebog)』(214,17) 제1장 「하나님과 그의 속성에 대하여」(Om Gud og hans Egenskaber), §4를 가리키는 듯하다. 거기서는 이렇게 말한다.

"영원부터 존재하는 최고의 존재가 있어야 하며, 그는 세상을 창조하셨거나 그 기원과 질서를 부여하셨다. 이 존재를 하나님(Gud)이라 부른다. 그리고 이 하나님은 최고의 지혜, 능력, 선하심을 지니셔야 한다. 왜냐하면 세상을 구성하는 수많은 사물들

사이에 질서(Orden)가 있으며, 이 모든 것들이 큰 유익을 위해 섬기고 있기 때문이다."(6쪽)

43   고린도전서 14장 33절을 자유롭게 인용한 것이다. 바울은 거기서 "하나님은 무질서의 하나님이 아니시요 오직 화평의 하나님이시니라."라고 말한다. 따라서 키르케고르는 하나님을 혼란(Forvirringens)의 근원이 아니라 평화(Fredens)의 하나님으로 인용하면서, 존재(Tilværelsen)에 질서(Orden)를 세우시는 분으로 강조하고 있다.

44   아리스토텔레스는 『니코마코스 윤리학』 제1권 5장(1095b 19)에서 여러 삶의 방식을 구분한다. "대중(Mængden)과 가장 낮은 계층에게 최고의 행복은 즐거움을 누리는 것이며, 그들은 감각적 쾌락에 만족한다. (…) 대중은 완전히 노예처럼 동물처럼 사는 삶을 선택한 것처럼 보인다."(닐스 묄러의 번역). 또 『정치학』 제3권 11장(1281b, 15-20)에서는 아리스토텔레스가 어떤 경우 대중(Mængden)과 동물 사이의 유사성을 지적한다. 요약하면, 여기서 키르케고르는 아리스토텔레스가 말한 "동물 규정"을 빌려, 대중(Mængden)이 단독자보다 못한 추상적 존재로 전락하는 것을 비판하고 있다.

45   Læren om Gud-Mennesket: 여기서 말하는 것은 정통 교리적 의미가 아니라, 헤겔 학파적 사변철학 속에서 나온 신인(神人, Gud-Mennesket) 이해이다. 특히 다비드 프리드리히 슈트라우스(David Friedrich Strauß)가 『예수의 생애(Leben Jesu, 1835-36; 덴마크어 번역 1842-43)』와 이후 그의 『기독교 교리의 전개에 대한 체계적 설명』(dogmatik)에서 제시한 입장과 연결된다. 거기서 그는 이렇게 말한다.
"신성과 인성의 통일이라는 이념(Ideen om den guddommelige og menneskelige Naturs Eenhed)에 실재성을 부여한다는 것은, 그것이 한 번도 없었고 앞으로도 없을 한 개인(Individ) 속에서 단번에 현실화되었다는 뜻이 아니다. 이념은 결코 자신을 그렇게 실현하지 않는다. 곧, 그 모든 충만을 단 하나의 모범(exemplar) 속에 쏟아 붓고 다른 모든 경우에는 인색하게 하며, 그 하나 속에는 완전하게 드러나지만 나머지들 속에는 늘 불완전하게만 드러나는 방식으로 실현되는 것이 아니다. 오히려 이 이념은 다양한 개체들 속에서 서로를 보완하는 방식으로, 차례차례 생겨나고 사라지는 여러 개인들의 교차 속에서 그 풍요를 드러내려 한다. 그래서 '신인(Gudmennesket)'으로서 인류 전체(Menskeheden)가 제시되었고, 교회가 그리스도에게 귀속시켰던 술어들을 이제는 한 개인이 아니라 하나의 이념, 곧 실재적인 종(種) 개념(real Slægtbegreb)에 귀속시켜야 한다고 선언되었다." (『기독교 교리의 전개』, 제2권 §151 참조; 덴마크어 번역본, 코펜하겐 1842-43, 제2권, 174쪽).
슈트라우스(David Friedrich Strauß)의 『예수의 생애』(Leben Jesu, 1835-36)는

복음서의 초자연적 사건들을 신화적 산물로 해석함으로써 자유주의 신학의 대표적 전환점을 이룬 저술이다. 그는 그리스도의 신적 본질을 역사적 개인에게서 제거하고 인류 전체(Menneskeheden)에 귀속시켰는데, 이러한 입장은 루트비히 포이어바흐(Ludwig Feuerbach)의 인간학적 무신론에 직접적인 영향을 주었다. 포이어바흐는 한 걸음 더 나아가 하나님을 인간 본질의 투사(projektion)로 환원했으며, 이로써 슈트라우스의 기독론 해체는 포이어바흐의 신학적 무신론으로 이어지는 징검다리 역할을 하게 되었다. 따라서 두 사람은 19세기 독일 자유주의 신학의 급진적 전개 속에서 긴밀히 연결되어 있다고 할 수 있다.

46 이는 한편으로는 1848년 3월 전제군주제가 붕괴되었던 당시 덴마크의 정치적 상황을 가리키며, 다른 한편으로는 사변철학, 특히 좌파 헤겔 신학을 가리킨다. 1847년 말 작성된 일기(NB3:15과 NB3:77, SKS 20, 250과 281)에서도 이와 유사한 표현들이 발견된다.

Conferentsraader: 본래는 국왕이 중요한 사안에 대해 조언을 구하는 고문을 가리키는 칭호였으며, 일반적으로는 2등급 제12위에 해당하는 높은 관직을 의미한다.

summa summarum: 라틴어로 "총합"이라는 뜻으로, 전체 집합이나 전체 총량을 의미한다.

47 idem per idem: 라틴어로 "같은 것을 같은 것으로," 즉 같은 의미를 다른 말로 표현했지만 실제로는 똑같은 말을 되풀이하는 것. 쉽게 말해, "동어반복"이라는 뜻이다.

48 1848년 정치적 사건들에 대해 '혐오감을 가지고' 등을 돌린 덴마크의 우파 헤겔 학자들이나 한때 헤겔의 영향을 받은 철학자와 신학자들 가운데는 요한 루드비히 하이베르(J.L. Heiberg)와 한스 라세무스 마르텐센(H.L. Martensen)을 들 수 있다. 즉, 키르케고르는 1848년 정치적 상황 속에서 헤겔 학파 내부조차도 자신들의 사상적 귀결(군중이 곧 신인이라는 주장)에 반감을 드러냈음을 꼬집고 있다.

49 이는 1848년 1월 즉위한 프레데릭 7세(Frederik VII)를 가리킨다. 그는 같은 해 3월 21일, 강한 정치적 압력 속에서 전제군주에서 입헌군주로 전환하면서 덴마크에 새로운 헌법을 약속했다. 이 약속은 1849년 6월 5일 제정된 「그룬트로벤(Grundloven)」으로 실현되었다. 즉, 키르케고르는 하나님의 "양보(Indrømmelse)"가 마치 1848년 덴마크 왕이 정치적 상황에 떠밀려 헌법을 내준 사건과 비슷하게, 인간들에 의해 오해되고 오용되는 현실을 풍자하고 있다.

그 당시 정치적 상황에 대하여는 다음 일기를 참고하라. JP III 2933-45, IV 4131-37 VI 6310(Pap. X1 A 42).

50 고린도전서 2장 9절을 자유롭게 인용한 것이다. 바울은 여기서 이사야 64장 3절을

인용하여 이렇게 쓴다. "기록된 바, 하나님이 자기를 사랑하는 자들을 위하여 예비하신 모든 것은 눈으로 보지 못하고, 귀로 듣지 못하고, 사람의 마음으로 생각하지도 못하였다, 함과 같으니라" 즉, 키르케고르는 "그 어떤 인간의 마음에도 떠오른 적이 없다"는 표현을 통해, 성육신의 교리(Læren om Gud-Mennesket)가 인간적 사유로부터 비롯된 것이 아니라 하나님의 계시임을 강조하고 있다.

51 ligger (…) under: "~의 아래에 놓여 있다"는 말은 곧 "~의 범주에 속하지 않는다, ~로 파악되거나 포착되지 않는다"는 뜻이다. 비교할 만한 용례는 일기 NB14:150. a(1849-50, SKS 22, 435)에서 찾아볼 수 있다. 즉, 여기서 키르케고르는 "개별 인간(det enkelte Menneske)은 개념(Begrebet) 아래에 놓여 있다(ligger under)"라는 표현을 통해, 단독자가 개념에 포섭될 수 없는 초월적 범주임을 강조하고 있다.

52 cogito ergo sum: 라틴어로 "나는 생각한다, 그러므로 나는 존재한다"는 뜻이다. 프랑스 철학자 르네 데카르트(René Descartes)는 인간 인식의 확실한 가능성을 묻는 과정에서 오랜 형이상학적 전통과 결별했다. 그는 모든 가능한 진리에 의문을 제기함으로써, 단 하나 확실한 사실을 발견했는데 그것이 바로 "나는 생각한다"였다. 『방법서설(Dissertatio de methodo, 1637년 프랑스어판, 1644년 라틴어판)』 제4장에서 그는 "Ego cogito, ergo sum"("나는 생각한다, 그러므로 나는 존재한다")라고 썼다. 또 『제일 철학에 관한 성찰(Meditationes de prima philosophia, 1641년 라틴어판, 1647년 프랑스어판)』 제2성찰에서는 이 문장을 논증으로 제시하기보다 "cogito sum"("나는 생각한다, 나는 존재한다")이라는 단정적 명제로 서술했다. 즉, 키르케고르는 여기서 데카르트의 명제를 인용해, "사변적 사고(spekulation)"가 단독자(et Enkelt Menneske)의 실존을 개념 속으로 환원시켜 버리는 방식을 풍자적으로 비판하고 있다.

53 여기서 가리키는 것은 철학적(헤겔적인) 체계(Systemet)이다. 이 체계 안에서는 모든 것이 이른바 사변적 '방법(metode)'에 따라 배열된다. 곧 개념(Begrebet)의 전개가 여러 학문 영역에서 드러나는 식이다. 사변적 논리에 따르면, 변증법적 방법(dialektiske metode)은 개념 자체 안에 있는 모순(modsigelse)이나 불완전성(ufuldkommenhed)을 반영하며, 이 모순은 개념을 그 반대(opposisjon, '부정 negation')로 몰아넣고, 이어서 다시 더 높은 통일(enhed) 안에서 그 모순이 '화해(forsonet)'되는 방식으로 전개된다. 즉, 키르케고르는 헤겔적 체계가 "필연성(med Nødvendighed)"이라는 이름으로 모든 것을 개념 전개 안에서 설명하려는 방식을 풍자적으로 지적하는 것이다.

54 disputere e concessis: 라틴어로 "인정된 것에서 논증하다"는 뜻으로, 곧 상대방

이 이미 인정한 전제나 관점을 근거로 삼아 논증을 전개하는 것을 말한다. 쉽게 말하면, 상대방의 양보나 동의에서 출발해 논리를 전개하는 상대방 인정 전제에 기초한 논증 방식이다.

55 창세기 1장 26절의 창조 이야기와 관련된다. 거기서 하나님은 이렇게 말씀하신다. "우리의 형상을 따라 우리의 모양대로 우리가 사람을 만들자." 따라서 키르케고르가 말하는 "하나님과 인간 사이의 유사성(Ligheden)"은 성경의 창조 교리에 근거한 표현이지만, 그는 이것이 역설(Paradox)과 실족(Forargelse)의 가능성 속에서만 올바르게 이해될 수 있다고 강조한다.

56 Læren om Slægtens Synd: 또는 "인류의 죄" 교리, 곧 모든 인간이 죄인이라는 기독교 교리적 가르침을 뜻한다. 즉, 키르케고르가 여기서 말하는 Slægtens Synd은 개인적 차원의 죄가 아니라, 모든 인류가 보편적으로 죄 아래에 있다는 전통적 교리를 지칭하는 것이다.

57 무덤 관련하여는 다음을 참고하라. the third discourse in Three Discourses on Imagined Occasions, KW X (SV V 242).

58 i Frygt og Bæven: 이 표현은 빌립보서 2장 12절을 가리킨다. 거기서 바울은 이렇게 말한다. "그러므로 나의 사랑하는 자들아, 너희가 나 있을 때뿐 아니라 더욱 지금 나 없을 때에도 항상 복종하여 두렵고 떨림으로 너희 구원을 이루라." 또한 에베소서 6장 5절과 고린도전서 2장 3절도 참조할 수 있다.

59 마태복음 10장 29절을 가리킨다. 거기서 예수께서는 이렇게 말씀하신다. "참새 두 마리가 한 앗사리온에 팔리지 않느냐? 그러나 너희 아버지의 허락 없이는 그 하나도 땅에 떨어지지 아니하리라." 누가복음 12장 6절도 참조할 수 있다.

60 발레(Balle)의 『교리문답서(Lærebog)』(214,17) 제1장 「하나님과 그의 속성(Om Gud og hans Egenskaber)」, §3, 항목 6을 보라. 거기에는 이렇게 기록되어 있다.
"하나님은 어디에나 계시며(allestedsnærværende), 그의 능력으로 모든 것 안에서, 모든 곳에서 역사하신다. 그는 결코 자기 피조물들로부터 멀리 떨어져 있지 않다." (14쪽)
시편 139편 7-8절을 참고하라. 즉, 키르케고르가 말하는 하나님의 편재성(allestedsnærværende)은 전통적인 교리문답의 가르침과 성경(시 139편)의 증언을 이어받아, 하나님이 매 순간 단독자에게 현존하신다는 사실을 강조한다.

61 via negationis (…) via eminentiæ: 라틴어로 각각 "부정의 길", "탁월성의 길"이라는 뜻이다. 이는 스콜라 신학자들과 고전적 교리학자들이 하나님의 속성을 인식하

기 위해 설정한 두 가지 상호 보완적 방법을 가리킨다. via negationis에서는 하나님에게서 모든 불완전한 것을 제거하고 부정함으로써 하나님의 속성을 알게 된다. 반면 via eminentiae에서는 피조물의 합리적 속성들을 하나님께 적용하되, 그것을 가장 탁월하고 숭고한 형태로 이해함으로써 하나님의 속성을 알게 된다. 요약하면, via negationis와 via eminentiae는 모두 인간적 언어로 하나님을 말하려는 시도였는데, 키르케고르는 "하나님은 죄인이 아니다"라고 말하는 것조차 신성모독이 된다고 보면서, 이 두 방식을 넘어서는 기독교적 역설을 강조한다.

키르케고르는 하나님에 대해 부정의 길(via negationis)이나 탁월성의 길(via eminentiae)로 규정하려는 스콜라적, 사변적 방식을 비판한다. 예컨대 "하나님은 죄인이 아니다"라는 진술조차 신성모독(Gudsbespottelse)이라 보았는데, 이는 하나님을 개념(Begreb)으로 환원하려는 모든 부정신학적 시도가 하나님과 인간 사이의 질적 차이(Qvalitets-Forskjellen)를 지워 버리기 때문이다. 이런 점에서 그의 입장은 불가지론(agnosticism)과 유사하게 보일 수 있으나, 단순히 하나님을 알 수 없다고 선언하지는 않는다. 그는 오히려 참된 인식은 단독자(den Enkelte)가 하나님 앞에서 신앙(Tro) 안에 설 때, 그리스도 안에서 역설(Paradox)로 계시된 하나님을 만남으로써 가능하다고 주장한다. 이 맥락에서 키르케고르는 불가지론자가 아니라, 부정신학적 인식의 한계를 넘어 신앙적 인식론을 제시하는 사상가라 할 수 있다. 바울이 "눈으로 보지 못하고 귀로 듣지 못하고 사람의 마음으로도 생각하지 못한 것, 하나님이 자기를 사랑하는 자들을 위하여 예비하셨다"(고전 2:9)고 말한 것처럼, 하나님은 오직 계시와 신앙 속에서만 알려진다.

62 svælgende Dyb: 누가복음 16장 26절을 가리키는 표현이다. - svælgende는 svælg에서 파생된 말로, 깊은 심연이나 낭떠러지, 큰 골짜기를 뜻한다.
즉, 키르케고르는 하나님과 인간 사이의 질적 차이를 설명하기 위해, 성경 속 넘을 수 없는 심연(부자와 나사로 사이의 큰 구렁, 눅 16:26)의 이미지를 끌어와 사용한 것이다.

63 Accomodation: '적응, 조정'을 뜻한다. 곧 하나님의 계시가 인간의 제한된 이해 능력에 맞추어 조정되는 것을 가리킨다. 계몽주의 신학에서 핵심적으로 사용된 개념이며, 예컨대 SKS 19, 11에 수록된 Not1:2(1833-43)에서도 이 용어가 등장한다. 요약하면, Accomodation은 "하나님이 인간의 한계에 맞춰 낮추어 말씀하신다"는 사상으로, 키르케고르는 여기서 그 개념을 역설적으로 사용해 신적인 것을 인간에게 전이시키는 것은 불가능하다는 점을 강조하고 있다.

64 플라톤의 『소크라테스의 변명』(Apologia, 27b)을 가리킨다. 거기서 소크라테스

는 고발자인 멜레토스(Meletos)에게 다음과 같은 질문을 던진다.

"멜레토스여, 인간의 목소리(Stemmer)의 존재는 인정하면서도 인간의 존재는 인정하지 않는 사람이 있습니까? 여러분은 그가 대답하게 해야 합니다. 엉뚱한 말로 시간을 끌어서는 안 됩니다. 말하건대, 말 울음소리(Hestevrinsken)의 존재는 인정하면서 말(Heste)의 존재는 인정하지 않는 사람이 있습니까? 혹은 피리 소리(Fløjteklang)의 존재는 인정하면서 피리(Fløjter)의 존재는 인정하지 않는 사람이 있습니까? 그것은 불가능합니다, 존경하는 멜레토스여." (『플라톤 전집』, 제1권, 276쪽 이하; Platons Skrifter (136,16), bd. 1, s. 276f.)

65 Fæ: 가축, 특히 소와 같은 가축 떼(kvæg)를 뜻한다. 키르케고르는 여기서 Fæ를 비유로 사용해, 인간이 집단으로 다루어질 때는 짐승처럼 취급될 수는 있지만, 심판(Dom)은 결코 집단적으로가 아니라 단독자(Enkelte)에게만 해당된다는 점을 강조한다.

66 anthropomorphistiske og anthropopathiske: 전자는 하나님께 인간의 성질을 부여하는 것을 뜻하고, 후자는 하나님께 인간의 심리 상태(감정과 정념)를 부여하는 것을 뜻한다. 키르케고르는 이 두 용어를 비판적으로 언급하면서, 당시 신학이 인간적 범주로 하나님을 설명하는 것을 경계하고 있다.

67 Birkedommer: 법률 담당 관리로서, 재판관이자 행정관으로 특정 지역 법권(birk, 곧 지방 재판구역)을 관할하는 사람을 가리킨다.

68 General-Auditeur: 고등 법률 관리로, 군사 재판에서 조사와 심리를 총괄하는 직책을 가리킨다.

69 løse Ord: 아마도 누가복음 24장 11절을 가리키는 듯하다. "사도들은 그들의 말이 허탄한 듯이 들려 믿지 아니하나"

70 sympathetisk Blæk: 잉크의 한 종류로, 열이나 화학약품 등의 자극을 받아야만 비로소 눈에 보이게 되는 특수 잉크를 가리킨다.

71 출처는 확인되지 않았다. 그러나 이는 아마도 외국에서 전해진 일화일 것이다. 왜냐하면 덴마크 최초의 철도 노선은 1847년 여름에 개통되었는데(218,23 참조), 그 구간을 따라 설치된 것은 가시 신호(optisk telegraf)였기 때문이다. 이는 눈에 보이는 신호를 이용하는 장치였다. 반면, 미국인 새뮤얼 모스(Samuel Morse)가 1837년에 발명한 전신(telegraph), 곧 전기 또는 전자기식 전신은 1846년 이후에야 널리 쓰이기 시작했으며, 덴마크에서는 1855년에 처음 도입되었다.

72 마태복음 12:31-32, "그러므로 내가 너희에게 이르노니 사람에 대한 모든 죄와 모독은 사하심을 얻되 성령을 모독하는 것은 사하심을 얻지 못하겠고 또 누구든지 말로

인자를 거역하면 사하심을 얻되 말로 성령을 거역하면 이 세상과 오는 세상에서도 사하심을 얻지 못하리라."

키르케고르는 이후 본문에서 이 구절로 다시 돌아온다. 또한 마가복음 3:28-29도 참고할 수 있는데, "진실로 너희에게 이르노니 사람의 모든 죄와 무슨 모독이라도 사하심을 얻되, 누구든지 성령을 모독하는 자는 영원히 사하심을 얻지 못하고 영원한 죄에 정죄를 받느니라"(NT-1819). 이와 관련하여 Hutterus redivivus §87 「죄의 여러 구분」에서는 '옛 교회의 교리학자들'이 '행위의 죄'를 여러 형태로 나눈 후, 위의 성경 구절들에 근거하여 성령에 대한 죄(라틴어 peccatum in Spiritum Sanctum)만은 용서받을 수 없는 죄로 설명한다. D. Hollaz의 정의를 인용하며 이를 "하나님의 진리를 분명히 알고 양심 속에서 승인했음에도 불구하고 악의적으로 부인하고, 적대적으로 대항하며, 두렵고 끔찍한 모독을 행하며, 모든 구원의 방편을 완강하게, 끝까지 거부하는 것"(veritatis divinae evidenter agnitae et in conscientia approbatae malitiosa abnegatio, hostilis impugnatio, horrenda blasphematio, et omnium mediorum salutis obstinata et finaliter perseverans rejectio)이라 설명한다.

73   사도행전 17장 29절을 보라. 거기서 바울은 "우리는 하나님의 소생($\sigma\gamma\acute{\epsilon}\nu o\varsigma\ \tau o\tilde{\upsilon}\ \theta\epsilon o\tilde{\upsilon}$, Guds Slægt)이라"라고 말한다

74   이 부분은 셰익스피어의 『헨리 4세』를 참고하라. 『헨리 4세』에서 왕세자가 완고한 처남 폴스타프와 그의 친구들과 친구가 되는 것을 가리킨다. 이 작품에서 왕세자 헨리(후일 헨리 5세)는 방탕하고 무책임한 생활을 하는 친구 폴스타프와 그의 동료들과 친분을 쌓는 모습을 보여준다. 이 극은 랭커스터 왕조의 헨리 4세가 왕위에 오르고, 여러 내외부의 위협 속에서 통치하며, 동시에 왕세자인 헨리(프린스 헨리)가 어리석은 행동에서 벗어나 점차 책임 있는 군주로 성장하는 과정을 그린다. 폴스타프는 방탕하고 유머러스한 인물로, 헨리 왕세자의 무책임한 젊음과 대비되는 역할을 하며 극에 유머와 인간미를 더한다. 이 역할과 극 중 관계가 키르케고르가 인용한 '프린스 헨리' 이미지의 배경이다.

75   이 부분에 대하여는 다음을 참고하라. C.F.G. Stang Martin Luther. Sein Leben und Wirken, Stuttgart 1838, ktl. 790, s. 123. 1521년 보름스 릭스다그(Rigsdagen i Worms)에서 열린 종교개혁 기념식에서 루터는 다음과 같이 말했다. "왜냐하면 (...) 내 이신칭의가 하나님의 말씀에 사로잡혀 있기 때문에 나는 아무것도 할 수 없고, 할 의지도 없으며, 확신할 수도 없고, 그렇다고 이신칭의에 대항하여 무언가를 할 수도 없기 때문입니다. 나는 여기에 서 있습니다. 다른 것은 할 수가 없습니다.

하나님 도와주소서! 아멘!"

루터의 이 말은 종교개혁의 상징적인 순간으로, 자신이 믿는 진리를 지키기 위해 어떤 외부 압력에도 굴하지 않겠다는 분명한 결심이다. 이 고백은 이후 많은 신학자와 사상가에게 큰 힘이 되었다. 이 각주에서 인용한 문장은 키르케고르가 '그리스도는 달리 할 수 없다'라는 표현으로 신앙의 필연성과 실존적 결단을 나타낼 때 들었던 예시다. 루터의 이 용감한 고백은 키르케고르가 말하는 '내적 필연성'과 '실존적 자기 이해'의 좋은 예로 볼 수 있다.

즉, "han kan det ikke anderledes"에서 달리할 수 없는 그는 키르케고르가 아니라 그리스도를 의미한다. 키르케고르는 이 표현을 그리스도의 사랑과 사역의 필연적 특성을 말하는 데 사용한다. 그리스도는 자신의 구속 사역을 통해 인간에게 완전한 사랑을 베풀되, 동시에 인간이 그 사랑으로 인해 실족할 가능성을 제거할 수 없다는 '내적 한계'를 지닌 존재로서 '달리 할 수 없는' 상황에 있음을 강조한다. 따라서 이 표현은 그리스도의 무한한 사랑 속에도 실족과 비극이 공존하는 신비와 고난을 나타낸다고 이해하는 것이 맞다. 성육신과 십자가가 그리스도의 길이고 그 자체에 실족하는 가능성은 반드시 존재하며, 그 실족의 가능성을 그리스도 자신도 제거할 수 없다는 뜻이다.

76 이 부분은 빌립보서 2:6-11을 암시한다.
77 마태복음 11:28, "수고하고 무거운 짐 진 자들아 다 내게로 오라 내가 너희를 쉬게 하리라."
78 마태복음 11:6
79 역사를 모티브로 한 그림을 말함
80 이 부분은 다음을 참고하라. Plutarch, "De garrulitate," 8, Moralia, 506 a; Plutarch's Moralia, IXVII, tr. F. C. Babbitt et al. (Loeb, Cambridge: Harvard University Press, 1927-67), VI, p. 417: "말할 때 인간을 스승으로 삼지만, 침묵할 때 우리는 신을 스승으로 삼는다. 우리는 신비에 입문할 때, 이 침묵의 수업을 그들로부터 받는다." 키르케고르는 플루타르크의 모랄리아를 한 권의 라틴어판과 세 권의 독일어 판으로 소장하고 있었다(ASKB 1172-77, 1178-80, 1190- 91, 1192-96).
81 요한복음 3:16, "하나님이 세상을 이처럼 사랑하사 독생자를 주셨으니 이는 그를 믿는 자마다 멸망하지 않고 영생을 얻게 하려 하심이라."
고린도후서 4:10, "우리가 항상 예수의 죽음을 몸에 짊어짐은 예수의 생명이 또한 우리 몸에 나타나게 하려 함이라."
82 구약과 신약의 여러 곳에서 하나님은 누구도 차별하지 않으심을 나타내고 있다. 예

를 들어, 다음을 참고하라. 신명기 10:17, 역대하 19:7, 욥기 34:19, 사도행전 10:34, 로마서 2:11, 갈라디아서 2:6, 베드로전서 1:17

83 　요한복음 10:30, "나와 아버지는 하나이니라 하신대"
요한복음 17:21, "아버지여, 아버지께서 내 안에, 내가 아버지 안에 있는 것 같이 그들도 다 하나가 되어 우리 안에 있게 하사 세상으로 아버지께서 나를 보내신 것을 믿게 하옵소서"

84 　마가복음 14:41, "세 번째 오사 그들에게 이르시되 이제는 자고 쉬라. 그만 되었다. 때가 왔도다. 인자가 죄인의 손에 팔리느니라."

85 　고린도전서 11:27-29, "그러므로 누구든지 주의 떡이나 잔을 합당하지 않게 먹고 마시는 자는 주의 몸과 피에 대하여 죄를 짓는 것이니라. 사람이 자기를 살피고 그 후에야 이 떡을 먹고 이 잔을 마실지니 주의 몸을 분별하지 못하고 먹고 마시는 자는 자기의 죄를 먹고 마시는 것이니라."

86 　마가복음 1:2-3, "선지자 이사야의 글에 보라 내가 내 사자를 네 앞에 보내노니 그가 네 길을 준비하리라. 광야에 외치는 자의 소리가 있어 이르되 너희는 주의 길을 준비하라. 그의 오실 길을 곧게 하라 기록된 것과 같이"

87 　누가복음 16:26, "그뿐 아니라 너희와 우리 사이에 큰 구렁텅이가 놓여 있어 여기에서 너희에게 건너가고자 하되 갈 수 없고 거기서 우리에게 건너올 수도 없게 하였느니라."

88 　이 부분은 베드로를 암시한다. 마태복음 26:31, "그때에 예수께서 제자들에게 이르시되 오늘 밤에 너희가 다 나를 버리리라 기록된 바 내가 목자를 치리니 양의 떼가 흩어지리라 하였으니라."
이 구절에서 '버리리라'는 말은 헬라어의 '스캔달리조'를 뜻하는 말로, 원래의 의미는 '실족하다'이다.

89 　고린도전서 15:19, "만일 그리스도 안에서 우리가 바라는 것이 다만 이 세상의 삶뿐이면 모든 사람 가운데 우리가 더욱 불쌍한 자이라라."

90 　누가복음 17:5, "사도들이 주께 여짜오되 우리에게 믿음을 더하소서 하니"

91 　이 부분은 사변 신학을 가리킨다.

92 　누가복음 18:1-18을 참고하라. 예수의 과부와 불의한 재판관의 비유에서 마지막 말씀을 암시한다. "내가 너희에게 이르노니 속히 그 원한을 풀어주리라 그러나 인자가 올 때에 세상에서 믿음을 보겠으냐 하시니라"

93 　이 부분은 시인 Heinrich Heines의 작품에 등장한다.

94 　왕실법(Kongeloven)은 그 당시에 법적 근거를 형성한 법이었다. 절대 군주제(1665-

1849) 하의 헌법이었으며, 왕에게 무제한적인 권한을 부여하는 법의 40개 조항 중 일부가 1709년에 처음 발표된 덴마크 왕실법에 포함되었다. 1849년 6월 헌법은 왕실법의 대부분을 폐지했다.

95 마태복음 22:42, "너희는 그리스도에 대하여 어떻게 생각하느냐 누구의 자손이냐 대답하되 다윗의 자손이니이다."

96 가현설은 계시된 그리스도가 실제 인간의 몸이 아니라 가짜 몸을 가지고 있으며 물질이 악하다고 가정하는 이단적 가르침이라고 한다. 일반적으로 고대 영지주의와 연결되는 이 가르침이 여기에서 그리스도를 "소설과 신화"로 만드는 것으로 간주될 때 아마 가장 먼저 떠오르는 사람은 슈트라우스와 포이어바흐일 것이다.

97 합리주의는 특히 18세기에 옹호된 철학-신학 사상의 이름으로, 모든 신앙 진술은 이성에 의해 정당화되어야 하며 인간의 정신으로 파악할 수 없는 것에 대한 믿음은 거부해야 한다고 주장한다. 결과적으로 합리주의는 예수가 신이라는 사실을 부인하는 대신 예수는 위대한 사람이라고 주장한다.

98 마태복음 9:34, "바리새인들은 이르되 그가 귀신의 왕을 의지하여 귀신을 쫓아낸다 하더라."
또한, 다음을 참고하라, 마태복음 12:24; 마가복음 3:22

99 다음을 참고하라. 초고에서;
책의 마지막 장, 단 한 쪽을 따로 할애하여 이렇게 마무리 말씀을 드리고자 합니다. 테르툴리아누스(Tertullian)가 그의 『인내에 대하여(De Patientia)』라는 책의 서두에서 시작한 말과 함께 말입니다.
"나는 주 하나님 앞에서 고백합니다. 아마도 다소 경솔하고, 어쩌면 뻔뻔한 방식으로, 내가 인내에 대해 글을 쓸 용기를 냈습니다. 그러나 나는 죄인이며, 실제로 인내의 실천에서는 전혀 결핍된 자입니다."
기독교인이 되는 것과 관련하여, 이상성(ideality)의 요구를 해석하는 이 글 역시 마찬가지입니다. 그러나 나는 유감스럽게도 여기에서 멈출 수밖에 없습니다. 나는 "나도 그러하다"라고는 말할 수 없습니다. 왜냐하면 나와 테르툴리아누스 사이에는 아무런 유사점도 없기 때문입니다. 그렇다면 자신이 가장 크게 부족하면서도, 이상성의 요구를 해석하겠다고 나서는 것이 얼마나 대담하고, 거의 뻔뻔한 일이겠습니까!
그러나 만약 모든 사람이, 각자가 다, 그런 뻔뻔함을 감히 무릅쓰지 않겠다는 이유로 침묵을 지킨다면, 그 특별한 침묵은 사실 또 다른 형태의 뻔뻔함일 것입니다. 그것은 기만이며, 하나님께 대한 교묘한 반역입니다. 하나님은 이상성의 요구가 억눌리는 것을 전혀 원하지 않으시기 때문입니다.

그러므로 더 자격 있는 사람이 그것을 하지 않고, 그러나 그것이 반드시 해야 할 일이라면, 덜 자격 있는 사람이라도 감히 나서야 합니다. 그리고 그렇게 함으로써 그는 필연적으로 하나의 모순에 휘말리게 됩니다. 인간적으로 말하자면, 그것은 일종의 자기 자신에 대한 배신입니다. 곧, 그는 자신을 낮추는 길임에도 불구하고, 이상성의 요구를 제시하는 일에 철저히 몰두해야 하는 것입니다. 만약 그가 성공한다면, 그의 불완전함은 비례적으로 점점 더 커져 보일 것이며, 그의 결핍 또한 점점 더 크게 드러날 것입니다.

이것이 진부한 말이 아님은 독자라면 분명히 알 수 있을 것입니다. 독자는 이 책이 자기 자신에게 해당된다고 느끼지 않을 수도 있겠지만, 내가 이 책이 내게 여러모로 해당된다고 느낄 수밖에 없음을 쉽게 알아차릴 것입니다. 나는 이미 그것을 충분히 각오했습니다. 사실 나는 최대한 스스로를 유죄자로 만들려 했습니다. 마치 내가 유일하게 그 고발을 받는 사람인 것처럼 말입니다.

— Pap. X5 B 16, n.d., 1849

초고에서;

나는 정말로, 진심으로 아무도 심판하지 않습니다. 내가 스스로 완전함을 추구하고 있다 하더라도—왜냐하면 이상(ideal)을 찬양하면서 자신이 그것을 추구하지 않는다면 그것은 신성모독일 것이기 때문입니다—나는 결코 누구도 심판하지 않습니다. 내가 설사 심리학자의 눈을 가지고 있다 하더라도—나는 사람들을 너무 보편적으로만 바라보기 때문에, 실제로는 누구도 보지 않는다고 말할 수 있을 정도입니다—나는 아무도 심판하지 않습니다.*

그러나 나는 말해야 하고, 말할 의무를 느낍니다. 그것은 내가 스스로를 심판해야 한다는 것입니다. 다만 흔히 쓰이는, 그러나 실제로는 기만적인 의미에서가 아니라, 정말로 그 말이 뜻하는 그대로입니다. 인간적으로 말해, 내게 있어 가장 나은 것은 저자로서의 존재(author-existence)입니다. 왜냐하면 나는 개인적으로 너무나 죄가 많고, 너무나 큰 죄를 지은 자이기 때문에, 감히 저자로서의 존재, 곧 (인간적으로 말하면) 치열한 노력, 사심 없는 헌신, 진리를 위한 무모한 수고들을 나의 개인적 죄책에 대한 작은 보상으로 여기려 했기 때문입니다. 그러나 나의 저자적 존재가 어떤 다른 결함을 가지고 있더라도, 그것에는 근본적인 결함이 하나 있습니다. 나는 독립적인 재산을 가지고 있었습니다. 윤리적 관점에서 볼 때, 이러한 이점은 오히려 하나의 결핍으로 작용합니다. 그것은 전체적인 한 자질을 빼앗아가는 것이어서, 나의 저자적 존재조차도 진정한 의미에서의 윤리적 존재가 아니며, 더군다나 가장 엄밀한 의미에서의 참된 기독교적 존재는 결코 아닙니다.

사상을 위하여 고난을 짊어지고, 보편적인 인간의 책임을 전부 감당하며, 경제적 불안정 속에서 사상을 위하여 살아가고, 결혼하여, 세상의 반대와 영혼의 슬픔을 안고 견뎌내는 것—이것이야말로 진정한 윤리적 존재입니다.** 모든 이점은 오히려 결핍으로 작용합니다. 그리고 나의 경우와 같이 결정적인 이점은 진정한 윤리적 존재의 정의 자체에서 전체적인 한 자질을 빼앗아갑니다. 이 점에서 나는 철저히 부족합니다. 그러나 바로 이러한 이유 때문에, 나의 존재보다 무한히 더 높은 것을 묘사하는 나의 저술이 진실할 수 있는 것입니다. 내가 이 고백을 하지 않는다면, 결코 진실할 수 없을 것입니다.

* 그러나 이 책은 많은 방식에서 나를 심판하고 있습니다. 내가 시인은 아닐지라도, (다만 내가 스스로 그것을 의식하고 있다는 점에서) 나의 존재는 본질적으로 시인적 존재(poet-existence)입니다. 나는 생계를 위해 일하지 않아도 되었기 때문입니다. 그러므로 이 책 안에서 부정적으로, 그리고 개인적으로 다루어지고 있는 사람은 오직 나 자신입니다.

** 그리고 이러한 순수하게 윤리적인 존재조차도 아직 잠정적인 것이며, 가장 엄밀한 의미에서의 진정한 기독교적 존재와는 본질적으로 다릅니다. 참된 기독교적 존재란 하나님 앞에서 겸허히, 이러한 모든 수고와 고난이 하나님 앞에서는 아무것도 아님을 깨닫고도 결코 포기하지 않는 존재입니다. 또한, 모든 슬픔과 불안에도 불구하고, 본질적으로는 단 하나의 슬픔—곧 죄에 대한 슬픔—만을 가지고, 본질적으로는 단 하나의 위로—곧 속죄의 위로—만을 갖는 존재입니다.

— Pap. X5 B 18, n.d., 1849

초고에서;
책의 마지막, 따로 한 쪽에 실린 글.

편집자의 말

내적으로 보았을 때, 이것은 마치 자기 자신을 배신하는 행위처럼 보일 수 있습니다. 그러나 외적으로 보았을 때는, (테르툴리아누스가 자신에 대해 사용했던 표현을 빌리자면) "경솔하고 거의 뻔뻔한" 일처럼 보일 수도 있습니다. 이상성(ideality)이 요구하는 바, 곧 기독교인이 된다는 것과 관련하여 그 요구를 해석하려는 사람이, 사실은 여러 면에서 불완전한 존재이기 때문입니다. 그러나 만일 모든 이가, 각자 개인적으로,

그런 배신적이고, 경솔하고, 뻔뻔한 일을 감히 무릅쓰려 하지 않아서 침묵만을 지킨다면, 그 보편적 침묵은 사실 또 다른 형태의 오만이며, 기만이며, 하나님께 대한 교묘한 반역일 것입니다. 하나님은 결코 이상성의 요구가 억눌리기를 원하지 않으시기 때문입니다.

그러므로 누군가는 감히 그것을 시도했습니다. 아무도 아닌 누군가가 말입니다. 나는 단지, 나로서는 이미 충분히 대담한 행위라 할 수 있는, 이 책을 출판하는 모험을 감행했을 뿐입니다.

아무도 아닌 사람은 결코 누구를 불쾌하게 할 수도, 누구를 심판할 수도 없습니다. 그리고 만약 저자가 누구를 심판하지 않는다면, 오히려 나는 그것이 실제로 그렇게 되지 않을까 가장 염려합니다. 왜냐하면 만약 그가 누구를 심판한다면, 그것은 무엇보다 먼저 나 자신일 것이기 때문입니다. 이것이 진부한 말이 아님은, 독자라면 분명 쉽게 알 수 있을 것입니다. 독자는 이 책이 자기 자신에게 해당된다고 느끼지 않을 수 있지만, 이 책이 여러 방식으로 나 자신에게 해당된다고 내가 느낄 수밖에 없음을 쉽게 알아차릴 것입니다.

실제로 이 책은 마치 의사에 의해 쓰인 것처럼 보입니다. 그러나 그 의사는 사실 아무도 아닌 사람입니다. 그는 어느 특정한 인간에게 "너는 병들었다"라고 말하지 않습니다. 나에게도 그렇게 말하지 않습니다. 그는 단지 병을 묘사할 뿐입니다. 그리고 동시에 "믿음"이 무엇인지를 계속해서 정의합니다. 그는 마치 자신이 믿음을 특별히 크게 소유하고 있다고 여기는 듯 보입니다. 아마도 이것이 그가 안티-클리마쿠스(Anti-Climacus)라는 이름을 가지게 된 이유일 것입니다.

그런데 나는 최선을 다해, 그가 말하는 환자가 곧 나 자신이기를, 곧 내가 그가 지목하는 바로 그 병든 자이기를 바라며 노력합니다. 최소한, 정직하게 애쓰는 자가 되려는 것입니다. 이 정직한 노력은 무엇보다도 먼저, 이상성의 요구를 정직하게 받아들이는 것을 뜻합니다. 결코 그 요구의 가격을 조금이라도 낮추려 하지 않고, 오히려 기꺼이—더 나아가서는 기쁘게, 더 나아가서는 복되게—그 요구 앞에서 자신이 낮아지고 짓눌리는 것을 받아들이는 것입니다. 왜냐하면 요구가 커질수록, 다시 말해 요구가 점점 더 참된 것이 될수록, 그것이 나에게 반대로 가해져 나를 짓누르기 때문입니다. 이상성의 요구가 단지 유한한 것들처럼 거짓되게 확대될 수는 없기 때문입니다. 오직 이상성의 요구가 무한히 커져 가능한 가장 큰 요구가 될 때에만, 그것은 온전히 참된 것입니다.

그러나 아아, 이것은 단지 나의 타고난 불완전성을 드러내는 새로운 방식일 뿐입니다. 즉, 이상성의 요구가 조금만 참되게 제시되어도, 나는 이미 깊이, 깊이 짓눌리고, 또 그것을 제시하는 사람 자신에 관하여, 과연 인간이 과연 이상성의 요구를 그 무한한 그대로 제시하는 것이 가능하기나 한가를 의심하지 않을 수 없게 되는 것입니다.
— Pap. X5 B 19, n.d., 1849

초고에서;
실제로 이 책은 마치 한 의사에 의해 쓰인 것처럼 보입니다. 그리고 저자가 다른 면에서는 많은 공통점을 갖고 있는 요하네스 클리마쿠스(Johannes Climacus)는, 자신을 너무나 낮추어 아예 자신은 그리스도인이 아니라고까지 주장합니다. 그러므로 안티-클리마쿠스(Anti-Climacus) 안에서는, 그가 자기 자신을 특별히 탁월한 의미에서 그리스도인이라고 생각하고 있다는 점을 감지할 수 있는 것처럼 보입니다. 때로는 기독교(Christianity)가 사실상 오직 천재(geniuses)를 위한 것이라고까지 여기는 듯하지만, 그렇다고 해서 이 단어를 지적 능력에만 강조점을 두어 정의하지는 않습니다.
— Pap. X5 B 20, n.d., 1849